David Ricardo
Grundsätze der politischen
Ökonomie und der Besteuerung

David Ricardo
Grundsätze der politischen Ökonomie und der Besteuerung

Der hohe Preis der Edelmetalle ein Beweis für die Entwertung der Banknoten

Nach der Übersetzung von Heinrich Waentig
herausgegeben und mit einer Einführung
von Fritz Neumark

Europäische Verlagsanstalt

CIP-Kurztitelaufnahme der Deutschen Bibliothek

Ricardo, David:
[Sammlung (dt.)]
Grundsätze der politischen Ökonomie und der
Besteuerung. Der hohe Preis der Edelmetalle, ein
Beweis für die Entwertung der Banknoten / David
Ricardo. – Frankfurt am Main : Europäische
Verlagsanstalt, 1980.
  Einheitssacht.: Principles of political
  economy and taxation (dt.)
  ISBN 3-434-25112-X

© Gustav Fischer Verlag, Stuttgart
1972 Fischer Taschenbuch Verlag GmbH, Frankfurt am Main
Athenäum Fischer Taschenbuch Verlag GmbH & Co
Frankfurt am Main
Alle Rechte bei:
Europäische Verlagsanstalt GmbH, Frankfurt am Main 1980
Umschlag nach Entwürfen von Rambow, Lienemeyer und van de Sand
Produktion: Klaus Langhoff, Friedrichsdorf
Gesamtherstellung: Fuldaer Verlagsanstalt GmbH
Printed in Germany
ISBN 3-434-25112-X

Inhalt

Einführung des Herausgebers 9
A. Grundsätze der politischen Ökonomie und der Besteuerung
   Vorwort... 33
   Kapitel I   Über den Wert 35
                           Abschnitt 1............................ 35
                           Abschnitt 2............................ 41
                           Abschnitt 3............................ 43
                           Abschnitt 4............................ 48
                           Abschnitt 5............................ 54
                           Abschnitt 6............................ 58
                           Abschnitt 7............................ 61
   Kapitel II   Über die Rente......................... 64
   Kapitel III   Über die Bergwerksrente (entfällt) 76
   Kapitel IV   Über den natürlichen und den Marktpreis . 77
   Kapitel V   Über den Lohn......................... 81
   Kapitel VI   Über den Profit........................ 93
   Kapitel VII   Über den auswärtigen Handel 107
   Kapitel VIII   Über Steuern........................... 124
   Kapitel IX   Steuern auf Rohprodukte 128
   Kapitel X   Steuern auf Rente 141
   Kapitel XI   Zehnten (entfällt)....................... 143
   Kapitel XII   Grundsteuer 144
   Kapitel XIII   Steuern auf Gold (entfällt)............... 150
   Kapitel XIV   Haussteuern........................... 151
   Kapitel XV   Gewinnsteuern......................... 154
   Kapitel XVI   Lohnsteuern 162
   Kapitel XVII   Steuern auf andere Güter als Rohprodukte 182
   Kapitel XVIII   Armensteuern.......................... 190

Kapitel XIX	Über plötzliche Veränderungen in den Handelswegen.............................	194
Kapitel XX	Wert und Reichtum, ihre Unterscheidungsmerkmale................................	201
Kapitel XXI	Wirkungen der Kapitalansammlung auf Profit und Zins.......................	211
Kapitel XXII	Exportprämien und Einfuhrverbote.......	220
Kapitel XXIII	Über Produktionsprämien................	235
Kapitel XXIV	Adam Smith's Grundrententheorie	240
Kapitel XXV	Über Kolonialhandel	249
Kapitel XXVI	Über Roh- und Reineinkommen	256
Kapitel XXVII	Über Geldumlauf und Banken	260
Kapitel XXVIII	Über den verhältnismäßigen Wert von Gold, Getreide und Arbeit in reichen und armen Ländern..........................	276
Kapitel XXIX	Steuern, die vom Produzenten bezahlt werden..................................	281
Kapitel XXX	Über den Einfluß von Nachfrage und Angebot auf die Preise...................	283
Kapitel XXXI	Über Maschinenwesen...................	286
Kapitel XXXII	Malthus' Ansichten über die Rente	296

B. Der hohe Preis der Edelmetalle, ein Beweis für die Entwertung der Banknoten............................... 317

Vorwort des Herausgebers

Wenige wirtschaftswissenschaftliche Werke haben durch die Jahrhunderte hindurch sich eine derart beherrschende Position zu erhalten — oder wiederzuerringen — vermocht, wie diejenigen *Ricardos*, der neben *Adam Smith* als einer der hervorragendsten Vertreter der sogenannten »klassischen Nationalökonomie« gilt. Es ist ein erfreulicher Zufall, daß in dem Jahre, in dem sich der Geburtstag des britischen Theoretikers zum 200. Male jährt, der Athenäum Fischer Taschenbuch Verlag sich entschlossen hat, die bedeutendsten Arbeiten *Ricardos* neu herauszugeben. Die — seit langem vergriffene — letzte deutsche Ausgabe der »Principles of Political Economy and Taxation« erschien vor rund 50 Jahren[1]. Sie wurde von mir großenteils unverändert für die vorliegende Veröffentlichung verwendet; diese weicht jedoch insofern von ihr ab, als ich erstens in dem mir möglichen Maße stilistische Verbesserungen vornahm, die teils in der Ausmerzung von Fehlern bzw. Mißverständnissen, teils in der Ersetzung gar zu veralteter Ausdrücke durch der heutigen Sprache adäquate bestanden, und zweitens den Text durch Fortlassung einiger, für das Werk selbst und das Interesse der Gegenwart unerheblicher Kapitel sowie verschiedener, namentlich der Auseinandersetzung mit zeitgenössischen Autoren dienender Anmerkungen kürzte. Daß die Lektüre der Abhandlungen *Ricardos*, die in dem vorliegenden Bande vereinigt sind, heutigen Lesern, als die wohl in erster Linie Studierende in Betracht kommen, dennoch gewisse Schwierigkeiten bereiten wird, erklärt sich aus der bisweilen etwas umständlichen und überwiegend recht abstrakten Art, in der der große Nationalökonom seine Ansichten auseinandersetzt.

Eine Rechtfertigung dafür, daß die Neuausgabe eines deutschen Textes vor allem der »Principles« unternommen wurde, ergibt sich einerseits aus dem unübertrefflichen Scharfsinn der ricardianischen Argumentation, von der jeder wirtschaftstheoretisch Interessierte selbst ge-

---

[1] *David Ricardo:* Grundsätze der Volkswirtschaft und Besteuerung, ins Deutsche übertragen und eingeleitet von *Heinrich Waentig*, Bd. 5 der von diesem herausgegebenen »Sammlung sozialwissenschaftlicher Meister«, 3. Auflage, Jena, Verlag G. Fischer, 1923. (Die ebenfalls in dem vorliegenden Band enthaltene Schrift »The High Price of Bullion« ist der von *K. Diehl* und *P. Mombert* herausgegebenen Sammlung »Ausgewählte Lesestücke zum Studium der Politischen Ökonomie« [»Vom Geld«, Band I, 2. Aufl., Karlsruhe 1922, S. 62 ff.] in der Übersetzung von Frau *Mombert* entnommen worden.)

genwärtig noch methodisch viel lernen kann, sowie andererseits aus der Tatsache, daß die Renaissance des theoretischen Marxismus auch und gerade in der Bundesrepublik Deutschland es als erwünscht erscheinen ließ, einen Autor dem deutschsprechenden Publikum wieder zugänglich zu machen, von dessen Werken *Marx* »die wissenschaftliche Bedeutung und den großen geschichtlichen Wert« hervorgehoben und über den *Schumpeter* zutreffend gesagt hat, auf ihm beruhe der »wissenschaftliche Kern« des Marxismus. (Nicht nur, aber auch deshalb habe ich im Titel der »Principles« das in früheren Übertragungen übliche, irreführende Wort »Volkswirtschaft« — zumindest hätte es doch »Volkswirtschafts*lehre*« heißen müssen! — durch »Politische Ökonomie« ersetzt, ein Terminus, der ja überdies bis zum Beginn unseres Jahrhunderts in Deutschland durchaus gang und gäbe war.)

Unabhängig davon ist zu bemerken, daß einige Theorien *Ricardos*, wie vor allem seine Grundrentenlehre und seine Außenhandelstheorie der komparativen Kosten, bis auf den heutigen Tag wenn nicht die Grundlage, so doch den Ausgangspunkt einschlägiger wissenschaftlicher Untersuchungen bilden und daß daneben seine scharfsinnige Analyse gewisser ökonomischer Steuerwirkungen moderne Theoretiker zur Ergänzung, Berichtigung oder doch zumindest zur Kritik reizt.

Abschließend gebe ich der Hoffnung Ausdruck, daß die vorliegende deutsche Ausgabe der ricardianischen Hauptwerke vielen wirtschaftstheoretisch Interessierten die Beschäftigung mit Methode und Inhalt dieser Arbeiten erleichtern wird, wenn ich mir auch der Tatsache durchaus bewußt bin, daß ungeachtet der von mir vorgenommenen Korrekturen der *Waentig*schen Übertragung der Text noch manche Unebenheiten aufweist.

Frankfurt/Main, Juli 1972

Fritz Neumark

Einführung des Herausgebers

I.

Auch innerhalb einer wissenschaftlichen Disziplin ist das Problem der Vaterschaft oft umstritten. Das gilt nicht zuletzt für die Wirtschaftswissenschaft. Für deren Wesen ist diese Frage allerdings von nicht allzu großer Bedeutung, zumal da die Ansichten darüber, wem denn nun wohl mit größtem Recht der Ehrentitel des Begründers der Nationalökonomie als Wissenschaft zuzuerkennen sei, starken örtlichen und zeitlichen Variationen unterlegen haben. Gelegentlich ist der Merkantilismus bzw. seine spezifisch deutsch-österreichische Ausprägung: der Kameralismus, als erstes wirtschaftstheoretisches System bezeichnet worden. Aber obwohl etwa *Schumpeter* und *Keynes* vor längerer Zeit auf die Verdienste gewisser merkantilistischer Autoren hinwiesen und der um die Wiederbelebung der Theorie in Deutschland nach dem Zweiten Weltkrieg außerordentlich verdiente *Erich Schneider* betont hat[1], daß in gewissen merkantilistischen Erkenntnissen »das Vorhandensein der Kreislaufvorstellung beschlossen« lag, eine Vorstellung, die nach ihm »im Grunde so alt wie die ökonomische Theorie« ist, wurde doch ein ernsthafter Streit hinsichtlich des »Erstgeburtsrechts« nur zwischen jenen, die diesbezüglich für das in *Quesnays* »Tableau Economique« (1758) kulminierende physiokratische System votieren, einer-, den Anhängern des als solches von *Adam Smith* mit seinem 1776 publizierten »Inquiry into the Causes and Nature of the Wealth of Nations« begründeten klassischen Systems andererseits ausgefochten. Daß das »Tableau« für die moderne Kreislauftheorie von hervorragendem Interesse sein mußte, liegt auf der Hand. Dennoch zögert man, daraus so weitgehende Folgerungen zu ziehen, wie das gelegentlich (z. B. seitens *Leontiefs*) geschehen ist, nicht zuletzt deswegen, weil der Einfluß der Physiokratie auf das reale wirtschaftliche Geschehen äußerst gering gewesen ist. Bleiben wir also dabei, daß die Entdeckung des wirtschaftlichen Kreislaufs durch *Quesnay* eine sehr bedeutsame — übrigens, wie viele andere wissenschaftliche Ideen, nur mit einer erheblichen Verzögerung (wieder) wissenschaftlich fruchtbar gewordene — Leistung darstellt, daß aber im Vergleich zur Klassik die theoretische und wirtschaftspolitische Relevanz eines *Quesnay* und seiner Anhänger ebensowenig überschätzt werden darf, wie etwa die von *William Pet-*

---

[1] *E. Schneider:* Einführung in die Wirtschaftstheorie, IV. Teil: Ausgewählte Kapitel der Geschichte der Wirtschaftstheorie, 1. Band, Tübingen 1962, S. 17.

ty, den *Karl Marx*[2] zwar zutreffend als einen »der genialsten und originellsten ökonomischen Forscher«, aber doch wohl übertreibend zugleich als »Begründer der modernen politischen Ökonomie« gefeiert hat. Selbst wenn man sich auf den Standpunkt stellt, unsere Wissenschaft habe vor ziemlich genau zwei Jahrhunderten in Großbritannien ihren Anfang genommen und im klassischen System ihre erste Ausprägung erfahren, bleibt die Streitfrage, ob die entscheidende wissenschaftliche Leistung denn nun *Smith* oder einem anderen Angehörigen der (nicht ganz exakt) sogenannten »klassischen Schule« zu danken ist. Auch in dieser Beziehung schwanken die Meinungen nach Ort und Zeit. So ist, um nur ein Beispiel zu nennen, im Zuge der Ausbreitung der *Keynes*schen Gedanken zweifellos eine Art »Wiederaufwertung« der *Malthus*schen Lehren erfolgt, die mehr als ein Jahrhundert — vielleicht abgesehen von der (wissenschaftlich gerade problematischen!) Bevölkerungslehre — von der Mehrheit der Wirtschaftstheoretiker als denen von *Smith, Ricardo, Say* und *J. St. Mill* weit unterlegen betrachtet wurden. Wie aber auch immer die komparative Bewertung der einzelnen Autoren gewesen sein möge bzw. gegenwärtig ist — wohl niemand, der nicht prinzipieller Gegner des gesamten klassischen Gedankenwerks nach Inhalt und Methode ist, hat in Abrede gestellt, daß *Ricardo* wenn nicht *der* bedeutendste Wirtschaftstheoretiker seiner Epoche[3], so doch *einer* der bedeutendsten war, und viele sind noch heute der Auffassung, daß er in bezug auf Schärfe und Logik der Beweisführung allen seinen Zeitgenossen überlegen gewesen sei.

Diese Tatsache allein dürfte es bereits rechtfertigen, eine neue deutsche Ausgabe seines Hauptwerkes zu veröffentlichen, auch wenn es in einem höheren als nur formalen Sinne richtig sein sollte, daß sich *Ricardo* von *Smith* wesentlich dadurch unterschied, daß er im Gegensatz zu diesem kein theoretisches »System« hinterließ. Es kommt aber ein gerade für die wirtschaftswissenschaftliche Ausbildung der Gegenwart wichtiges Motiv hinzu — die (bereits in meinem »Vorwort« erwähnte) Tatsache nämlich, daß die akademische Jugend auch in den »westlichen« Ländern ein lebhaftes Interesse an marxistischen Lehren nimmt und unbestreitbar *Marx* in vielen seiner ökonomischen Theorien und Thesen sehr stark unter *Ricardos* Einfluß gestanden hat. Bedürfte es eines äußeren Zeichens dafür, so kann es darin erblickt werden, daß der gesamte 2. Band der *Marx*schen »Theorien über den Mehrwert« (2 Halbbände von zusammen mehr als 700 Seiten!) ausschließlich dem

---

[2] *K. Marx:* Theorien über den Mehrwert, herausg. von *K. Kautsky,* Erster Band, 4. Aufl., Stuttgart 1921, S. 1.
[3] Beispielsweise meint *G. J. Stigler* (The Ricardian Theory of Value and Distribution, »Journal of Political Economy«, vol. 60, 1952), die »Principles« hätten ihn zum einflußreichsten Nationalökonomen seines Jahrhunderts gemacht.

Werke *Ricardos* gewidmet ist. So darf man vielleicht die Behauptung wagen, daß *Marx* primär wie in philosophisch-methodologischer Hinsicht durch *Hegel*, so in wirtschaftstheoretischer durch *Ricardo* (und in bezug auf ökonomisch-soziale Fakten durch die Verhältnisse in England) beeinflußt worden ist.

II.

David Ricardo wurde am 19. 4. 1772 in London geboren, wo er am 11. 9. 1823 verstarb. Einer ursprünglich holländischen jüdischen Familie entstammend, erwarb er sich im Laufe seines verhältnismäßig kurzen Lebens so viel neidlose Anerkennung als Persönlichkeit, Wirtschaftspraktiker (er war Börsenmakler), Theoretiker und Politiker (von 1819 bis zu seinem Tode gehörte er dem Unterhaus an), wie das bei jemandem, der auf allen Gebieten, auf denen er sich betätigt, einen ungewöhnlichen Erfolg zu verzeichnen hat, selten der Fall ist.

Gleich vielen anderen berühmt gewordenen Volkswirten — es genüge der Hinweis auf *Petty*, *Quesnay* und *Franz Oppenheimer* — begann auch *Ricardo*, freilich in bescheidenerem Maße als die Genannten, sich zunächst mit naturwissenschaftlichen Fragen zu beschäftigen, wie namentlich solchen der Mathematik und Geologie. Das hat allerdings nicht dazu geführt, daß er sich nun in seinen wirtschaftstheoretischen Werken der mathematischen Methode bedient hätte — es sei denn, man wäre mit dem jungen *Schumpeter* der Ansicht[4], es sei prinzipiell nicht bedeutsam, ob man sich hypothetischer Zahlenbeispiele bediene (wie das *Ricardo* ja oft tut) oder algebraischer Formen, wobei er zum Beweise darauf hinwies, daß *Whewell* »einige Theoreme *Ricardos* in den vollkommeneren Formen der Algebra ausgedrückt« habe[5]. Entscheidend für die wissenschaftliche Leistung unseres Autors waren zweifellos die speziellen Beobachtungen und Erfahrungen, die er im Bereich seiner eigenen praktischen Betätigungen machte, aber bald auf ihre allgemeinen Ursachen und Wirkungen hin zu verstehen trachtete, bis dann 1799 die Lektüre des *Smith*schen »Wealth« endgültig sein Interesse auf ökonomische Probleme lenkte.

Gegenstand seiner ersten Publikationen waren Fragen des Geld- und Währungswesens, die — wie in der Gegenwart — im Mittelpunkt der Diskussion über Wirtschaftsprobleme standen. 1809 erschien *»The High*

---
[4] *J. Schumpeter:* Epochen der Dogmen- und Methodengeschichte, im »Grundriß der Sozialökonomie«, I. Abteilung, Tübingen 1914, S. 109–110.
[5] Ausführlichere Hinweise darauf finden sich bei *C. S. Shoup:* Ricardo on Taxation, New York 1960, p. 19; siehe auch ib. p. 260 ff.

Price of Bullion a Proof of the Depreciation of Bank-Notes«, eine in die vorliegende Ausgabe aufgenommene scharfsinnige, der s. Z. vorherrschenden Meinung entgegengesetzte Auffassungen vertretende Untersuchung über das Wesen und die Ursachen der damals in Großbritannien zu beobachtenden Geldentwertung. Daß diese weitestgehend mit einer inflatorischen Kriegskostenfinanzierung und daneben gewissen spekulativen Edelmetallbewegungen zusammenhing, die 1797 verfügte Aufhebung der Goldeinlösungspflicht der Bank von England für ihre Noten dagegen nur ein Symptom des monetären Ungleichgewichts war, wurde lange Zeit verkannt. Noch unter dem Einfluß des merkantilistischen, namentlich in Spanien seinerzeit stark verbreiteten sog. Bullionismus stehend, sahen einflußreiche Kreise als wirksamstes Abhilfsmittel gegen die am Goldpreis gemessene »Geldentwertung« (das Disagio der Pfundnoten gegenüber Gold betrug während der napoleonischen Kriege zwischen 10 und 30 Prozent) das Verbot der Goldausfuhr. Demgegenüber behauptete *Ricardo*, die einzige Ursache der »Geldentwertung« sei in einer übermäßigen – also in heutiger Terminologie inflatorischen – Ausgabe uneinlöslicher Banknoten gelegen. Auf die Uneinlöslichkeit ist nach ihm entscheidendes Gewicht zu legen. Anhänger einer (allerdings nicht ganz strengen und geschlossenen) Quantitätstheorie des Geldes einerseits, der Lehre vom automatischen Zahlungsbilanzausgleich andererseits, der er war, betonte *Ricardo*, daß die Preise in einem Lande genau im Verhältnis zu der dort vorhandenen Edelmetallmenge ständen, kurzfristige Ungleichgewichte im Außenhandel durch internationale Edelmetallbewegungen rasch beseitigt würden (vgl. dazu unten S. 22) und daß Banknoten solange keine Gefahr für innere und äußere Geldwertstabilität darstellten, wie sie in Gold einlösbar seien, denn auf diese Weise sei ja die Notenemission an die Goldvorräte gebunden, also insofern beschränkt, und die Noten bildeten dann nur eine Art Ersatz für Edelmetallgeld. Uneinlösliche Noten hingegen könnten, da sie – eine uns Heutigen kaum mehr vorstellbare Idee! – vom Ausland nicht entgegengenommen würden, bei Geldüberfluß nicht ins Ausland abströmen und folglich, modern ausgedrückt, auch nicht im Inland als Instrument zur Erzeugung u. U. erwünschter deflatorischer Effekte verwendet werden. Die damals von vielen behauptete »automatische« Anpassung der zirkulierenden Geldmenge an den kommerziellen »Bedarf« bestritt *Ricardo* energisch. Seine Gedanken wurden als »Currency Principle« denen der »Banking School« (Hauptvertreter: *Tooke* und *Fullarton*) entgegengesetzt und haben die *Peel*sche Bankakte von 1844 stark beeinflußt.

Wie *K. Diehl*, einer der besten *Ricardo*-Kenner und -Interpreten deutscher Zunge[6], zutreffend bemerkt hat, war *Ricardo* keineswegs ein

---
[6] *K. Diehl*: Sozialwissenschaftliche Erläuterungen zu David Ricardos Grundsätzen

»starrer Doktrinär« oder »Dogmenfanatiker«, wenn es sich um Fragen der praktischen Wirtschaftspolitik handelte. Ein Beweis für viele mag darin gesehen werden, daß er in seiner genannten Schrift zwar (unter Hinweis auf französische und amerikanische Erfahrungen) eindeutig vor einer Papierwährung warnt, aber nicht so weit geht, Banknoten gänzlich abschaffen zu wollen — er begnügt sich vielmehr damit, kurzfristig für die Wiedereinlösbarkeit der Noten (nach einer einmaligen progressiven Verringerung der aufgeblähten Umlaufsmenge) zu plädieren, und er spricht sich ausdrücklich mit überzeugenden — z. T. geradezu als wachstumstheoretisch zu bezeichnenden — Argumenten gegen eine reine Goldwährung aus. Als vernünftigste langfristige Lösung schwebt ihm ein System vor, bei dem Banknoten zirkulieren, die zwar einlösbar sind, aber nicht in Goldmünzen, sondern nur in Goldbarren; diese Idee wurde nach dem Ersten Weltkrieg unter dem Titel »Goldkernwährung« viel diskutiert und teilweise auch praktiziert; sie findet sich in voller Klarheit in *Ricardos* 1816 veröffentlichter Schrift »Proposals for an Economical and Secure Currency, with Oberservations on the Profits of the Bank of England«. Ja, noch mehr: er wirft darin die Frage auf, ob eine formal-gesetzlich autonome Notenbank dann, wenn der Staat in hohem Maße an sie verschuldet sei, wirklich noch »unabhängig von der Regierung genannt werden« dürfe; und so ist es auch nicht verwunderlich, daß er später (1822) im Parlament sich für die Übertragung des Notenausgaberechts an eine Staatsbank aussprach. Hier berühren sich *Ricardos* Gedanken mit Überlegungen, wie sie in der Bundesrepublik etwa von *G. von Eynern* und *A. Predöhl* angestellt worden sind.[7]

III.

1. *Ricardos* Hauptwerk, das — neben dem »High Price of Bullion« — in dem vorliegenden Bande nach der 3. englischen Ausgabe von 1821 zum deutschen Wiederabdruck gelangt, erschien erstmals im Jahre 1817 unter dem Titel: »Principles of Political Economy and Taxation«. *Schumpeter* hat es »das schwierigste Buch der Nationalökonomie«, *P. Samuelson* seinen Verfasser »par excellence an economist's econo-

---

der Volkswirtschaftslehre und Besteuerung, 2 Bde., Leipzig 1905, 3. Aufl. 1921/22. – Siehe auch *Diehls* Artikel »Ricardo« im »Handwörterbuch d. Staatswissenschaften«, 4. Aufl., Bd. VII, Jena 1926, S. 93 ff.
[7] *G. von Eynern:* Die Unabhängigkeit der Notenbank, Berlin 1957. – *A. Predöhl:* Das Tabu der Bundesbank. »Volkswirtschaftliche Korrespondenz der Adolf-Weber-Stiftung«, No. 10/1971.

mist« genannt. Wenn die seit einigen Jahrzehnten üblich gewordene Ausdrucksweise, derzufolge übertreibend fast alle Theorien, auch solche, die sich auf höchst spezielle Fragen beziehen, als »Modelle« bezeichnet werden, einmal als voll berechtigt anerkannt werden kann, so in bezug auf die ricardianischen »Principles« (und daneben selbstredend, worauf u. a. *E. Schneider* hingewiesen hat, auf Systeme wie die von *Thünen, Marx* und *Walras*). Es sind — neben natürlichen — ökonomische Gesetze, die, wie schon bei den Physiokraten, aber auch *Smith*, die Wirtschaftswelt *Ricardos* beherrschen, und zwar nicht nur die Produktion, sondern auch die Verteilung. Eben letzteres ist dann freilich bereits von *J. St. Mill* bestritten, von *Schumpeter* aber wieder verteidigt worden. Wie dem auch immer sei — der Verfasser der »Principles« selbst betont gleich in seinem »Vorwort«, es sei das Hauptproblem unserer Disziplin, »die Gesetze aufzufinden, welche (die) Verteilung (sc. des heute so genannten Sozialprodukts; *F. N.*) bestimmen«. Distributionsfragen, freilich ganz überwiegend im Sinne der funktionalen, nicht der personalen Verteilung, stehen daher namentlich in den ersten 6 Kapiteln des Werks im Mittelpunkt der Betrachtungen, doch spielen sie auch in den der Besteuerung gewidmeten Partien eine Rolle.

2. Damit ist die Frage des *Inhalts der »Principles«* berührt. Wie schon der Titel andeutet, wird neben allgemeinen wirtschaftstheoretischen Grundproblemen, die sich namentlich auf den Wert einer-, die Einkommensverteilung andererseits beziehen, sowie bestimmten Einzelfragen, wie dem Maschinenwesen, eine Reihe von Steuern zum Gegenstand von Erörterungen gemacht. Das ist an sich gerade in der englischen Literatur nicht unüblich gewesen und ist es auch heute noch nicht; aber während etwa *Smith* im V. »Book« seines »Wealth« eine nach damaligen Begriffen nahezu komplette Finanzwissenschaft bietet, spielen bei *Ricardo* ausgabentheoretische Probleme ebensowenig wie solche des öffentlichen Kredits[8] eine Rolle, und von einer — auch nur rudimentären — allgemeinen Steuertheorie kann ebenfalls keine Rede sein.

3. Ob im engeren Sinne wirtschafts-, ob finanzwissenschaftliche Probleme in den »Principles« behandelt werden — die *Methode* ist im Grunde immer dieselbe. Diese Methode ist, was bei einem so ausgeprägten und erfolgreichen Geschäftsmann wie *Ricardo* auf den ersten Blick mit Verwunderung erfüllen mag, durch einen sehr hohen Abstraktionsgrad gekennzeichnet. Er unterscheidet sich in dieser Hinsicht deutlich von *Smith*, aber auch von *Malthus*, wenngleich nicht in dem Maße, wie das

---

[8] Nicht in den »Principles«, sondern in dem erst 1820 in der »Encyclopaedia Britannica« veröffentlichten Artikel »Essay on the funding system« beschäftigt sich *Ricardo* mit einer wichtigen Frage — hier: der Tilgung — der Staatsschulden.

manche[9] behauptet haben[10]. In der Tat hat auch *Malthus* oft durchaus theoretisch argumentiert. Dennoch läßt sich nicht leugnen, daß an seinem (im aufschlußreichen Briefwechsel mit *Ricardo* erhobenen) Vorwurf, *Ricardo* habe häufig eine »Neigung zu vorschneller Generalisierung« an den Tag gelegt, etwas daran ist. Ein äußeres Merkmal der ricardianischen Methode ist sein berühmtes »angenommen, daß . . .«. Aber wie anders kann ein echter Theoretiker argumentieren? Strittig mag nur sein, in welchem Grade die Annahmen von den Verhältnissen der Wirklichkeit entfernt sein dürfen, um diese richtig explizieren und auf sie anwendbar sein zu können — wobei jedoch zu bedenken ist, daß durch progressive Annäherung der Hypothesen an die Realität die Möglichkeit, diese adäquat zu analysieren, stark erhöht werden kann. In diesem Zusammenhang ist zu bedenken, daß *Ricardo* in seinem ganzen Gedankengebäude sehr stark durch gewisse, von ihm in dem England seiner Zeit zu beobachtende Fakten und Entwicklungen beeinflußt worden ist: die beginnende Industrialisierung, das relativ starke Bevölkerungswachstum, das Vorherrschen des Pachtsystems in der Landwirtschaft, die zunehmende Bedeutung des Außenhandels u. dgl. mehr. Die damals bestehende gesellschaftliche Ordnung wird von ihm kaum je in Frage gestellt — gewisse, auch wohl von ihm bedauerte unsoziale Konsequenzen dieser Ordnung bzw. der diese beherrschenden »natürlichen Gesetze« werden als unausweichlich betrachtet.

4. Vielleicht am deutlichsten zeigt sich die soeben erwähnte Haltung in *Ricardos Lohntheorie*. Es ist bekannt, daß diese einerseits aufs engste mit seiner Werttheorie in Zusammenhang steht und zum anderen — wie namentlich aus der ihr später von *F. Lassalle* verliehenen einprägsamen Bezeichnung »ehernes Lohngesetz« hervorgeht — die These von der unter sonst gleichen Umständen unabänderlichen Fluktuation der Löhne um das Existenzminimum zum Inhalt hat. Doch bevor das etwas näher erläutert wird, sei auf folgendes hingewiesen:

Obgleich auf den ersten Blick die Ansicht, die den ökonomisch allerschwächsten Schichten eine Art Wohlfahrtsunterstützung sichernden sogenannten »Armengesetze« müßten, wenn auch im langfristigen Eigeninteresse der Armen selbst, abgeschafft werden und die Identität des Lohnes mit dem Existenzminimum stelle — sc. im Rahmen der wohl ebenfalls als »ewig« geltend angesehenen Wirtschaftsord-

---

[9] So bezeichnet *H. Waentig* in seiner Einführung zu der deutschen Ausgabe der »Grundsätze« (2. Aufl., Jena 1921, S. XIX) in Übereinstimmung mit vielen seiner Zeitgenossen *Malthus* als »ausgesprochenen Empiriker«.
[10] *Schumpeter* (a. a. O., S. 60, Anm. 1) vertritt die ihrerseits m. E. zu weitgehende Auffassung, man habe *Malthus* »ganz mit Unrecht« in einen methodischen Gegensatz zu *Ricardo* gestellt.

nung – eine als solche anzuerkennende Zwangsläufigkeit dar, als »unsozial« oder »herzlos« erscheinen mag, wäre eine solche Schlußfolgerung doch sowohl für *Ricardo* als auch für *Malthus,* der ja die gleichen Auffassungen vertrat, unrichtig. In der Tat war *Ricardo,* wie *Lord Robbins* betont hat[11], ebensowenig wie etwa *James Mill* »defender of subsistence wages«, vielmehr wünschte und hoffte er, die Lage der arbeitenden Klasse würde sich durch eine freiwillige Geburtenbeschränkung verbessern; woraus zugleich hervorgeht, daß in seine Lohntheorie sowohl Elemente der *Malthus*schen Bevölkerungslehre als auch solche der Lohnfondstheorie eingegangen sind.

5. Entscheidend aber ist, wie schon angedeutet, *Ricardos* allgemeine *Werttheorie.* Sie ist eine objektivistische und zugleich eine Arbeitswert-Theorie, und zwar in weit strengerem Sinne, als das etwa von der *Smith*schen Theorie behauptet werden könnte, wenngleich es auch bei *Ricardo* an letzter Konsequenz fehlt. Ähnlich wie *Smith* unterscheidet *Ricardo* Gebrauchs- und Tauschwert der Güter. Dabei gilt sein eigentliches Interesse dem Tauschwert, und in bezug auf diesen wiederum vor allem demjenigen von Gütern, die nicht »selten« i.e.S., sondern technisch reproduzierbar sind und die die Hauptmasse der auf dem Markt angebotenen und nachgefragten Waren bilden.

Bei letzteren ist »Nützlichkeit« zwar Voraussetzung, nicht aber (wie beim Gebrauchswert) Bestimmungsgrund des Tauschwertes, und im Gegensatz zu Seltenheitsgütern kommt es auf persönliche Kaufkraft und -neigung der Nachfrager nicht an. Reproduzierbare Güter tauschen sich vielmehr — »fast« ausschließlich — nach Maßgabe der in ihnen verkörperten Arbeitsmengen. Damit ist zugleich bereits gesagt, daß *Ricardo* sich primär für *relative* (Tausch-)Werte interessiert, und ferner, daß für ihn die Arbeit nicht sowohl Ursache als vielmehr Maßstab (Index) des Wertes ist. Vollkommen gilt das Tauschgesetz freilich nur für eine Wirtschaft, in der es lediglich zwei Faktoren: Arbeit und Land, gibt. Das Hinzutreten von Kapital i.e.S. bewirkt dagegen via die Notwendigkeit, Profit bzw. Zins für stehendes Kapital zu berücksichtigen, gewisse, aber keine grundsätzlich bedeutsamen Abweichungen von der Regel. Daß die Grundrente keinen Bestandteil des Wertes bildet, hängt mit der unten (s. Ziffer 6) erörterten Rententheorie *Ricardos* sowie mit seiner Ansicht zusammen, daß nur diejenigen Produkte berücksichtigt zu werden brauchen, die auf (rentelosen) Grenzböden erzeugt werden. Die Unterschiedlichkeiten in bezug auf die Qualifikation der Arbeit werden – nur zum Teil in Vorwegnahme des

---

[11] *L. Robbins:* The bicentary of David Ricardo, »The Financial Times«, April 17, 1972.

*Marx*schen Gedankens der »gesellschaftlich notwendigen Arbeit« – dadurch hinwegeskamotiert, daß auf »erforderliche« oder »nützliche« Arbeit abgestellt wird[12].

Ähnlich wie schon bei *Smith* wird auch bei *Ricardo* zwischen »natürlichem« und »Marktpreis« sowie entsprechend zwischen »natürlichem« und »Marktlohn« unterschieden. Da er, wie alle Klassiker, primär an langfristigen Phänomenen bzw. Entwicklungen interessiert ist, beschäftigt er sich vor allem mit den »natürlichen« Preisen bzw. Löhnen. Was die Marktpreise(-löhne) betrifft, so oszillieren sie um die langfristigen Werte — länger dauernde Abweichungen werden durch das Spielen des Konkurrenzmechanismus verhindert. Immerhin hat aber *Ricardo* an einigen Stellen seines Werkes — ähnlich wie (was gelegentlich übersehen wird) später *Marx* – die Möglichkeit einer relativ dauerhaften Steigerung des Marktlohnes über seine »natürliche« Rate hinaus für wachsende Volkswirtschaften nicht in Abrede gestellt.

Die *Konkurrenz* spielt generell eine entscheidende Rolle im ricardianischen System. Ihren Hauptvorteil erblickt der Autor darin, daß sie, modern ausgedrückt, zur optimalen Allokation der gesamtwirtschaftlichen Ressourcen führt, und zwar ohne daß es staatlicher Eingriffe bedürfte. Nicht zuletzt dank dem Wettbewerb herrscht weitestgehende, allerdings — anders als etwa später bei *Bastiat* — nicht vollkommene Interessenharmonie; nicht vollkommene, denn wenn nach *Ricardo* auch die Verfolgung des Eigeninteresses im allgemeinen zugleich für das Gemeinwohl förderlich ist, so wird von ihm doch das Vorhandensein von klassenmäßigen Interessengegensätzen keineswegs geleugnet. Diese beschränken sich jedoch auf Lohnempfänger und »Kapitalisten« i.e.S., während die Grundbesitzer- und Arbeiterinteressen sich in keinem Konfliktverhältnis zueinander befinden. Um das zu verstehen, bedarf es einer kurzen Erläuterung der ricardianischen *Grundrententhoerie*, die nicht zu Unrecht als eine seiner bedeutendsten Leistungen gilt, obwohl Ansätze zu ihr schon bei einigen früheren Schriftstellern (etwa *Anderson* und *West*) anzutreffen sind.

6. Zu den entscheidenden *Hypothesen,* auf denen die Rententheorie *Ricardos* beruht, gehören (1) die Geltung des malthusianischen Bevölkerungsgesetzes, demzufolge die Individuen die Tendenz haben, sich über den Nahrungsspielraum hinaus zu vermehren, sofern dem nicht prophylaktisch oder repressiv Einhalt geboten wird, (2) die Gültigkeit

---

[12] Der wenn nicht einzige, so doch wichtigste Unterschied zwischen den Wertlehren von *Ricardo* und *Marx* ist u. a. klar von *Schumpeter* (a. a. O., S. 83–84) hervorgehoben worden.

des sogenannten Gesetzes vom abnehmenden Bodenertragszuwachs (auch dies nicht etwas »Neues«, sondern mindestens seit *Turgot* bekannt), (3) die Annahme, daß aller kultivierbarer Boden tatsächlich bebaut wird, (4) gleichbleibender Stand der Agrartechnik sowie (5) die Voraussetzung, daß die Inanspruchnahme der landwirtschaftlich nutzbaren Böden sukzessive nach Maßgabe der Abnahme ihrer relativen Fruchtbarkeit erfolgt. Darüber hinaus wird, wie bereits oben angedeutet, das Vorherrschen des Pachtsystems in der Landwirtschaft unterstellt.

Unter diesen Umständen nun kann bzw. muß es nach *Ricardo* zur Entstehung *differentieller* Grundrenten kommen — für eine absolute, d. h. stets auf allen Böden erzielbare Rente gibt es nur unter ganz bestimmten Umständen eine Möglichkeit, aber auch dann werden — daneben — Differentialrenten fortbestehen. Beschäftigen wir uns lediglich mit diesen, so erscheint die Rente in drei Gestalten: der *Fruchtbarkeits-*, der *Intensitäts-* und der *Lagerente*.

Ungeachtet mancher kleinerer Unterschiede ist die Entstehung bzw. Erhöhung der Rente in allen drei Fällen auf die gleichen Umstände und Tatsachen zurückzuführen: Von einem bestimmten Punkte an hat die ihrerseits durch die Zunahme der Bevölkerung zu erklärende Steigerung der Nachfrage nach landwirtschaftlichen Erzeugnissen zur Folge, daß entweder von der ausschließlichen Bebauung der fruchtbarsten, und das heißt zugleich: kostengünstigsten Böden zu der Bearbeitung relativ weniger fruchtbarer, die höhere Erzeugungskosten implizieren, oder zu intensiverer Bearbeitung der besten Böden, die von einem bestimmten kritischen Punkt ab sinkende Ertragszuwächse liefert, oder schließlich zur Inanspruchnahme von Böden übergegangen werden muß, die entfernter vom Nachfragezentrum liegen und daher ceteris paribus höhere Transportkosten für die Produkte bedingen. Je nach den Kostenunterschieden bilden bzw. erhöhen sich die Renten. Da nach *Ricardo* die »Grenzböden«, d. h. die unter den ungünstigsten Bedingungen bearbeiteten, mit ihren (relativ höchsten) Kosten den Produktpreis bestimmen, der wegen der vorausgesetzten vollkommenen Konkurrenz einheitlich ist, die »Grenzböden« aber gerade rentenfrei sind, kann der Preis landwirtschaftlicher Erzeugnisse keine Rente enthalten. M.a.W.: die Rente ist nicht Preisbestimmungsfaktor, sondern Folge der Tatsache, daß unterschiedlichen Erzeugungskosten ein einheitlicher Verkaufspreis gegenübersteht.

7. Von hier aus öffnet sich auch das Verständnis für das ricardianische *Grundgesetz der* (sc. funktionalen oder kategorialen) *Verteilung:* Unter den gemachten Voraussetzungen muß die *Grundrente* langfristig

absolut und relativ steigen — ihr *Anteil* am realen Sozialprodukt *wächst* also. Was den *Lohn* anlangt, so bleibt sein *Anteil konstant*. Aus diesen beiden Feststellungen ergibt sich dann als logische Konsequenz, daß der *Profitanteil* zum *Sinken* verurteilt ist. Es sind durchaus Bedingungen vorstellbar, unter denen der Profit die Nullgrenze erreicht, wovon aber nicht der Lohnempfänger, sondern nur der Grundeigentümer profitieren würde; die Konsequenz wäre, da ohne Profit kein Anreiz zur (sc. privaten) Kapitalbildung mehr bestünde, der Übergang zu einer stationären Wirtschaft, wie sie etwa *J. St. Mill* als nicht nur denkbar, sondern sogar als erwünscht bezeichnet hat — im schroffen Gegensatz zu manchen modernen »Wachstumsfanatikern«, die freilich ihrerseits bereits eine Reihe ernst zu nehmender Gegner gefunden haben[13]. Im übrigen ist hervorzuheben, daß *Ricardo* zwar das Lageelement für die Bildung von Renten nicht völlig übersehen, aber das gegenwärtig für zahlreiche »affluent societies« so bedeutsame Phänomen der — nur teilweise inflationsbedingten — chronischen, starken Steigerung der *städtischen* Grundrente fast ganz vernachlässigt hat. Und schließlich ist kritisch anzumerken, daß die an sich als möglich angenommene Veränderung, genauer: Verbesserung der landwirtschaftlichen Produktionstechnik, die in den fortgeschrittenen Volkswirtschaften zu sinnlosen Überschüssen und problematischen Bemühungen, dieser Herr zu werden, geführt hat und die bei vernünftiger Wirtschaftspolitik die Hungersnotgefahr in allen Entwicklungsländern bannen könnte, von *Ricardo* nicht gebührend berücksichtigt wurde (vielleicht: noch nicht werden konnte).

8. Wohl aber hat *Ricardo,* als einer Art Analogen zur ländlichen Grundrente, der *Bergwerksrente* ein — wenn auch nur kurzes, in der vorliegenden Ausgabe beiseite gelassenes — Kapitel gewidmet. Er selbst hat zutreffend bemerkt, daß theoretisch keine prinzipiellen Unterschiede zwischen Grund- und Bergwerksrente beständen. Jedoch ist hervorzuheben, daß sich in diesem Kapitel Ausführungen über das *Geld* finden, die *Ricardo* als Anhänger einer Produktionskostentheorie kennzeichnen. Es ist erstaunlich, daß ein so scharfsinniger Geist, der doch, wie bereits erwähnt, als optimales Geldsystem das einer Banknotenumlaufswährung ansieht, freilich mit voller »Deckung« der Noten — durch Goldbarren —, sich so wenig über die faktischen Institu-

---

[13] Eine nicht nur für Anfänger lehrreiche Kritik an den immer noch die Mehrheit unserer Nationalökonomen bildenden blinden Befürwortern eines unqualifizierten Wachstums hat bereits vor längerer Zeit in vorbildlicher Weise *Preiser* geübt. Siehe *E. Preiser:* Wirtschaftliches Wachstum als Fetisch und Notwendigkeit, in der Aufsatzsammlung dieses Autors »Wirtschaftspolitik heute«, München 1967, S. 142 ff., und daneben u. v. a. etwa *W. Leontief:* The New Outlook in Economics, University of York, 1967.

tionen der Welt, in der er lebte, hinwegzusetzen vermochte, daß er ungeachtet mancher »Wenns« und »Abers« im Grunde doch Geld und Edelmetallmünzen identifizierte; deren Wert aber hängt nach ihm von denselben Regeln ab, die denjenigen aller Rohprodukte und gewerblichen Fabrikate bestimmen. Wenn Banknoten eine Erfüllung der Geldfunktionen ermöglichen, dann deshalb, weil ihre (vorausgesetzte) Einlösbarkeit eine Beschränkung ihrer Umlaufsmenge impliziert und damit sichert, daß ihr »Wert« dem des Einlösungsgutes (Gold) stets gleich ist (s. oben S. 13). Daß in diesen Gedanken Richtiges steckt, kann nicht geleugnet werden. Dennoch ist die Produktionskostentheorie – die ja erstaunlicherweise auch von *Marx* noch vertreten wurde[14] – ein selbst nach Maßgabe der zu *Ricardos* Zeiten herrschenden tatsächlichen Verhältnisse äußerst unbefriedigender Erklärungsversuch – ein Zeitgenosse *Ricardos*, der Leipziger Philosophie-Professor *W. T. Krug*, hat in seinem »Beitrag zur Theorie des Geldes«[15] in vieler Hinsicht weit fortschrittlichere Ansichten über das Wesen des (sc. uneinlöslichen!) Papiergeldes entwickelt.

Ergänzend sei bemerkt, daß *Ricardo* bei seinem Bemühen zu ermitteln, bei welchem von zwei miteinander verglichenen Gütern die Veränderung des »wirklichen Wertes« eingetreten ist, wenn sich ihre relativen Werte ändern, durchaus die Notwendigkeit erkennt, irgendeinen »unveränderlichen Normalmaßstab« zu haben. Als solcher käme natürlich das Geld oder, wie ich es ausdrücke[16], die naturale Bedeutung der Geldeinheit in Betracht. Wenn man aber, wie *Ricardo*, einerseits im Grunde doch einer vollkommen *metallistischen Geldtheorie* anhängt und andererseits die Wertbildung des Geldsubstrats (= Gold) denselben Regeln unterworfen sein läßt wie die aller sonstigen Güter, so ist die Schlußfolgerung unausweichlich, daß »weder Gold noch irgendein

---

[14] Es war *Hilferding*, der als erster (Austro-)Marxist eine den modernen Geld- und Kreditverhältnissen adäquate sozialistische Lehre entwickelte. Siehe R. *Hilferding:* Das Finanzkapital, Wien 1910, Neudruck Berlin 1947.

[15] Diese Abhandlung findet sich in *W. T. Krug:* Kreutz- und Queerzüge eines Deutschen auf den Steppen der Staats-Kunst und Wissenschaft, Leipzig 1818, S. 120–141; siehe u. a. etwa die Bemerkung (S. 137), die »Realisierbarkeit« des Papiergeldes bestehe »keineswegs darin, daß man es stets und überall in Metallgeld verwandeln könne«, da auch das Metallgeld »uns nichts helfen (würde), wenn wir nicht andere werthvolle Dinge dafür haben könnten«. Allerdings ist auch *Krug*, wie *Ricardo*, davon überzeugt, daß Papiergeld »nur in und für den Staat, der es geschaffen und verbürgt hat«, Geltung besitzen könne; der Gedanke, Papiergeld i. w. S. – von Bankgeld zu schweigen – könnte ein wichtiges internationales Zahlungsmittel werden, war, da zu sehr in Widerspruch mit den zeitgenössischen Institutionen und Gepflogenheiten stehend, für beide Verfasser denn doch noch zu fernliegend.

[16] Siehe *F. Neumark:* Bemerkungen zum Streit um die Staatliche Theorie des Geldes, »Jahrbücher f. Nationalökonomie und Statistik«, Bd. 122, 1924, S. 52 ff., bes. S. 59 bis 64.

anderes Gut jemals einen vollendeten Wertmaßstab für alle Dinge bilden« kann, und es ist von einem solchen Standpunkt aus kein befriedigender Ausweg, »das Geld [...] als unveränderlich *an(zu)nehmen* und infolgedessen alle Preisveränderungen als durch irgendwelche Veränderungen desjenigen Gutes verursacht (zu) betrachten«, von welchem man gerade spricht (alle Zitate im Kap. 1, Abschn. 6).[17]

9. Weitere mit Recht zu dogmengeschichtlicher Berühmtheit gelangte Theorien *Ricardos* sind seine Zahlungsbilanz- und seine *Außenhandelstheorie*.

Was letztere betrifft, so liegt ihr Fortschritt gegenüber den *Smith*schen Lehren hauptsächlich darin, daß *Ricardo* begründet, daß und warum neben zwischenstaatlichen Warenbewegungen, die durch *absolute* Kostenunterschiede bedingt sind, auch solche eine bedeutsame Rolle spielen, die auf relative oder *komparative Kostenunterschiede* zurückgehen. Ungeachtet aller Verfeinerungen, die diese Lehre insbesondere im Laufe des letzten Menschenalters erfahren hat[18], ist ihre Grundidee unerschüttert geblieben. Sie wird anhand des eben deshalb berühmt gewordenen englisch-portugiesischen Handelsvertrags (sog. *Methuen*-Vertrag) — Austausch von portugiesischem Wein gegen britisches Tuch — geschildert und besteht in dem Nachweis, daß selbst dann, wenn ein Land in bezug auf zwei Güter einem anderen Lande kostenmäßig überlegen ist, ein Warenaustausch, und zwar für beide, vorteilhaft ist, sofern nur die relative kostenmäßige Überlegenheit des einen Landes in bezug auf das eine Gut größer ist als in bezug auf das andere Gut, für welches das Partnerland demgemäß dann einen komparativen Vorteil besitzt. Daß dieser Gedanke zwar richtig ist, aber insofern eine unvollständige Lehre darstellt, als damit noch nichts ausgesagt ist über die Aufteilung des aus dem unter solchen Bedingungen sich ergebenden Gesamtvorteils auf die beiden beteiligten Länder, wurde erst später erkannt, zuerst — wenigstens andeutungsweise — in der »Theorie der internationalen Werte« von *J. St. Mill*.

10. Zu den Hypothesen, auf denen *Ricardos* Theorie der komparativen Kosten beruht, gehören u. a. die Gültigkeit seiner Arbeitswertlehre sowie das Walten vollkommener Konkurrenz (und demgemäß das Be-

---

[17] Vgl. in diesem Zusammenhange (wie auch sonst) die Ausführungen von *Joan Robinson:* Doktrinen der Wirtschaftswissenschaft, deutsche Ausgabe München 1965, hier S. 42 f.
[18] Vgl. den kurzen Überblick über die neuere Entwicklung der Außenhandelslehren bei *R. Funck:* Außenwirtschaft, im »Kompendium der Volkswirtschaftslehre«, herausgegeben von *Ehrlicher, Esenwein-Rothe, Jürgensen* und *K. Rose*, Bd. 2, Göttingen 1968, S. 61 ff., bes. 64 ff.

stehen des von ihm wie zuvor von *Smith* postulierten Freihandels).
Diese Hypothesen liegen gleichermaßen seiner Lehre vom (quasi-) *automatischen Handelsbilanzausgleich* zugrunde. Es gibt für *Ricardo* unter den von ihm gemachten Annahmen immer nur kurzfristige Störungen des außenwirtschaftlichen Gleichgewichts, und sie manifestieren sich in Bewegungen der Wechselkurse. Normaliter vollzieht sich der Warenhandel zwischen zwei Ländern so, als ob es gar keine Edelmetalle mit Geldfunktionen gäbe. Entsteht jedoch aus irgendwelchen Gründen zeitweilig ein Ungleichgewicht der Handelsbilanz eines Landes in Gestalt eines Importüberschusses — wird die Bilanz also, um den von den Klassikern und noch den »modernsten« Theoretikern verwendeten merkantilistischen Ausdruck zu gebrauchen, für dieses Land »ungünstig« —, so steigen die Devisenkurse so stark, daß über kurz oder lang Edelmetallexporte des Defizitlandes zur Bezahlung des Wareneinfuhrüberschusses vorteilhaft werden. Diese Goldbewegungen haben im bisherigen Wareneinfuhrüberschußland deflatorische, im Goldimportland inflatorische Konsequenzen. Infolgedessen wird für das Land mit der bislang »ungünstigen« Handelsbilanz die Warenausfuhr gefördert, die Wareneinfuhr erschwert, und das genaue Spiegelbild dieser Tendenzen ist in dem Partnerland zu beobachten. So werden durch die Edelmetallbewegungen »automatisch« Preisveränderungen und daraus resultierende Warenströme ausgelöst, die das Ungleichgewicht der Handelsbilanz beseitigen und den Wechselkurs wieder auf seine alte Parität bringen. Unnötig zu sagen, daß diese, unter den gemachten Hypothesen weitgehend zutreffende Theorie in dem Maße an Anwendungswert verliert, wie in den beiden Ländern keine echte Goldwährung besteht, Waren- und Kapitalbewegungen Beschränkungen unterliegen und die Quantitätstheorie des Geldes sich als gänzlich oder partiell unrichtig erweist.

11. Von besonderem Interesse scheint mir jenes Kapitel der »Principles« (Kap. XX) zu sein, das sich mit den *Unterscheidungsmerkmalen* (»their distinctive properties«, heißt es im Original) *von »Wert« und »Reichtum«* befaßt. Nicht, daß alles, was sich darüber bei *Ricardo* findet (und zum Teil von *Smith* stammt), nach heutiger Auffassung (noch) zutreffend wäre. Aber die in neuerer Zeit aufgekommenen Zweifel daran, ob das in monetären Größen ausgedrückte Je-Kopf-Einkommen (oder -Sozialprodukt) einen adäquaten Ausdruck des »Wohlstands« oder der »Wohlfahrt« darstellt[19], vermögen m. E. durch eine aufmerksame Lektüre der einschlägigen Darlegungen *Ricardos* in fruchtbarer Weise verstärkt zu werden. Insbesondere läßt sich das, was nicht bloß

---

[19] Vgl. dazu u. a. *F. Neumark:* Wandlungen in den Auffassungen vom Volkswohlstand, »Frankfurter Universitätsreden«, Heft 28, Frankfurt/M. 1962, S. 28–51.

terminologisch, sondern sachlich in dem Gegensatzpaar Gebrauchswert — Tauschwert steckt, für jene Diskussion nutzbar machen. Und daneben verdient Beachtung, was *Ricardo* über die zwei Möglichkeiten gesagt hat, den »wealth« eines Landes zu vermehren, nämlich einmal die Verwendung eines größeren Teils des Einkommens als zuvor für produktive Arbeit, was Menge *und* Wert der Gütermasse erhöhen würde, zum andern die rationellere Ausnutzung der vorhandenen Arbeitskräfte, was zwar lediglich das Quantum und nicht auch den Wert der Güter steigern würde, aber nach *Ricardos* mit zutreffenden Argumenten begründeter Ansicht die den Vorzug verdienende Methode wäre.

12. Wie bereits oben erwähnt, enthalten die »Principles« ungeachtet ihres Titels keine systematische und vollständige *Steuertheorie. Shoup* hat in seiner Monographie (op. cit., p. 8) betont, daß in den ersten sieben Kapiteln des Werkes »the laws of distribution in a taxless state« behandelt seien, während die folgenden elf Kapitel untersuchten, wie das Wirken jener Verteilungsgesetze durch »the impact of taxation« modifiziert werde. Obwohl *Ricardo* auch in den Teilen der »Principles«, die Steuerfragen gewidmet sind, sich oft an *Smith* anlehnt bzw. sich auf diesen beruft, sind doch in methodischer und bisweilen auch in inhaltlicher Hinsicht mehrere Unterschiede zwischen den beiden Autoren vorhanden. Vor allem: weit stärker als *Smith* zeigt sich *Ricardo* an der ökonomischen Analyse der Wirkungen bestimmter Einzelsteuern interessiert, und der geschichtlichen Wirklichkeit entnommene Daten spielen bei ihm kaum eine Rolle.

Auf *Adam Smith* berühmte vier »Grundsätze der Besteuerung« nimmt *Ricardo* nicht systematisch, vielmehr nur implicite hier und da Bezug, doch kann auf Grund seiner Anführung dieser Grundsätze (zu Beginn des XII. Kapitels) unterstellt werden, daß er sie billigte. Ausdrücklich hat er sich zu der von ihm als »golden maxime« bezeichneten Ansicht *J. B. Says* bekannt, derzufolge die beste Steuer die niedrigste ist. In der Tat ist *Ricardo* in bezug auf steuerpolitische Maßnahmen der ultraliberalen Überzeugung, sie seien ökonomisch irrationale Eingriffe in den Marktprozeß, und im Hinblick auf die vielleicht bisweilen politisch unvermeidliche Verwendung ihrer Erträge für prinzipiell »unproduktive« Zwecke sei Steuerpolitik nichts denn eine Wahl zwischen verschiedenen Übeln. Dabei gilt ihm als komparativ schlechteste diejenige Abgabe, die zu einer Beeinträchtigung des Sparwillens und (damit) der (privaten) Kapitalbildung führt. Im Prinzip aber betrachtet er *jede* Steuer als »an obstacle opposed to production« (wie es in einem von *Shoup,* op. cit., p. 45, angeführten Brief an *Trower* heißt), und das bedeutet ein scharfes Verdammungsurteil von jemandem, der so ausgesprochen produktions- bzw. wachstumsfreundlich war wie *Ricardo* und in dieser Beziehung unter dem (bisweilen übermäßigen) Einfluß von *McCulloch* stand.

Besonderen Nachdruck legt er auf die Frage, ob *eine Steuer aus dem Kapital* (Vermögen) *oder aber aus dem Ertrag* (Einkommen) *entrichtet* wird. Hier finden sich erste Ansätze zu dem, was man heute als verhaltenstheoretische oder steuerpsychologische Forschung zu bezeichnen pflegt und wofür die Arbeiten *Katonas* einer-, *Schmölders*' und seiner Schüler andererseits als Beispiele angeführt werden können. Bedeutsam ist in diesem Zusammenhange, daß *Ricardo* nachdrücklich der (nicht nur zu seiner Zeit) verbreiteten Ansicht entgegentritt, eine Steuer sei eine Einkommen- oder eine (sc. »reale«) Vermögensteuer, wenn ihre individuelle Höhe sich nach Einkommen oder Vermögen richte; er macht demgegenüber den zwischen der heute so genannten Steuerbemessungsgrundlage und der Steuerquelle bestehenden Unterschied ganz deutlich.

Wichtiger aber ist, daß *Ricardo,* wie angedeutet, den *ökonomischen Reaktionen der Steuerpflichtigen* so großen Wert bemißt und etwa betont, daß und warum diese Reaktionen bei gleichem Steueraufkommen ganz verschieden sind, je nachdem ob — in heutiger Terminologie — der Substitutions- oder der Einkommenseffekt überwiegt, in welchem Zusammenhange auch das »Anspruchsniveau« in seiner Bedeutung für das Verhalten der Pflichtigen richtig eingeschätzt wird. In der Tat: der Umstand, daß die meisten Abgaben aus dem Einkommen gezahlt werden, erklärt sich nach *Ricardo* in erster Linie aus dem »desire which every man has to keep his station in life, and to maintain his wealth at the height which it has once attained«. In diesem Zusammenhange ist von den Erbschaftsteuern die Rede, die *Ricardo* hauptsächlich deshalb als besonders nachteilige Abgaben ansieht, weil sie seines Erachtens regelmäßig aus dem Kapital entrichtet werden und infolgedessen »diminish the future production of the country«. Er bezieht sich vor allem auf die »legacy duty«, die in mancher Hinsicht, anders als die später als reine Nachlaßsteuer ausgebildete »estate duty«, einer Erbanfallsteuer verglichen werden kann — aber eben doch nicht ganz, da der Erblasser nicht selbst Steuerzahler war, sondern die ihm zufallende Summe erst nach Abzug der Abgabe durch den Nachlaßverwalter ausbezahlt bekam. *Ricardo* meint, daß unter diesen Umständen ein Erbe, der von einer Erbschaft in Höhe von 1000 Pfund nach Absetzung von 100 Pfund Steuer einzusparen, wie das der Fall wird, wenn er den Vermögenszuwachs betrachten und folglich nicht versuchen würde, die 100 Pfund Steuer einzusparen, wie das der Fall wird, wenn er den

Bruttobetrag der Erbschaft von 1000 Pfund erhielte und die 100 Pfund Steuern ihm in Form von Abgaben auf Wein oder/und andere Verbrauchs- bzw. Gebrauchsgegenstände abverlangt würden.

In besonders engem Zusammenhange mit seinen allgemein-wirtschaftstheoretischen Ansichten stehen — analog zu den physiokratischen Lehren vom »impôt unique« und der alleinigen Produktivität der Landwirtschaft — die ricardianischen Ausführungen zur Renten- und zur Lohnsteuer.

Hinsichtlich der *Lohnbesteuerung* folgen *Ricardos* Steuerargumente sämtlich aus seiner oben skizzierten (»pessimistischen«) Lohntheorie: Wenn wirklich der (Real-)Lohn langfristig nur zur Aufrechterhaltung einer vorgegebenen Arbeitskräftezahl ausreicht, so kann er offensichtlich keine fiskalische Verkürzung erfahren, und zwar weder durch eine unmittelbar auf den Lohn gelegte Abgabe noch durch indirekte Verbrauchsteuern auf Necessaria. Alle derartigen Abgaben müssen vielmehr letztlich (via Nominallohnerhöhungen) vom Unternehmer als solchem bzw. der Masse der Konsumenten (einschließlich der Unternehmer-Verbraucher) getragen werden. Allerdings ist *Ricardos* Argumentation, und zwar sowohl hier als auch bei der Analyse der Wirkungen von Abgaben auf Rohmaterialien, weit komplizierter, z. T. auch widerspruchsvoller, als das aus den soeben gemachten Andeutungen herausgelesen werden könnte. Besonders bemerkenswert ist, daß hier und da neben den für das malthusianische Bevölkerungsgesetz bedeutsamen Faktoren der Umstand berücksichtigt wird, daß aus der Verwendung der Erträgnisse einer Lohnsteuer (oder auch einer die qualifizierten und folglich höher entlohnten Arbeiter treffenden Besteuerung von Genußgütern) u. U. eine zusätzliche Nachfrage nach Arbeitskräften vom Staat resultieren kann, freilich nach Arbeitskräften, die seines Erachtens, wie schon früher erwähnt, prinzipiell »unproduktiv« beschäftigt werden. Im übrigen bieten die Ausführungen *Ricardos* über die Lohnbesteuerung Beispiele dafür, daß er — hier wie auch sonst — bei seiner an sich durchaus zu rechtfertigenden Bevorzugung des »long-runs« die kurzfristigen Effekte unterschätzt oder gar vollkommen vernachlässigt, so daß nicht zuletzt auf ihn die bekannte Warnung *Keynes* zutrifft, über der langfristigen Analyse nicht die banale Tatsache zu vergessen, daß »in the long run, we are all dead«.

Was *Steuern auf die Grundrente* anlangt, so werden sie nach *Ricardo* ausschließlich vom Grundeigentümer getragen, der sie nicht abwälzen und nicht auf diese Weise eine Steigerung der Preise landwirtschaftlicher Erzeugnisse bewirken kann. Die Nichtabwälzbarkeit resultiert mit logischer Notwendigkeit aus *Ricardos* Differentialrententheorie; denn da der »Grenzboden«, dessen (relativ höchste) Einheitskosten für die Preisbildung entscheidend sind, keinerlei Rente abwirft, ist auch eine auf diese gelegte Abgabe, die ja vom Eigentümer des »Grenzbodens« wegen Fehlens des Steuerobjekts gar nicht gezahlt zu werden braucht, kein Kosten- und Preisbildungselement. Überdies hat eine Grundrentensteuer den Vorteil, die Produktionsanreize nicht zu beeinträchtigen – ein Vorteil, der zuerst von *Smith* betont, aber implicite auch von *Ricardo* anerkannt wurde. Letzterer macht jedoch insofern Einschränkungen, als er sich gegen die diskriminatorische, d. h. nicht auch auf alle anderen Einkunftsarten sich erstreckende spezielle Besteuerung des Einkommens von Grundeigentümern wendet, da dieses Einkommen ja neben Rente im engeren Sinne Profite auf das im Boden investierte Kapital umfasse und die Grundrentensteuer daher *insofern* doch ein »disincentive« für die Landwirtschaft darstelle. Abgesehen davon verletzt nach *Ricardos* Ansicht vor allem eine auf die Hausrente gelegte Abgabe das auch von ihm nachdrücklich bejahte Allgemeinheitspostulat der Besteuerung, das er von *Smith* übernimmt. Während man aber bei diesem noch der Meinung sein konnte, er betrachte eine Steuer auf Rente (wenn auch auf die Grundrente im engeren Sinne) als »gerecht«, weil »unverdientes Einkommen« belastend, findet sich in *Ricardos* XIV., der Haussteuer gewidmetem Kapitel der für ihn und zahlreiche andere Liberale klassischer wie neoklassischer Observanz charakteristische Satz, die Rente fließe häufig »solchen Leuten (zu), welche nach jahrelanger Arbeit ihren Verdienst realisiert und ihr Vermögen zum Kaufe von Land und Häusern verwendet haben«, und die ungleiche Besteuerung wäre eine »Verletzung des Prinzips der Sicherheit des Eigentums«, das »immer hochgehalten werden sollte«. Es sei hinzugefügt, daß *Ricardo*, in dieser Hinsicht weitestgehend in Übereinstimmung mit *Adam Smith*, die ungünstigen Einflüsse solcher diskriminatorischen Steuern (wie auch der heute so genannten Kapitalverkehrsteuern) auf die optimale Ressourcenallokation hervorhebt und kritisiert.

Abschließend sei in diesem Zusammenhange folgendes bemerkt: Wie u. a. auch von *C. Shoup* (op.cit., p. 221 f.) betont worden ist, hat *Ricardo* sich mit den Problemen einer modernen (tendenziell) *alle* Einkünfte umfassenden *Einkommensteuer* so gut wie nicht beschäftigt. Das hängt wahrscheinlich weniger damit zusammen, daß zur Zeit des Erscheinens der »Principles« die während der napoleonischen Kriege (zuerst 1799) erhobene britische »Income Tax« kurz zuvor (1816) abgeschafft worden war, als mit der Tatsache, daß die zweite, 1803 (wieder-)eingeführte Art der Einkommensteuer den analytischen Typ verkörperte, der sich auch bei der dritten, nunmehr faktisch definitiven Rezeption der Steuer (1842) lange Zeit — man kann sagen: bis 1920[20] — erhielt. Denkt man demgemäß in den alten voneinander isolierten »schedules«, so kann man vielleicht *Ricardos* Kapitel, die sich mit Lohn-, Profit sowie Land- und Haussteuern beschäftigen, als eine wenn auch »partialanalytische« Untersuchung der Einkommenbesteuerung ansehen, wie das *Shoup* zu tun geneigt ist. Da aber immerhin *Ricardo* die wenigstens im Ansatz synthetische *Pitt*sche »Income Tax« von 1799 bis 1802 gekannt haben muß, bleibt als letzter Erklärungsversuch dieser »Unterlassungssünde« die Möglichkeit, daß *Ricardo* sich lediglich mit den Hauptsteuern befassen wollte, die unter »normalen«, d. h. friedensmäßigen Bedingungen zu seiner Zeit erhoben wurden, während die Einkommensteuer ja eine typische Kriegsmaßnahme war. Daß freilich weder er noch vor ihm *Smith* eine mit Deklarationszwang verbundene allgemeine persönliche Einkommensteuer begrüßt hätte, geht nicht zuletzt aus jenen Abschnitten hervor, in denen sich die beiden englischen Liberalen nachdrücklich gegen das Eindringen von Steuerbeamten in die private oder, wie man heute gern sagt, die »Intimsphäre« der Individuen wenden[21].

IV.

Die vorangehende kurze Einführung in das *Ricardo*sche Werk konnte und sollte nur einige wenige Hinweise auf wichtige Gedanken und die Verfahrensweise des klassischen Denkers geben, der noch immer einen bedeutenden Platz in der Geschichte der volkswirtschaftlichen Lehrmeinungen einnimmt. Einleitend wurde einer der Gründe dafür erwähnt, daß das dogmenhistorische Interesse an diesem Werk sich gerade im Laufe der letzten ein, zwei Jahrzehnte wiederbelebt hat: die Renaissance des Marxismus. Daneben dürfte mitspielen, daß *Ricardo* in einem für seine Zeit überdurchschnittlichen Maße »reine« Wirtschaftstheorie und folglich Modellkonstruktion betrieb, wie sie seit einem Menschenalter die Nationalökonomie international (wieder) beherrscht[22].

[20] Für Einzelheiten siehe F. *Neumark:* Theorie und Praxis der modernen Einkommensbesteuerung, Bern 1947, S. 169 ff., und die dort angeführte englische Literatur.
[21] Vgl. dazu F. *Neumark:* Grundsätze gerechter und ökonomisch rationaler Steuerpolitik, Tübingen 1970, § 8: »Der Grundsatz der Minimierung steuerlicher Eingriffe in die Privatsphäre und in die wirtschaftliche Dispositionsfreiheit von Individuen«.
[22] Einen Versuch, die Verbindung von Wirtschaftswachstum und Einkommensverteilung in den verschiedenen Wirtschaftstheorien, darunter den vier »klassischen« (*Smith, Ricardo, Malthus, Marx*), modelltheoretisch darzustellen, hat F. *Abb* (»Wirtschaftswachstum und Einkommensverteilung«, München 1971) unternommen.

Daß die Wirtschaftsgesellschaft, die *Ricardo* bei seinen Theorien vor Augen stand, im wesentlichen die des Landes war, in dem er lebte, eines Landes also, das zwar als eines der ersten sich zu industrialisieren begonnen hatte, dennoch aber politisch wie ökonomisch noch außerordentlich stark unter dem Einfluß der Grundeigentümer, und das heißt: von (Grund-)Rentenbeziehern, stand, ist beinahe selbstverständlich. Aber kann man daraus, wie das immer wieder geschehen ist, die Folgerung ziehen, sein Werk sei nicht so sehr eine allgemeine Wirtschaftslehre als vielmehr »britisch«, und zwar in der doppelten Bedeutung, daß seine Doktrinen (überwiegend) nur auf eine, der damaligen britischen ähnliche Volkswirtschaft angewandt werden könnten und daß ihr Urheber – z. B. in der Frage des Freihandels – mehr oder minder bewußt spezifische Interessen seines Landes habe fördern wollen[23]? Ich glaube: nein, was nicht besagen soll, daß nicht *de facto* gewisse, aus dem ricardianischen System abzuleitende wirtschaftspolitische Postulate den Interessen der zu seiner Zeit herrschenden Schichten sowie der sich bildenden modernen Industrie und des englischen Außenhandels adäquat waren. Daß zwischen Arbeitern und Kapitalisten innerhalb der in seinem Werk als vorgegeben betrachteten Wirtschaftsordnung unaufhebbare »Klassengegensätze« bestanden, hat *Ricardo* nur schlicht festgestellt, ebenso wie etwa die Tatsache, daß die Klasse der Grundeigentümer unter bestimmten Bedingungen (Bevölkerungswachstum, steigende Nachfrage nach Lebensmitteln und etwa gleichbleibende Agrartechnik) diejenige ist, die absolut und relativ aus dem Wachstum des Volkseinkommens nahezu allein Nutzen zieht. Ethische Untertöne, wie sie noch bei *Smith* gegenüber einer ähnlichen Entwicklung zu hören waren, sind *Ricardo* so gut wie unbekannt.

Aber ist ihm daraus wirklich ein menschlicher oder gar wissenschaftlicher Vorwurf zu machen? Mir scheint, daß diese Frage selbst dann zu verneinen ist, wenn man nicht ein hundertprozentiger Anhänger des Prinzips der Werturteilsfreiheit ist. Denn eine saubere Trennung zwischen der kühl-klaren Feststellung dessen, was ist bzw. sich unter genau fixierten Hypothesen voraussichtlich ergeben wird oder »muß«, und einer ethisch-politischen Beurteilung vorhandener Fakten bzw. möglicher oder wahrscheinlicher Entwicklungen dient gleichermaßen den Anforderungen, die an eine möglichst exakte Diagnose, und denen, die an eine unter ökonomischen wie meta-ökonomischen Aspekten gegebenenfalls für erforderlich gehaltene Therapie zu stellen sind.

---

[23] In vorsichtiger Form finden sich derartige Urteile selbst noch bei *E. Salin:* Politische Ökonomie, 5. Auflage, Tübingen-Zürich 1967, S. 84. Im übrigen vgl. einige Beispiele für emotional-gehässige Kritiken an *Ricardo* bei *Waentig*, a. a. O., S. XII bis XIII, der sie im Anschluß an *Roscher* zurückweist.

Mögen die »Principles« uns heute in manchem inhaltlich auch als überholt erscheinen; mögen die gesellschaftlich relevanten Aspekte des ricardianischen Hauptproblems: der funktionalen Verteilung, im Zuge der kapitalistischen und nachkapitalistischen Entwicklung eine immer größere, von *Ricardo* unterschätzte Bedeutung erlangt haben; mag dank wachsender »Querverteilung« die Ergänzung der ricardianischen Verteilungskonzeption durch Elemente der personalen Distributionstheorie immer wichtiger werden; mag schließlich der »High Price of Bullion« (mindestens scheinbar) für die Lösung aktueller Währungsprobleme nur mehr wenig bieten — *Ricardo* hat uns durch seine Art, leidenschaftslos zu räsonieren, gezeigt, wie reine Theorie auf unserem Gebiete vorzugehen hat, und zwar auch dann, wenn man sie in einem späteren Stadium durch Einführung geschichtlich-soziologischer Tatbestände vervollständigen und ihr so einen höheren Grad an Anschaulichkeit und Anwendbarkeit verleihen möchte.

Fritz Neumark

A.

DAVID RICARDO

Grundsätze der politischen Ökonomie und der Besteuerung

Vorwort

Der Ertrag der Erde — alles, was von ihrer Oberfläche durch die vereinte Anwendung von Arbeit, Maschinerie und Kapital gewonnen wird, verteilt sich unter drei Klassen des Gemeinwesens, nämlich den Eigentümer des Bodens, den Besitzer des Vermögensstammes oder Kapitals, das zu seinem Anbau erforderlich ist, und die Arbeiter, durch deren Fleiß er bebaut wird.

Doch werden auf verschiedenen gesellschaftlichen Entwicklungsstufen die jeder dieser Klassen aus dem Gesamtertrage der Erde als Rente, Profit und Lohn zufallenden Anteile wesentlich verschieden sein, insofern sie hauptsächlich von der jeweiligen Fruchtbarkeit des Bodens, von der Ansammlung von Kapital und Bevölkerung, sowie von der im Ackerbau angewandten Geschicklichkeit, Erfindungsgabe und Technik abhängen.

Die Gesetze aufzufinden, welche diese Verteilung bestimmen, ist das Hauptproblem der Volkswirtschaftslehre. Wie sehr die Wissenschaft auch durch die Schriften von Turgot, Steuart, Smith, Say, Sismondi und anderen bereichert worden ist, so bieten diese in bezug auf die natürliche Bewegung von Rente, Profit und Lohn sehr wenig befriedigende Aufklärung.

Im Jahre 1815 brachte Malthus der Welt in seiner »Inquiry into the Nature and Progress of Rent«, und fast gleichzeitig ein Fellow der Universität Oxford in seinem »Essay on the Application of Capital to Land«, die wahre Grundrentenlehre, ohne deren Kenntnis es unmöglich ist, die Wirkung des Wohlstandsfortschrittes auf Profit und Lohn zu verstehen, oder den Einfluß der Besteuerung auf die verschiedenen Klassen des Gemeinwesens erschöpfend zu erklären, besonders, wenn die besteuerten Güter unmittelbare Erzeugnisse der Erdoberfäche sind. Adam Smith und die anderen fähigen Schriftsteller, auf die ich angespielt habe, haben, da sie die Grundsätze der Rente nicht richtig erkannten, wie mir scheint, manche wichtige Wahrheit, die erst gefunden werden kann, nachdem man das Wesen der Rente völlig erfaßt hat, übersehen.

Um diesem Mangel abzuhelfen, sind weit höhere Fähigkeiten erforderlich, als sie der Verfasser der folgenden Darlegungen besitzt. Nachdem er jedoch mit Hilfe der Werke der oben erwähnten hervorragenden Schriftsteller und auf Grund der wertvollen Erfahrung, welche einige der letzten Jahre der heutigen Generation in einer Fülle von Tatsachen geboten, seine besten Kräfte diesem Gegenstande gewidmet hat, wird es nicht als vermessen von ihm angesehen werden, wenn er seine Ansichten über die Gesetze von Profit und Lohn sowie über die Wirkung der Besteuerung offen ausspricht. Falls die von ihm für richtig gehaltenen Grundsätze sich als solche bewähren sollten, wird es anderen, Befähigteren als er vorbehalten sein, ihnen bis in alle ihre wichtigen Konsequenzen nachzugehen.

Der Verfasser hat es notwendig gefunden, auf jene Stellen in den Schriften Adam Smith's ganz besonders einzugehen, von welchen er abzuweichen Grund sieht; doch hofft er deswegen nicht in den Verdacht zu geraten, daß er nicht, wie alle diejenigen, welche von der großen Bedeutung der Volkswirtschaftslehre durchdrungen sind, dem tiefangelegten Werke dieses berühmten Schriftstellers die so wohlverdiente Bewunderung zolle.

Dieselbe Bemerkung kann übrigens auch auf die ausgezeichneten Werke Say's angewandt werden, der nicht nur der erste war oder zu den ersten Schriftstellern des Kontinents zählte, welche die Grundsätze Smith's richtig würdigten und anwandten, und der selbst mehr als alle übrigen Schriftsteller des Kontinents zusammengenommen getan hat, um die Grundsätze jenes aufgeklärten und wohltätigen Systems den Völkern Europas zu empfehlen; sondern dem es auch gelungen ist, diese Wissenschaft in eine logischere und instruktivere Ordnung zu bringen, und der sie durch mehrere originelle, präzise und tief durchdachte Erörterungen bereichert hat. Indessen hat den Verfasser die Achtung, welche er vor den Schriften dieses Autors hat, nicht gehindert, solche Stellen der »Economie politique«, die verschieden von seinen eigenen Ideen schienen, mit der Freimütigkeit zu kommentieren, welche, wie er glaubt, die Interessen der Wissenschaft fordern.

KAPITEL I

Über den Wert

Abschnitt 1

Der Wert eines Gutes oder die Menge irgendeines anderen, für welches es sich austauschen läßt, hängt von der verhältnismäßigen Menge der zu seiner Produktion erforderlichen Arbeit ab und nicht von der größeren oder geringeren Vergütung, die für diese Arbeit bezahlt wird.

Es ist von Adam Smith in seinem Buch über »Wesen und Ursachen des Volkswohlstandes« (1776) bemerkt worden, daß »das Wort Wert zwei verschiedene Bedeutungen hat und bald die Nützlichkeit eines bestimmten Gegenstandes bezeichnet, bald die Macht, andere Waren zu erstehen, welche der Besitz jenes Gegenstandes verleiht. Die eine möge *Gebrauchswert* genannt werden; die andere *Tauschwert*. Die Dinge«, fährt er fort, »welche den größten Gebrauchswert besitzen, haben häufig geringen, oder keinen Tauschwert; und umgekehrt haben jene, die den größten Tauschwert haben, geringen oder keinen Gebrauchswert.« Wasser und Luft sind ungemein nützlich; sie sind für unsere Existenz in der Tat unentbehrlich; dennoch kann man unter normalen Umständen nichts im Austausch für sie erlangen. Gold umgekehrt, obwohl es im Vergleich mit Luft oder Wasser nur wenig Nutzen hat, wird sich gegen eine große Menge anderer Waren austauschen.

Nützlichkeit ist demnach nicht der Maßstab des Tauschwertes, obgleich sie für ihn unbedingt wesentlich ist. Wenn ein Gut in keiner Weise nützlich wäre — mit anderen Worten, wenn es in keiner Weise zu unserem Wohlbefinden beitragen könnte —, so würde es jedes Tauschwertes bar sein, wie groß auch seine Seltenheit oder eine wie große Menge von Arbeit auch nötig wäre, um es zu beschaffen.

Sind Güter nützlich, so leiten sie ihren Tauschwert von zwei Quellen her: von ihrer Knappheit und von der Arbeitsmenge, welche man zu ihrer Erlangung benötigt.

Es gibt einige Güter, deren Wert ausschließlich durch ihre Knappheit bestimmt wird. Keine Arbeit kann die Quantität solcher Güter vermehren, und darum kann ihr Wert nicht durch eine vermehrte Zufuhr herabgesetzt werden. Einige auserlesene Bildsäulen und Gemälde, seltene Bücher und Münzen, eigenartige Weine, die nur von einer auf besonders geeignetem und an Größe sehr beschränktem Boden gedeihenden Traubenart gewonnen werden können, gehören zu dieser Gattung. Ihr Wert ist von der ursprünglich zu ihrer Erzeugung erforderlichen Arbeitsmenge völlig unabhängig und wechselt mit der Veränderlichkeit des Wohlstandes und der Neigungen derjenigen, welche sie zu besitzen begehren.

Doch bilden diese Güter einen sehr kleinen Teil der Gütermassen, die täglich auf dem Markte ausgetauscht werden. Den bei weitem größten Teil jener Waren, die Gegenstände des Begehrens sind, verschafft man sich durch Arbeit, und sie können nicht nur in einem einzigen Lande, sondern in vielen, fast ohne irgendeine nachweisbare Grenze vermehrt werden, wenn wir bereit sind, die Arbeit aufzuwenden, die nötig ist, um sie zu erlangen.

Wenn wir also von Gütern, von ihrem Tauschwert und von den ihre verhältnismäßigen Preise regelnden Gesetzen sprechen, so verstehen wir darunter immer nur Güter, deren Menge durch menschliche Arbeitsleistung beliebig vermehrt werden kann, und auf deren Produktion die Konkurrenz ohne Beschränkung einwirkt.

Auf den frühen Stufen der gesellschaftlichen Entwicklung ist der Tauschwert dieser Güter, oder die Regel, welche bestimmt, wieviel von einem im Tausche für ein anderes hingegeben werden soll, fast ausschließlich von der verhältnismäßigen Arbeitsmenge abhängig, die auf jedes verwendet worden ist.

»Der wirkliche Preis eines jeden Dinges«, bemerkt Adam Smith, »nämlich das, was jedes Ding den Menschen, der es zu erwerben wünscht, tatsächlich kostet, ist die Beschwerde und Mühe, es zu erwerben. Was ein jedes Ding für denjenigen wirklich wert ist, der es erworben hat, und der es veräußern oder gegen etwas anderes austauschen will, ist die Mühe und Beschwerde, welche es ihm ersparen, und die es auf andere Leute abwälzen kann.« »Arbeit war der erste Preis — das ursprüngliche Kaufgeld, welches für alle Dinge bezahlt wurde.« Ferner, »in jenem frühen und rohen Zustande der Gesellschaft, welcher sowohl der Bildung eines Kapitalstockes als auch der Aneignung von Grund und Boden vorausgeht, scheint das Verhältnis zwischen den zur Erlangung verschiedener Gegenstände erforderlichen Arbeitsmengen der einzige Umstand zu sein, der irgendeine Regel für ihren gegenseitigen Austausch abgeben kann. Wenn in einem Jägervolke z. B. die Erlegung eines Bibers gewöhnlich doppelt soviel Arbeit kostete als die Erlegung eines Hirsches, so mußte natürlich ein Biber für zwei Hirsche ausgetauscht werden oder soviel wert sein. Es ist natürlich, daß das Erzeugnis zweitägiger oder zweistündiger Arbeit doppelt soviel wert sein sollte, als was gewöhnlich das Ergebnis eintägiger oder einstündiger Arbeit wert ist.«[1]

Daß dies wirklich die Grundlage des Tauschwertes aller Dinge ist,

---

[1] a.a.O., Buch I, Kap. 5.

mit Ausnahme von solchen, die durch menschlichen Fleiß nicht beliebig vermehrt werden können, ist eine wirtschaftstheoretische Lehre von größter Wichtigkeit; denn aus keiner Quelle rühren so viele Irrtümer und Meinungsverschiedenheiten in jener Wissenschaft her wie aus den unbestimmten Ideen, die an das Wort Wert geknüpft werden.

Wenn die in Gütern verkörperte Arbeitsmenge ihren Tauschwert bestimmt, so muß jede Vermehrung des Arbeitsquantums den Wert des Gutes, auf das sie verwendet wird, erhöhen, wie jede Verminderung ihn erniedrigen muß.

Adam Smith, der die ursprüngliche Quelle des Tauschwertes so genau erklärte und der dementsprechend verpflichtet war zu behaupten, daß alle Dinge mehr oder weniger wertvoll würden, je nachdem mehr oder weniger Arbeit auf ihre Produktion verwendet würde, hat selbst noch ein zweites Normalmaß des Wertes aufgestellt und spricht von Dingen, die mehr oder weniger wertvoll sind, je nachdem sie sich für mehr oder weniger dieses Normalmaßes austauschen werden. Manchmal spricht er von Getreide, andere Male von Arbeit als einem Normalmaß; nicht der Arbeitsmenge, welche auf die Herstellung irgendeines Gegenstandes verwendet wird, sondern der Menge, über die er auf dem Markte verfügen kann: als ob diese zwei gleichwertige Ausdrücke wären und als ob, weil eines Mannes Arbeit doppelt so ergiebig geworden wäre und er daher die doppelte Quantität eines Gutes erzeugen könnte, er notwendig auch das Doppelte der früheren Menge im Tausche dafür erhalten würde.

Wenn dem wirklich so wäre, wenn der Lohn des Arbeiters immer im Verhältnis stände zu dem, was er erzeugte, würden die Arbeitsmenge, die auf ein Gut verwandt wird, und die Arbeitsmenge, die dieses Gut erstände, gleich sein, und jedes von beiden könnte die Veränderungen anderer Dinge genau messen. Aber sie sind nicht gleich; die erstere ist unter vielen Umständen ein unveränderlicher Maßstab, der die Veränderungen anderer Dinge genau angibt; die letztere ist ebenso vielen Schwankungen unterworfen, wie die Güter, die damit verglichen werden. Adam Smith hat, nachdem er auf sehr geschickte Weise die Unzulänglichkeit eines veränderlichen Maßgutes, wie z. B. Gold und Silber, zu dem Zwecke, den sich verändernden Wert anderer Dinge zu bestimmen, gezeigt, selbst, indem er bei Korn oder Arbeit stehen blieb, ein nicht weniger veränderliches Maßgut gewählt.

Gold und Silber sind infolge der Entdeckung neuer und reicherer Bergwerke zweifellos Schwankungen unterworfen; aber solche Entdeckungen sind selten, und ihre Wirkungen, obwohl bedeutend, beschränken sich auf Zeiträume von verhältnismäßig kurzer Dauer. Auch sind sie infolge von Verbesserungen in der Geschicklichkeit und Maschinerie, womit die Bergwerke betrieben werden, Schwankungen unterworfen, da infolge solcher Verbesserungen eine größere Menge mit derselben Arbeit erlangt werden kann. Außerdem sind sie infolge des abnehmenden Ertrages der Minen, nachdem diese der Welt für eine Reihe von Jahren eine Zufuhr gewährt haben, Schwankungen ausgesetzt. Aber von welcher dieser Quellen von Schwankungen ist das Getreide ausgenommen? Fluktuiert dieses nicht auch einerseits infolge von Verbesserungen in der Landwirtschaft, infolge verbesserter Maschinerie und Gerätschaften, die in der Landwirtschaft gebraucht werden, sowie infolge der Entdeckung von neuen Strichen fruchtbaren Bodens, die in anderen Ländern in Anbau genommen werden können und den Wert des Getreides auf jedem Markte, wo die Einfuhr frei ist, beeinflussen werden? Ist es nicht anderseits Werterhöhungen ausgesetzt infolge von Einfuhrverboten, infolge Wachstums der Bevölkerung und des Reichtums und der größeren Schwierigkeit, in Anbetracht der zusätzlichen Arbeitsmenge, welche die Bebauung schlechterer Böden erfordert, die gesteigerten Zufuhren zu erhalten? Ist nicht der Wert der Arbeit ebenso veränderlich, da er nicht nur, wie alle übrigen Dinge, durch das Verhältnis von Angebot und Nachfrage, welches mit jeder Veränderung in der Lage des Gemeinwesens ständig wechselt, sondern auch durch den wechselnden Preis von Nahrung und anderen Bedarfsartikeln beeinflußt wird, für welche die Arbeitslöhne verausgabt werden?

In ein und demselben Lande kann zur Produktion einer gegebenen Menge von Nahrungs- und Bedarfsartikeln zu einer Zeit das Doppelte der Arbeitsmenge benötigt werden, die nötig sein mag zu einer anderen und späteren Zeit; dennoch kann sich die Vergütung des Arbeiters möglicherweise nur sehr wenig vermindert haben. Wenn der Lohn des Arbeiters in dem früheren Zeitabschnitt in einer bestimmten Menge von Nahrungs- und Bedarfsartikeln bestand, so hätte er wahrscheinlich nicht fortexistieren können, falls jene Quantität verringert worden wäre. Nahrungs- und Bedarfsartikel werden in diesem Falle um 100 Prozent gestiegen sein, wenn man sie nach der zu ihrer Produktion erforderlichen Arbeits*menge* schätzt, während sie sich in ihrem Werte kaum erhöht haben werden, wenn man sie an derjenigen Arbeitsmenge mißt, für welche sie sich *austauschen* werden.

Dieselbe Bemerkung kann in bezug auf zwei oder mehr Länder gemacht werden. In Amerika und Polen wird die jährliche Arbeit einer gegebenen Anzahl von Menschen auf dem zuletzt in Anbau genommenen Boden mehr Getreide produzieren, als auf einem Boden in England unter gleichen Verhältnissen. Nehmen wir nun an, alle übrigen Bedarfsartikel wären in den drei Ländern gleich wohlfeil; würde es dann nicht ein großer Fehler sein zu folgern, daß die dem Arbeiter gewährte Getreidemenge in jedem Lande zu der Leichtigkeit der Produktion im Verhältnis stände?

Wenn die Schuhe und Kleider des Arbeiters durch Verbesserungen in der Maschinerie mit dem vierten Teil der zu ihrer Produktion jetzt erforderlichen Arbeit hergestellt werden könnten, so würden sie wahrscheinlich um 75 Prozent sinken; aber es ist so weit entfernt davon, wahr zu sein, daß der Arbeiter dadurch instand gesetzt würde, dauernd vier Röcke oder vier Paar Schuhe anstatt eines zu verbrauchen, daß sein Lohn sich wahrscheinlich rasch durch die Wirkungen der Konkurrenz und den Ansporn zur Bevölkerungszunahme dem neuen Werte der Bedarfsartikel, für welche er verausgabt wurde, angepaßt haben würde. Falls sich diese Verbesserungen auf alle für den Konsum des Arbeiters bestimmten Gegenstände erstreckten, so würden wir ihn wahrscheinlich am Ende von wenigen Jahren im Besitz von nur einer geringen, wenn überhaupt einer Zunahme seiner Genüsse finden, obwohl der Tauschwert jener Güter, verglichen mit irgendeinem anderen Gute, bei dessen Produktion keine derartige Verbesserung eingetreten wäre, eine recht erhebliche Verminderung erfahren hätte, und obwohl sie der Ertrag einer bedeutend verminderten Arbeitsmenge sein würden.

Es kann darum nicht richtig sein, mit Adam Smith zu sagen, »daß, weil die Arbeit bald eine größere, bald eine geringere Quantität an Gütern zu *erstehen* vermag, es ihr Wert ist, der schwankt, nicht der der Arbeit, die sie ersteht«; und folglich, »daß, weil die Arbeit *allein sich niemals in ihrem eigenen Werte ändert*, sie allein der letzte und wirkliche Maßstab ist, mit welchem der Wert aller Güter zu allen Zeiten und allen Orten geschätzt und verglichen werden kann«; aber es ist richtig zu sagen, wie Adam Smith früher gesagt hatte, »daß das Verhältnis zwischen den Arbeitsmengen, die zur Erlangung verschiedener Gegenstände erforderlich sind, der einzige Umstand zu sein scheint, welcher irgendeine Regel, um sie untereinander auszutauschen, abgeben kann«; oder mit anderen Worten, daß es die verhältnismäßige Menge von Gütern, die Arbeit produzieren wird, ist, welche ihren gegenwärtigen oder früheren verhältnismäßigen Wert bestimmt, und nicht die vergleichsweisen Gütermengen, welche dem Arbeiter im Austausch für seine Arbeit gegeben werden.

Gesetzt, wir wollten erfahren, wenn zwei Güter ihren verhältnismäßigen Wert ändern, bei welchem von beiden die Veränderung tatsächlich eingetreten ist. Wenn wir den augenblicklichen Wert des einen mit Schuhen, Strümpfen, Hüten, Eisen, Zucker und allen anderen Gütern vergleichen, so finden wir, daß es sich für genau dieselbe Menge aller dieser Dinge wie zuvor austauschen wird. Vergleichen wir das andere mit denselben Gütern, so finden wir, daß es sich in bezug auf sie alle verändert hat: wir können dann mit großer Wahrscheinlichkeit den Schluß ziehen, daß die Veränderung bei diesem Gute erfolgt ist, und nicht bei denen, mit welchen wir es verglichen haben. Wenn wir noch mehr im einzelnen in all die Umstände eindringen, die mit der Produktion dieser verschiedenen Güter verknüpft sind, und finden, daß genau dieselbe Menge von Arbeit und Kapital zur Herstellung der Schuhe, Strümpfe, Hüte, des Eisens, Zuckers usw. erforderlich ist, die nämliche Menge wie früher jedoch nicht mehr zur Erzeugung jenes einzelnen Gutes gebraucht wird, dessen verhältnismäßiger Wert sich verändert hat, so geht die Wahrscheinlichkeit in Gewißheit über, und wir dürfen mit völliger Sicherheit die Veränderung ausschließlich in dem einzelnen Gute vermuten; wir entdecken dann auch die Ursache seiner Veränderung.

Wenn ich fände, daß eine Unze Gold für eine geringere Menge aller oben genannten und noch vieler anderer Güter ausgetauscht würde, und ich außerdem fände, daß durch die Entdeckung einer neuen und ergiebigeren Mine oder durch die besonders vorteilhafte Verwendung von Maschinerie eine bestimmte Quantität Gold mit einer geringeren Arbeitsmenge produziert werden könnte, so würde ich mit Recht behaupten, daß die Ursache der Wertveränderung von Gold in bezug auf andere Güter in der größeren Leichtigkeit seiner Produktion oder in der zu seiner Erlangung erforderlichen geringeren Arbeitsmenge läge. In gleicher Weise würde ich, wenn die Arbeit, im Verhältnis zu allen anderen Dingen, sehr erheblich im Werte fiele, und wenn ich fände, daß dieses Sinken von einem großen Angebot herrührte, welches durch die große Leichtigkeit befördert würde, mit der Getreide und die übrigen Bedarfsartikel des Arbeiters produziert werden, mit Recht behaupten können, Getreide und Bedarfsartikel seien deshalb im Werte gesunken, weil zu ihrer Produktion eine geringere Arbeitsmenge benötigt wird, und daß dieser Leichtigkeit der Versorgung des Arbeiters mit seinem Unterhalt ein Sinken des Arbeitswertes gefolgt sei. Nein, sagen Adam Smith und Malthus, in dem das Gold betreffenden Falle konntest du mit Recht die Veränderung des Goldes als ein Sinken seines Wertes bezeichnen, weil sich damals Getreide und Arbeit nicht verändert hatten; und da Gold ein geringeres Quantum als zuvor nicht nur von ihnen, sondern auch von allen anderen Dingen zu erstehen vermöchte, so dürfte man mit Recht sagen, daß alle Dinge unverändert geblieben seien, und daß Gold allein sich geändert habe. Aber wenn Getreide und Arbeit im Werte sinken, Dinge, die wir zu unserem festen Wertmesser gewählt haben, trotz aller Veränderungen, denen sie anerkanntermaßen unterworfen sind, so wäre es höchst unrichtig, so zu sprechen. Korrekterweise wird man zu sagen haben, daß Getreide und Arbeit unverändert geblieben, dagegen die übrigen Güter im Werte gestiegen sind.

Gerade gegen diese Ausdrucksweise lege ich nun Verwahrung ein. Ich finde, daß genau wie beim Golde der Grund der Veränderung zwischen Getreide und anderen Dingen die geringere Arbeitsmenge ist, die nötig ist, um es zu produzieren, und daher muß ich folgerichtig die Veränderung von Getreide und Arbeit als ein Sinken ihres Wertes bezeichnen und nicht als ein Steigen des Wertes derjenigen Güter, mit welchen sie verglichen werden. Wenn ich einen Arbeiter für eine Woche einstellen muß, und wenn ich ihm statt 10 Schillinge bloß 8 zahle, ohne daß eine Veränderung in dem Wert des Geldes vor sich gegangen ist, so kann der Arbeiter wahrscheinlich mit seinen 8 Schillingen mehr Nahrungs- und Bedarfsartikel erlangen, als vorher mit 10. Das aber rührt nicht, wie Adam Smith und neuerdings Malthus meinten, von einem Steigen des wirklichen Wertes seines Lohnes her, sondern von einem Sinken des Wertes derjenigen Dinge, für welche der Lohn verausgabt wird: vollkommen verschiedene Dinge. Und doch sagt man von mir, ich nähme, weil ich dies ein Sinken des wirklichen Lohnwertes nenne, eine neue und ungewöhnliche Ausdrucksweise an, welche mit den wahren Grundsätzen der Wissenschaft unvereinbar sei. Mir will es scheinen, als ob die ungewöhnliche und wirklich ungereimte Ausdrucksweise diejenige ist, die von meinen Gegnern angewendet wird.

Nehmen wir an, ein Arbeiter werde für das Werk einer Woche mit einem Scheffel Getreide bezahlt, wenn der Kornpreis auf 80 Schillinge pro Quarter steht, und mit einem Scheffel und einem Quarter, wenn der Preis auf 40 Schillinge fällt. Nehmen wir ferner an, er verzehre in seinem eigenen Haushalte wöchentlich einen halben Scheffel und tausche den Rest gegen andere Dinge ein, wie Brennstoff, Seife, Kerzen, Tee, Zucker, Salz usw.; wenn ihm nun die 3/4 Scheffel, welche für ihn übrig bleiben werden, nicht ebenso viel von den oben genannten Gütern in dem einen Falle verschaffen können, wie ein halber Scheffel in dem anderen, was aber nicht zutrifft, wird dann die Arbeit im Werte gestiegen oder gesunken sein? Gestiegen, müßte Adam Smith sagen, weil sein Maßstab das Getreide ist, und der Arbeiter für eine Woche Arbeit mehr Korn erhält. Gesunken, müßte derselbe Adam Smith sagen, »weil der Wert eines Dinges von der Kraft, andere Güter zu erstehen, abhängt, welche der Besitz dieses Gegenstandes verschafft«, und die Arbeit hat eine geringere Kraft, solche andere Güter zu kaufen.

Abschnitt 2

Verschieden qualifizierte Arbeit wird verschieden vergütet, was jedoch keine Ursache für eine Veränderung im verhältnismäßigen Wert von Gütern ist.

Wenn ich jedoch von der Arbeit als der Grundlage alles Wertes spreche und von der relativen Arbeitsmenge als des fast ausschließlichen Bestimmungsgrundes für den relativen Wert von Gütern, so muß man mir nicht unterstellen, ich bemerkte nicht die verschiedenen Qualitäten von Arbeit und die Schwierigkeit, eine einstündige oder eintägige Arbeit in einer Beschäftigung mit derselben Dauer von Arbeit in einer anderen zu vergleichen. Die Wertschätzung verschiedener Qualitäten von Arbeit wird auf dem Markte bald mit für alle praktischen Zwecke genügender Genauigkeit bestimmt und hängt stark ab von der verhältnismäßigen Geschicklichkeit des Arbeiters und der Intensität der geleisteten Arbeit. Ist die Skala einmal gebildet, so unterliegt sie nur geringer Veränderung. Wenn das Tagewerk eines arbeitenden Goldschmiedes wertvoller ist, als das eines gewöhnlichen Arbeiters, so ist es schon seit langem so geschätzt und ist in die ihm gehörige Stellung der Wertskala eingestellt worden.

Vergleicht man daher den Wert einunddesselben Gutes zu verschiedenen Zeitabschnitten, so braucht die relative Geschicklichkeit und Intensität der Arbeit, die für jenes besondere Gut nötig ist, kaum in Betracht gezogen zu werden, weil sie in beiden Zeitabschnitten gleich wirkt. Eine Arbeitsart zu der einen Zeit wird hier mit der nämlichen in einer anderen verglichen; hat man den zehnten, fünften oder vierten Teil hinzugefügt oder weggenommen, so wird dadurch eine im geraden Verhältnis zur Ursache stehende Wirkung auf den relativen Wert des betreffenden Gutes erzeugt werden.

Wenn ein Stück Tuch jetzt zwei Stück Leinen wert ist und nach zehn Jahren der gewöhnliche Wert eines Stückes Tuch gleich vier Stükken Leinen sein sollte, so kann man mit Sicherheit daraus schließen, daß entweder mehr Arbeit zur Herstellung des Tuches oder weniger zu der des Leinens erforderlich ist oder daß beide Ursachen gewirkt haben.

Da sich die Untersuchung auf die Wirkung der Veränderungen im relativen Werte von Gütern und nicht in ihrem absoluten Werte bezieht, so wird es von wenig Bedeutung sein, den relativen Grad von Wertschätzung zu untersuchen, in dem die verschiedenen Arten von menschlicher Arbeit stehen. Wir können ruhig schließen, daß, welcherlei Ungleichheit auch unter ihnen ursprünglich bestanden habe, wieviel mehr Talent, Geschicklichkeit oder Zeit auch zur Erlernung irgendeines speziellen Handwerks im Vergleich zu einem anderen erforderlich gewesen sein mag, das von einer Generation zur anderen nahezu gleich geblieben ist; oder wenigstens, daß die Veränderung von Jahr zu Jahr ganz unbedeutend ist und für kurze Perioden daher nur einen geringen Einfluß auf den relativen Wert von Gütern haben kann.

»Das Verhältnis zwischen den verschiedenen Raten von Lohn wie Profit bei den verschiedenen Anwendungen von Arbeit und Vermögen scheint durch Reichtum oder Armut, durch Fortschritt, Stillstand oder Rückschritt der Gesellschaft nicht sehr beeinflußt zu werden. Obgleich derartige Umwälzungen im Volkswohlstande auf die allgemeinen Raten von Lohn und Profit einwirken, müssen sie das doch schließlich in allen verschiedenen Unternehmungen gleichmäßig tun. Infolgedessen muß ihr gegenseitiges Verhältnis dasselbe bleiben und kann durch irgendwelche solche Umwälzungen wenigstens für eine irgend beträchtliche Zeit nicht gut geändert werden.«[2]

Abschnitt 3

Nicht bloß die unmittelbar auf die Güter verwendete Arbeit beeinflußt deren Wert, sondern auch die in den Geräten, Werkzeugen und Gebäuden, welche dieser Arbeit dienen, enthaltene.

Selbst in jenem frühen Zustande, auf den sich Adam Smith bezieht, würde für den Jäger etwas Kapital, mag er es sich auch selbst beschafft und angesammelt haben, erforderlich sein, damit er sein Wild erlegen kann. Ohne eine Waffe könnte weder der Biber noch der Hirsch getötet werden, weshalb der Wert dieser Tiere nicht allein durch die Zeit und Arbeit, welche zu ihrer Erlegung notwendig ist, bestimmt werden würde, sondern auch durch die Zeit und Arbeit, welche zur Beschaffung des Kapitals des Jägers notwendig waren, d. h. der Waffen, mit deren Hilfe ihre Erlegung ausgeführt wurde.

Nehmen wir an, die zur Tötung des Bibers notwendige Waffe sei mit viel mehr Arbeit hergestellt worden als jene, die nötig ist, um den Hirsch zu töten, wegen der größeren Schwierigkeit, dem genannten Tiere nahe zu kommen, und wegen der daraus folgenden Notwendigkeit, genauer zu treffen; alsdann würde natürlich ein Biber mehr wert sein als zwei Hirsche, und gerade aus diesem Grunde, weil zu seiner Erlegung im ganzen mehr Arbeit nötig wäre. Oder nehmen wir an, dieselbe Arbeitsmenge sei zur Anfertigung beider Waffen erforderlich gewesen, aber ihre Haltbarkeit sei sehr ungleich; von dem dauerhaften Gerät würde nur ein kleiner Teil seines Wertes auf das betreffende Gut übergehen, während ein viel größerer Teil des Wertes des weniger haltbaren Gerätes in dem Gute, zu dessen Produktion es beitrug, verkörpert werden würde.

Alle zur Erlegung des Bibers und Hirsches erforderlichen Geräte könnten einer einzigen Klasse von Menschen gehören, und die zu ihrer Erlegung benötigte Arbeit könnte von einer anderen geliefert werden;

---

[2] a.a.O., Buch I, Kap. 10.

dennoch würden ihre relativen Preise immer noch im Verhältnis zu der in Wirklichkeit sowohl auf die Kapitalbildung als auch auf die Erlegung verwendeten Arbeit stehen. Unter verschiedenen Umständen von Überfluß oder Mangel an Kapital im Vergleich mit der Arbeit, unter verschiedenen Umständen von Fülle oder Knappheit der für den menschlichen Unterhalt wesentlichen Nahrungs- und Bedarfsartikel, könnten diejenigen, welche für die eine oder andere Beschäftigung einen gleichen Kapitalwert lieferten, die Hälfte, ein Viertel oder ein Achtel von dem erzielten Ertrage erhalten, während der Rest als Lohn an jene bezahlt werden würde, welche die Arbeit verrichtet hätten; trotzdem könnte diese Verteilung den relativen Wert dieser Güter nicht beeinflussen; denn, ob auch der Kapitalprofit größer oder geringer wäre, ob er 50, 20 oder 10 Prozent betrüge, oder ob sich der Arbeitslohn hoch oder niedrig stellte, so würden sie doch gleichmäßig auf beide Beschäftigungen einwirken.

Wenn man sich nun die gesellschaftlichen Beschäftigungen ausgedehnter vorstellt, so daß etliche Kähne und Takelwerk, das zum Fischen notwendig ist, andere das Saatgut und jene einfachen Geräte lieferten, wie man sie anfänglich beim Ackerbau benutzte, so würde sich doch noch immer derselbe Grundsatz bewahrheiten, daß der Tauschwert der erzeugten Güter im Verhältnis zu der auf ihre Produktion verwandten Arbeit stände; und zwar nicht nur auf ihre unmittelbare Erzeugung, sondern auf alle Geräte oder Maschinen, die erforderlich sind, um der speziellen Arbeit, für welche sie gebraucht wurden, Erfolg zu verleihen.

Wenn wir einen Gesellschaftszustand betrachten, in dem größere Verbesserungen gemacht worden sind und in dem Künste und Handel blühen, so werden wir immer noch finden, daß Güter sich diesem Grundsatze gemäß im Wert ändern: schätzen wir beispielsweise den Tauschwert von Strümpfen, so werden wir finden, daß ihr Wert, im Vergleich mit anderen Dingen, von der gesamten Arbeitsmenge abhängt, welche erforderlich ist, um sie zu produzieren und auf den Markt zu bringen. Da ist erstens Arbeit zur Bebauung des Bodens notwendig, auf dem die rohe Baumwolle angebaut wird; zweitens die Arbeit für den Transport der Rohbaumwolle nach dem Lande, wo die Strümpfe fabriziert werden sollen, was zugleich einen Teil der Arbeit einschließt, die zum Bau des Schiffes verwendet wurde, in welchem sie transportiert wird, und die in der Fracht der Waren in Anrechnung kommt; drittens die Arbeit des Spinners und Webers; viertens ein Bruchteil der Arbeit des Maschinenbauers, Schmiedes und Zimmermanns, welche die Gebäude und Maschinen aufstellten, mit deren Hilfe sie gemacht werden; fünftens die Arbeit des Kleinhändlers und vieler anderer, die noch weiter einzeln aufzuzählen, unnötig ist. Die Gesamtsumme dieser verschiedenen Arbeiten bestimmt das Quantum anderer Dinge, für welche diese

Strümpfe ausgetauscht werden, während dieselbe Berücksichtigung der auf jene anderen Dinge verwendeten verschiedenen Arbeitsmengen in gleicher Weise den betreffenden Teil von ihnen regeln wird, der für die Strümpfe hingegeben werden wird.

Um uns davon zu überzeugen, daß dies die wirkliche Grundlage des Tauschwertes ist, wollen wir annehmen, daß irgendeine Verbesserung in den Methoden zur Abkürzung der Arbeit in irgendeinem der verschiedenen Prozesse gemacht worden wäre, durch welche die Rohbaumwolle hindurchgehen muß, ehe die fertigen Strümpfe auf den Markt kommen, um gegen andere Dinge ausgetauscht zu werden; beobachten wir nun die Wirkungen, die folgen werden. Wenn man weniger Leute benötigte, um die Rohbaumwolle anzubauen, oder wenn weniger Seeleute für die Schiffahrt erforderlich wären oder weniger Schiffbauer für die Herstellung des Schiffes, auf welchem sie uns zugeschickt wurde; wenn man weniger Hände zur Herstellung der Gebäude und Maschinen benötigte, oder wenn letztere nach ihrer Aufstellung wirksamer gemacht würden, alsdann würden die Strümpfe unbedingt im Werte sinken und folglich auch über weniger andere Dinge verfügen. Sie würden sinken, weil eine kleinere Arbeitsmenge zu ihrer Produktion erforderlich war, und würden sich deshalb gegen eine geringere Menge jener Dinge austauschen, bei denen eine solche Arbeitsverkürzung nicht stattgefunden hätte.

Sparsamkeit bei der Anwendung von Arbeit verfehlt niemals, den relativen Wert eines Gutes zu reduzieren, mag die Ersparnis nun bestehen in der Arbeit, die zur Herstellung des Gutes selbst erforderlich ist, oder in jener für die Bildung des Kapitals notwendigen, mit dessen Hilfe es produziert wird. In jedem Falle würde der Preis der Strümpfe sinken, ob nun weniger Menschen als Bleicher, Spinner und Weber, Personen, die unmittelbar zu ihrer Fabrikation notwendig sind, oder als Seeleute, Frachtführer, Maschinenbauer und Schmiede, Personen, die mehr indirekt dabei in Betracht kommen, verwendet wurden. In dem einen Falle käme die gesamte Arbeitsersparnis den Strümpfen zugute, weil jener Arbeitsteil vollständig auf die Strümpfe beschränkt war; in dem anderen würde nur ein Teil auf die Strümpfe entfallen, da der Rest allen jenen anderen Gütern zufiele, zu deren Produktion die Gebäude, Maschinen und Fahrzeuge dienten.

Nehmen wir an, daß auf den frühen Stufen der Gesellschaft die Bögen und Pfeile des Jägers von gleichem Werte und gleicher Haltbarkeit wie der Kahn und die Geräte des Fischers wären, da sie beide das Produkt derselben Arbeitsmenge wären. Unter solchen Umständen würde der Wert des Hirsches, der Ertrag der Tagesarbeit des Jägerrs, genau gleich dem Werte des Fisches sein, des Ertrages der Tagesarbeit des Fischers. Der verhältnismäßige Wert des Fisches und des Wildes würde gänzlich durch die in jedem der beiden verkörperte Arbeitsmenge bestimmt werden, welches auch immer das produzierte Quantum sein oder wie hoch oder niedrig im allgemeinen auch Lohn oder Profit sein möchten. Wenn z. B. die Kähne und Geräte des Fischers den Wert von 100 £ hätten und ihre Dauer auf 10 Jahre berechnet wäre, und wenn er 10 Personen beschäftigte, deren jährliche Arbeit 100 £ kostete und die in einem Tage durch ihre Arbeit 20 Salme erlangten; wenn andererseits die vom Jäger benutzten Waffen ebenfalls 100 £ wert wären und ihre Verwendbarkeit auf 10 Jahre berechnet wäre, und wenn er auch 10 Personen beschäftigte, deren jährliche Arbeit 100 £ kostete, und die für ihn in einem Tage 10 Hirsche erbeuteten; dann würde der natürliche Preis eines Hirsches gleich 2 Salmen sein, gleichgültig, ob der vom Gesamtertrage auf die Leute, welche ihn erzielten, entfallende Anteil groß oder klein wäre. Der etwa als Lohn bezahlte Anteil ist für die Profitfrage von der allergrößten Bedeutung; denn es muß sofort erkannt werden, daß der Profit hoch oder niedrig sein würde, genau im Verhältnis wie der Lohn niedrig oder hoch wäre. Aber das könnte den relativen Wert von Fisch und Wild nicht im geringsten beeinflussen, da der Lohn zur selben Zeit in beiden Beschäftigungen gleich hoch oder niedrig wäre. Wenn der Jäger zum Beispiel geltend machte, er hätte einen großen Teil seines Wildes oder den Wert eines großen Teiles als Lohn bezahlen müssen, um den Fischer zu veranlassen, ihm mehr Fische im Austausch für sein Wild zu geben, so würde der letztere behaupten, daß er durch dieselbe Sache in gleicher Weise betroffen würde; und darum würde die natürliche Austauschrate bei allen Lohn- und Profitveränderungen, bei allen Wirkungen von Kapitalansammlung, solange beide fortfahren, durch die Arbeit eines Tages jeder die nämliche Menge Fisch und die nämliche Menge Wild zu erlangen, ein Hirsch für zwei Salme sein.

Wenn mit dem gleichen Arbeitsquantum eine geringere Menge Fisch oder eine größere Menge Wild erzielt worden wäre, so würde der Wert des Fisches im Vergleich zu dem des Wildes steigen. Wenn dagegen mit demselben Arbeitsquantum eine kleinere Menge Wild oder eine größere Menge Fisch erlangt worden wäre, so würde das Wild im Vergleich mit dem Fisch steigen.

Wenn es irgendein in seinem Werte unveränderliches anderes Gut gäbe, dann könnten wir durch Vergleichung des Wertes von Fisch und Wild mit diesem Gute bestimmen, inwieweit die Veränderung einer Ursache zuzuschreiben wäre, welche den Wert des Fisches beeinflußte, und inwieweit einer Ursache, die den Wert des Wildes beeinflußte.

Angenommen, das Geld wäre dieses Gut. Wenn ein Salm 1 £ und ein Hirsch 2 £ wert wäre, so würde ein Hirsch den Wert von 2 Salmen haben. Aber ein Hirsch könnte den Wert von drei Salmen erhalten, weil, um den Hirsch zu erlegen, mehr, oder um den Salm zu fangen,

Über den Wert

weniger Arbeit erforderlich wäre, oder beide Ursachen könnten zu gleicher Zeit wirken. Hätten wir diesen unveränderlichen Maßstab, dann könnten wir leicht feststellen, in welchem Grade jede dieser Ursachen wirkte. Wenn man den Salm weiter für 1 £ verkaufte, während der Hirsch auf 3 £ stiege, so könnten wir daraus schließen, daß, um den Hirsch zu erlegen, mehr Arbeit erforderlich wäre. Wenn der Hirsch denselben Preis von 2 £ beibehielte, und der Salm für 13 sh. 4 d. verkauft würde, so könnten wir sicher sein, daß man zum Fange des Salmes weniger Arbeit benötigte; und wenn der Hirsch auf 2 £ 10 sh. stiege und der Salm auf 16 sh. 8 d. sänke, würden wir überzeugt sein, daß beide Ursachen gewirkt hätten, die Änderung des relativen Wertes dieser Waren hervorzubringen.

Keine Veränderung im Arbeitslohn könnte irgendeine Veränderung im relativen Wert dieser Güter hervorbringen; denn angenommen, er stiege, so würde trotzdem kein größeres Arbeitsquantum in einer der beiden Beschäftigungen erforderlich sein, sondern es würde zu einem höheren Preise bezahlt werden, und die nämlichen Gründe, welche den Jäger und Fischer veranlassen müßten, den Wert ihres Wildes und Fisches zu erhöhen, würden den Minenbesitzer bestimmen, den Wert seines Goldes zu steigern. Da dieses Moment mit derselben Stärke auf alle diese drei Berufe wirken würde und die relative Lage der in ihnen Tätigen vor und nach dem Steigen des Lohnes dieselbe wäre, so würde der relative Wert von Wild, Fisch und Gold auch ferner unverändert bleiben. Ohne die geringste Veränderung im relativen Wert dieser Güter zu verursachen, könnte der Lohn um 20 Prozent herauf- und der Profit folglich in einem größeren oder geringeren Verhältnis herabgehen.

Angenommen nun, man könnte mit derselben Arbeit und demselben stehenden Kapital zwar mehr Fisch, jedoch nicht mehr Gold oder Wild produzieren, dann würde der relative Wert von Fisch im Vergleich zu Gold oder Wild sinken. Wenn der Ertrag eines Tagewerkes statt 20, 25 Salme wäre, dann würde sich der Preis des Salmes statt auf 1 £ auf 16 sh. belaufen, und statt 2 Salme würden 2$^{1}/_{2}$ im Tausche für einen Hirsch hingegeben werden, aber der Hirschpreis würde immer noch auf 2 £ wie zuvor stehen. Auf dieselbe Weise würde, wenn mit demselben Kapital und derselben Arbeit weniger Fische gefangen werden könnten, Fisch in seinem verhältnismäßigen Werte steigen. Fisch würde also im Tauschwerte steigen oder sinken, nur weil man mehr oder weniger Arbeit zum Fange eines bestimmten Quantums benötigte; und er könnte niemals über oder unter die entsprechend vermehrte oder verminderte Arbeitsmenge, welche dazu erforderlich wäre, steigen oder sinken.

Hätten wir also einen unveränderlichen Maßstab, mit dem wir die Veränderungen in anderen Gütern messen könnten, so würden wir finden, daß die äußerste Grenze, bis zu der sie, falls unter den angenommenen Umständen produziert, dauernd zu steigen vermöchten, dem zu ihrer Herstellung erforderlichen Zusatzquantum von Arbeit proportional wäre; und daß sie überhaupt nicht in irgendwelchem Grade steigen könnten, wenn nicht mehr Arbeit für ihre Produktion benötigt wäre. Eine Lohnerhöhung würde sie weder im Geldwerte noch in bezug auf irgendwelche anderen Güter steigern, deren Produktion kein Zusatzquantum von Arbeit sowie die gleiche Menge stehenden und umlaufenden Kapitals, und zwar stehenden Kapitals von gleicher Dauerhaftigkeit erforderte. Wenn man zur Produktion des anderen Gutes mehr oder weniger Arbeit benötigte, so wird das sofort eine Veränderung in seinem relativen Werte zur Folge haben; doch rührt eine solche Veränderung nicht etwa vom Steigen des Lohnes, sondern von der veränderten Menge erforderlicher Arbeit her.

Abschnitt 4

Der Grundsatz, daß die auf die Produktion von Gütern verwendete Arbeitsmenge deren verhältnismäßigen Wert bestimmt, wird durch die Anwendung von Maschinen und anderen stehenden und dauerhaften Kapitalien wesentlich modifiziert.

Im vorhergehenden Abschnitt haben wir angenommen, daß die Geräte und Waffen, die erforderlich sind, um den Hirsch und Salm zu töten, gleich dauerhaft und das Ergebnis derselben Arbeitsmenge wären, und wir haben gesehen, daß die Veränderungen im relativen Werte von Hirsch und Salm einzig und allein von den wechselnden Arbeitsmengen abhingen, die nötig sind, um sie zu erlangen; aber auf jeder gesellschaftlichen Entwicklungsstufe können die in verschiedenen Berufszweigen benutzten Werkzeuge, Geräte, Gebäude und Maschinen von verschiedenen Graden der Dauerhaftigkeit sein und, um sie herzustellen, verschiedene Arbeitsmengen beanspruchen. Außerdem können die Quoten des zum Unterhalt der Arbeit bestimmten und des in Werkzeugen, Maschinen und Gebäuden investierten Kapitals verschiedenartig kombiniert sein. Dieser Unterschied im Grade der Dauerhaftigkeit des stehenden Kapitals und diese Mannigfaltigkeit in den Verhältnissen, in welchen die beiden Arten von Kapital kombiniert werden können, bedingen neben der für die Produktion von Gütern erforderlichen größeren oder geringeren Arbeitsmenge eine weitere Ursache für die Veränderungen in ihrem relativen Wert, nämlich das Steigen oder Sinken im Arbeitswerte.

Die vom Arbeiter konsumierte Nahrung und Kleidung, die Gebäude, in denen er arbeitet, die Geräte, die seine Arbeit unterstützen, sind sämtlich vergänglicher Natur. Doch besteht hinsichtlich der Dauerhaftigkeit dieser verschiedenen Kapitalien ein großer Unterschied: eine Dampfmaschine hält gewöhnlich länger als ein Schiff, ein Schiff länger als die Kleidung des Arbeiters, und die Kleidung des Arbeiters länger als die von ihm verzehrte Nahrung.

Je nachdem Kapital schnell vergänglich ist und häufig wieder ersetzt werden muß oder einer langsamen Abnutzung unterliegt, bezeichnet man es als umlaufendes oder stehendes Kapital. Von einem Bauern, dessen Gebäude und Maschinen wertvoll und dauerhaft sind, sagt man, daß er einen großen Teil stehenden Kapitals verwendet; wogegen man von einem Schuhmacher, dessen Kapital hauptsächlich zur Bezahlung der für Nahrung und Kleidung verausgabten Löhne verwendet wird, also für Güter, die vergänglicher als Gebäude und Maschinen sind, sagt, daß er einen großen Teil seines Kapitals als umlaufendes verwendet.

Auch ist zu beachten, daß das umlaufende Kapital in sehr ungleichen Zeitabschnitten umlaufen oder seinem Verwender wieder ersetzt werden kann. Der Weizen, den ein Landwirt als Saatgut ersteht, ist im Vergleich mit dem Weizen, den ein Bäcker zum Brotbacken kauft, stehendes Kapital. Der eine vertraut ihn dem Boden an und kann ein Jahr lang kein Entgelt dafür erhalten; der andere kann ihn zu Mehl vermahlen lassen, es seinen Kunden als Brot verkaufen und so sein Kapital binnen einer Woche für die nämliche oder irgendeine andere Verwendung wieder zur freien Verfügung zu haben.

Zwei Gewerbe können also dieselbe Menge von Kapital verwenden; aber es kann sehr verschieden verteilt sein in bezug auf das Verhältnis zwischen stehendem und umlaufendem.

In einem Gewerbe kann vielleicht sehr wenig Kapital als umlaufendes Kapital, d. h. für den Unterhalt der Arbeit, verwendet werden; es kann hauptsächlich in Maschinen, Geräten, Gebäuden, u. ä. Kapital von relativ stehendem und dauerndem Charakter investiert sein. In einem anderen Gewerbe kann zwar derselbe Kapitalbetrag gebraucht werden, aber es kann in erster Linie zum Unterhalt von Arbeit verwendet und sehr wenig kann in Geräten, Maschinen und Gebäuden angelegt sein. Ein Steigen des Arbeitslohnes wird dann unfehlbar die unter so verschiedenartigen Umständen produzierten Güter ungleich treffen.

Andererseits wiederum können zwei Fabrikanten zwar denselben Betrag an stehendem wie an umlaufendem Kapital verwenden; doch kann die Dauerhaftigkeit ihrer stehenden Kapitalien sehr ungleich sein. Der eine kann vielleicht Dampfmaschinen im Werte von 10 000 £, der andere Schiffe vom selben Werte haben.

Wenn die Menschen zur Produktion keine Maschinen, sondern nur Arbeit verwendeten und alle dieselbe Zeit in Anspruch nähmen, ehe sie ihre Güter zu Markte brächten, dann würde der Tauschwert ihrer Ware genau im Verhältnis zu der Menge verwendeter Arbeit stehen.

Wenn sie stehendes Kapital von gleichem Werte und gleicher Dauerhaftigkeit benutzten, dann würde ebenfalls der Wert der erzeugten Güter derselbe bleiben, und sie würden mit der auf ihre Produktion verwendeten größeren oder kleineren Arbeitsmenge variieren.

Aber obschon unter ähnlichen Umständen produzierte Güter ihr gegenseitiges Wertverhältnis aus keinem anderen Grunde ändern würden als infolge einer Zu- oder Abnahme der zur Produktion der einen oder anderen erforderlichen Arbeitsmenge, so würden sie doch, verglichen mit anderen, die nicht mit derselben verhältnismäßigen Menge stehenden Kapitals erzeugt wären, auch aus dem anderen, vorhin von mir erwähnten Grunde variieren, nämlich infolge eines Steigens des Arbeitswertes, obgleich weder mehr noch weniger Arbeit zur Produktion irgendeines von ihnen verwendet worden wäre. Gerste und Hafer würden bei jeder Lohnveränderung immer noch im selben Verhältnisse zueinander stehen. Baumwollwaren und Tuch ebenfalls, falls auch sie unter einander genau gleichen Umständen produziert wären; dennoch könnte infolge eines Steigens oder Sinkens des Lohnes Gerste im Vergleich mit Baumwollwaren, und Hafer im Vergleich mit Tuch mehr oder weniger wert sein.

Nehmen wir an, zwei Personen beschäftigen für die Dauer eines Jahres je 100 Mann beim Bau von zwei Maschinen, eine andere Person dieselbe Anzahl von Leuten beim Anbau von Getreide, dann wird am Ende des Jahres jede der Maschinen genau so viel wert sein wie das Korn, denn sie werden beide durch dieselbe Arbeitsmenge entstanden sein. Angenommen, einer von den Besitzern einer der Maschinen benutze sie, um mit Hilfe von 100 Mann im folgenden Jahre Tuch zu fabrizieren, und der Besitzer der anderen Maschine benutze auch die seine, um mit Hilfe von ebenfalls 100 Mann Baumwollenzeug herzustellen, während der Landwirt genau wie zuvor 100 Mann im Getreidebau beschäftigt. Im zweiten Jahre werden dann zwar alle dieselbe Arbeitsmenge angewandt haben, aber die Waren nebst der Maschine des Tuchmachers und ebenso des Baumwollenzeugfabrikanten werden das Ergebnis der Arbeit von 200 Mann in einem Jahre oder, besser gesagt, der Arbeit von 100 Mann in 2 Jahren sein, wogegen das Getreide durch die Arbeit von 100 Mann in einem Jahre produziert werden wird. Wenn folglich das Getreide 500 £ wert wäre, dann sollte eigentlich die Maschine nebst dem Tuch des Tuchmachers den Wert von 1000 £, und die Maschine nebst dem Baumwollenzeug des Baumwollenzeugfabrikanten ebenfalls den doppelten Wert des Getreides haben.

Aber sie werden mehr als den zweifachen Wert des Getreides besitzen, weil der Profit aus dem, den Tuch- und Baumwollenzeugfabrikanten gehörenden Kaptial vom ersten Jahre zu ihren Kapitalien hinzugeschlagen, während der des Landwirtes verausgabt und verbraucht worden ist. Die Güter werden also nach den verschiedenen Graden der Dauerhaftigkeit ihrer Kapitalien oder, was dasselbe ist, nach der Zeit, die vergehen muß, bis ein Posten der Güter auf den Markt gebracht werden kann, bewertet, und zwar nicht genau im Verhältnis zu der auf sie verwandten Arbeitsmenge, d. h. nicht im Verhältnis wie 2:1, sondern etwas höher, um den größeren Zeitraum auszugleichen, der verstreichen muß, ehe das Wertvollste davon auf den Markt gebracht werden kann.

Angenommen, es wären für die Leistung jedes Arbeiters jährlich 50 £ bezahlt oder 5000 £ Kapital angewendet, und der Profit wäre 10 Prozent, dann würde am Ende des ersten Jahres der Wert einer jeden der beiden Maschinen, ebenso wie der des Getreides, 5500 £ sein. Im zweiten Jahre werden die Fabrikanten und der Landwirt beide wieder 5000 £ für den Unterhalt der Arbeit verwenden und deshalb auch ihre Waren wieder für 5500 £ verkaufen. Doch müssen die Leute, welche die Maschinen benutzen, um mit dem Landwirt gleichzustehen, für die gleichen, auf Arbeit verwendeten Kapitalien von 5000 £ nicht bloß 5500 £ erhalten, sondern noch einen weiteren Betrag von 550 £ für den Profit aus 5500 £, den sie in die Maschinen gesteckt haben, weshalb ihre Waren für 6050 £ verkauft werden müssen. Hier sehen wir also Kapitalisten, die zwar jährlich genau dieselbe Arbeitsmenge auf die Produktion ihrer Güter verwenden, deren Erzeugnisse sich aber trotzdem wegen der verschiedenen Mengen stehenden Kapitals oder akkumulierter Arbeit, die von jedem von ihnen verwendet wurden, in ihrem Werte unterscheiden. Das Tuch und Baumwollenzeug haben denselben Wert, weil sie das Produkt gleicher Arbeitsmengen und gleicher Mengen stehenden Kapitals sind; das Getreide aber hat nicht denselben Wert wie diese Güter, weil es in bezug auf das stehende Kapital unter anderen Umständen erzeugt wird.

Wie aber wird ihr relativer Wert durch ein Steigen des Arbeitswertes beeinflußt werden? Offenbar werden die relativen Werte von Tuch und Baumwollenzeug keine Veränderung erleiden; denn alles, was unter den angenommenen Umständen auf jenes einwirkt, muß auch auf das andere einwirken. Ebenso wird auch der relative Wert von Weizen und Gerste keine Veränderung erfahren, denn beide werden, soweit es das stehende und umlaufende Kapital anbetrifft, unter den nämlichen Umständen erzeugt. Wohl aber muß sich der relative Wert des Getreides zum Tuch oder zum Baumwollenzeug durch ein Steigen des Arbeitsentgelts ändern.

Nirgends kann ein Steigen des Arbeitswertes ohne ein Sinken des Profits erfolgen. Wenn das Getreide zwischen dem Landwirt und dem Arbeiter geteilt werden muß, wird, je größer der Anteil ist, der dem letzteren gegeben wird, um so weniger für den ersteren übrig bleiben. Ebenso bleibt, wenn Tuch und Baumwollenzeug zwischen dem Arbeiter und seinem Verwender geteilt wird, ersterem die größere Quote, während letzterem die kleinere verbleibt. Nehmen wir also an, der Profit ginge infolge einer Lohnerhöhung von 10 auf 9 Prozent herab, dann würden die Fabrikanten zum gewöhnlichen Preise ihrer Waren, d. h. zu 5500 £, statt 550 £ an Profit ihres stehenden Kapitals nur 9 Prozent auf diese Summe oder 495 £ hinzuschlagen, folglich würde der Preis 5995 £ statt 6050 £ betragen. Da das Getreide auch ferner noch für 5500 £ verkauft würde, so würden die Manufakturwaren, auf welche mehr stehendes Kapital verwendet wurde, fallen, im Vergleich mit dem Getreide oder mit irgendeinem anderen Gute, in das ein kleinerer Betrag stehenden Kapitals eingegangen wäre. Infolge eines Steigens oder Sinkens der Arbeit würde der Grad der Veränderung im relativen Werte der Güter von dem Verhältnis abhängen, in welchem das stehende zum gesamten verwendeten Kapitale stände. Alle Güter, die mit sehr wertvoller Maschinerie oder in besonders wertvollen Gebäuden hergestellt werden, oder die endlich eine sehr beträchtliche Spanne Zeit in Anspruch nehmen, ehe sie auf den Markt gebracht werden können, würden im relativen Werte sinken, während alle diejenigen, welche hauptsächlich durch Arbeit produziert wären oder die sich schnell auf den Markt bringen ließen, im relativen Werte steigen würden.

Indessen sollte der Leser bemerken, daß diese Ursache der Veränderung der Güter in ihren Wirkungen verhältnismäßig geringfügig ist. Bei einem derartigen Steigen des Lohnes, welches ein Sinken des Profits um 1 Prozent zur Folge haben müßte, würden die unter den angenommenen Umständen erzeugten Waren im relativen Werte nur um 1 Prozent variieren; sie sinken mit einem so großen Sinken des Profits von 6050 £ auf 5995 £. Die größten Wirkungen, welche infolge einer Lohnerhöhung auf die relativen Preise dieser Waren ausgeübt werden könnten, vermöchten 6 oder 7 Prozent nicht zu übersteigen; denn wahrscheinlich könnte der Profit unter keinen Umständen einen größeren allgemeinen und dauernden Rückgang als bis zu diesem Betrage gestatten.

Nicht so verhält es sich mit der anderen großen Ursache der Veränderung in dem Werte der Güter, nämlich mit der Zu- oder Abnahme der Arbeitsmenge, die erforderlich ist, um sie zu produzieren. Wenn statt 100 Mann bloß 80 für den Anbau von Getreide benötigt werden sollten, würde der Wert des Getreides um 20 Prozent oder von 5500 £

auf 4400 £ sinken. Würde zur Herstellung von Tuch die Arbeit von 80, statt von 100 Mann genügen, so würde es von 6050 £ auf 4950 £ heruntergehen. Eine Veränderung in der ständigen Profitrate um einen erheblichen Betrag ist die Wirkung von Ursachen, welche sich erst im Verlauf von Jahren durchsetzen, wogegen Veränderungen in der zur Produktion von Gütern erforderlichen Arbeitsmenge tagtäglich geschehen. Jede Verbesserung in Maschinen, Werkzeugen, Gebäuden und bei der Gewinnung des Rohmaterials erspart Arbeit und setzt uns in den Stand, das Gut, welchem die Verbesserung zugute kommt, mit größerer Leichtigkeit zu produzieren, weshalb sich sein Wert ändert. Erwägen wir demnach die Ursachen der Veränderungen im Werte von Gütern, so würde es ebenso unrichtig sein, die Wirkung, welche durch ein Steigen oder Sinken der Arbeit erzeugt wird, gänzlich außer acht zu lassen, als ihr große Bedeutung beizumessen. Infolgedessen werde ich im kommenden Teile dieser Abhandlung, obschon ich auf jene Veränderungsursache gelegentlich noch zurückkomme, alle die großen Veränderungen, die in dem relativen Werte der Güter Platz greifen, als durch die zu ihrer Produktion bisweilen erforderliche größere oder geringere Arbeitsmenge hervorgerufen ansehen.

Es ist kaum nötig zu sagen, daß Güter, auf deren Produktion dieselbe Arbeitsmenge verwendet ist, im Tauschwert sich unterscheiden werden, wenn sie nicht in derselben Zeit auf den Markt gebracht werden können.

Angenommen, ich beschäftige bei der Herstellung eines Gutes 20 Mann auf ein Jahr für 1000 £ und am Ende des Jahres wiederum 20 Mann auf ein weiteres Jahr bei einem weiteren Aufwande von 1000 £, um das nämliche Gut zu vollenden oder zu vervollkommnen, und ich bringe es nach Verlauf der beiden Jahre auf den Markt. Wenn dann der Profit 10 Prozent ausmacht, muß ich mein Gut für 2310 £ verkaufen; denn ich habe in einem Jahre 1000 £ und in einem weiteren Jahre 2100 £ hineingesteckt. Ein anderer wendet genau dieselbe Arbeitsmenge, aber alle im ersten Jahre an. Er verwendet also 40 Mann für 2000 £ und verkauft das Gut am Ende des ersten Jahres mit 10 Prozent Profit, d. h. für 2200 £. Hier haben wir demnach zwei Güter, auf welche zwar genau dieselbe Arbeitsmenge verwandt wurde, von denen aber das eine für 2310 £, das andere für 2200 £ verkauft wird.

Dieser Fall scheint sich von dem letzten zu unterscheiden, ist aber tatsächlich derselbe. In beiden Fällen ist der höhere Preis eines Gutes auf den größeren Zeitraum zurückzuführen, der vergehen muß, ehe es auf den Markt gebracht werden kann. Im ersteren Falle hatten die Maschinen und das Tuch mehr als den doppelten Wert des Getreides, obgleich nur die doppelte Arbeitsmenge auf sie verwandt wurde. Im zweiten ist ein Gut mehr wert als ein anderes, obschon zu seiner Produktion mehr Arbeit nicht benötigt wurde. Der Wertunterschied entspringt in beiden Fällen aus der Kapitalisierung des Profits und ist nur eine gerechte Entschädigung für die Zeit, während welcher der Profit vorenthalten wurde.

Es zeigt sich also, daß die in verschiedenen Gewerben vorgenommene Teilung des Kapitals in verschiedene Anteile von stehendem und umlaufendem Kapital eine erhebliche Modifikation der Regel bedingt, welche allgemein anzuwenden ist, sobald fast ausschließlich Arbeit zur Produktion verwendet wird; nämlich, daß sich Güter niemals in Werte ändern, wenn nicht eine größere oder geringere Arbeitsmenge auf ihre Produktion verwendet wird, da in diesem Abschnitte gezeigt worden ist, daß ohne irgendwelche Veränderung der Arbeitsmenge das Steigen des Arbeitswertes nur ein Sinken im Tauschwerte jener Güter veranlassen wird, zu deren Produktion stehendes Kapital verwendet wird. Je größer der Betrag des stehenden Kapitals, desto größer wird das Sinken sein.

Abschnitt 5

Der Grundsatz, daß sich der Wert nicht mit dem Steigen oder Sinken der Löhne ändert, wird auch durch die ungleiche Dauerhaftigkeit des Kapitals modifiziert und durch die ungleiche Geschwindigkeit, mit der es seinem Verwender zurückerstattet wird.

Im vorhergehenden Abschnitt haben wir angenommen, daß von zwei gleichen Kapitalien in zwei verschiedenen Gewerben die Anteile von stehenden und umlaufenden Kapitalien ungleich seien. Nunmehr wollen wir annehmen, sie ständen zwar im selben Verhältnis zueinander, wären aber von ungleicher Dauerhaftigkeit. Je weniger dauerhaft das stehende Kapital ist, desto mehr nähert es sich der Natur des umlaufenden Kapitals. Es wird verbraucht, und sein Wert muß innerhalb einer kürzeren Zeit reproduziert werden, um das Kapital des Fabrikanten zu erhalten. Wir haben soeben gesehen, daß in dem Maße, wie das stehende Kapital in einer Manufaktur überwiegt, der Wert der in ihr erzeugten Güter bei steigendem Lohne relativ niedriger ist, als der Wert von Gütern, die in Manufakturen hergestellt werden, wo umlaufendes Kapital überwiegt. Im Verhältnis zur geringeren Dauerhaftigkeit des stehenden Kapitals und dessen Annäherung an die Natur des umlaufenden Kapitals wird dieselbe Wirkung durch die nämliche Ursache erzeugt werden.

Wenn stehendes Kapital keinen dauerhaften Charakter besitzt, wird es eine große Menge Arbeit im Jahre erfordern, um es auf seinem ursprünglichen Stand der Wirksamkeit zu halten; doch kann die so verwendete Arbeit in Wirklichkeit als für das fabrizierte Gut verausgabt betrachtet werden, das dann einen dieser Arbeit entsprechenden Wert erhalten muß. Wenn ich eine Maschine im Werte von 20 000 £ hätte, mittels welcher sehr wenig Arbeit zur Produktion von Gütern benötigt würde, und wenn die Abnutzung einer derartigen Maschine gering wäre und die allgemein übliche Profitrate 10 Prozent betrüge, dann brauchte ich auf Rechnung der Verwendung meiner Maschine nicht viel mehr als 2000 £ zu dem Preise der Waren hinzuzuschlagen. Wenn jedoch die Abnutzung der Maschine erheblich wäre und die für ihre Instandhaltung erforderliche Arbeitsmenge der von 50 Mann im Jahre entspräche, müßte ich einen Zusatzpreis für meine Waren fordern gleich demjenigen, welcher von irgendeinem anderen Fabrikanten erzielt würde, der für die Produktion anderer Waren 50 Mann verwendete und überhaupt keine Maschine benutzte.

Dagegen würde ein Steigen im Arbeitslohne Güter, die mit schnell sich abnutzenden Maschinen, und solche, die mit langsam sich abnutzenden fabriziert werden, nicht in gleicher Weise beeinflussen. Bei der Produktion der einen Art würde ein großes Arbeitsquantum, bei der anderen nur sehr wenig in das erzeugte Gut übergehen. Daher würde jede Lohnsteigerung oder, was dasselbe ist, jedwedes Sinken des Profits den relativen Wert derjenigen Güter, die mit einem Kapitale von dauerhaftem Charakter produziert wären, vermindern und den relativen Wert jener anderen, die mit einem vergänglicheren Kapitale erzeugt wurden, entsprechend erhöhen. Ein Sinken des Lohnes hätte gerade die entgegengesetzte Wirkung zur Folge.

Ich habe bereits bemerkt, daß stehendes Kapital von verschiedenen Graden der Dauerhaftigkeit ist. Nehmen wir eine Maschine an, die in irgendeinem besonderen Gewerbe verwendet werden könnte, um die Arbeitsleistung von 100 Mann im Jahre zu verrichten, und daß sie nur ein Jahr lang vorhielte; nehmen wir ferner an, die Maschine koste 5000 £ und der jährliche Lohn für 100 Mann betrage auch 5000 £, dann würde es offenbar für den Fabrikanten völlig belanglos sein, ob er die Maschine kaufte, oder ob er die Leute verwendete. Aber gesetzt, die Arbeit stiege und der Lohn von 100 Mann erhöhte sich infolgedessen für ein Jahr auf 5500 £, so ist es klar, daß der Fabrikant jetzt nicht mehr länger zögern würde; es würde in seinem Interesse liegen, die Maschine zu kaufen und seine Arbeit für 5000 £ verrichten zu lassen. Wird aber die Maschine nicht ebenfalls im Preise steigen, wird sie nicht infolge des Steigens der Arbeit ebenfalls 5500 £ wert sein? Sie würde im Preis steigen, wenn man auf ihre Konstruktion kein Kapital verwendete und ihrem Erbauer kein Profit zu bezahlen wäre. Wäre die Maschine z. B. das Arbeitsprodukt von 100 Mann, die bei einem Lohne von 50 £ pro Mann ein Jahr daran arbeiteten, und ihr Preis demnach 5000 £, so würde sie, falls dieser Lohn auf 55 £ steigen sollte, 5500 £ kosten. Aber das kann nicht der Fall sein. Weniger als 100 Mann werden verwendet, oder sie könnte nicht für 5000 £ verkauft werden; denn aus den 5000 £ muß der Profit des Kapitals bezahlt werden, das die Leute verwendete. Nehmen wir also an, es wären bloß 85 Mann, jeder zu 50 £, beschäftigt, oder 4250 £ im Jahre, und die 750 £, die der Verkauf der Maschine über den den Leuten vorgeschossenen Lohn abwerfen würde, bildeten den Profit vom Kapitale des Maschinenbauers. Stiege der Lohn um 10 Prozent, so würde er genötigt sein, ein Zusatzkapital von 425 £ anzuwenden, und er würde statt 4250 £ daher 4675 £ verwenden, von welchem Kapitale er nur noch einen Profit von 325 £ erzielen würde, falls er seine Maschine auch ferner für 5000 £ verkaufte. Aber genau so verhält es sich mit allen Fabrikanten und Kapitalisten; das Steigen der Löhne betrifft sie alle. Wenn daher der Maschinenbauer den Preis der Maschine infolge einer Lohnerhöhung steigern sollte, so würde eine außergewöhnliche Menge an Kapital auf den Bau solcher Maschinen verwendet werden, bis ihr Preis nur noch die gewöhnliche Profitrate abwürfe[3]. Wir sehen also, daß Maschinen infolge einer Lohnsteigerung nicht im Preise steigen würden.

Indessen würde der Fabrikant, der bei einer allgemeinen Lohnsteigerung zu einer Maschine seine Zuflucht nehmen kann, welche die Produktionskosten seines Gutes nicht vermehren wird, besondere Vorzüge genießen, wenn er denselben Preis für seine Waren weiter fordern könnte; doch würde er, wie wir bereits gesehen haben, genötigt werden, den Preis seiner Güter herabzusetzen, oder Kapital würde so lange in sein Gewerbe strömen, bis sein Profit auf das allgemeine Niveau gesunken wäre. Darin also liegt die Wohltat des Maschinenwesens für die Allgemeinheit: Diese stummen Kräfte sind stets das Produkt von weit weniger Arbeit, als die, welche sie ersetzen, selbst wenn sie den gleichen Geldwert haben. Durch ihren Einfluß werden weniger Personen von einer Steigerung der Lebensmittelpreise, welche die Löhne

---

[3] Wir sehen hier, warum alte Länder ständig nach Anwendung von Maschinen und junge nach Anwendung von Arbeit streben. Mit jeder weiteren Erschwerung bei der Beschaffung des menschlichen Lebensunterhaltes steigt die Arbeit notwendigerweise im Preise, und mit jedem Steigen des Arbeitspreises werden neue Versuchungen zum Gebrauch von Maschinen entstehen. Diese Schwierigkeit in bezug auf die Beschaffung des menschlichen Lebensunterhaltes ist in alten Ländern ständig wirksam, wogegen in neuen eine sehr erhebliche Zunahme der Bevölkerung ohne die geringste Steigerung der Arbeitslöhne erfolgen kann. Es kann ebenso leicht sein, für die siebente, achte und neunte Million Menschen zu sorgen, wie für die zweite, dritte und vierte.

in die Höhe treibt, betroffen; sie wird, wie in dem obigen Beispiele, statt 100 Mann bloß 85 erreichen, und die daraus folgende Ersparnis kommt in dem herabgesetzten Preise des fabrizierten Gutes zum Ausdruck. Weder Maschinen noch die durch sie produzierten Güter steigen im wirklichen Werte, sondern alle Güter, die mit Hilfe von Maschinen hergestellt sind, fallen, und zwar im Verhältnis zu deren Dauerhaftigkeit.

Man wird daher auf den frühen Stufen der Gesellschaft, ehe viel Maschinen oder dauerhaftes Kapital benutzt wurde, finden, daß die durch gleiche Kapitalien erzeugten Güter nahezu von gleichem Werte zu sein und im Vergleich miteinander nur infolge der größeren oder geringeren Arbeitsmenge, die zu ihrer Produktion erforderlich ist, zu steigen oder zu sinken pflegen. Aber nach der Einführung dieser kostspieligen und dauerhaften Werkzeuge werden die durch Verwendung gleicher Kapitalien produzierten Güter sehr ungleich im Werte sein; und obwohl sie immer noch im Verhältnis zueinander einem Steigen oder Sinken, je nach der für ihre Herstellung notwendig werdenden größeren oder geringeren Arbeitsmenge, unterliegen werden, so werden sie doch noch einer weiteren, wenn auch unerheblicheren, Veränderung infolge des Steigens oder Sinkens der Löhne und Profite unterworfen sein. Da Waren, welche für 5000 £ verkauft werden, das Produkt eines Kapitals sein können, das seinem Betrage nach gleich ist dem, von welchem andere Waren produziert werden, die zu einem Preise von 10 000 £ verkauft werden, so werden die bei ihrer Herstellung erzielten Profite dieselben sein. Doch würden jene Profite sich ungleich gestalten, wenn die Preise der Waren sich nicht mit einem Steigen oder Sinken der Profitrate veränderten.

Zudem zeigt es sich, daß, je nach der Dauerhaftigkeit des in irgendeinem Produktionszweige angewandten Kapitals, die relativen Preise solcher Güter, auf welche ein derartig dauerhaftes Kapital verwendet wird, sich umgekehrt wie die Arbeitslöhne verändern werden. Sie werden sinken, ja nachdem die Löhne steigen, und steigen, je nachdem die Löhne sinken; und umgekehrt werden solche Güter, die hauptsächlich durch Arbeit und mit weniger stehendem Kapital, oder mit stehendem Kapital von geringerer Dauerhaftigkeit als das Maßgut, nach welchem man die Preise schätzt, produziert werden, steigen, je nachdem die Löhne steigen, und sinken, je nachdem die Löhne sinken.

Abschnitt 6

Über einen unveränderlichen Wertmaßstab.

Wenn Güter sich im relativen Werte änderten, würde es wünschenswert sein, die Mittel zu besitzen, um zu bestimmen, welche von ihnen im wirklichen Werte sänken, und welche stiegen, und das könnte nur dadurch geschehen, daß man sie nacheinander mit irgendeinem unveränderlichen Normalwertmaßstab vergliche, der selbst keinen der andere Güter beeinflussenden Schwankungen unterworfen sein dürfte. Einen solchen Maßstab können wir uns unmöglich verschaffen, weil kein einziges Gut vorhanden ist, das nicht selbst den nämlichen Veränderungen wie diejenigen Dinge unterliegt, deren Wert wir bestimmen wollen. Mit anderen Worten, es gibt kein Gut, das zu seiner Produktion nicht mehr oder weniger Arbeit beansprucht. Aber selbst wenn diese Ursache von Wertänderungen eines Maßgutes beseitigt werden könnte, wenn es möglich wäre, daß bei der Produktion unseres Geldes z. B. zu allen Zeiten ein und dieselbe Arbeitsmenge erforderlich wäre, so würde es noch immer kein vollendetes Normalmaß, kein unveränderlicher Wertmaßstab sein, weil es, wie ich bereits auseinanderzusetzen suchte, relativen Veränderungen infolge des Steigens oder Sinkens der Löhne unterworfen sein würde, wegen der verschiedenen Anteile stehenden Kapitals, das zu seiner eigenen sowie auch zur Produktion jener anderen Güter erforderlich werden möchte, deren Wertveränderung wir festzustellen wünschen. Es könnte aus demselben Grunde noch wegen der verschiedenen Grade von Dauerhaftigkeit des stehenden Kapitals, das auf es selbst und die mit ihm zu vergleichenden Güter verwendet wurde, Veränderungen unterworfen sein — oder die Zeit, welche, um das eine auf den Markt zu bringen, nötig ist, könnte länger oder kürzer ausfallen als die Zeit, die nötig ist, um die anderen Güter auf den Markt zu bringen, deren Veränderungen zu bestimmen wären. Alle diese Umstände machen jedes Gut, das man etwa für einen vollkommen genauen Wertmaßstab halten könnte, hierzu ungeeignet.

Wenn wir z. B. das Gold als Normalmaß festsetzen sollten, so würde es doch offenbar nur ein Gut sein, das unter denselben Zufälligkeiten wie irgendein anderes gewonnen wurde und das zu seiner Produktion Arbeit und stehendes Kapital benötigte. Wie bei jedem anderen Gute, könnten auch bei seiner Produktion Verbesserungen zwecks Arbeitsersparnis vorgenommen werden, weshalb es im relativen Werte anderen Dingen gegenüber nur wegen größerer Produktionserleichterung sinken könnte.

Wenn wir annehmen, daß diese Veränderungsursache beseitigt und stets dieselbe Arbeitsmenge benötigt wäre, um dieselbe Menge Gold zu erhalten, so würde Gold doch noch immer kein vollkommener Wertmaßstab sein, mit dessen Hilfe wir die Wertveränderungen aller übrigen Dinge genau bestimmen könnten, weil es weder mit genau denselben Zusammensetzungen stehenden und umlaufenden Kapitals, wie alle übrigen Dinge, erzeugt werden würde, noch mit stehendem Kapitale von derselben Dauerhaftigkeit; noch würde es genau dieselbe Zeit in Anspruch nehmen, ehe es auf den Markt gebracht werden könnte. Es würde ein vollkommener Wertmaßstab für alle diejenigen Dinge sein, die unter genau denselben Umständen, wie es selbst, produziert wurden; nicht aber für andere. Wenn es z. B. unter denselben Umständen, die, wie wir angenommen haben, notwendig sind, um Tuch und Baumwollenzeug herzustellen, produziert worden wäre, so würde es allerdings ein vollendeter Wertmaßstab für jene Dinge sein; aber nicht so für Getreide, Kohlen und andere Güter, die entweder mit einem kleineren oder mit einem größeren Anteil stehenden Kapitals erzeugt wurden, weil, wie wir gezeigt haben, jede Veränderung der ständigen Profitrate eine Wirkung auf den relativen Wert aller dieser Güter ausüben würde, unabhängig von irgendeiner Veränderung in der zu ihrer Produktion aufgewandten Arbeitsmenge. Aus denselben Gründen würde Gold, wenn es unter denselben Umständen wie Getreide produziert worden wäre, ja, selbst wenn sich diese niemals änderten, kein vollkommner Wertmaßstab für Tuch und Baumwollenzeug zu allen Zeiten sein. Es kann daher weder Gold noch irgendein anderes Gut jemals einen vollendeten Wertmaßstab für alle Dinge bilden. Allein, ich habe bereits bemerkt, daß die von einer Veränderung des Profits herrührende Wirkung auf die relativen Preise der Dinge verhältnismäßig gering ist; daß bei weitem die wichtigsten Wirkungen durch die wechselnden Arbeitsmengen hervorgerufen werden, die für die Produktion benötigt werden. Wenn wir daher annehmen, daß diese wichtige Ursache der Veränderung für die Goldproduktion keine Rolle spiele, werden wir wahrscheinlich eine so große Annäherung an einen festen Normalwertmaßstab erreichen, wie sie theoretisch ersonnen werden kann. Kann man Gold nicht als ein Gut betrachten, welches mit solchen Anteilen der beiden Kapitalsarten produziert wird, daß sie der zur Erzeugung der meisten Güter angewandten Durchschnittsmenge am nächsten kommen? Können diese Anteile nicht so nahezu gleich weit von den beiden Extremen, dem einen, wo wenig stehendes Kapital, dem anderen, wo wenig Arbeit benötigt wird, entfernt sein, daß sie gerade die Mitte zwischen ihnen bilden?

Wenn ich also annehmen kann, ein Normalmaß zu besitzen, das sich einem unveränderlichen so weit nähert, so liegt der Vorteil darin, daß ich dadurch von den Veränderungen anderer Dinge sprechen darf, ohne mich bei jeder Gelegenheit durch die Betrachtung der etwaigen Wertveränderung des Maßgutes, nach welchem Preis und Wert geschätzt werden, verwirren zu lassen.

Um also den Gegenstand dieser Untersuchung zu vereinfachen, werde ich das Geld, obschon ich vollkommen zugebe, daß auch das aus Gold hergestellte Geld den meisten Veränderungen der anderen Dinge unterworfen ist, als unveränderlich annehmen und infolgedessen alle Preisveränderungen als durch irgendwelche Veränderung im Werte desjenigen Gutes verursacht betrachten, von welchen ich gerade spreche.

Ehe ich diesen Gegenstand verlasse, mag es zu bemerken angebracht sein, daß Adam Smith und all die Schriftsteller, die ihm gefolgt sind, so viel ich weiß, ausnahmslos behauptet haben, ein Steigen des Arbeitspreises würde gleichmäßig ein Steigen der Preise aller Güter zur Folge haben. Ich hoffe zur Genüge bewiesen zu haben, daß für eine derartige Ansicht keine Gründe vorhanden sind, und daß nur jene Güter steigen würden, auf die weniger stehendes Kapital verwendet worden wäre als auf das Maßgut, nach welchem der Preis geschätzt wurde, und daß alle diejenigen, auf die mehr verwendet wäre, bei steigenden Löhnen im Preise wirklich sinken würden. Dagegen würden, wenn der Lohn fiele, nur solche Güter sinken, auf die relativ weniger stehendes Kapital verwendet worden wäre als auf das Maßgut, nach welchem der Preis geschätzt wurde, während alle diejenigen, auf die mehr verwendet wäre, tatsächlich im Preise steigen würden.

Auch muß ich unbedingt noch bemerken, daß ich nicht gesagt habe, daß, weil auf ein Gut Arbeit verwendet worden ist, die 1000 £, und auf ein anderes Arbeit, die 2000 £ kostet, darum nun das eine 1000 £, das andere 2000 £ wert sein würde. Wohl aber habe ich gesagt, daß sich ihre beiderseitigen Werte wie 2:1 verhalten werden, und daß man sie in diesen Verhältnissen auszutauschen pflegt. Für die Wahrheit dieser Lehre ist es von keiner Bedeutung, ob das eine von diesen Gütern nun für 1100 £, und das andere für 2200 £ verkauft wird, oder das eine für 1500 £, und das andere für 3000 £. Diese Frage erörtere ich gegenwärtig nicht. Ich betone nur, daß sich ihre relativen Werte nach den relativen Arbeitsmengen richten werden, die zu ihrer Produktion verwendet wurden.[4]

---

[4] Malthus bemerkt in bezug auf diese Lehre: »Wir haben allerdings die Macht, willkürlich diejenige Arbeit, welche auf ein Gut verwandt worden ist, seinen wirklichen Wert zu nennen. Aber wenn wir das tun, gebrauchen wir Worte in einem anderen Sinne, als man es gewöhnlich tut. Wir verwirren dadurch sofort die äußerst wichtige Unterscheidung zwischen *Kosten* und *Wert* und machen es fast unmöglich, den hauptsächlichsten Ansporn zur Erzeugung von Reichtum deutlich zu erklären, was in der Tat von dieser Unterscheidung abhängt.« Malthus scheint zu glauben, daß es ein Teil meiner Lehre ist, daß die Kosten und der Wert eines Dinges dasselbe wären. Das

Abschnitt 7

Unterschiedliche Wirkungen infolge der Veränderung im Werte des Geldes, d. h. des Maßgutes, in welchem der Preis stets ausgedrückt wird, oder infolge der Veränderung im Werte der Güter, welche man mit Geld erstehen kann.

Obschon ich, wie bereits bemerkt, noch Gelegenheit haben werde, das Geld als in seinem Werte unveränderlich zu betrachten, um die Ursachen der relativen Veränderungen im Werte anderer Dinge genauer zu bestimmen, kann es nützlich sein, die verschiedenen Wirkungen zu erwähnen, welche sich daraus ergeben werden, daß durch die schon erwähnten Ursachen, nämlich die verschiedenen Arbeitsmengen, die nötig sind, um sie zu erzeugen, die Preise von Waren verändert werden, sowie daraus, daß sie durch eine Geldwertänderung selbst verändert werden.

Da das Geld ein veränderliches Gut ist, wird das Steigen des Geldlohnes häufig durch ein Sinken des Geldwertes veranlaßt. Ein Steigen der Arbeitslöhne aus diesem Grunde wird in der Tat unabänderlich von einem Steigen der Güterpreise begleitet sein. Doch wird man in solchen Fällen stets finden, daß sich Arbeit und alle Güter nicht in Beziehung zueinander geändert haben, sondern daß sich die Veränderung allein auf das Geld beschränkt hat.

Das Geld ist unaufhörlichen Veränderungen unterworfen, weil es ein Gut ist, welches man aus einem fremden Lande bezieht, weil es das allgemeine Tauschmittel aller zivilisierten Länder bildet und weil es unter jene Länder in Verhältnissen verteilt ist, die sämtlich mit jeder Verbesserung im Handel und Maschinenwesen, sowie mit jeder weiteren Schwierigkeit bei der Beschaffung von Nahrungs- und Bedarfsmitteln für eine wachsende Bevölkerung ständig wechseln. Wenn wir daher die Grundsätze, welche Tauschwert und Preis regeln, feststellen wollen, sollten wir sorgfältig zwischen jenen Veränderungen unterscheiden, die dem Gute selbst eigentümlich sind, und jenen, die durch eine Veränderung in dem Maßgut, in dem der Wert geschätzt oder der Preis ausgedrückt wird, verursacht werden.

Ein Steigen der Löhne infolge einer Veränderung in dem Werte des Geldes übt eine allgemeine Wirkung auf den Preis aus und hat aus diesem Grunde auf Profite überhaupt keinen wirklichen Einfluß. Dagegen bewirkt, von wenigen Ausnahmen abgesehen, eine Lohnsteigerung infolge des Umstandes, daß der Arbeiter reichlicher entlohnt wird,

ist der Fall, wenn er unter Kosten »Produktionskosten«, einschließlich des Profits, versteht. In den obigen Zeilen meint er das aber nicht, und deshalb hat er mich nicht klar verstanden.

oder einer Schwierigkeit, die Bedürfnisse zu befriedigen, für welche der Lohn verausgabt wird, keine Preiserhöhung, sondern eine fühlbare Profitverminderung. In dem einen Falle wird kein größerer Teil der jährlichen Arbeit des Landes dem Unterhalte der Arbeiter gewidmet; in dem anderen Falle wird ihm ein größerer Teil gewidmet.

Nach der Verteilung des Gesamtertrages vom Grund und Boden irgendeines beliebigen Landgutes unter die drei Klassen der Grundbesitzer, Kapitalisten und Arbeiter haben wir das Steigen oder Sinken von Rente, Profit und Lohn zu beurteilen und nicht nach dem Werte, zu welchem sich jener Ertrag in einem Maßgute, das zweifellos veränderlich ist, schätzen läßt.

Nicht nach dem absoluten Ertragsquantum, das jede Klasse erlangt, können wir die einzelne Rate von Profit, Rente und Lohn richtig beurteilen, sondern nach der Arbeitsmenge, welche zur Erzeugung jenes Ertrages erforderlich ist. Durch Maschinen- und Bodenkulturverbesserungen kann sich der Gesamtertrag verdoppeln; wenn sich aber Lohn, Rente und Profit auch verdoppeln, so werden diese drei dieselben Verhältnisse untereinander zeigen wie vordem, und man könnte von keinem sagen, es hätte sich verhältnismäßig verändert. Wenn der Lohn jedoch nicht an dem Gesamtzuwachse teilnähme, wenn er, anstatt verdoppelt zu werden, nur um die Hälfte zugenommen hätte, wenn die Rente, anstatt verdoppelt zu werden, nur um $3/4$ zugenommen hätte und der übrigbleibende Zuwachs an den Profit ginge, dann würde es, glaube ich, für mich korrekt sein zu sagen, daß Rente und Lohn gesunken, der Profit aber gestiegen wäre. Denn besäßen wir nun ein unveränderliches Normalmaß, mit dem wir den Wert dieses Ertrages messen könnten, so würden wir finden, daß ein geringerer Wert der Klasse der Arbeiter und Grundbesitzer zugefallen wäre, und ein größerer der Klasse der Kapitalisten. Wir könnten z. B. finden, daß, obwohl die absolute Menge von Gütern verdoppelt worden wäre, sie das Produkt von genau der früheren Menge von Arbeit wären. Wenn von je 100 produzierten Hüten, Röcken und Quarter Getreide

> die Arbeiter vorher 25
> die Grundbesitzer 25
> und die Kapitalisten 50
>
> zusammen 100 erhalten hätten;

und wenn, nachdem sich diese Güter an Menge verdoppelt, von je 100

> die Arbeiter nur 22
> die Grundbesitzer „ 22
> und die Kapitalisten 56
>
> zusammen 100 bekämen,

dann würde ich in diesem Falle sagen, daß Lohn und Rente gesunken, der Profit aber gestiegen wäre, obgleich sich infolge der Fülle von Gütern die Menge, die dem Arbeiter und dem Grundbesitzer bezahlt würde, vermehrt haben würde im Verhältnis von 25:44. Lohn ist nach seinem wirklichen Werte, d. h. nach der Menge von Arbeit und Kapital zu veranschlagen, die zu seiner Erzeugung verwendet wurden, und nicht nach seinem nominellen Werte, entweder in Röcken, Hüten, Geld oder Getreide. Unter den Umständen, die ich eben vorausgesetzt habe, würden die Güter auf die Hälfte ihres früheren Wertes, und falls sich das Geld nicht im Werte verändert hätte, auch auf die Hälfte ihres früheren Preises gesunken sein. Wenn man also nach diesem Maßgute, das sich im Werte nicht verändert hätte, finden sollte, daß der Lohn des Arbeiters gefallen wäre, so würde dies noch nicht im geringsten ein wirkliches Sinken bedeuten, weil er ihm eine größere Menge von billigen Gütern als sein früherer Lohn verschaffen könnte.

Mag die Veränderung im Geldwerte auch noch so groß sein, so macht sie doch noch keine Differenz in der Profit*rate* aus. Denn nehmen wir an, die Waren des Fabrikanten steigen von 1000 £ auf 2000 £ oder um 100 Prozent, so wird seine Profitrate dieselbe bleiben, wenn sein Kapital, auf welches die Veränderungen des Geldwertes ebenso sehr einwirken wie auf den Wert des Produktes, wenn seine Maschinen, Gebäude und sein Warenvorrat auch um 100 Prozent steigen, und er wird vom Ertrage der Arbeit des Landes dasselbe Quantum und nicht mehr zu seiner Verfügung haben.

Wenn er mit einem Kapital von bestimmtem Werte durch Arbeitsersparnis die Produktionsmenge verdoppeln kann und diese auf die Hälfte ihres früheren Preises herabgeht, so wird sie im selben Verhältnis zum Kapitale, das sie hervorbrachte, wie zuvor stehen, und folglich wird der Profit noch auf gleicher Höhe sein.

Sinkt der Geldwert zur selben Zeit, wo er das Produktionsquantum durch Anwendung des nämlichen Kapitals verdoppelt, infolge irgendeines zufälligen Ereignisses um die Hälfte, so wird das Produkt zum doppelten Geldwert als vorher verkauft. Aber das zu seiner Erzeugung verwendete Kapital wird ebenfalls den doppelten Geldwert wie früher haben, und darum wird auch in diesem Falle der Wert des Erzeugnisses im selben Verhältnis wie vorher zum Werte des Kapitals stehen; und obschon der Ertrag verdoppelt ist, werden Rente, Lohn und Profit sich nur ändern, je nachdem sich die Verhältnisse ändern, nach denen dieser doppelte Ertrag unter die daran partizipierenden drei Klassen verteilt werden mag.

KAPITEL II

Über die Rente

Es bleibt uns indessen zu betrachten übrig, ob die Aneignung von Grund und Boden sowie die daraus folgende Entstehung der Rente in dem relativen Werte der Güter irgendeine Veränderung erzeugen wird, die von der zu ihrer Produktion erforderlichen Arbeitsmenge unabhängig ist. Um diese Seite des Gegenstandes zu verstehen, müssen wir die Natur der Rente und die Gesetze untersuchen, welche ihr Steigen oder Sinken bestimmen.

Die Rente ist der Teil vom Ertrage der Erde, welcher dem Grundbesitzer für die Benutzung der ursprünglichen und unzerstörbaren Kräfte des Bodens bezahlt wird. Sie wird jedoch oft mit dem Zins und Kapitalprofit verwechselt, und in populärer Ausdrucksweise wird die Bezeichnung auf das angewendet, was von dem Landwirt überhaupt alljährlich an seinen Grundbesitzer bezahlt wird. Wenn das eine von zwei aneinander angrenzenden Landgütern von gleicher Größe und von derselben natürlichen Fruchtbarkeit alle erforderlichen Wirtschaftsgebäude hätte und außerdem entsprechend drainiert, gedüngt und vorteilhaft durch Hecken, Zäune und Wälle eingeteilt wäre, während das andere keinen von diesen Vorteilen besäße, so würde man natürlich für die Benutzung des einen eine größere Vergütung als für die des anderen bezahlen; trotzdem nennt man diese Vergütung in beiden Fällen Rente. Doch ist es offenbar, daß man nur einen Teil des Geldes, welches für das im besseren Zustande befindliche Landgut alljährlich bezahlt werden müßte, für die ursprünglichen und unzerstörbaren Kräfte des Bodens entrichten würde; der andere Teil würde für die Benutzung des Kapitals bezahlt, das zur Verbesserung der Bodenqualität und zur Errichtung solcher Gebäude, die nötig wären, um den Ertrag zu sichern und zu bewahren, verwendet worden wäre. Adam Smith spricht von Rente bisweilen in dem strengen Sinne, auf welchen ich sie gerne beschränkt haben möchte, weit öfter jedoch im populären Sinne, in dem man das Wort gewöhnlich gebraucht. Er berichtet uns, daß die Nachfrage nach Bauholz und sein daraus folgender hoher Preis in den südlicheren Ländern Europas bewirkten, daß eine Rente für die Wälder in Norwegen bezahlt werden mußte, die früher keine Rente abwerfen konnten. Ist es indes nicht klar, daß die Person, die das, was er so Rente nennt, zahlte, es in Anbetracht des wertvollen Gutes zahlte, das damals auf dem Boden stand, und daß sie sich in Wirklichkeit durch den Verkauf des Holzes mit einem Profite wieder bezahlt machte? Wenn dem Grundbesitzer nach Fortschaffung des Holzes in der Tat noch irgendeine Entschädigung bezahlt worden sein sollte für die Benutzung des Bodens zu dem Zwecke, Bäume oder irgendein anderes Produkt anzupflanzen, mit einer Aussicht auf künftige Nachfrage, dann könnte man jene Entschädigung mit Recht Rente nennen, weil sie für die produktiven Kräfte des Bodens bezahlt würde. Aber in dem von Adam Smith festgestellten Falle wurde die Vergütung für das Recht, das Holz zu transportieren und zu verkaufen, bezahlt, und nicht für das Recht, die Bäume anzupflanzen. Er spricht auch von der Rente von Kohlengruben und Steinbrüchen, auf welche dieselbe Bemerkung paßt, daß die für die Grube oder den Steinbruch gegebene Entschädigung für den Wert der Kohle und des Steines bezahlt wird, welcher aus ihnen fortgeschafft werden kann und keine Beziehung zu den ursprünglichen und unzerstörbaren Kräften des Bodens hat. Das ist eine Unterscheidung von großer Wichtigkeit bei einer Untersuchung über Rente und Profit; denn es hat sich herausgestellt, daß die Gesetze, welche die Entwicklung der Rente regeln, von jenen, die die Profitentwicklung regeln, sehr verschieden sind und selten in derselben Richtung wirken. In allen fortgeschrittenen Ländern bleibt das, was alljährlich dem Grundbesitzer bezahlt wird, da es an beiden Erscheinungen, Rente und Profit, teilhat, infolge der Wirkungen entgegengesetzter Ursachen bisweilen stationär. Zu anderen Zeiten steigt oder sinkt es, je nachdem die eine oder die andere dieser Ursachen überwiegt. Sooft ich also in den folgenden Seiten von der Grundrente spreche, wünsche ich so verstanden zu werden, als spräche ich von jener Entschädigung, welche dem Grundbesitzer für die Benutzung der ursprünglichen und unzerstörbaren Kräfte des Bodens bezahlt wird.

Bei der ersten Besiedlung eines Landes, wo es eine Fülle von reichem und fruchtbarem Boden gibt, von dem nur ein sehr geringer Teil für den Unterhalt der vorhandenen Bevölkerung bebaut zu werden braucht oder mit dem der Bevölkerung zur Verfügung stehendem Kapitale tatsächlich bebaut werden kann, wird es keine Rente geben. Denn niemand würde etwas für die Benutzung des Bodens bezahlen, wenn eine große Fülle noch nicht angeeignet und infolgedessen zur Verfügung eines jeden wäre, der ihn bebauen möchte.

Nach den gewöhnlichen Grundsätzen von Angebot und Nachfrage könnte man für solchen Boden keine Rente bezahlen, aus dem festgestellten Grunde, weil nichts gegeben wird für die Benutzung von Luft und Wasser oder für eine andere der Gaben der Natur, die unbegrenzt vorhanden sind. Maschinen können mit einer gegebenen Menge von Materialien und mit Hilfe des Atmosphärendruckes und der Kraft des Dampfes Arbeit leisten und die menschliche Arbeit in sehr erheblichem Maße verringern; aber durch die Benutzung dieser natürlichen Hilfsmittel entstehen keine Kosten, weil sie unerschöpflich sind und zu jedermanns Verfügung stehen. Auf dieselbe Weise gebraucht der Brauer, Brenner oder Färber unausgesetzt Luft und Wasser für die Erzeugung seiner Güter. Da aber der Vorrat davon unbegrenzt ist, haben sie keinen Preis. Wenn jeder Boden dieselben Eigenschaften besäße, wenn er an Menge unbegrenzt und an Güte gleich wäre, dann könnte für seine Benutzung nichts gefordert werden, außer, wo er besondere Vorteile der Lage besäße. Also nur weil der Boden an Menge nicht unbegrenzt und an Qualität nicht gleich ist, und weil bei der Zunahme der Bevölkerung Boden von geringerer Qualität oder weniger vorteilhafter Lage in Anbau genommen wird, wird für seine Benutzung jemals eine Rente bezahlt. Wenn bei dem Fortschritt der Gesellschaft Boden von Fruchtbarkeit zweiten Grades bebaut wird, entsteht auf dem erstklassigen sofort eine Rente, deren Betrag von der Differenz der Qualität dieser beiden Bodenarten abhängen wird.

Wird auch der Boden dritter Qualität in Anbau genommen, so entsteht sofort Rente auf dem zweiten und wird wie vorher reguliert durch die Differenz in ihren produktiven Kräften. Gleichzeitig wird die Rente der ersten Bodenqualität steigen, denn sie muß infolge des Unterschiedes des Ertrages, den sie mit einem bestimmten Quantum an Kapital und Arbeit liefert, stets mehr als die der zweiten ausmachen. Bei jeder weiteren Bevölkerungszunahme, welche ein Land zwingt, zu Boden von schlechterer Qualität seine Zuflucht zu nehmen, wird die Rente auf allen fruchtbaren Böden steigen.

Nehmen wir also an, die Böden Nr. 1, 2 und 3 brächten bei gleicher Verwendung von Kapital und Arbeit einen Reinertrag von 100, 90 und 80 Quarter Getreide. Dann wird in einem jungen Lande, wo fruchtbarer Boden im Vergleich zur Bevölkerung reichlich vorhanden ist und wo infolgedessen nur Nr. 1 bebaut zu werden braucht, der ganze Reinertrag dem Landwirte gehören und wird der Profit des Kapitals sein, das er anlegt. Sobald aber die Bevölkerung derartig zugenommen hätte, daß auch Boden Nr. 2, von dem nach Abzug des Unterhaltes für die Arbeiter nur 90 Quarter geerntet werden können, bebaut werden muß, würde auf Nr. 1 eine Rente entstehen. Denn entweder muß es jetzt zwei Profitraten für landwirtschaftliche Kapitalien geben, oder es müssen 10 Quarter oder deren Wert für irgendeinen anderen Zweck von dem auf Nr. 1 erzielten Ertrage in Abzug gebracht werden. Mag der Grundeigentümer oder irgend jemand anders Nr. 1 bebauen, jene 10 Quarter würden doch immer eine Rente bilden; denn der Landwirt von Nr. 2 würde mit seinem Kapital dasselbe Resultat erzielen, ob er nun Nr. 1 bebaute und 10 Quarter Rente zahlte oder ob er Nr. 2 noch weiter bebaute, ohne Rente zu entrichten. In gleicher Weise ließe sich zeigen, daß, wenn Nr. 3 angebaut wird, die Rente von Nr. 2 10 Quarter oder deren Wert betragen müßte, während die Rente von Nr. 1 auf 20 Quarter steigen würde. Denn der Landwirt von Nr. 3 würde denselben Profit beziehen, gleichgültig, ob er nun 20 Quarter Rente für Nr. 1 oder 10 Quarter für Nr. 2 zahlte oder aber ob er Nr. 3 frei von aller Rente bebaute.

Es tritt oft und tatsächlich allgemein ein, daß, bevor man Klasse 2, 3, 4 oder 5, oder die schlechteren Böden anbaut, Kapital produktiver verwendet werden kann auf jene Böden, die bereits in Anbau genommen sind. Vielleicht kann man finden, daß sich der Ertrag durch Verdoppelung des ursprünglich in Boden Nr. 1 gesteckten Kapitals, wenn auch nicht gerade verdoppeln oder um 100 Quarter vermehren, so doch immerhin um 85 Quarter steigern läßt und daß diese Menge noch diejenige überschreitet, die erlangt werden könnte, wenn man dasselbe Kapital auf Boden Nr. 3 verwendet.

In dem Falle pflegt man das Kapital lieber dem alten Boden zuzuwenden, und es wird gleichfalls eine Rente schaffen; denn Rente ist stets der Ertragsunterschied, welcher sich aus der Anwendung zweier gleicher Mengen an Kapital und Arbeit ergibt. Wenn ein Pächter mit einem Kapitale von 1000 £ von seinem Boden 100 Quarter Weizen und durch Verwendung eines zweiten Kapitals von 1000 £ einen weiteren Ertrag von 85 Quarter ernten würde, dann würde sein Grundeigentümer die Macht haben, beim Erlöschen seiner Pacht ihn zu verpflichten, 15 Quarter oder einen gleichen Wert als zusätzliche Rente zu zahlen; denn es kann nicht zwei Profitraten geben. Gibt sich jener mit einer Verminderung von 15 Quarter im Ertrage seiner zweiten 1000 £ zufrieden, so tut er das nur, weil sich keine vorteilhaftere Verwendung dafür findet. Die allgemeine Profitrate würde jenem Verhältnis entsprechen, und wenn sich der ursprüngliche Pächter weigerte, würde sich bald eine andere Person finden, die willig wäre, alles das, was über jene Profitrate hinausginge, dem Besitzer des Bodens, von welchem er sie bezog, zu geben.

In diesem Falle sowohl als in dem anderen zahlt das zuletzt verwendete Kapital keine Rente. Für die größeren produktiven Kräfte der ersten 1000 £ werden 15 Quarter als Rente bezahlt, für die Verwendung der zweiten 1000 £ aber überhaupt keine Rente. Würde nun noch ein drittes Kapital von 1000 £ mit einem Ertrag von 75 Quarter auf denselben Boden verwendet werden, so wird für die zweiten 1000 £ eine Rente bezahlt werden und diese gleich dem Unterschiede zwischen dem Ertrage dieser beiden, also 10 Quarter sein; gleichzeitig wird die Rente der ersten 1000 £ von 15 auf 25 Quarter steigen, während die letzten 1000 £ überhaupt keine Rente bezahlen werden.

Wenn also guter Boden in einem viel reichlicheren Maße existierte, als die Produktion von Nahrung für eine wachsende Bevölkerung erforderte, oder wenn man Kapital ohne Ertragseinbuße unbeschränkt auf dem alten Boden verwenden könnte, dann könnte es kein Steigen der Rente geben. Denn die Rente ergibt sich aus der Verwendung einer Zusatzmenge von Arbeit bei verhältnismäßig geringerem Ertrage.

Der fruchtbarste und am günstigsten gelegene Boden wird zuerst bebaut werden, und der Tauschwert seines Erzeugnisses wird in der gleichen Weise wie der Tauschwert aller anderen Güter durch die gesamte Arbeitsmenge bestimmt werden, die in verschiedenen Formen von Anfang bis zu Ende benötigt wurde, um es zu erzeugen und auf den Markt zu bringen. Wird Boden von geringerer Qualität in Anbau genommen, so wird der Tauschwert des Roherzeugnisses steigen, weil zu seiner Produktion mehr Arbeit erforderlich ist.

Der Tauschwert aller Güter, ob sie nun fabriziert werden oder die Ausbeute von Bergwerken oder der Ertrag des Bodens sind, wird nicht durch die geringere Arbeitsmenge bestimmt, welche zu ihrer Erzeugung bei besonders günstigen Umständen ausreichen wird, die ausschließlich denjenigen zugute kommen, die sich besonderer Produktionserleichterungen erfreuen; sondern durch die größere Arbeitsmenge, welche zu ihrer Erzeugung von denen aufgewandt werden muß, die solche Erleichterungen nicht haben und die jene Güter weiterhin unter den ungünstigsten Umständen produzieren, unter denen die Produktion in Anbetracht der erforderlichen Ertragsmenge noch fortgeführt werden muß.

So werden bei einer milden Stiftung, wo die Armen mit einem von Wohltätern gewidmeten Fonds beschäftigt werden, die allgemeinen Preise der Güter, die das Produkt solcher Arbeit sind, nicht durch die besonderen Erleichterungen bestimmt, die diesen Arbeitern gewährt werden, sondern durch die gewöhnlichen, durchschnittlichen und natürlichen Schwierigkeiten, mit denen jeder andere Fabrikant zu kämpfen haben wird. Der Fabrikant, der sich keiner dieser Erleichterungen erfreut, könnte in der Tat gänzlich vom Markte verdrängt werden, wenn das Angebot, das durch diese begünstigten Arbeiten gemacht wird, den gesamten Bedürfnissen der Gesamtheit entspräche. Führte er aber das Gewerbe fort, so würde es nur unter der Bedingung sein, daß er aus ihm die übliche und allgemeine Rate von Kapitalsprofit beziehen würde; und das könnte nur geschehen, wenn sich sein Gut zu einem Preise verkaufte, welcher im Verhältnis zu der auf seine Produktion verwandten Arbeitsmenge stände.

Es ist wahr, daß auf dem besten Boden derselbe Ertrag noch erlangt werden würde mit derselben Arbeit wie zuvor, aber sein Wert würde infolge der geringen Erträge erhöht worden sein, die von jenen Personen erzielt werden, welche neue Arbeit und neues Kapital auf dem weniger fruchtbaren Boden verwendeten. Trotzdem also die Vorteile von fruchtbaren über geringere Böden in keinem Fall verloren sind, sondern nur vom Landwirt oder vom Konsumenten auf den Grundbesitzer übergegangen sind, so wird doch, weil auf den geringeren Böden mehr Arbeit erforderlich ist und weil wir nur von solchem Lande unseren gesteigerten Bedarf an Rohprodukten zu decken vermögen, der verhältnismäßige Wert jenes Erzeugnisses über seinem früheren Stande beharren, was zur Folge hat, daß mehr Hüte, Kleider, Schuhe usw., zu deren Produktion ein derartiges Zusatzquantum von Arbeit nicht nötig ist, dafür eingetauscht werden.

Der Grund, warum Rohprodukte im verhältnismäßigen Werte steigen, besteht also darin, daß mehr Arbeit verwendet wird zur Erzeugung des zuletzt gewonnenen Anteils, nicht darin, daß dem Grundbesitzer eine Rente bezahlt wird. Der Wert des Getreides wird durch die Arbeitsmenge bestimmt, welche zwecks seiner Produktion auf jene Bodenqualitäten oder mit jenen Kapitalien verwendet wird, die keine Rente abwerfen. Der Getreidepreis ist nicht hoch, weil eine Rente entrichtet wird, sondern eine Rente wird bezahlt, weil der Getreidepreis hoch steht. Mit Recht ist bemerkt worden, daß kein Rückgang im Getreidepreis eintreten würde, selbst wenn die Grundbesitzer auf den gesamten Betrag ihrer Rente verzichten sollten. Solch eine Maßnahme würde nur einige Landwirte in den Stand setzen, wie Herren zu leben, aber würde nicht die Arbeitsmenge vermindern, die nötig ist, um auf dem zur Bebauung unergiebigsten Boden Rohprodukte zu erzeugen.

Nichts ist alltäglicher als von den Vorteilen zu hören, welche der Boden besitzt gegenüber jeder anderen Quelle nützlicher Erzeugnisse wegen des Überschusses, den er in Gestalt der Rente hervorbringt. Doch wenn der Boden am reichlichsten, ertragfähigsten und fruchtbarsten ist, bringt er keine Rente. Erst wenn seine Kräfte nachlassen, wenn er weniger als Entgelt für die Arbeit hervorbringt, wird ein Teil des ursprünglichen Ertrages auf den fruchtbaren Strichen als Rente abgesondert. Es ist seltsam, daß diese Eigenschaft des Bodens, die doch eigentlich als eine Unvollkommenheit hätte bezeichnet werden müssen, im Vergleich mit den natürlichen Hilfskräften, durch die Fabrikanten unterstützt werden, als Grund seiner besonderen Überlegenheit aufgezeigt werden könnte. Hätten Luft, Wasser, die Dampfkraft und der Atmosphärendruck verschiedene Qualitäten, könnten sie angeeignet werden, und existierte jede Qualität nur in beschränkter Menge, dann würden sie, wenn man die verschiedenen Qualitäten sukzessive in Gebrauch nähme, geradesogut wie der Boden eine Rente abwerfen. Mit jeder angewandten schlechteren Qualität würde der Wert der Güter steigen, zu deren Fabrikation man sie benutzte, weil dann gleiche Arbeitsmengen weniger produktiv sein würden. Der Mensch würde durch seiner Stirne Schweiß mehr, die Natur weniger verrichten, und der Boden würde nicht länger wegen seiner beschränkten Kräfte eine Ausnahmestelle einnehmen.

Ist der Mehrertrag, den der Boden in Gestalt der Rente liefert, ein Vorteil, so wäre es wünschenswert, daß die neu erbauten Maschinen mit jedem Jahre weniger wirksam wären als die alten; das würde ohne Zweifel den Gütern, die nicht nur mit jenen Maschinen, sondern mit all den anderen Maschinen hergestellt werden, einen größeren Tauschwert verleihen; und eine Rente würde allen denjenigen bezahlt werden, die die produktivsten Maschinen besäßen.[1]

Das Steigen der Rente ist stets die Folge des zunehmenden Wohlstandes eines Landes und der Schwierigkeit, Nahrungsmittel für seine gewachsene Bevölkerung zu beschaffen. Es ist ein Anzeichen, niemals jedoch eine Ursache des Wohlstandes; denn dieser wächst oft am schnell-

---

[1] »Auch beim Ackerbau«, sagt Adam Smith, »arbeitet die Natur mit dem Menschen zusammen, und obschon ihre Arbeit keine Unkosten bereitet, hat doch ihr Erzeugnis ebensogut seinen Wert, wie das des kostspieligsten Arbeiters.« Man zahlt für die Arbeit der Natur nicht weil sie viel, sondern weil sie wenig leistet. Im Verhältnis, wie sie mit ihren Gaben geizig wird, fordert sie einen höheren Preis für ihr Werk. Wo sie sehr freigebig ist, arbeitet sie immer umsonst. »Das arbeitende Vieh, welches in der Landwirtschaft verwendet wird, bewirkt nicht nur die Reproduktion eines Wertes, der seinem eigenen Verbrauch oder dem es beschäftigenden Kapital samt dem Profit seines Eigentümers gleichkommt, sondern eines viel größeren Wertes. Über das Kapital des Landwirts und all seinen Profit hinaus bewirkt es regelmäßig die Wiedererzeugung der Rente des Grundbesitzers. Diese Rente kann als das Produkt jener Kräfte der Natur angesehen werden, deren Benutzung der Grundbesitzer dem Landwirt leiht. Sie ist größer oder geringer je nach der vermutlichen Ausdehnung dieser Kräfte, oder, mit anderen Worten, der angenommenen natürlichen oder künstlichen Fruchtbarkeit des Bodens entsprechend. Sie ist die Leistung der Natur, die verbleibt, wenn man alles, was als Leistung des Menschen betrachtet werden kann, in Abzug oder in Anrechnung bringt. Selten ist sie weniger als ein Viertel, oft mehr als ein Drittel des Gesamtertrages. Keine gleich große Menge produktiver Arbeit, die in den Gewerben angewendet wird, kann je eine so große Reproduktion bewirken. *In diesen leistet die Natur nichts, der Mensch alles*; und die Reproduktion muß stets im Verhältnis zur Stärke der Kräfte, die sie bewirken, stehen. Das in der Landwirtschaft verwendete Kapital setzt daher nicht nur ein größeres Quantum produktiver Arbeit als irgendein in Gewerben verwendetes gleiches Kapital in Bewegung, sondern es fügt außerdem, der produktiven Arbeitsmenge entsprechend, welche es beschäftigt, zum jährlichen Ertrag von Boden und Arbeit des Landes, zu dem *wirklichen* Vermögen und Einkommen seiner Bewohner, einen viel größeren Wert hinzu. Von allen Möglichkeiten, unter welchen ein Kapital verwendet werden kann, ist dies bei weitem die für die Gesellschaft vorteilhafteste.« (Buch II, Kap. 5, p. 15.) – Leistet die Natur in Gewerben nichts für den Menschen? Sind die Kräfte von Wind und Wasser, welche unsere Maschinen treiben und der Schiffahrt dienen, nichts? Der Druck der Atmosphäre und die Dampfkraft, die uns in den Stand setzen, die seltsamsten Maschinen in Gang zu bringen – sind sie nicht Gaben der Natur? Von den Wirkungen der Wärme beim Erweichen und Schmelzen der Metalle, von der Zersetzungskraft der Luft beim Färbe- und Gärungsprozeß gar nicht zu reden. Es läßt sich wohl kein Gewerbe nennen, in welchem die Natur nicht ihre Unterstützung dem Menschen gewährt, und sie auch reichlich und umsonst gibt.

sten, wenn die Rente entweder stationär oder gar im Sinken begriffen ist. Die Rente steigt am schnellsten, wenn der verfügbare Boden in seinen produktiven Kräften nachläßt. Der Wohlstand nimmt am schnellsten in solchen Ländern zu, wo der verfügbare Boden am fruchtbarsten, die Einfuhr am wenigsten behindert ist, wo die Produktion durch landwirtschaftliche Verbesserungen ohne irgendwelche Erhöhung der verhältnismäßigen Arbeitsmenge gehoben werden kann und wo infolgedessen die Zunahme der Rente sehr langsam vor sich geht.

Wäre der hohe Getreidepreis die Wirkung und nicht die Ursache der Rente, so würde der Preis in dem Maße beeinflußt werden, wie die Renten hoch oder niedrig wären, und die Rente würde dann einen Bestandteil des Preises bilden. Allein, dasjenige Getreide, welches man mit der größten Arbeitsmenge produziert, ist der Regulator des Getreidepreises; und die Rente wird und kann nicht im geringsten einen Bestandteil seines Preises ausmachen.[2] Deshalb kann Adam Smith nicht recht haben, wenn er annimmt, daß die ursprüngliche Regel, welche den Tauschwert der Güter bestimmte, nämlich die für ihre Produktion erforderliche verhältnismäßige Arbeitsmenge, durch Aneignung von Grund und Boden und Bezahlung einer Rente überhaupt verändert werden kann. Das Rohmaterial geht in die Zusammensetzung der meisten Güter ein, aber der Wert jenes Rohmaterials wird ebenso wie der des Getreides durch die Produktivität des Teiles von Kapital bestimmt, der zuletzt auf den Boden verwendet wurde und keine Rente bezahlt; und deshalb ist die Rente kein Bestandteil des Preises der Güter.

Wir haben bisher die Wirkungen der natürlichen Entwicklung des Wohlstandes und der Bevölkerung auf die Rente innerhalb eines Landes betrachtet, wo der Boden verschiedene produktive Kräfte besitzt, und wir haben gesehen, daß mit jedem Teil von Zusatzkapital, der auf den Boden mit einem geringeren Produktionsertrag verwendet werden muß, die Rente steigen würde. Aus denselben Grundsätzen folgt, daß jede beliebigen Umstände in der Gesellschaft, welche es unnötig machen sollten, dieselbe Kapitalmenge für den Boden zu verwenden, und welche daher den zuletzt verwendeten Teil produktiver gestalten sollten, die Rente verringern würden. Jede erhebliche Abnahme des Kapitals eines Landes, welche die Mittel, die für den Unterhalt der Arbeit bestimmt sind, vermindern müßte, würde natürlich diese Wirkung haben. Die Bevölkerung reguliert sich nach den zu ihrer Beschäftigung verfügbaren Mitteln selbst, weshalb sie stets mit der Zu- oder Abnahme des Kapitals wächst oder abnimmt. Daher hat jede Kapitalsabnahme notwendigerweise eine weniger wirksame Nachfrage nach Getreide zur Folge sowie auch ein Sinken des Preises und einen Rückgang des Acker-

---

[2] Die klare Erfassung dieses Grundsatzes ist nach meiner Überzeugung für die Volkswirtschaftslehre von allergrößter Bedeutung.

baues. In der umgekehrten Reihenfolge wie jene, in welcher die Anhäufung von Kapital die Rente anhebt, wird die Verminderung desselben sie herabdrücken. Boden von einer weniger produktiven Qualität wird allmählich aufgegeben, der Tauschwert des Ertrages wird fallen, und Land von besserer Qualität wird der Boden sein, der zuletzt noch angebaut werden und dann keine Rente abwerfen wird.

Dieselben Wirkungen können indes hervorgebracht werden, wenn der Wohlstand und die Bevölkerung eines Landes zunehmen, sofern solche Zunahme begleitet wird von hervorragenden landwirtschaftlichen Verbesserungen, die ebenfalls die Wirkung haben werden, die Notwendigkeit, ärmere Böden zu bebauen, zu vermindern oder denselben Betrag von Kapital zur Bebauung der fruchtbaren Teile auszugeben.

Wenn eine Million Quarter Getreide für den Unterhalt einer bestimmten Bevölkerung nötig ist und von Boden erster, zweiter und dritter Güte gewonnen wird, und wenn später eine Verbesserung entdeckt würde, durch welche dieses Quantum von Nr. 1 und Nr. 2 gewonnen werden kann, ohne Nr. 3 zu verwenden, so ist es klar, daß die unmittelbare Wirkung davon ein Sinken der Rente sein muß. Denn nunmehr wird Nr. 2 statt Nr. 3 rentenlos bebaut, und die Rente von Nr. 1 wird, anstatt den Ertragsunterschied von Nr. 1 und Nr. 3 zu bilden, nur noch die Differenz zwischen Nr. 1 und Nr. 2 ausmachen. Bei ein und derselben Bevölkerung kann keine Nachfrage nach einem Zusatzquantum von Getreide entstehen. Arbeit und Kapital, die man sonst auf Nr. 3 verwandte, werden der Produktion anderer, für die Gesellschaft wünschenswert erscheinender Güter gewidmet und können keine Wirkung auf das Steigen der Rente haben, es sei denn, das Rohmaterial, aus dem sie hergestellt werden, könne ohne unvorteilhaftere Kapitalsverwendung auf dem Boden nicht gewonnen werden; in welchem Falle Nr. 3 allerdings wieder bebaut werden müßte.

Es ist unzweifelhaft wahr, daß ein Sinken des verhältnismäßigen Preises des Rohproduktes infolge von Verbesserungen in der Landwirtschaft oder vielmehr infolge der Tatsache, daß weniger Arbeit zu ihrer Produktion verwendet wird, naturgemäß zu größerer Kapitalsanhäufung führen würde; denn der Kapitalprofit würde erheblich vermehrt sein. Diese Anhäufung würde zu einer erhöhten Arbeitsnachfrage führen, zu höheren Löhnen, zu einer größeren Bevölkerung, zu einer weiteren Nachfrage nach Rohprodukten und zu intensiverem Ackerbau. Doch wäre die Rente lediglich nach einer Zunahme der Bevölkerung so hoch wie früher, d h. nachdem man Nr. 3 wieder in Anbau genommen hätte. Inzwischen würde aber ein erheblicher Zeitraum verstrichen sein, begleitet von einer tatsächlichen Verminderung der Rente.

Nun sind aber Verbesserungen in der Landwirtschaft von zweierlei

Art: solche, welche die Produktivkräfte des Bodens erhöhen, und solche, die uns durch Verbesserung unserer Maschinen in den Stand setzen, seinen Ertrag mit weniger Arbeit zu gewinnen. Beide führen ein Sinken des Preises der Rohprodukte herbei und beeinflussen die Rente, aber sie tun es nicht in gleichem Maße. Wenn sie kein Sinken des Preises der Rohprodukte verursachten, wären sie keine Verbesserungen; denn das wesentliche Merkmal einer Verbesserung ist, die vorher zur Erzeugung eines Gutes erforderliche Arbeitsmenge zu mindern, und diese Verminderung kann ohne ein Sinken seines Preises oder relativen Wertes nicht eintreten.

Zu den Verbesserungen, welche die produktiven Kräfte des Bodens steigern, gehören z. B. ein geeigneter Fruchtwechsel und eine bessere Wahl in der Anwendung von Düngemitteln. Diese Verbesserungen setzen uns durchaus in den Stand, denselben Ertrag von einem kleineren Stück Land zu erlangen. Wenn ich durch Einführung eines Rübenschlages außer der Gewinnung meines Getreides meine Schafe füttern kann, so wird der Boden, auf welchem ich vorher meine Schafe fütterte, entbehrlich, und dieselbe Menge Roherzeugnisse läßt sich durch Bewirtschaftung eines kleineren Stück Landes gewinnen. Erfinde ich einen Dünger, der mich in den Stand setzen wird, ein Stück Land 20 Prozent mehr Getreide hervorbringen zu lassen, so kann ich zum mindesten einen Teil meines Kapitals aus dem unfruchtbarsten Teil meines Gutes zurückziehen. Um aber die Rente zum Sinken zu bringen, braucht, wie bereits bemerkt, jener Boden noch nicht brach zu liegen. Um diese Wirkung zu erzielen, genügt es, daß aufeinanderfolgende Teile von Kapital auf demselben Boden mit verschiedenen Erträgen verwendet werden und daß der Teil, der den geringsten Ertrag gibt, zurückgezogen würde. Wenn ich durch Einführung des Rübenbaues oder Anwendung eines kräftigeren Düngers mit weniger Kapital denselben Ertrag erzielen kann, und zwar ohne dadurch den Unterschied der produktiven Kräfte der aufeinanderfolgenden Teile des Kapitals zu stören, so werde ich die Rente mindern; denn ein verschiedener und produktiverer Teil wird derjenige sein, der den Maßstab bilden wird, nach welchem jeder andere geschätzt wird. Lieferten z. B. die aufeinanderfolgenden Teile des Kapitals 100, 90, 80 und 70 Quarter, dann würde, bei Anwendung dieser vier Teile meine Rente 60 Quarter oder die Differenz betragen von

		100
70 und 100 gleich 30	während der Ertrag 340	90
70 und 90 gleich 20	ausmachen würde:	80
70 und 80 gleich 10		70
60,		340;

und während ich diese Teile verwendete, würde die Rente dieselbe bleiben, obschon der Ertrag von jedem eine gleiche Vermehrung zeigen würde. Wenn der Ertrag von 100, 90, 80 und 70 auf 125, 115, 105 und 95 gestiegen sein sollte, dann wäre die Rente immer noch gleich 60 oder gleich der Differenz von

95 und 125 gleich 30		125
95 und 115 gleich 20	während der Ertrag auf	115
95 und 105 gleich 10	440 vermehrt sein würde:	105
60,		95
		440.

Aber bei einer solchen Zunahme des Ertrages, ohne eine Zunahme der Nachfrage[3], läge kein Grund zur Anwendung von soviel Kapital auf den Boden vor; ein Teil würde zurückgezogen werden, weshalb der letzte Teil des Kapitals statt 95 Quarter 105 einbringen würde, und die Rente auf 30 fallen würde, oder die Differenz zwischen

105 und 125 gleich 20	125
105 und 115 gleich 10	115
30,	105
	345,

während der Ertrag immer noch den Bedürfnissen der Bevölkerung gleich sein wird, denn er würde 345 Quarter sein,

während sich die Nachfrage nur auf 340 Quarter beliefe.

Aber es gibt auch Verbesserungen, welche den relativen Wert des Ertrages, ohne die Getreiderente zu verringern, obwohl sie die Geldrente des Bodens erniedrigen werden, mindern können. Derartige Verbesserungen vermehren die produktiven Kräfte des Bodens nicht, sondern setzen uns in den Stand, seinen Ertrag mit weniger Arbeit zu gewinnen. Sie sind eher auf die Bildung des auf den Boden angewandten Kapitals gerichtet als auf die Bebauung des Bodens selbst. Hierzu gehören Verbesserungen der landwirtschaftlichen Geräte, Ersparnisse im

[3] Ich hoffe, man hat mich nicht dahin verstanden, daß ich die Bedeutung aller Arten von Verbesserungen in der Landwirtschaft für die Grundbesitzer gering schätze. Ihre unmittelbare Wirkung ist, die Rente zu verringern. Aber da dieselben einen großen Ansporn zur Vermehrung der Bevölkerung geben und uns gleichzeitig in den Stand setzen, ärmere Böden mit weniger Arbeit zu bebauen, gereichen sie den Grundbesitzern letzthin zu großem Vorteile. Jedoch muß bis dahin erst ein gewisser Zeitraum vergehen, während dessen sie sich für ihn tatsächlich nachteilig erweisen.

Gebrauche von Ackerpferden und bessere Kenntnis in der Tierheilkunde. Weniger Kapital oder, was dasselbe ist, weniger Arbeit wird zwar auf den Boden verwendet werden, aber zur Erzielung desselben Ertrages kann nicht weniger Boden bebaut werden. Ob jedoch solche Verbesserungen auf die Getreiderente einwirken, muß von der Frage abhängen, ob die Differenz zwischen dem Ertrag, den man durch die Verwendung der verschiedenen Teile des Kapitals erzielt, vermehrt wird, ob sie unverändert bleibt, oder vermindert wird. Wenn vier Kapitalsteile: 50, 60, 70 und 80, auf den Boden verwendet werden, von denen jeder dieselben Ergebnisse liefert, und irgendeine Verbesserung in der Bildung solches Kapitals mich in den Stand setzen würde, von jedem 5 zurückzuziehen, so daß sie nur noch 45, 55, 65 und 75 betragen würden, dann würde die Getreiderente keine Veränderung erfahren haben. Wären aber die Verbesserungen derartig, daß ich die ganze Ersparnis an dem Kapitalsteil machen könnte, der am wenigsten produktiv verwendet ist, so würde die Getreiderente sofort sinken, weil die Differenz zwischen dem produktivsten und unproduktivsten Kapitale verringert sein würde und es gerade diese Differenz ist, welche die Rente bildet.

Indem wir von der Rente des Grundbesitzers sprachen, haben wir sie vornehmlich als den Teil des Ertrages betrachtet, den man mit einem gewissen Kapitale auf einem bestimmten Landgute erzielt, ohne irgendwelche Bezugnahme auf seinen Tauschwert. Da aber dieselbe Ursache, d. h. die Erschwerung der Produktion, den Tauschwert des Rohproduktes und ebenso den verhältnismäßigen Teil desselben erhöht, welcher dem Grundbesitzer als Rente bezahlt wird, so ist es einleuchtend, daß der Gutsbesitzer durch die Erschwerung der Produktion doppelt begünstigt ist. Erstens erhält er einen größeren Anteil, und zweitens hat das Gut, mit dem er bezahlt wird, einen größeren Wert.[4]

---

[4] Um dies einleuchtend zu machen und zu zeigen, in welchem Grade sich die Getreide- und die Geldrente verändern werden, wollen wir annehmen, es würden durch die Arbeit von 10 Mann 180 Quarter Weizen auf einem Boden von bestimmter Qualität geerntet, und ihr Wert wäre 4 £ pro Quarter oder 720 £, und durch die Arbeit von weiteren 10 Mann würden nur 170 weitere Quarter von demselben oder irgendeinem anderen Boden gewonnen. Dann würde Weizen von 4 £ auf 4 £ 4 sh. 8 d. steigen, denn es verhält sich 170 : 180 wie 4 £ : 4 £ 4 sh. 8 d.; oder, da in dem einen Falle die Arbeit von 10 Mann zur Gewinnung von 170 Quarter erforderlich ist und im anderen nur die von 9,44, so würde das Steigen von 4 £ zu 10 oder wie 4 £ : 4 £ 4 sh. 8 d. sein. Würden noch 10 Mann mehr beschäftigt und beliefe sich der Ertrag auf
    160 Quarter, so wird der Preis steigen auf 4 £ 10 sh. — d.,
    150 Quarter, so wird der Preis steigen auf 4 £ 16 sh. — d.,
    140 Quarter, so wird der Preis steigen auf 5 £ 2 sh. 10 d.

Wenn nun für den Boden, der 180 Quarter bei einem Weizenpreise von 4 £ pro Quarter lieferte, keine Rente gezahlt wäre, dann würde der Wert von 10 Quarter als Rente

entrichtet worden sein, falls man nur 170 ernten könnte, was, zu 4 £ 4 sh. 8 d., 42 £ 7 sh. 6 d. ausmachen würde,
20 Quarter bei 160 Quarter Ertrag, was zu 4 £ 10 sh. — d. = 90 £ wäre,
30 Quarter bei 150 Quarter Ertrag, was zu 4 £ 16 sh. — d. = 144 £ wäre,
40 Quarter bei 140 Quarter Ertrag, was zu 5 £ 2 sh. 10 d. = 205 £ 13 sh. 4 d. wäre.

Die Getreiderente würde also steigen im Verhältnis von:	und die Geldrente im Verhältnis von:
100	100
200	212
300	340
400	485.

KAPITEL III

Über die Bergwerksrente

(Dieses Kapitel ist hier fortgelassen worden; F. N.)

KAPITEL IV

Über den natürlichen und den Marktpreis

Wenn wir die Arbeit zur Grundlage des Wertes der Güter und die zu ihrer Produktion erforderliche, verhältnismäßige Arbeitsmenge zum Maß machten, welches die entsprechenden, im Tausch füreinander hinzugebenden Güterquantitäten bestimmt, so muß man doch nicht annehmen, daß wir die zufälligen und zeitweiligen Abweichungen des augenblicklichen oder Marktpreises der Güter von diesem, ihrem ursprünglichen und natürlichen Preise leugneten.

Im gewöhnlichen Lauf der Ereignisse gibt es kein Gut, welches für jedwede Länge der Zeit in dem Grade der Fülle, welche die Bedürfnisse und Wünsche der Menschheit verlangen, vorhanden ist, und deshalb gibt es auch kein einziges Gut, das nicht zufälligen und zeitweiligen Preisveränderungen unterworfen wäre.

Nur infolge solcher Veränderungen wird das Kapital genau in der erforderlichen Menge und nicht darüber hinaus auf die Produktion der verschiedenen Güter verteilt, nach welchen gerade Bedarf vorhanden ist. Mit dem Steigen oder Sinken des Preises werden die Profite über ihren allgemeinen Stand gehoben oder unter denselben herabgedrückt, und das Kapital wird entweder zur Beteiligung angeregt oder davon zurückgehalten, aus irgendeiner bestimmten Anlage, in welcher die Veränderung stattgefunden hat, auszuscheiden.

Solange es jedermann frei steht, sein Kapital zu verwenden, wie es ihm gefällt, wird er natürlich die Verwendung, die am vorteilhaftesten ist, aussuchen; er wird von einem Profit von 10 Prozent unbefriedigt sein, wenn er durch anderweitige Verwendung seines Kapitals einen Profit von 15 Prozent erhalten kann. Dieses rastlose Bemühen seitens all der Kapitalverwender, ein weniger gewinnbringendes Geschäft mit einem vorteilhafteren zu vertauschen, hat eine starke Tendenz, die Profitrate aller zu nivellieren oder sie in solchen Verhältnissen festzusetzen, daß sie nach Schätzung der Parteien einen Ersatz bieten für irgendeinen Vorteil, den einer über einen anderen haben mag oder scheinbar hat. Es ist vielleicht sehr schwer, den Gang zu bezeichnen, durch den diese Veränderung bewirkt wird; sie wird wahrscheinlich dadurch verursacht, daß ein Fabrikant sein Unternehmen nicht gänzlich ändert, sondern nur die Quantität von Kapital, die er in jenem Unternehmen hat, verringert. In allen reichen Ländern gibt es eine gewisse Anzahl von Menschen, welche die sogenannte Kapitalistenklasse bilden; diese Leute sind in keinem Gewerbe beschäftigt, sondern leben von den Zinsen ihres Geldes, welches bei Wechselgeschäften oder bei Darlehnsgewährungen an den aktiveren Teil der Gesellschaft Verwendung findet. Außerdem legen auch die Bankiers große Kapitalien zu denselben Zwecken an. Das so verwendete Kapital bildet ein umlaufendes Kapital von gewaltigem Umfange und wird in größeren oder kleineren Beträgen von all den verschiedenen Gewerben eines Landes benutzt. Vielleicht gibt es keinen noch so reichen Fabrikanten, der sein Geschäft auf den Umfang begrenzte, den ihm seine eigenen Mittel gestatten. Er hat immer einen Teil dieses fließenden Kapitals, der im Verhältnis zur Stärke der Nachfrage nach seinen Gütern zu- oder abnimmt. Wenn die Nachfrage nach Seidenstoffen steigt, und jene nach Tuch nachläßt, geht der Tuchfabrikant mit seinem Kapitale nicht etwa zur Seidenfabrikation über, sondern er entläßt einige seiner Arbeiter und stellt seine Forderung nach Krediten bei Bankiers oder den Kapitalisten ein; dagegen gestaltet sich die Lage des Seidenfabrikanten gerade umgekehrt: er wünscht, mehr Arbeiter anzustellen, und so erhöht sich sein Wunsch zu borgen. Er entleiht mehr, und so wandert das Kapital aus einem Unternehmen in das andere, ohne daß dabei ein Fabrikant seine gewöhnliche Beschäftigung aufzugeben brauchte. Wenn wir die Märkte einer großen Stadt betrachten und beobachten, wie regelmäßig sie sowohl mit einheimischen als auch mit fremdländischen Gütern in der Menge, in der sie verlangt werden, versehen sind, und zwar unter allen Möglichkeiten einer wechselnden Nachfrage, die durch die Laune des Geschmacks oder eine Veränderung in der Bevölkerungsgröße entstehen, ohne daß sie dadurch öfters die Wirkungen einer Überfüllung wegen allzu reichlichen Angebots oder einen übermäßig hohen Preis infolge eines ungleichen Verhältnisses von Angebot und Nachfrage hervorrufen, so müssen wir zugeben, daß der Grundsatz, welcher jedem Gewerbe Kapital genau in dem erforderlichen Maße zuteilt, wirksamer ist, als man gewöhnlich annimmt.

Ein Kapitalist wird naturgemäß beim Suchen nach einer gewinnbringenden Verwendung seines Vermögens alle Vorteile, welche die eine Anlage vor den übrigen voraus hat, in Erwägung ziehen. Er kann daher wohl geneigt sein, auf einen Teil seines Geldprofits zu verzichten, in Anbetracht der Sicherheit, Sauberkeit, Bequemlichkeit oder irgendeines anderen wirklichen oder auch nur scheinbaren Vorteils, den die eine Anlage vor der anderen besitzen mag.

Wenn infolge einer Berücksichtigung dieser Umstände die Kapitalprofite sich vielleicht so gestalteten, daß sie in dem einen Gewerbe 20 Prozent, in einem anderen 25 Prozent und in einem dritten 30 Prozent ausmachten, dann würden sie wahrscheinlich bei jenem relativen Unterschiede, und bei jenem Unterschiede allein, dauernd verharren.

Denn wenn der Profit aus einem dieser Gewerbe infolge irgendeiner Ursache um 10 Prozent steigen sollte, so würde dieser Profit entweder nur vorübergehend sein und bald herabsinken auf seinen gewöhnlichen Stand, oder die Profite der anderen würden in demselben Verhältnis erhöht werden.

Unsere Zeit scheint von der Richtigkeit dieser Bemerkung eine Ausnahme zu bilden. Die Beendigung des Krieges hat die Verteilung, welche vorher innerhalb der europäischen Kapitalanlagen bestand, so in Verwirrung gebracht, daß noch nicht jeder Kapitalist bei der neuen Verteilung, die nunmehr nötig geworden ist, seinen Platz gefunden hat.

Wir wollen annehmen, daß alle Güter auf ihrem natürlichen Preise stehen und folglich die Kapitalprofite in allen Unternehmungen genau die gleiche Rate aufweisen oder sich nur um so viel voneinander unterscheiden, als nach Ansicht der Parteien irgendwelchem tatsächlichen oder scheinbaren Vorteile, den sie besitzen oder entbehren, entspricht. Angenommen nun, daß ein Modewechsel die Nachfrage nach Seidenstoffen vermehrte und die nach Wollstoffen verminderte, so würde zwar ihr natürlicher Preis, d. h. die zu ihrer Produktion erforderliche Arbeitsmenge, unverändert bleiben, aber der Marktpreis der Seidenstoffe würde steigen, der der Wollstoffe sinken; und folglich stände der Profit des Seidenfabrikanten über, der des Wollfabrikanten unter der allgemeinen und ausgeglichenen Profitrate. Nicht bloß die Profite, auch die Löhne der Arbeiter würden in diesen Unternehmungen betroffen werden. Doch würde diese erhöhte Nachfrage nach Seidenstoffen durch die Verschiebung von Kapital und Arbeit aus der Woll- in die Seidenfabrikation bald gedeckt werden; worauf sich die Marktpreise der Seiden- und Wollstoffe ihren natürlichen Preisen wieder nähern und dann von den betreffenden Fabrikanten jener Waren auch bald wieder die gewöhnlichen Profite erzielt werden würden.

Daher bewahrt das Streben, das jeder Kapitalist hat, sein Vermögen aus einem weniger vorteilhaften Unternehmen in ein gewinnbringenderes hinüberzuleiten, den Marktpreis der Güter davor, für eine irgendwie längere Zeit bedeutend über oder viel unter deren natürlichem Preis zu stehen. Dieser Wettbewerb gleicht den wechselnden Wert von Gütern so aus, daß nach Bezahlung der Löhne für die zur Produktion erforderliche Arbeit und aller übrigen Kosten, die erforderlich sind, um das angelegte Kapital in seinen ursprünglichen Zustand der Wirksamkeit zu versetzen, der übrigbleibende Wert oder Überschuß in jedem Gewerbe im Verhältnis zum Werte des angewandten Kapitals stehen wird.

Nachdem wir die zeitweiligen Wirkungen in vollem Maße anerkannt haben, welche in einzelnen Kapitalsanlagen durch zufällige Ursachen auf die Preise der Güter sowie auf die Arbeitslöhne und Kapitalprofite ausgeübt werden können, ohne daß dadurch der allgemeine Preis der Güter, Löhne und Profite beeinflußt würden, weil diese Wirkungen auf allen Stufen der Gesellschaft gleichmäßig erfolgen, wollen wir sie gänzlich aus unserer Betrachtung ausschließen, während wir die Gesetze behandeln, die die natürlichen Preise, die natürlichen Löhne und die natürlichen Profite regeln, Wirkungen, die vollständig unabhängig von diesen zufälligen Ursachen sind. Wenn ich also vom Tauschwert der Güter oder von der irgendeinem Gute innewohnenden Kaufkraft spreche, so meine ich damit stets jene Kraft, welche es, wenn nicht irgendeine zufällige oder vorübergehende Ursache Störungen bewirken sollte, besitzen würde und die sein natürlicher Preis ist.

KAPITEL V

Über den Lohn

Arbeit hat, wie alle übrigen Dinge, die man kauft oder verkauft und die an Menge vermehrt oder vermindert werden können, ihren natürlichen und ihren Marktpreis. Der natürliche Preis der Arbeit ist jener Preis, welcher nötig ist, um die Arbeiter in den Stand zu setzen, sich zu erhalten und ihr Geschlecht fortzupflanzen ohne Vermehrung oder Verminderung.

Die Fähigkeit des Arbeiters, sich selbst und die Familie zu ernähren, welche nötig sein mag, um die Arbeiterzahl aufrecht zu erhalten, hängt nicht von der Geldmenge ab, die er als Lohn empfängt, sondern von der Menge an Lebensmitteln, Bedarfsartikeln und Annehmlichkeiten, die aus Gewohnheit wesentlich für ihn werden und welche dieses Geld zu erstehen pflegt. Daher hängt der natürliche Preis der Arbeit von dem Preise der Lebensmittel, Bedarfsartikel und Annehmlichkeiten ab, die zum Unterhalt des Arbeiters und seiner Familie notwendig sind. Mit einem Steigen des Preises von Lebensmitteln und Bedarfsartikeln wird der natürliche Preis der Arbeit steigen, mit dem Sinken ihres Preises wird er sinken.

Mit dem Fortschreiten der Gesellschaft hat der natürliche Preis der Arbeit immer die Tendenz zu steigen, weil eins der hauptsächlichsten Güter, durch welches ihr natürlicher Preis reguliert wird, eine Tendenz hat, teurer zu werden, infolge der größeren Schwierigkeit, es zu produzieren. Da jedoch die Verbesserungen in der Landwirtschaft, die Entwicklung neuer Märkte, von denen Lebensmittel eingeführt werden können, die Tendenz zu einem Steigen im Preise der Bedarfsartikel zeitweilig aufzuhalten vermögen und sogar ihren natürlichen Preis sinken lassen können, so werden dieselben Ursachen auf den natürlichen Preis der Arbeit die entsprechenden Wirkungen ausüben.

Der natürliche Preis aller Güter, ausgenommen Rohprodukte und Arbeit, hat bei dem Wachstum von Reichtum und Bevölkerung eine sinkende Tendenz. Denn obgleich sie einerseits durch das Steigen des natürlichen Preises des Rohmaterials, aus welchem sie verfertigt werden, in ihrem wirklichen Werte erhöht werden, so wird dies andererseits durch die Verbesserungen der Maschinerie, durch die bessere Arbeitsteilung und -verteilung sowie durch die höhere Ausbildung der Produzenten in Wissenschaft und Technik mehr als ausgeglichen.

Der Marktpreis der Arbeit ist derjenige Preis, der wirklich für sie auf Grund des natürlichen Wirkens des Verhältnisses von Angebot und Nachfrage bezahlt wird. Die Arbeit ist teuer, wenn sie knapp ist, und billig, wenn sie reichlich ist. Wie weit auch immer der Marktpreis der Arbeit von ihrem natürlichen Preise abweichen mag, so hat er, wie die Güter, eine Tendenz, sich ihm anzupassen.

Erst wenn der Marktpreis der Arbeit ihren natürlichen Preis übersteigt, wird die Lage des Arbeiters eine gedeihliche und glückliche, hat dieser es in seiner Macht, über einen größeren Anteil von Bedarfsartikeln und Lebensgenüssen zu verfügen und daher eine gesunde und zahlreiche Familie zu ernähren. Wenn sich jedoch die Zahl der Arbeiter durch den Antrieb, welchen ein hoher Lohn für die Bevölkerungszunahme bildet, vermehrt, sinkt der Lohn wieder auf seinen natürlichen Preis und bisweilen infolge einer Reaktion tatsächlich darunter.

Steht der Marktpreis der Arbeit unter ihrem natürlichen Preise, so gestaltet sich die Lage der Arbeiter am elendsten; dann raubt ihnen die Armut selbst noch jene Genüsse, welche die Gewohnheit zu absoluten Notwendigkeiten macht. Erst nachdem ihre Entbehrungen ihre Zahl vermindert haben oder nachdem die Nachfrage nach Arbeit gestiegen ist, wird der Marktpreis der Arbeit wieder auf ihren natürlichen Preis steigen, und der Arbeiter wird die bescheidenen Annehmlichkeiten haben, die ihm die natürliche Lohnrate zu gewähren pflegt.

Trotz der Tendenz des Lohnes, sich seiner natürlichen Rate anzupassen, kann sich eine Marktrate in einer fortschreitenden Gesellschaft auf unbestimmte Zeit beständig darüber befinden. Denn dem Antriebe, den vermehrtes Kapital einer neuen Nachfrage nach Arbeit verleiht, kann nicht eher stattgegeben werden, als bis ein weiterer Kapitalzuwachs dieselbe Wirkung ausüben mag. Auf diese Weise kann die Nachfrage nach Arbeit, wenn die Zunahme des Kapitals allmählich und stetig erfolgt, einen dauernden Ansporn für die Vermehrung der Bevölkerung bieten.

Kapital ist derjenige Teil des Reichtums eines Landes, welcher zur Produktion verwandt wird, und besteht aus Nahrungsmitteln, Kleidern, Werkzeugen, Rohstoffen, Maschinen, kurz, aus allem, was nötig ist, um die Arbeit wirksam zu machen.

Kapital kann an Menge zu derselben Zeit zunehmen, wo sein Wert steigt. Ein Zuwachs kann zu der Nahrung und Kleidung eines Landes zu derselben Zeit geschaffen werden, wo mehr Arbeit als vorher erforderlich sein mag, um diese Zusatzmenge zu erzeugen; in diesem Falle wird nicht nur die Menge, sondern auch der Wert des Kapitals steigen.

Andererseits kann sich Kapital auch vermehren, ohne daß sein Wert steigt, und sogar während sein Wert wirklich abnimmt; nicht nur kann ein Zuwachs zu der Nahrung und Kleidung eines Landes geschaffen werden, sondern der Zuwachs kann mit Hilfe von Maschinen auch ohne jede Vermehrung, ja selbst bei einer absoluten Verminderung in der verhältnismäßigen Arbeitsmenge geschaffen werden, die zu ihrer Erzeugung erforderlich ist. Die Menge an Kapital kann steigen, während es weder insgesamt noch irgendein Teil davon einen höheren Wert als früher besitzen wird, tatsächlich sogar einen geringeren haben kann.

Im ersteren Falle wird der natürliche Preis der Arbeit steigen; im zweiten wird er unverändert bleiben oder sinken. Doch wird in beiden Fällen die Marktrate des Lohnes steigen; denn im Verhältnis zu der Zunahme des Kapitals wird die Zunahme der Nachfrage nach Arbeit stehen; im Verhältnis zu der Arbeit, die getan werden muß, wird die Nachfrage nach denen stehen, die sie verrichten sollen.

Außerdem wird in beiden Fällen der Marktpreis der Arbeit über ihren natürlichen Preis steigen, und in beiden Fällen wird er eine Tendenz haben, sich ihrem natürlichen Preise anzupassen. Aber im ersteren Falle wird diese Übereinstimmung sehr schnell erfolgen. Zwar wird sich die Lage des Arbeiters dabei verbessern, doch nicht um vieles; denn der erhöhte Preis für Lebensmittel und Bedarfsartikel wird einen großen Teil seines erhöhten Lohnes in Anspruch nehmen. Infolgedessen wird schon ein kleines Arbeitsmehrangebot oder ein unbedeutender Zuwachs der Bevölkerung den Marktpreis bald wieder auf den nunmehr gestiegenen natürlichen Preis der Arbeit zurückführen.

Im zweiten Falle wird die Lage des Arbeiters sehr erheblich gebessert werden. Er wird einen höheren Geldlohn erhalten und keinen höheren Preis, ja vielleicht sogar einen niedrigeren Preis für die Güter, die er und seine Familie verzehren, bezahlen; und erst nachdem die Bevölkerung bedeutend zugenommen hat, wird der Marktpreis der Arbeit wieder auf ihren nunmehr niedrigen und reduzierten natürlichen Preis sinken.

So wird also der Marktlohn der Arbeit mit jeder Vervollkommnung der Gesellschaft, mit jedem Zuwachs ihres Kapitals steigen; allein die Dauer seines Steigens wird von der Frage abhängen, ob der natürliche Preis der Arbeit ebenfalls gestiegen ist, und dies wiederum wird von dem Steigen des natürlichen Preises derjenigen Bedarfsartikel abhängen, für welche die Arbeitslöhne verausgabt werden.

Das heißt nicht, daß der natürliche Preis der Arbeit, selbst wenn er in Nahrungsmitteln und Bedarfsartikeln geschätzt wird, absolut fest und unveränderlich ist. Er wechselt in einem und demselben Lande zu verschiedenen Zeiten und unterscheidet sich sehr wesentlich in den verschiedenen Ländern. Im wesentlichen hängt er von den Gewohnheiten und Gebräuchen des Volkes ab. Einem englischen Arbeiter würde sein Lohn unter dessen natürlicher Rate stehend und für den Unterhalt einer Familie zu kärglich vorkommen, wenn er damit keine anderen

Nahrungsmittel als Kartoffeln erstehen und in keiner besseren Wohnung als in einer Lehmhütte leben könnte. Dennoch werden diese natürlichen Ansprüche oft in solchen Ländern als ausreichend erachtet, wo »das Leben des Menschen billig ist« und sein Bedarf leicht befriedigt wird. Manche Annehmlichkeiten, die man heutzutage in einer englischen Hütte genießt, hätte man in einer früheren Periode unserer Geschichte für Luxus gehalten.

Infolge des Umstandes, daß mit dem Fortschreiten der Gesellschaft Fabrikate stets sinken und Rohprodukte beständig steigen, wird schließlich in ihrem relativen Werte ein solches Mißverständnis geschaffen, daß in reichen Ländern ein Arbeiter durch Verzicht auf einen sehr geringen Teil allein seiner Nahrungsmittel alle seine übrigen Bedürfnisse reichlich zu befriedigen imstande ist.

Unabhängig von den Veränderungen im Geldwerte, die zwar notwendigerweise den Geldlohn treffen, aber von denen wir angenommen haben, daß sie keinen Einfluß haben, da wir das Geld als dauernd wertstabil betrachtet haben, scheint also der Lohn aus folgenden zwei Gründen einem Steigen oder Sinken unterworfen zu sein:
1. das Angebot und die Nachfrage von Arbeitern;
2. der Preis der Güter, für welche der Arbeitslohn verausgabt wird.

Auf verschiedenen Entwicklungsstufen der Gesellschaft geschieht die Ansammlung von Kapital oder von den zur Beschäftigung der Arbeit dienenden Mitteln mehr oder weniger schnell und muß in allen Fällen von den produktiven Kräften der Arbeit abhängen. Die produktiven Kräfte der Arbeit sind im allgemeinen am größten, wenn fruchtbarer Boden im Überflusse vorhanden ist. In solchen Perioden erfolgt die Ansammlung oft so rasch, daß Arbeiter nicht mit derselben Schnelligkeit wie Kapital beschafft werden können.

Man hat berechnet, daß sich die Bevölkerung unter günstigen Umständen in 25 Jahren verdoppeln kann; aber unter gleich günstigen Umständen könnte sich das gesamte Kapital eines Landes möglicherweise in noch kürzerer Zeit verdoppeln. In jenem Falle würde der Lohn die ganze Zeit über eine Tendenz, zu steigen, haben, weil die Nachfrage nach Arbeit noch schneller als das Angebot zunehmen würde.

In neuen Ansiedlungen, wo die Technik und die Wissenschaft kulturell weit fortgeschrittener Länder eingeführt werden, hat wahrscheinlich das Kapital eine Tendenz, sich schneller zu vermehren als die Menschen, und wenn der Mangel an Arbeitern nicht aus bevölkerteren Ländern gedeckt würde, würde diese Tendenz den Preis der Arbeit ganz bedeutend in die Höhe treiben. Im Verhältnis, wie solche Länder volkreich werden und Boden von einer geringeren Qualität in Bebauung genommen wird, nimmt die Tendenz zur Kapitalvermehrung ab. Denn der Ertragsüberschuß, welcher nach Befriedigung der Bedürfnisse der vorhandenen Bevölkerung übrig bleibt, muß notwendigerweise im Verhältnis zur Leichtigkeit der Produktion, d. h. zur kleineren Anzahl der bei der Produktion beschäftigten Personen, stehen. Obgleich es also wahrscheinlich ist, daß unter den günstigsten Umständen die Produktionskraft noch größer ist als die der Bevölkerung, wird das doch nicht lange so bleiben. Denn da der Boden an Quantität beschränkt und an Qualität verschieden ist, so wird bei jedem weiteren auf ihn verwandten Kapitalsteile die Produktionsrate abnehmen, während die Bevölkerungskraft stets dieselbe bleibt.

In jenen Ländern, wo eine Fülle fruchtbaren Bodens ist, wo aber infolge der Unwissenheit, Trägheit und Barbarei der Einwohner sie allen Übeln des Mangels und der Hungersnot preisgegeben sind, und wo die Bevölkerung »gegen die Subsistenzmittel preßt«, müßte ein ganz anderes Heilmittel angewandt werden als das, welches in lang besiedelten Ländern nötig ist, wo man infolge der abnehmenden Rate des Angebots von Rohprodukten alle Übel einer zusammengedrängten Bevölkerung aus Erfahrung kennen gelernt hat. In dem einen Falle rührt das Übel von einer schlechten Regierung, von der Unsicherheit des Eigentums und von einem Erziehungsmangel in allen Schichten des Volkes her. Um glücklicher zu werden, brauchen sie nur besser regiert und erzogen zu werden, denn die Vermehrung des Kapitals über die Zunahme der Bevölkerung hinaus würde die unvermeidliche Folge davon sein. Kein Zuwachs der Bevölkerung kann jemals zu groß werden, da die Produktivkräfte noch größer sind. In dem anderen Falle nimmt die Bevölkerung schneller zu als die für ihre Existenz erforderlichen Mittel. Jede Anwendung von Fleiß wird, sofern sie nicht mit einer verminderten Zuwachsrate der Bevölkerung Hand in Hand geht, das Übel nur noch vermehren, denn die Produktion kann nicht damit Schritt halten.

Bei einer Bevölkerung, die gegen die Subsistenzmittel preßt, sind die einzigen Heilmittel entweder eine Volksverminderung oder eine schnellere Kapitalsansammlung. Doch ist in reichen Ländern, wo aller fruchtbarer Boden bereits bebaut ist, das letztere Mittel weder besonders praktisch noch wünschenswert, weil seine Wirkung sein würde, wenn man es sehr weit triebe, alle Klassen gleich arm zu machen. Aber in armen Ländern, wo Produktionsmittel im Überfluß vorrätig sind, da noch nicht aller fruchtbare Boden in Anbau genommen ist, ist es das einzige sichere und wirksame Mittel, das Übel zu beseitigen, zumal da seine Wirkung sein würde, die Lage aller Klassen des Volkes zu heben.

Die Menschenfreunde können nur wünschen, daß die arbeitenden Klassen in allen Ländern Sinn für Annehmlichkeiten und Genüsse haben, und daß sie in ihren Bemühungen, sich diese zu verschaffen, durch alle gesetzlichen Mittel angespornt werden möchten. Eine bessere Sicherheit gegen eine übergroße Bevölkerung gibt es nicht. In solchen Ländern, wo die arbeitenden Klassen die wenigsten Bedürfnisse haben und sich mit den billigsten Nahrungsmitteln begnügen, ist das Volk den größten Wechselfällen und Nöten ausgesetzt. Sie haben keinen Zufluchtsort gegen das Unglück; sie können auch in keiner tieferen Lebenslage Sicherheit suchen; sie stehen schon so tief, daß sie nicht tiefer sinken können. Bei jedem Mangel am hauptsächlichsten Bedarfsartikel für ihre Subsistenz gibt es nur wenige Ersatzmittel, mit denen sie sich behelfen können, und Teurung ist für sie fast von allen Übeln einer Hungersnot begleitet.

Beim natürlichen Fortschreiten der Gesellschaft wird der Arbeitslohn, insofern er durch Angebot und Nachfrage bestimmt wird, eine sinkende Tendenz haben; denn das Angebot von Arbeitern wird im gleichen Maße, die Nachfrage nach ihnen jedoch in einem geringeren weiter steigen. Wenn der Lohn z. B. durch eine jährliche Kapitalszunahme zum Satze von 2 Prozent reguliert wäre, so würde er, wenn es sich nur zum Satze von $1^1/_2$ Prozent akkumulierte, heruntergehen. Er würde noch tiefer sinken, falls das Kapital nur zum Satze von 1 Prozent oder $^1/_2$ Prozent wüchse, und würde weiter fallen, bis das Kapital stationär geworden wäre; in welchem Falle auch der Lohn stationär geworden wäre und gerade hinreichen würde, die Zahl der vorhandenen Bevölkerung aufrechtzuerhalten. Ich sage, daß unter diesen Umständen der Arbeitslohn, wenn er sich nur nach Angebot und Nachfrage der Arbeiter richtete, sinken würde; doch dürfen wir nicht vergessen, daß der Lohn auch durch die Preise derjenigen Güter bestimmt wird, für welche man ihn verausgabt.

Wenn die Bevölkerung sich vermehrt, werden diese Bedarfsartikel dauernd im Preise steigen, weil mehr Arbeit für ihre Produktion erforderlich wird. Wenn also der Geldlohn der Arbeit sinken sollte, während jedes Gut, für das man den Arbeitslohn verausgabte, im Preise stiege, so würde der Arbeiter doppelt getroffen und bald aller Subsistenzmittel beraubt werden. Infolgedessen würde also der Geldlohn der Arbeit, anstatt zu fallen, steigen, aber er würde doch nicht genügend steigen, um den Arbeiter in den Stand zu setzen, soviel Annehmlichkeiten und Bedarfsartikel zu erstehen, als er es vor dem Steigen des Preises jener Güter konnte. Hätte sein jährlicher Lohn vorher 24 £ oder 6 Quarter Getreide bei einem Preise von 4 £ pro Quarter betragen, so würde er, falls das Getreide auf 5 £ stiege, wahrscheinlich nur den Wert von 5 Quarter erhalten. Doch würden jetzt 5 Quarter 25 £ kosten; er bekäme also an Geldlohn einen Zusatz, obgleich er mit diesem Zusatz nicht imstande sein würde, sich mit derselben Menge an Getreide und anderen Gütern, die er mit seiner Familie vorher konsumiert hatte, zu versorgen.

Obwohl also der Arbeiter in Wirklichkeit schlechter bezahlt sein würde, würde dieser Zuwachs seines Lohnes doch notwendigerweise die Profite des Fabrikanten herabmindern; denn der letztere würde seine Waren zu keinem höheren Preise verkaufen, und doch würden die Kosten ihrer Produktion gestiegen sein. Dies aber wird betrachtet werden bei unserer Untersuchung der Grundsätze, welche die Profite regulieren.

Es scheint demnach, daß die nämliche Ursache, welche die Rente in die Höhe treibt, nämlich die zunehmende Schwierigkeit, mit der im Verhältnis gleichen Arbeitsmenge eine Zusatzmenge Nahrungsmittel zu beschaffen, auch den Lohn steigern wird; wenn daher Geld von unveränderlichem Werte ist, werden sowohl Rente wie Lohn mit der Zunahme des Reichtums und der Bevölkerung eine steigende Tendenz haben.

Aber zwischen dem Steigen der Rente und dem Steigen des Lohnes besteht folgender wesentliche Unterschied: Das Steigen des Geldwertes der Rente wird begleitet von einem größeren Anteile am Ertrage. Nicht nur ist die Geldrente des Grundbesitzers größer, sondern auch seine Getreiderente. Er wird mehr Getreide erhalten, und jedes bestimmte Maß dieses Getreides wird für eine größere Menge aller übrigen Güter, deren Wert sich nicht gehoben hat, ausgetauscht werden. Dagegen wird sich das Los des Arbeiters weniger glücklich gestalten. Zwar wird er mehr Geldlohn erhalten, aber sein Getreidelohn wird ein geringerer sein; und nicht bloß seine Verfügung über Getreide, sondern auch seine allgemeine Lage wird insofern verschlechtert werden, als es für ihn schwieriger ist, die Marktrate des Lohnes über seiner natürlichen Rate zu halten. Während der Getreidepreis um 10 Prozent steigt, wird der Lohn immer weniger als um 10 Prozent steigen, aber die Rente wird immer mehr steigen. Die Lage des Arbeiters wird sich allgemein verschlechtern, und die des Grundherrn wird immer verbessert werden.

Angenommen, der Lohn des Arbeiters beliefe sich bei einem Weizenpreise von 4 £ pro Quarter auf 24 £ im Jahre, also auf den Wert von 6 Quarter Weizen, und er gäbe von seinem Lohne die eine Hälfte für Weizen, die zweite, oder 12 £, für andere Dinge aus. Dann würde er erhalten

	bei einem Weizenpreise von:	oder den Wert von:
24 £ 14 sh. — d.	4 £ 4 sh. 8 d.	5,83 Quarter
25 £ 10 sh. — d.	4 £ 10 sh. — d.	5,66 Quarter
26 £ 8 sh. — d.	4 £ 16 sh. — d.	5,50 Quarter
27 £ 8 sh. 6 d.	5 £ 2 sh. 10 d.	5,33 Quarter

Er würde diesen Lohn empfangen, um ihn in den Stand zu setzen, so gut und nicht besser leben zu können als vorher, denn bei einem Getreidepreise von 4 £ pro Quarter würde er für

3 Quarter Getreide à 4 £	12 £ ausgeben
und für andere Dinge	12 £
	24 £.

Wenn Weizen 4 £ 4 sh. 8 d. kostete, würden die 3 Quarter, welche er und seine Familie verzehrte	12 £ 14 sh. kosten
andere Dinge, die nicht im Preise verändert wären	12 £ — sh.
	24 £ 14 sh.

Bei 4 £ 10 sh. würden 3 Quarter Weizen	13 £ 10 sh. kosten
und andere Dinge	12 £ — sh.
	25 £ 10 sh.

Bei 4 £ 16 sh. kosteten ihn 3 Quarter Weizen ..	14 £ 8 sh.
andere Dinge	12 £ — sh.
	26 £ 8 sh.

Bei 5 £ 2 sh. 10 d. würden 3 Quarter Weizen	15 £ 8 sh. 6 d. kosten,
andere Dinge	12 £ — sh. — d.
	27 £ 8 sh. 6 d.

Er würde also im selben Verhältnisse, wie das Getreide teuer würde, einen niedrigeren Getreidelohn beziehen, aber sein Geldlohn würde immer steigen, während seine Genüsse unter der obigen Voraussetzung genau dieselben sein würden. Da jedoch andere Güter in dem Verhältnis, wie in ihre Zusammensetzung Rohprodukte eingingen, entsprechend im Preise steigen würden, so hätte er für etliche von ihnen mehr zu bezahlen. Obschon sein Tee, Zucker, Seife, Lichte und Miete wahrscheinlich kaum teurer sein würden, würde er mehr für seinen Speck, Käse, Butter, Leinewand, Schuhe und Tuch bezahlen; und deshalb würde sich seine Lage selbst bei obiger Lohnerhöhung verhältnismäßig schlechter gestalten. Aber man kann sagen, daß ich die Wirkung des Lohnes auf den Preis nur unter der Voraussetzung betrachtet habe, daß das Gold oder das Metall, aus welchem das Geld verfertigt wird, das Erzeugnis desjenigen Landes sei, in dem sich der Lohn veränderte und daß die Folgerungen, welche ich abgeleitet habe, wenig mit dem wirklichen Zustand der Dinge übereinstimmen, weil Gold ein Metall von ausländischer Produktion ist. Indessen wird der Umstand, daß Gold ein ausländisches Erzeugnis ist, die Richtigkeit des Beweises nicht umstoßen, da gezeigt werden kann, daß die Wirkungen zuletzt und selbst unmittelbar genau dieselben sein würden, ob man nun das Gold im Lande selbst gewonnen oder von auswärts eingeführt hätte.

Wenn der Lohn steigt, so geschieht es im allgemeinen, weil das Anwachsen des Reichtums und Kapitals eine neue Nachfrage nach Arbeit veranlaßt hat, was unfehlbar mit einer vermehrten Produktion von Gütern verbunden sein wird. Um diese Zusatzgüter in Umlauf zu setzen, ist, selbst zu den nämlichen Preisen wie vorher, mehr Geld erforderlich, mehr von diesem ausländischen Gute, aus dem das Geld hergestellt wird und das nur durch Import erlangt werden kann. Wann immer ein Gut in größerer Menge verlangt wird als früher, steigt sein relativer Wert im Vergleich mit jenen Gütern, vermittelst derer es gekauft wird. Wenn mehr Hüte verlangt würden, so würde ihr Preis steigen und mehr Gold für sie hingegeben werden. Wenn mehr Gold verlangt würde, so würde Gold steigen, und Hüte im Preise sinken, da nunmehr eine größere Menge von Hüten und von all den anderen Dingen nötig sein würde, um dieselbe Menge Goldes zu erstehen. Aber in dem angenommenen Falle sagen, die Güter steigen, weil der Lohn steigt, heißt einen offenbaren Widerspruch behaupten. Denn erstens sagen wir, daß Gold infolge der Nachfrage in seinem relativen Werte steigen, und zweitens, daß es, weil die Preise steigen werden, in seinem relativen Werte sinken wird, zwei Wirkungen, die sich keinesfalls miteinander vereinbaren lassen. Zu sagen, daß die Güter im Preise erhöht werden, bedeutet dasselbe, wie zu sagen, daß das Geld im relativen Werte herabgesetzt wird; denn der relative Wert des Goldes wird nach Gütern geschätzt. Stiegen daher alle Güter im Preise, so könnte Gold nicht von auswärts kommen, um solche teuren Güter zu kaufen, sondern es würde abfließen, und mit Vorteil zum Kauf der verhältnismäßig billigeren ausländischen Güter verwendet werden. Es scheint also, daß das Steigen des Lohnes die Preise der Güter nicht heben wird, gleichgültig, ob das Metall, aus welchem das Geld hergestellt wird, im Inland oder im Ausland produziert ist. Ohne Vermehrung der Geldmenge können nicht alle Güter gleichzeitig steigen. Wie wir bereits gezeigt haben, könnte ein solcher Zuwachs weder im Inlande gewonnen, noch vom Auslande bezogen werden. Um irgendeine Zusatzmenge an Gold vom Auslande zu kaufen, müssen die einheimischen Güter billig, nicht teuer sein. Der Import von Gold und ein Steigen des Preises aller im Inlande erzeugten Güter, mit denen Gold gekauft wird, sind Wirkungen, die sich völlig ausschließen. Der ausgiebige Gebrauch von Papiergeld ändert daran nichts; denn das Papiergeld stimmt, oder sollte wenigstens mit dem Werte des Goldes übereinstimmen, weshalb sein Wert nur durch solche Ursachen beeinflußt wird, die den Wert jenes Metalles beeinflussen.

Das also sind die Gesetze, die den Lohn bestimmen und von welchen das Glück des weitaus größten Teiles jeder Gesellschaft beherrscht wird. Wie alle übrigen Verträge, so sollte auch die Festsetzung des

Lohnes dem freien Wettbewerbe des Marktes überlassen bleiben und niemals durch das Eingreifen der Gesetzgebung eingeschränkt werden.

Die klare und direkte Tendenz der Armengesetze steht mit diesen einleuchtenden Grundsätzen in offenbarem Widerspruch: sie dienen nicht, wie es die Gesetzgebung in wohlwollender Weise beabsichtigte, dazu, die Lage der Armen zu heben, sondern die der Reichen wie der Armen zu verschlechtern; statt die Armen reich zu machen, sind sie darauf berechnet, die Reichen arm zu machen; und solange die gegenwärtigen Gesetze in Kraft bleiben, liegt es ganz in der natürlichen Ordnung der Dinge, daß der Fonds für den Unterhalt der Armen nach und nach anwachsen muß, bis er das gesamte Reineinkommen des Landes oder zum mindesten doch so viel davon in sich aufgesogen hat, wie uns der Staat nach Befriedigung seines nie aufhörenden Bedarfs für den öffentlichen Aufwand noch übrig lassen wird.

Diese verderbliche Tendenz dieser Gesetze ist für uns kein Geheimnis mehr, seitdem sie durch die geschickte Hand von Malthus völlig enthüllt worden ist, und jeder Freund der Armen muß ihre Abschaffung sehnlichst herbeiwünschen. Doch sind sie unglücklicherweise schon so lange in Kraft und die Gewohnheiten der Armen sind so auf ihre Wirksamkeit eingestellt worden, daß es die vorsichtigste und geschickteste Behandlung erfordert, um sie mit Sicherheit aus unserem politischen Systeme auszumerzen. Alle, die einer Aufhebung dieser Gesetze sehr freundlich gesinnt sind, stimmen darin überein, daß, wenn es wünschenswert sei, die niederdrückendste Notlage von denen abzuwenden, zu deren Wohlfahrt sie irrtümlicherweise eingeführt wurden, ihre Abschaffung sehr behutsam vorgenommen werden müßte.

Es ist eine Wahrheit, welche nicht einen Zweifel zuläßt, daß die Annehmlichkeiten und das Wohlergehen der Armen auf die Dauer nicht gesichert werden können ohne eine gewisse Rücksichtnahme ihrerseits oder einige Bemühungen von seiten der Gesetzgebung, das Anwachsen ihrer Zahl zu regulieren und frühe und unüberlegte Heiraten unter ihnen zu vermeiden. Die Armengesetze haben dem direkt entgegengewirkt. Sie haben die Zurückhaltung überflüssig gemacht und haben die Unklugheit dadurch gefördert, daß sie ihr einen Teil des Lohnes der Klugheit und des Fleißes gewährten.

Die Natur des Übels weist auf das Heilmittel hin. Durch die allmähliche Einschränkung des Wirkungskreises der Armengesetze, durch die Erweckung der Wertschätzung von Unabhängigkeit im Armen, durch die Belehrung, sich nicht auf eine systematische oder zufällige Mildtätigkeit zu verlassen, sondern auf ihre eigenen Anstrengungen für Unterhalt, Klugheit und Vorsicht weder als unnötige, noch als unnütze Tugenden anzusehen, werden wir uns nach und nach einem gesünderen und heilsameren Zustande nähern.

Kein Plan zur Verbesserung der Armengesetze verdient die mindeste Beachtung, der nicht ihre Aufhebung als letztes Ziel hat; und derjenige ist der beste Freund der Armen und der Sache der Menschheit, der ausfindig machen kann, wie dieses Endziel mit der größten Sicherheit und zu gleicher Zeit mit der geringsten Gewaltsamkeit erreicht werden kann. Das Übel läßt sich nicht durch irgendeine besondere, von der heutigen verschiedene Erhebungsform für die Bildung von Fonds, aus dem die Armen unterstützt werden, mildern. Es würde nicht bloß keine Besserung sein, sondern sogar eine Verschlimmerung des Elends, welches wir gern beseitigt sehen möchten, wenn der Fonds in seinem Betrage vermehrt, oder neuerlichen Vorschlägen gemäß als allgemeiner Fonds vom Lande als Ganzem erhoben würde. Die gegenwärtige Art seiner Ansammlung und Verwendung hat dazu gedient, seine schädlichen Wirkungen zu mildern. Jedes Kirchspiel erhebt einen besonderen Fonds zur Unterstützung seiner eigenen Armen. Dadurch wird es ein Gegenstand von größerem Interesse und größerer praktischer Bedeutung, die Sätze niedrig zu halten, als wenn ein allgemeiner Fonds für die Unterstützung der Armen des ganzen Königreichs erhoben würde. Ein Kirchspiel ist an einer ökonomischen Aufbringung der Armensteuer und an einer sparsamen Verteilung der Unterstützung mehr interessiert, wenn die ganze Ersparnis zu seinem eigenen Vorteil sein wird, als wenn Hunderte von anderen Kirchspielen daran teilhätten.

Dieser Ursache müssen wir die Tatsache zuschreiben, daß die Armengesetze noch nicht das ganze Reineinkommen des Landes verschlungen haben. Es ist nur der Strenge, mit der sie gehandhabt werden, zuzuschreiben, daß sie nicht übermäßig drückend geworden sind. Wenn jeder, der Unterstützung benötigt, sicher sein könnte, sie zu erlangen und sie in einem solchen Grade zu erlangen, daß er dadurch das Leben erträglich angenehm machen könnte, würde uns die Theorie dazu führen zu erwarten, daß alle übrigen Steuern zusammengenommen im Vergleich mit der einzigen Armensteuer leicht wären. Das Gravitationsgesetz ist nicht gewisser als die Tendenz solcher Gesetze, Reichtum und Macht in Elend und Schwäche zu verwandeln, die Arbeitsanstrengungen von jedem Gegenstand ausgenommen die Sorge für den bloßen Unterhalt abzulenken, jeden geistigen Unterschied zu vernichten, die Gedanken fortwährend mit der Befriedigung der leiblichen Bedürfnisse zu beschäftigen, bis schließlich alle Klassen mit der Plage allgemeiner Armut behaftet wären. Glücklicherweise haben diese Gesetze während einer Periode zunehmenden Wohlstandes ihre Wirksamkeit entfaltet, wo die dem Unterhalt der Arbeit dienenden Mittel regelmäßig gewachsen sind, und wo eine natürliche Nachfrage nach einer Zunahme der Bevölkerung vorhanden sein mußte. Wenn aber unser Fortschritt sich verlangsamen sollte; wenn wir den stationären Zustand erreichen sollten, von dem wir, wie ich glaube, noch sehr weit entfernt sind, dann wird die verderbliche Natur dieser Gesetze offenkundiger und besorgniserregender werden, und dann wird außerdem ihre Beseitigung durch viele weitere Schwierigkeiten behindert werden.

KAPITEL VI

Über den Profit

Nachdem gezeigt worden ist, daß die Kapitalprofite in verschiedenen Tätigkeiten in einem Verhältnis zueinander stehen und daß sie alle eine Tendenz haben, sich in demselben Grade und nach derselben Richtung hin zu verändern, bleibt es für uns übrig zu betrachten, was die Ursache der dauernden Veränderungen in der Profitrate und der daraus folgenden fortwährenden Veränderungen des Zinsfußes ist.

Wir haben gesehen, daß der Preis[1] des Getreides durch die Arbeitsmenge bestimmt wird, welche zu seiner Produktion mit dem Kapitalteile, welcher keine Rente zahlt, erforderlich ist. Wir haben ferner gesehen, daß alle Fabrikate im Preise fallen oder steigen, je nachdem zu ihrer Herstellung mehr oder weniger Arbeit nötig wird. Weder der Landwirt, welcher jene Bodenfläche bebaut, die den Preis bestimmt, noch der Fabrikant, welcher Waren erzeugt, opfert irgendeinen Teil des Ertrages für Rente. Der Gesamtwert ihrer Güter wird nur in zwei Teile zerlegt: der eine besteht aus dem Kapitalprofit, der andere aus dem Arbeitslohn.

Gesetzt, Getreide und Manufakturwaren ließen sich stets zum selben Preise verkaufen, so würden sich die Profite hoch oder niedrig gestalten, je nachdem der Lohn niedrig oder hoch wäre. Nehmen wir aber an, Getreide steige im Preise, weil seine Produktion mehr Arbeit erfordert, so wird diese Ursache nicht den Preis der Manufakturwaren heben, zu deren Herstellung man keine Zusatzmenge von Arbeit benötigt. Blieben nun die Löhne dieselben, so würden es auch die Profite der Fabrikanten. Wenn der Lohn jedoch, was vollkommen sicher ist, mit dem Getreidepreis steigen sollte, dann würden ihre Profite notwendigerweise sinken.

Wenn ein Fabrikant seine Waren stets für denselben Betrag, z. B. für 1000 £, verkaufte, würde sein Profit vom Preise der Arbeit abhängen, die zur Herstellung jener Waren nötig wäre. Sein Profit würde geringer ausfallen, wenn sich der Lohn auf 800 £ beliefe, als wenn er bloß 600 £ bezahlte. Somit würden also die Profite im selben Verhältnis sinken, wie die Löhne steigen würden. Wenn jedoch der Preis des Rohproduk-

---

[1] Es ist wünschenswert, daß der Leser im Sinn behält, daß ich das Geld, um den Gegenstand klarer zu machen, als in seinem Werte unveränderlich betrachte, und daß infolgedessen jede Preisveränderung auf eine Veränderung im Werte des Gutes zurückzuführen ist.

tes sich erhöhen würde, so kann man fragen, ob nicht wenigstens der Landwirt dieselbe Profitrate beziehen würde, obschon er eine Zusatzsumme für Lohn zu bezahlen hätte? Sicherlich nicht; denn er wird nicht bloß, wie der Fabrikant, jedem Arbeiter, welchen er verwendet, einen Lohnzuschlag zu bezahlen haben, sondern er wird auch gezwungen sein, entweder eine Rente zu entrichten oder eine Zusatzzahl von Arbeitern zu beschäftigen, um denselben Ertrag zu erzielen, und die Preiserhöhung des Rohproduktes wird also nur im Verhältnis zu jener Rente oder zu jener Zusatzzahl stehen und ihm für die Lohnsteigerung keine Entschädigung gewähren.

Wenn beide, der Fabrikant und der Landwirt, 10 Mann bei einem Lohn beschäftigten, der im Jahre von 24 £ auf 25 £ pro Mann stiege, so würde die Gesamtsumme, die jeder bezahlte, statt 240 £, 250 £ betragen. Dies ist jedoch der gesamte Zusatzbetrag, den der Fabrikant bezahlen würde, um dieselbe Gütermenge zu erhalten; dagegen würde der Landwirt auf jungfräulichem Boden wahrscheinlich genötigt sein, einen weiteren Mann zu beschäftigen und infolgedessen eine Zusatzsumme von 25 £ für Lohn auszugeben; und der Landwirt auf dem alten Boden würde genötigt sein, genau dieselbe Zusatzsumme von 25 £ für Rente zu bezahlen, ohne welche Zusatzarbeit weder das Getreide noch die Rente gestiegen wäre. Der eine wird daher 275 £ allein für Lohn zu bezahlen haben, der andere für Lohn und Rente zusammen, und zwar jeder 25 £ mehr als der Fabrikant. Für diese letzteren 25 £ wird der Landwirt durch die Erhöhung des Preises des Rohproduktes entschädigt, weshalb sein Profit noch immer mit dem des Fabrikanten übereinstimmt. Da diese Behauptung wichtig ist, werde ich mich bemühen, sie noch weiter zu erläutern.

Wir haben gezeigt, daß sowohl der Anteil des Grundbesitzers als der des Arbeiters am *Werte* des Ertrages der Erde auf den frühen Stufen der Gesellschaft nur klein ausfallen und daß er im Verhältnis zu dem Fortschritt des Reichtums und der Schwierigkeit, Nahrungsmittel zu verschaffen, steigen würde. Wir haben auch gezeigt, daß sich der tatsächliche Anteil des Arbeiters verringern wird, obwohl der Wert des Anteiles des Arbeiters durch den hohen Wert der Nahrungsmittel erhöht werden, während derjenige des Grundbesitzers nicht nur an Wert, sondern auch an Menge zunehmen wird.

Die übrigbleibende Menge des Bodenproduktes gehört, nachdem der Grundbesitzer und der Arbeiter bezahlt sind, notwendigerweise dem Landwirt und bildet den Profit seines Kapitals. Allein es läßt sich behaupten, daß der Landwirt, obschon sein Anteil am Gesamtertrage bei fortschreitender Gesellschaft vermindert sein wird, ebensogut wie der Grundbesitzer und der Arbeiter, da der Anteil im Werte steigt, einen größeren Wert erhalten kann.

Man kann z. B. sagen, daß 180 Quarter vom besten Boden, falls das Getreide von 4 £ auf 10 £ stiege, für 1800 £ statt 720 £ verkauft würden und daher der Wert des Profits des Landwirts ebenfalls zugenommen haben könnte, obschon sich für den Grundbesitzer und Arbeiter ein größerer Wert an Rente und Lohn ergeben hätte. Dies ist jedoch unmöglich, wie ich mich nun zu zeigen bemühen werde.

Erstens würde der Preis des Getreides nur im Verhältnis zur größeren Schwierigkeit steigen, mit der es sich auf einem Boden von geringerer Qualität anbauen ließe.

Es ist schon bemerkt worden, daß, wenn die Arbeit von 10 Mann auf Boden von bestimmter Qualität 180 Quarter Weizen erzielt, und sein Wert 4 £ pro Quarter, also 720 £ beträgt und wenn die Arbeit von 10 weiteren Mann auf demselben oder irgendeinem anderen Boden nur 170 Zusatzquarter produzieren wird, Weizen dann von 4 £ auf 4 £ 4 sh. 8 d. steigen würde; denn 170 verhält sich zu 180 wie 4 £ zu 4 £ 4 sh. 8 d. Mit anderen Worten, da in dem einen Falle die Arbeit von 10 Mann zur Gewinnung von 170 Quarter nötig ist und im anderen nur die von 9,44, so würde die Steigerung sich wie 9,44 zu 10 oder wie 4 £ zu 4 £ 4 sh. 8 d. verhalten. Auf dieselbe Weise könnte gezeigt werden, daß der Preis, wenn man mit der Arbeit von 10 weiteren Mann nur 160 Quarter ernten würde, weiter auf 4 £ 10 sh. steigen würde, wenn 150 Quarter, auf 4 £ 16 sh. usw. usw.

Wenn aber auf dem Boden, der keine Rente abwirft, 180 Quarter geerntet würden und sein Preis sich auf 4 £ beliefe, so würde das Getreide verkauft für .... 720 £.

Und wenn 170 Quarter auf dem Boden, der keine Rente abwirft, geerntet würden und der Preis auf 4 £ 4 sh. 8 d. stiege, immer noch für .... 720 £.

Ebenso bringen 160 Quarter zu 4 £ 10 sh. hervor .... 720 £.

Und 150 Quarter zu 4 £ 16 sh. dieselbe Summe von .... 720 £.

Nun ist klar, daß sich die Profitrate des Landwirts im Verhältnis zur Erhöhung des Kornpreises vermindern wird, wenn er gezwungen ist, aus diesen gleichen Werten Lohn zu bezahlen, der sich das eine Mal durch den Weizenpreis zu 4 £ und zu anderen Zeiten nach höheren Preisen bestimmt.

In diesem Falle glaube ich somit deutlich gezeigt zu haben, daß ein Steigen des Getreidepreises, welches den Geldlohn des Arbeiters vermehrt, den Geldwert des Profits des Landwirtes vermindert. Doch wird der Fall beim Landwirte des alten und besseren Bodens keineswegs anders liegen. Auch er wird höheren Lohn zu bezahlen haben und vom Werte des Ertrages, wie hoch sich dessen Preis auch immer gestalten mag, niemals mehr zurückbehalten als 720 £, die zwischen ihm und seinen an Zahl stets gleichen Arbeitern verteilt werden müssen. Daher muß er im selben Verhältnis, als sie mehr bekommen, weniger für sich behalten.

Als der Getreidepreis auf 4 £ stand, gehörten sämtliche 180 Quarter dem Landwirte, und er verkaufte sie für 720 £. Als das Getreide auf 4 £ 4 sh. 8 d. stieg, mußte er den Wert von 10 Quartern aus seinen 180 Quartern als Rente bezahlen; folglich brachten ihm die übrigen 170 nicht mehr als 720 £ ein. Als es weiter auf 4 £ 10 sh. stieg, bezahlte er 20 Quarter oder deren Wert als Rente, und er behielt infolgedessen nur 160 Quarter übrig, welche dieselbe Summe von 720 £ abwarfen.

Man wird also sehen, daß, welche Steigerung immer im Getreidepreise eintreten mag, sie infolge der Notwendigkeit, zur Gewinnung einer bestimmten Zusatzmenge an Produkten mehr Arbeit und Kapital zu verwenden, im Werte durch die Zusatzrente oder verwendete Zusatzarbeit stets wieder ausgeglichen wird, so daß der Landwirt für das, was ihm nach Bezahlung der Rente übrig bleibt, denselben wirklichen Wert erhalten wird, mag er nun das Getreide für 4 £, für 4 £ 10 sh. oder für 5 £ 2 sh. 10 d. verkaufen.

Hieraus folgt, daß die Rente stets den Konsumenten belastet und niemals den Landwirt; denn wenn sich der Ertrag seines Gutes gleichmäßig auf 180 Quarter beziffern sollte, so würde er bei steigendem Preise den Wert einer kleineren Menge für sich selbst übrigbehalten und seinem Gutsherrn den Wert einer größeren geben. Doch würde der Abzug derartig sein, daß ihm stets die nämliche Summe von 720 £ bliebe.

Man wird außerdem gesehen haben, daß in allen Fällen dieselbe Summe von 720 £ zwischen Lohn und Profit geteilt werden muß. Wenn der Wert des Rohproduktes vom Boden diesen Wert übersteigt, so gehört der Mehrbetrag zur Rente, wie groß er auch immer sein mag. Ist kein Überschuß vorhanden, so wird es auch keine Rente geben. Mag der Lohn oder der Profit steigen oder fallen, sie müssen beide doch stets dieser Summe von 720 £ entnommen werden. Einerseits kann der Profit niemals so hoch steigen, bis er soviel von diesen 720 £ für sich beansprucht, daß nicht mehr genug übrig bleibt, um die Arbeiter mit den unbedingt notwendigen Bedarfsartikeln zu versorgen; andererseits kann der Lohn niemals so hoch steigen, daß er keinen Teil dieser Summe als Profit übrig läßt.

So werden also in jedem Falle die landwirtschaftlichen wie die gewerblichen Profite durch ein Steigen des Preises des Rohproduktes herabgesetzt, wenn es von einem Steigen des Lohnes begleitet wird.[2]

---

[2] Der Leser wird merken, daß wir die zufälligen Veränderungen außer acht lassen, welche von schlechten und guten Jahren oder von steigender oder fallender Nachfrage infolge einer plötzlichen Einwirkung auf den Stand der Bevölkerung herrühren. Wir sprechen von dem natürlichen und ständigen, nicht von dem zufälligen und schwankenden Getreidepreis.

Wenn der Landwirt für das Getreide, das ihm nach Bezahlung der Rente übrig bleibt, keinen Zusatzwert erhält, wenn auch der Fabrikant für die Waren, welche er verfertigt, keinen Zusatzwert bekommt, und wenn beide gezwungen sind, einen größeren Wert an Lohn zu zahlen, kann dann irgend etwas klarer feststehen, als daß die Profite bei einem Steigen der Löhne sinken müssen?

Der Landwirt hat jedoch ein entschiedenes Interesse daran, die Rente oder vielmehr den natürlichen Preis des Produktes niedrig zu halten, obwohl er keinen Teil von der Rente seines Gutsherrn zahlt, da diese stets durch den Preis des Produktes bestimmt wird und unabänderlich den Konsumenten zur Last fällt. Als ein Konsument des Rohproduktes und solcher Dinge, in welche das Rohprodukt als Bestandteil eingeht, wird er genau wie alle übrigen Konsumenten daran interessiert sein, den Preis niedrig zu halten. Aber hauptsächlich geht ihn der hohe Getreidepreis an, da dieser auf den Lohn wirkt. Bei jeder Erhöhung des Getreidepreises wird er aus ein und derselben unveränderlichen Summe von 720 £ den 10 Mann, die er, wie wir annahmen, ständig beschäftigt, eine Zusatzsumme an Lohn zu zahlen haben. Als wir von den Löhnen sprachen, sahen wir, daß sie mit dem Steigen des Preises des Rohproduktes unabänderlich steigen. Man wird auf Grund der auf Seite 87 f. vorgenommenen Berechnung erkennen, daß der Jahreslohn 24 £ betragen muß, wenn der Weizenpreis auf 4 £ pro Quarter steht.

Wenn der Weizen steht auf:	würde der Lohn betragen:
4 £ 4 sh. 8 d.	24 £ 14 sh. — d.
4 £ 10 sh. — d.	25 £ 10 sh. — d.
4 £ 16 sh. — d.	26 £ 8 sh. — d.
5 £ 2 sh. 10 d.,	27 £ 8 sh. 6 d.

Nun werden aus dem unveränderlichen Fonds von 720 £ den Arbeitern und Landwirten zugeteilt:

wenn der Weizenpreis steht auf	den Arbeitern	den Landwirten
4 £ — sh. — d.	240 £ — sh.	480 £ — sh.
4 £ 4 sh. 8 d.	247 £ — sh.	473 £ — sh.
4 £ 10 sh. — d.	255 £ — sh.	465 £ — sh.
4 £ 16 sh. — d.	264 £ — sh.	456 £ — sh.
5 £ 2 sh. 10 d.	274 £ 5 sh.	445 £ 15 sh.[3]

[3] Die 180 Quarter Getreide würden sich bei den obengenannten Veränderungen im Getreidewerte in den folgenden Verhältnissen zwischen Grundbesitzern, Landwirten und Arbeitern verteilen:

Preis pro Quarter	Rente (in Weizen)	Profit (in Weizen)	Lohn (in Weizen)	Zusammen
4 £ — sh. — d.	— Quarter	120,0 Quarter	60,0 Quarter	180 Quarter
4 £ 4 sh. 8 d.	10 Quarter	111,7 Quarter	58,3 Quarter	180 Quarter

Und wenn wir annehmen, daß das ursprüngliche Kapital des Landwirts 3000 £ wäre, so würde sich der Profit seines Kapitals, da er im ersten Beispiel 480 £ betrüge, auf 16 Prozent belaufen. Wenn sein Profit auf 473 £ fiele, würde sich seine Rate auf 15,7 Prozent stellen,

bei 465 £ auf 15,5 Prozent
bei 456 £ auf 15,2 Prozent
bei 445 £ auf 14,8 Prozent.

Allein, die *Profitrate* wird noch weiter sinken, weil das Kapital des Landwirts zum großen Teile aus Rohprodukten, wie sein Getreide- und Heuvorrat, sein ungedroschener Weizen und Gerste, sowie seinen Pferden und Kühen besteht, die sich infolge des Steigens des Produktes alle im Preise erhöhen würden. Sein absoluter Profit ginge also von 480 £ auf 445 £ 15 sh. zurück; sollte jedoch sein Kapital aus dem oben erwähnten Grunde von 3000 £ auf 3200 £ steigen, so würde seine Profitrate bei einem Getreidepreis von 5 £ 2 sh. 10 d. unter 14 Prozent fallen.

Hätte ein Fabrikant in sein Geschäft ebenfalls 3000 £ gesteckt, so würde er infolge der Lohnsteigerung gezwungen werden, sein Kapital zu erhöhen, um in den Stand gesetzt zu werden, dasselbe Geschäft weiterzuführen. Wenn sich seine Waren früher zu 720 £ verkaufen ließen, würden sie sich auch ferner noch zu demselben Preis verkaufen lassen, doch würde der Arbeitslohn, der vorher 240 £ betrug, bei einem Getreidepreise von 5 £ 2 sh. 10 d. auf 274 £ 5 sh. steigen. Im ersten Falle würde er von den 3000 £ einen Saldo von 480 £ als Profit haben, im zweiten von dem vergrößerten Kapital nur einen solchen von 445 £ 15 sh.; folglich würde sein Profit mit der veränderten Profitrate des Landwirts übereinstimmen.

Es gibt wenig Güter, die in ihren Preisen durch ein Steigen des Rohproduktes nicht mehr oder weniger betroffen werden, weil irgendein dem Boden abgewonnenes Rohmaterial in die Zusammensetzung der meisten Güter eingeht. Baumwollzeug, Leinen und Tuch werden sämtlich mit dem Steigen des Weizens im Preise steigen. Doch steigen sie,

Preis pro Quarter	Rente (in Weizen)	(in Weizen)	Profit (in Weizen)	Lohn	Zusammen
4 £ 10 sh. – d.	20 Quarter	103,4 Quarter	56,6 Quarter	180 Quarter
4 £ 16 sh. – d.	30 Quarter	95,0 Quarter	55,0 Quarter	180 Quarter
5 £ 2 sh. 10 d.	40 Quarter	86,7 Quarter	55,3 Quarter	180 Quarter

und unter denselben Umständen würden sich Rente, Lohn und Profit in Geld wie folgt gestalten:

Preis pro Quarter	Rente	Profit	Lohn	Zusammen
4 £ – sh. – d.	keine	480 £ – sh. – d.	240 £ – sh. – d.	720 £ – sh. – d.
4 £ 4 sh. 8 d.	42 £ 7 sh. 6 d.	473 £ – sh. – d.	247 £ – sh. – d.	762 £ 7 sh. 6 d.
4 £ 10 sh. – d.	90 £ – sh. – d.	465 £ – sh. – d.	255 £ – sh. – d.	810 £ – sh. – d.
4 £ 16 sh. – d.	144 £ – sh. – d.	456 £ – sh. – d.	264 £ – sh. – d.	864 £ – sh. – d.
5 £ 2 sh. 10 d.	205 £ 13 sh. 4 d.	445 £ 15 sh. – d.	274 £ 5 sh. – d.	925 £ 13 sh. 4 d.

weil auf das Rohmaterial, aus dem sie verfertigt sind, eine größere Arbeitsmenge verwandt wurde, nicht aber, weil der Fabrikant seinen Arbeitern, die er für diese Güter beschäftigt, mehr bezahlte.

In allen Fällen steigen die Güter, weil man auf sie mehr Arbeit verwendet, und nicht, weil die auf sie verwendete Arbeit höher im Werte steht. Geschmeide, Eisen-, Silber- und Kupfersachen würden nicht steigen, weil keines der auf der Erdoberfläche erzeugten Rohprodukte in ihre Zusammensetzung eingeht.

Man kann sagen, daß ich es für ein Datum gehalten habe, daß der Geldlohn wohl bei steigenden Rohproduktenpreisen in die Höhe gehen würde, daß dies jedoch keineswegs eine unbedingte Folge sei, da sich ja der Arbeiter mit weniger Genußgütern zufriedengeben könnte. Sicherlich kann der Arbeitslohn vorher hoch gestanden und nun einen Rückgang erlitten haben. Wenn dem so ist, wird das Sinken des Profits gehemmt werden; doch ist es unmöglich sich vorzustellen, daß der Geldpreis des Lohnes bei allmählich steigendem Preise der Bedarfsartikel sinken oder stationär bleiben sollte; und deshalb kann man es als Datum hinnehmen, daß unter gewöhnlichen Umständen ein dauerndes Steigen im Preise der Bedarfsartikel nicht stattfindet, ohne ein Steigen des Lohnes zu veranlassen oder ohne daß eine Lohnerhöhung vorhergegangen ist.

Die auf die Profite ausgeübten Wirkungen würden dieselben oder nahezu dieselben gewesen sein, wenn irgendein Steigen im Preise jener anderen Bedarfsartikel, für welche der Arbeitslohn verausgabt wird, neben den Lebensmitteln stattgefunden hätte. Der Zwang, unter dem der Arbeiter stehen würde, für solche Bedarfsartikel einen höheren Preis zu bezahlen, würde ihn zwingen, mehr Lohn zu verlangen, und was immer den Lohn hebt, drückt den Profit notwendig herab. Aber nehmen wir an, der Preis von Seide, Samt, Hausrat und irgendwelchen Gütern, nach denen der Arbeiter kein Verlangen zeigt, steige, weil man auf sie mehr Arbeit verwenden muß, würde das nicht die Profite beeinflussen? Sicherlich nicht: denn außer der Lohnerhöhung kann nichts auf die Profite einwirken. Seide und Samt werden vom Arbeiter nicht konsumiert und können daher den Lohn nicht in die Höhe treiben.

Man muß sich darüber klar sein, daß ich vom Profit im allgemeinen spreche. Ich habe bereits bemerkt, daß der Marktpreis eines Gutes seinen natürlichen oder notwendigen Preis übersteigen mag, da es in geringerer Menge, als der neue Bedarf danach erheischt, produziert werden kann. Das ist jedoch nur eine vorübergehende Wirkung. Natürlich werden die hohen Profite des zur Produktion jenes Gutes verwendeten Kapitals Kapital in diesen Gewerbezweig ziehen, und sobald der erforderliche Fonds beschafft und die Gütermenge gebührend vermehrt worden ist, wird sein Preis sinken und der Profit des Gewerbes mit dem allgemeinen Stand übereinstimmen. Ein Fallen in der allgemeinen Profitrate ist mit einem partiellen Steigen der Profite in einzelnen Unternehmungen durchaus nicht unvereinbar. Das Kapital wird infolge der Ungleichheit der Profite aus dem einen Unternehmen in das andere hinübergeleitet. Während also die allgemeinen Profite sinken und sich infolge der Lohnsteigerung und wachsenden Schwierigkeit, eine zunehmende Bevölkerung mit Bedarfsmitteln zu versorgen, allmählich auf einen niedrigeren Stand stellen, können sich die Profite des Landwirts für eine kurze Zeit über dem früheren Stand halten. Ein außergewöhnlicher Antrieb kann auf gewisse Zeit auch einem besonderen Zweig des auswärtigen oder kolonialen Handels gegeben werden; doch entkräftet das Zugeständnis dieser Tatsache keineswegs die Theorie, daß der Profit von hohem oder niedrigem Lohn, der Lohn vom Preise der Bedarfsartikel und der Preis der Bedarfsartikel hauptsächlich vom Preise der Lebensmittel abhängt, weil alle anderen Erfordernisse fast ohne Grenze vermehrt werden können.

Man sollte sich daran erinnern, daß die Preise auf dem Markte fortwährend schwanken, und zwar in erster Linie wegen des verhältnismäßigen Standes von Angebot und Nachfrage. Obschon Tuch für 40 sh. pro Elle geliefert werden und die gewöhnlichen Kapitalprofite abwerfen könnte, vermag es doch wegen eines allgemeinen Modewechsels oder einer anderen Ursache, die plötzlich und unerwartet die Nachfrage steigern oder den Vorrat verringern sollte, auf 60 sh. oder 80 sh. in die Höhe zu gehen. Die Tuchfabrikanten werden zeitweilig ungewöhnliche Profite beziehen, aber das Kapital wird naturgemäß dieser Fabrikation so lange zufließen, bis Angebot und Nachfrage wieder ihr richtiges Gleichgewicht erlangt haben; in welchem Falle der Preis des Tuches wieder auf 40 sh., seinen natürlichen oder notwendigen Preis, zurückgehen wird. Auf dieselbe Weise kann das Getreide bei jeder Steigerung der Nachfrage so hoch steigen, daß es dem Landwirt mehr als die allgemeinen Profite abwirft. Ist fruchtbarer Boden im Überflusse vorhanden, so wird der Preis des Getreides auf seinen früheren Stand sinken, nachdem zu seiner Produktion die entsprechende Kapitalsmenge verwandt worden ist, und die Profite werden genau wie vorher sein; ist aber nicht genug fruchtbarer Boden vorhanden, so wird, wenn zur Erzeugung dieser Zusatzmenge mehr als die gewöhnliche Menge an Kapital und Arbeit benötigt wird, das Getreide nicht auf seinen früheren Stand sinken. Sein natürlicher Preis wird erhöht werden, und der Landwirt wird sich gezwungen sehen, statt dauernd größere Profite zu beziehen, mit der verringerten Rate zufrieden zu sein, welche die unvermeidliche Folge einer durch das Steigen der Bedarfsartikel hervorgerufenen Lohnerhöhung ist.

Die natürliche Tendenz des Profits ist demnach zu fallen; denn bei dem Fortschreiten der Gesellschaft und des Reichtums wird die erforderliche Zusatzmenge an Nahrungsmitteln durch das Opfer von immer mehr Arbeit erlangt. Diese Tendenz, dieses Gravitieren sozusagen der Profite, wird glücklicherweise in sich wiederholenden Zwischenräumen durch die Verbesserungen der Maschinerie, die zur Produktion von Bedarfsartikeln dient, gehemmt, sowie durch Entdeckungen in der Agrikulturwissenschaft, die uns in den Stand setzen, einen Teil der vorher erforderlichen Arbeitsmenge einzusparen und infolgedessen den Preis des hauptsächlichsten Bedarfsartikels des Arbeiters zu erniedrigen. Doch ist das Steigen des Preises der Bedarfsartikel und des Arbeitslohnes begrenzt; denn sobald der Lohn, wie in dem früheren Beispiele, 720 £, der Gesamteinnahme des Landwirtes, gleichkommen sollte, müßte die Kapitalsanhäufung aufhören, weil dann kein Kapital noch irgendwelchen Profit abwerfen und keine Zusatzarbeit nachgefragt werden kann, und infolgedessen wird die Bevölkerung ihren höchsten Stand erreicht haben. Lange freilich vor dieser Periode wird die sehr niedrige Profitrate alle Kapitalsanhäufung zum Stillstand gebracht haben, und nahezu der Gesamtertrag des Landes wird nach Bezahlung der Arbeiter das Eigentum der Grundeigentümer und der Empfänger von Zehnten und Steuern sein.

Greifen wir nun auf die frühere, sehr unvollkommene Basis als Grundlage meiner Berechnung zurück, so würde es scheinen, daß das ganze Reineinkommen des Landes den Grundherren gehören würde, falls das Getreide auf 20 £ pro Quarter stände; denn dann würde dieselbe Arbeitsmenge, die ursprünglich zur Produktion von 180 Quarter erforderlich war, nötig sein, um 36 Quarter zu erzeugen, da sich 20 £ zu 4 £ verhält wie 180 zu 36. Der Landwirt also, der 180 Quarter erzeugte (wenn es irgendeinen solchen gäbe; denn das in den Boden gesteckte alte und neue Kapital würde so durcheinander geraten sein, daß es in keiner Weise unterschieden werden könnte), würde verkaufen:

180 Quarter zu 20 £ pro Quarter	3600 £
abzüglich des Wertes von 144 Quarter, die als Differenz von 36 und 180 Quarter dem Grundbesitzer als Rente gehören	2880 £
36 Quarter	720 £
Der Wert von 36 Quarter für 10 Arbeiter beträgt	720 £,

so daß überhaupt nichts als Profit übrig bleibt.

Ich habe angenommen, daß die Arbeiter zu diesem Preise von 20 £ auch fernerhin 3 Quarter pro Mann im Jahre konsumieren, oder	60 £,
und daß sie für die übrigen Güter	12 £
ausgeben würden. Für jeden Arbeiter machte das	72 £,
weshalb 10 Arbeiter im Jahre kosten würden	720 £.

Bei all diesen Berechnungen bin ich nur darauf bedacht gewesen, das Prinzip zu erläutern, und es ist kaum nötig, zu bemerken, daß meine ganze Grundlage aufs Geratewohl und bloß zum Zwecke der Erläuterung angenommen ist. Obwohl im Grade verschieden, würden die Resultate im Prinzip doch dieselben gewesen sein, wenn ich die Differenz in der Zahl der Arbeiter, die zur Gewinnung der für eine wachsende Bevölkerung immer größer werdenden Getreidemenge notwendig sind, den Konsum der Familie des Arbeiters usw. auch noch so genau angesetzt hätte. Meine Absicht ist gewesen, den Gegenstand zu vereinfachen, und deshalb habe ich, abgesehen von den Nahrungsmitteln des Arbeiters, die Preiserhöhung der anderen Bedarfsartikel unberücksichtigt gelassen, eine Verteuerung, die die Folge des zunehmenden Wertes der Rohmaterialien sein würde, aus denen sie gemacht werden, und die natürlich den Lohn noch weiter in die Höhe treiben und den Profit drücken würde.

Ich habe schon gesagt, daß lange bevor dieser Stand der Preise dauernd geworden wäre, kein Anlaß zur Kapitalansammlung mehr vorhanden sein würde; denn niemand spart, außer mit der Absicht, seine Ersparnisse produktiv zu verwenden; denn nur so angewandt wirken sie auf den Profit. Ohne einen Beweggrund könnte kein Sparen stattfinden und demnach auch kein derartiger Stand der Preise eintreten. Der Landwirt und der Fabrikant können ohne Profit ebensowenig weiterleben wie der Arbeiter ohne Lohn. Ihr Antrieb zur Ersparnisbildung wird sich bei jeder Profitverminderung vermindern und gänzlich aufhören, falls ihre Profite so niedrig sind, daß sie ihnen keine angemessene Vergütung mehr für ihre Mühe und das Risiko gewähren, dem sie notwendigerweise bei der produktiven Verwendung ihres Kapitals ausgesetzt sind.

Abermals muß ich bemerken, daß die Profitrate viel schneller, als ich bei meiner Berechnung angenommen habe, sinken würde; denn bei einem Werte des Produkts, wie ich ihn unter den angenommenen Umständen voraussetzte, würde der Wert des dem Landwirte gehörenden Kapitals beträchtlich erhöht werden, weil dieses notwendigerweise aus vielen von den Gütern besteht, die wertmäßig gestiegen wären. Ehe das Getreide von 4 £ auf 12 £ steigen könnte, würde sich wahrscheinlich sein Kapital im Tauschwert verdoppelt haben und statt 3000 £ 6000 £ wert sein. Wenn also sein Profit von seinem ursprünglichen Kapital 180 £ oder 6 Prozent wäre, so würde der Profit zu jener Zeit in Wirklichkeit auf keinem höheren *Satze* stehen als 3 Prozent; denn 6000 £ zu 3 Prozent ergeben 180 £, und nur unter diesen Bedingungen könnte ein neuer Landwirt mit 6000 £ in seiner Tasche in das landwirtschaftliche Geschäft eintreten.

Viele Gewerbe würden aus derselben Quelle mehr oder weniger

Nutzen ziehen. Der Brauer, der Destillateur, der Tuch- oder Leinenfabrikant würden wohl für die Verringerung ihrer Profite durch die Werterhöhung ihres Kapitals an Rohmaterialien und Fertigwaren zum Teil entschädigt worden sein; allein ein Fabrikant von Metallwaren, Schmucksachen und von manchen anderen Gütern, sowie auch alle diejenigen, deren Kapitalien gänzlich aus Geld beständen, würden dem völligen Sinken der Profitrate ausgesetzt sein, ohne irgendeinen Ersatz dafür.

Auch sollten wir erwarten, daß, wie sehr sich auch die Profitrate des Kapitals infolge der Kapitalansammlung auf dem Boden und des Steigens des Lohnes vielleicht verringern könnte, die Gesamtsumme der Profite dennoch zunehmen würde. Wenn wir also voraussetzten, daß die Profitrate bei andauerndem Sparen von 100 000 £ von 20 auf 19, auf 18, auf 17 Prozent herunterginge, so sollten wir erwarten, daß die gesamte Profitsumme, die von jenen aufeinanderfolgenden Kapitaleigentümern empfangen würde, immer progressiv, also größer sein würde, wenn das Kapital 200 000 £ ausmachte, als wenn es sich auf 100 000 £ bezifferte, und noch größer, falls es sich auf 300 000 £ beliefe, und daß sie mit jedem neuen Kapitalzuwachse weiter stiege, obschon mit einer abnehmenden Rate. Diese Progression ist jedoch nur für eine gewisse Zeit gültig: so sind z. B. 19 Prozent von 200 000 £ mehr als 20 Prozent von 100 000 £, und 18 Prozent von 300 000 £ sind wiederum mehr als 19 Prozent von 200 000 £. Aber nachdem sich das Kapital zu einem großen Betrage angehäuft hat und die Profite gesunken sind, verringert jede weitere Ansammlung den Gesamtprofit. Nehmen wir demnach an, die Ansammlung beliefe sich auf 1 000 000 £ und der Profit auf 7 Prozent, so wird die Gesamtsumme der Profite 70 000 £ betragen. Wenn jetzt ein weiterer Zuwachs von 100 000 £ Kapital zu der Million treten und der Profit auf 6 Prozent fallen sollte, so werden die Kapitaleigentümer 66 000 £ oder um 4000 £ weniger erhalten, obgleich die Gesamtsumme des Kapitals von 1 000 000 £ auf 1 100 000 £ gestiegen sein wird.

Indessen kann keine Ansammlung von Kapital, solange das Kapital überhaupt noch einen Profit abwirft, geschehen, ohne daß dadurch nicht nur eine Vermehrung im Ertrage, sondern auch eine Vermehrung im Werte bewirkt wird. Bei einer Verwendung von 100 000 £ Zusatzkapital wird kein Teil des früheren Kapitals weniger produktiv werden. Der Ertrag des Bodens und der Arbeit des Landes muß zunehmen, und sein Wert wird nicht nur durch den Wert des Zusatzes, den die frühere Produktionsmenge erfahren hat, erhöht werden, sondern auch durch den neuen Wert, welcher dem Gesamtertrage des Grund und Bodens wegen der größeren Schwierigkeit, den letzten Teil davon zu gewinnen, verliehen wird. Falls jedoch die Ansammlung von Kapital sehr groß wird, wird es trotz des erhöhten Wertes so verteilt werden, daß dem Profit ein geringerer Wert als vorher zukommen wird, während der Wert des auf Rente und Lohn entfallenden Betrages vermehrt werden wird. So werden die jährlich erzielten Produktionen bei aufeinander folgenden Zusätzen von 100 000 £ zum Kapital, bei einem Sinken der Profitrate von 20 auf 19, auf 18, auf 17 Prozent usw., an Menge zunehmen und mehr wert sein als der gesamte Wertzuwachs, welchen das Zusatzkapital der Berechnung nach erzeugt. Von 20 000 £ wird der Profit auf mehr als 39 000 £ und dann auf mehr als 57 000 £ steigen; und falls das verwendete Kapital, wie wir vorher annahmen, 1 000 000 £ beträgt, werden, wenn 100 000 £ noch weiter zugelegt werden und die Gesamtheit des Profites nun niedriger ist als vorher, trotzdem mehr als 6000 £ dem Einkommen des Landes zugeführt werden, aber dem Einkommen der Grundbesitzer und Arbeiter. Sie werden mehr als den Ertragszuwachs erhalten und infolge ihrer Lage imstande sein, sogar die früheren Gewinne der Kapitalisten zu schmälern. Nehmen wir z. B. an, daß der Getreidepreis auf £ pro Quarter stände und der Landwirt infolgedessen nach unserer früheren Berechnung von je 720 £, die er nach Bezahlung seiner Rente übrig hat, 480 £ für sich zurückbehielte und 240 £ seinen Arbeitern bezahlte; stiege nun der Preis auf 6 £ pro Quarter, so wäre er gezwungen, seinen Arbeitern 300 £ zu bezahlen und bloß 420 £ als Profit für sich zu behalten: er würde sich genötigt sehen, ihnen 300 £ zu zahlen, damit sie dieselbe Menge an Bedarfsartikeln wie zuvor konsumieren könnten. Wenn nun das verwendete Kapital so groß wäre, daß es 100 000 mal 720 £, oder 72 000 000 £ einbrächte, so würde die Gesamtsumme der Profite 48 000 000 £ ausmachen, falls der Weizen auf 4 £ pro Quarter stände; und wenn durch Verwendung eines noch größeren Kapitals 105 000 mal 720 £ bei einem Weizenpreise von 6 £ erzielt würden oder 75 600 000 £, so würden die Profite tatsächlich von 48 000 000 £ auf 44 100 000 £ oder 105 000 mal 420 £ sinken und der Lohn von 24 000 000 £ auf 31 500 000 £ steigen. Der Lohn stiege, weil mehr Arbeiter im Verhältnis zum Kapital verwendet würden, und jeder Arbeiter würde mehr Geldlohn erhalten; die Lage des Arbeiters würde sich jedoch, wie wir bereits zeigten, insofern verschlechtert haben, als er über eine geringere Menge vom Ertrage des Landes verfügen könnte. Die einzigen wirklichen Gewinner würden die Grundherren sein. Sie würden höhere Renten erhalten, erstens, weil der Ertrag einen höheren Wert haben würde, und zweitens, weil sie einen erheblich größeren Anteil von jenem Ertrage haben würden.

Obschon ein größerer Wert erzeugt wird, so wird ein größerer Teil von dem, was von diesem Werte nach Bezahlung der Rente übrig bleibt, vom Produzenten konsumiert, und dies allein ist es, was die

Profite bestimmt. Solange der Boden reiche Erträge abwirft, kann der Lohn zeitweilig steigen, und die Produzenten können mehr als ihren gewöhnlichen Anteil konsumieren. Aber der Antrieb, welcher dadurch der Bevölkerungszunahme gegeben wird, wird die Arbeiter schnell wieder auf ihren üblichen Konsum herabdrücken. Falls jedoch arme Böden in Bebauung genommen oder mehr Kapital und mehr Arbeit auf den alten Boden bei einem geringeren Produktionsertrage verwendet werden, muß die Wirkung dauernd sein. Ein größerer Anteil von dem Teile des Ertrages, welcher übrig bleibt, um nach Bezahlung der Rente zwischen den Kapitaleigentümern und den Arbeitern verteilt zu werden, wird den letzteren zugeteilt werden. Jeder einzelne kann und wird wahrscheinlich eine absolut kleinere Menge haben; da jedoch im Verhältnis zum gesamten, vom Landwirte zurückbehaltenen Ertrage mehr Arbeiter verwendet werden, so wird der Wert eines größeren Teiles des Gesamtertrages von dem Lohn in Anspruch genommen werden, und folglich der Wert eines kleineren Teiles den Profiten zufallen. Dies wird notwendigerweise dauernd gemacht werden durch die Naturgesetze, welche die produktiven Kräfte des Landes beschränkt haben.

Somit kommen wir wieder zu demselben Schluß wie zuvor: daß in allen Ländern und zu allen Zeiten die Profite von derjenigen Arbeitsmenge abhängen, die nötig ist, um für die Arbeiter Bedarfsartikel zu beschaffen auf jenem Boden oder mit jenem Kapital, das keine Rente abwirft. Die Wirkungen der Akkumulation werden dann in verschiedenen Ländern verschieden sein und hauptsächlich von der Fruchtbarkeit des Bodens abhängen. Wie groß auch immer ein Land, wo der Boden von geringerer Qualität, und der Import von Nahrungsmitteln verboten ist, sein mag, so werden doch die bescheidensten Ansammlungen des Kapitals von bedeutenden Rückgängen der Profitrate und einem schnellen Steigen der Rente begleitet werden. Dagegen kann ein kleines, aber fruchtbares Land, besonders wenn es die freie Einfuhr von Nahrungsmitteln erlaubt, ein großes Kapital ohne irgendwelche erhebliche Verringerung der Profitrate oder ein bedeutendes Steigen der Grundrente anhäufen. In dem Kapitel über den Lohn haben wir zu zeigen versucht, daß sich der Geldpreis der Güter durch eine Lohnsteigerung nicht erhöhen würde, gleichgültig, ob Gold, das Wertmaß des Geldes, das Produkt dieses Landes wäre oder ob es von auswärts importiert wäre. Wenn dem jedoch anders wäre, wenn die Preise der Güter dauernd durch hohen Lohn erhöht würden, so würde die Behauptung nicht weniger wahr sein, derzufolge ein hoher Lohn die Verwender der Arbeit durch Entziehung eines Teiles ihrer wirklichen Profite unabänderlich trifft. Angenommen, der Hutmacher, Strumpfwirker und Schuhmacher bezahlten jeder zur Herstellung einer gewissen Menge ihrer Güter 10 £ mehr Lohn und der Preis der Hüte, Strümpfe und Schuhe stiege um eine Summe, die ausreichend wäre, um dem Gewerbetreibenden die 10 £ wieder einzubringen, so würde ihre Lage nicht besser sein, als wenn ein solches Steigen nicht eingetreten wäre. Wenn der Strumpfwirker seine Strümpfe statt für 100 £ für 110 £ verkaufte, würden seine Profite genau denselben Geldbetrag wie vorher ausmachen; da er aber im Tausch für diese gleiche Summe $1/10$ weniger an Hüten, Schuhen und jedes anderen Gutes erhielte, und da er mit seinem früheren Betrag an Ersparnissen weniger Arbeiter zu höherem Lohn verwenden und weniger Rohmaterialien zu höheren Preisen erstehen könnte, so würde er sich in keiner besseren Lage befinden, als wenn sich sein Geldprofit im Betrage tatsächlich verringert und jedes Ding seinen früheren Preis beibehalten hätte. Somit habe ich also zu beweisen versucht, daß erstens eine Lohnerhöhung den Preis der Güter nicht steigern, sondern unabänderlich die Profite drücken würde; und daß zweitens, wenn die Preise aller Güter erhöht werden könnten, die Wirkung auf die Profite immer noch dieselbe bleiben würde; und daß in Wirklichkeit nur der Wert desjenigen Mittels, nach welchem die Preise und Profite geschätzt werden, sinken würde.

KAPITEL VII

Über den auswärtigen Handel

Keine Ausdehnung des auswärtigen Handels wird sofort den Wertbetrag in einem Lande vermehren, obschon er sehr kräftig dazu beitragen wird, die Gütermasse und folglich auch die Summe der Genüsse zu vermehren. Da der Wert aller ausländischen Waren nach der Menge des Ertrages unseres Bodens und unserer Arbeit gemessen wird, welche im Austausch für sie gegeben wird, würden wir keinen größeren Wert erlangen, wenn wir durch die Entdeckung neuer Märkte die doppelte Menge der ausländischen Waren für eine bestimmte Menge der unserigen erhielten. Wenn ein Kaufmann durch den Ankauf englischer Waren im Betrage von 1000 £ eine Menge fremder Güter bekommen kann, die er auf dem englischen Markt für 1200 £ wieder zu verkaufen vermag, so wird er bei einer solchen Verwendung seines Kapitals 20 Prozent verdienen; aber weder seine Gewinne noch der Wert der eingeführten Güter werden durch die größere oder geringere Menge der erlangten ausländischen Waren vermehrt oder vermindert werden. Ob er z. B. 25 oder 50 Faß Wein einführt, so kann sein Verdienst doch in keiner Weise dadurch beeinflußt werden, wenn er zu einer Zeit die 25 und zur anderen die 50 Faß für die nämlichen 1200 £ verkauft. In jedem Falle wird sein Profit auf 200 £ oder auf 20 Prozent seines Kapitals beschränkt werden, und in jedem Falle wird derselbe Wert nach England importiert werden. Ließen sich die 50 Faß für mehr als 1200 £ verkaufen, so würden die Profite dieses einzelnen Kaufmanns die allgemeine Profitrate übersteigen, und das Kapital naturgemäß in diesen vorteilhaften Geschäftszweig so lange einströmen, bis das Sinken des Weinpreises jedes Ding wieder auf seinen früheren Stand zurückgebracht hätte.

Es ist in der Tat behauptet worden, daß die großen Profite, welche manchmal durch einzelne Kaufleute im auswärtigen Handel gemacht werden, die allgemeine Profitrate im Lande heben und daß die Abwendung des Kapitals von anderen Verwendungen, um an dem neuen und vorteilhaften auswärtigen Handel teilzunehmen, die Preise im allgemeinen steigern und dadurch die Profite erhöhen werden. A. Smith hat gesagt, daß, da notwendigerweise weniger Kapital zum Anbau von Getreide, zur Fabrikation von Kleidern, Hüten, Schuhen usw. verwendet werden würde, während die Nachfrage dieselbe bleibt, der Preis dieser Güter so erhöht werden wird, daß der Landwirt, der Hut-, Kleider- und Schuhmacher ebenso einen Profitzuwachs wie der Importeur haben werden.

Diejenigen, welche diese Ansicht vertreten, stimmen mit mir darin überein, daß die Profite der verschiedenen Verwendungen eine Tendenz haben, einander auszugleichen, sich zusammen auf- und abwärts zu entwickeln. Unsere Meinungsverschiedenheit besteht hierin: sie behaupten, daß das Gleichmaß der Profite durch das allgemeine Steigen der Profite herbeigeführt werden wird; und ich bin der Meinung, daß die Profite des meistbegünstigten Handels schnell wieder auf das allgemeine Niveau herabgehen werden.

Denn erstens bestreite ich, daß man notwendigerweise weniger Kapital zum Anbau von Getreide oder zur Fabrikation von Tuch, Hüten, Schuhen usw. verwenden wird, falls sich nicht die Nachfrage nach diesen Gütern vermindert; und wenn dem so ist, wird deren Preis nicht steigen. Man wird zum Ankauf ausländischer Güter entweder den gleichen, einen größeren oder einen geringeren Teil des Ertrages von Englands Boden und Arbeit verwenden. Wird derselbe Betrag auf diese Weise verwendet, so wird die nämliche Nachfrage nach Tuch, Schuhen, Getreide und Hüten wie vorher bestehen und derselbe Kapitalbetrag ihrer Produktion gewidmet werden. Wenn infolge davon, daß der Preis von ausländischen Gütern niedriger ist, ein geringerer Teil des jährlichen Ertrages des Bodens und der Arbeit von England zum Kauf der ausländischen Güter verwendet wird, wird mehr zum Kauf anderer Dinge bleiben. Ist eine größere Nachfrage nach Hüten, Schuhen, Getreide usw. als früher vorhanden, was der Fall sein kann, da die Konsumenten ausländischer Güter einen zusätzlichen Teil ihres Einkommens verfügbar haben, dann ist das Kapital, mit welchem der größere Wert an ausländischen Gütern vorher erstanden wurde, ebenfalls verfügbar, so daß mit der erhöhten Nachfrage nach Getreide, Schuhen usw. zugleich auch die Mittel für die Beschaffung eines höheren Angebots existieren, und deshalb können weder die Preise noch die Profite dauernd steigen. Wenn zum Ankauf ausländischer Güter mehr vom Ertrage von Englands Boden und Arbeit verwandt wird, kann weniger zum Ankauf anderer Dinge verwendet werden; folglich werden weniger Hüte, Schuhe usw. begehrt werden. Zur selben Zeit, wo Kapital aus der Produktion von Schuhen, Hüten usw. zurückgezogen wird, muß mehr verwendet werden, um diejenigen Güter zu fabrizieren, mit denen man ausländische Güter kauft; und folglich wird in allen Fällen die Nachfrage nach aus- und inländischen Gütern zusammengenommen, so weit der Wert in Frage kommt, durch das Einkommen und Kapital des Landes begrenzt. Wenn eins wächst, muß das andere sich verringern. Wenn die Menge Wein verdoppelt wird, welche für die nämliche Menge englischer Güter importiert wird, so kann das englische Volk entweder doppelt soviel Wein als vorher konsumieren oder die gleiche Menge Wein und eine größere an englischen Gütern. Wenn mein Einkommen 1000 £ gewesen wäre und ich hätte damit jährlich ein Faß Wein für 100 £ und eine gewisse Menge englischer Güter für 900 £ gekauft, dann könnte ich, falls der Wein auf 50 £ pro Faß fiele, die erübrigten 50 £ entweder zum Ankauf eines weiteren Fasses Wein oder einer größeren Menge englischer Güter verwenden. Wenn ich mehr Wein kaufte und jeder Weintrinker das gleiche täte, so würde der auswärtige Handel dadurch nicht im mindesten gestört werden; wir würden dieselbe Menge englischer Güter gegen Wein ausführen und würden wohl die doppelte Menge, nicht aber den doppelten Wert, an Wein erhalten. Begnügte ich mich jedoch, wie viele andere, mit derselben Weinmenge wie vorher, dann würden weniger englische Güter exportiert werden, und die Weintrinker könnten dann entweder die Güter, welche vorher exportiert wurden, oder irgendwelche andern, für die sie eine Neigung hätten, konsumieren. Das zu ihrer Produktion erforderliche Kapital würde durch das aus dem auswärtigen Handel freigewordene geliefert werden.

Es gibt zwei Wege, auf denen Kapital angesammelt werden kann: Man kann es entweder infolge vermehrten Einkommens oder infolge geringerer Konsumtion ersparen. Wenn meine Profite von 1000 £ auf 1200 £ steigen, während meine Ausgaben dieselben bleiben, so sammle ich im Jahre 200 £ mehr als früher an. Wenn ich von meinen Ausgaben 200 £ spare, während meine Profite dieselben bleiben, so wird dieselbe Wirkung hervorgebracht werden; 200 £ werden zu meinem Kapitale jährlich hinzugefügt werden. Der Kaufmann, welcher Wein importierte, nachdem die Profite von 20 Prozent auf 40 Prozent gestiegen waren, muß seine englischen Waren, statt für 1000 £, nunmehr für 857 £ 2 sh. 10 d. einkaufen, falls er den Wein, welchen er gegen jene Waren einführt, auch ferner noch für 1200 £ absetzt; oder er müßte, wenn er seine englischen Waren weiter für 1000 £ einkaufte, den Preis seines Weines auf 1400 £ erhöhen; er würde so 40 statt 20 Prozent Profit von seinem Kapital erlangen. Wenn aber er und alle übrigen Konsumenten infolge der Wohlfeilheit aller Güter, für die er sein Einkommen verausgabte, von je 1000 £, die sie vorher ausgaben, den Wert von 200 £ ersparen könnten, so würden sie zum wirklichen Wohlstande des Landes wirksamer beitragen; in dem einen Falle würden die Ersparnisse infolge eines Einkommenszuwachses, im anderen infolge von eingeschränkten Ausgaben gemacht werden.

Wenn der größte Teil der Güter, für welche das Einkommen verausgabt wurde, durch die Einführung von Maschinen um 20 Prozent im Werte fielen, so würde ich imstande sein, ebenso wirksam zu sparen, als ob mein Einkommen um 20 Prozent gestiegen wäre; doch ist in dem einen Falle die Profitrate stationär geblieben, während sie im anderen um 20 Prozent stieg. Wenn ich infolge des Imports billiger ausländischer Waren 20 Prozent von meinen Ausgaben ersparen kann, wird der Erfolg genau derselbe sein, als ob die Maschinen ihre Produktionskosten verringert hätten; aber die Profite würden nicht erhöht sein.

Daher wird die Profitrate nicht infolge der Ausdehnung des Marktes in die Höhe getrieben, obwohl eine solche Ausdehnung gleichfalls darauf hinwirken kann, die Masse der Güter zu vermehren, und uns dadurch in den Stand setzen kann, die für den Unterhalt der Arbeit bestimmten Mittel und die Materialien, auf welche sich die Arbeit verwenden läßt, zu erhöhen. Es ist für das Wohl der Menschheit ebenso wichtig, daß unsere Genüsse durch bessere Arbeitsverteilung erhöht werden sollten, d. h. dadurch, daß ein jedes Land solche Güter erzeugt, für welche es sich infolge seiner Lage, seines Klimas und seiner anderen natürlichen oder künstlichen Vorteile eignet, und daß man sie für die Güter anderer Länder austauscht, als daß sie durch ein Steigen der Profitrate vermehrt werden sollten.

Es ist mein Bestreben gewesen, in diesem ganzen Werke zu zeigen, daß die Profitrate nur durch ein Sinken des Lohnes wachsen und ein dauerndes Sinken des Lohnes nicht anders erfolgen kann als durch ein Sinken der Bedarfsartikel, für welche der Lohn verausgabt wird. Wenn daher die Nahrungsmittel und Bedarfsartikel des Arbeiters durch die Erweiterung des ausländischen Handels oder durch maschinelle Verbesserungen zu einem niedrigeren Preise auf den Markt gebracht werden können, werden die Profite steigen. Wenn wir, anstatt unser Getreide selbst zu bauen und die Kleider nebst anderen Bedarfsartikeln des Arbeiters selbst herzustellen, einen neuen Markt entdecken, von dem wir uns mit diesen Gütern zu einem geringeren Preise versorgen können, so wird der Lohn sinken und der Profit steigen. Sind aber die durch die Erweiterung des auswärtigen Handels oder durch maschinelle Verbesserung billiger zu erhaltenden Güter ausschließlich die Güter, die von den Reichen konsumiert werden, so wird in der Profitrate keine Veränderung eintreten. Die Lohnrate würde nicht beeinflußt werden, wenn auch Wein, Samt, Seide und andere kostspielige Güter um 50 Prozent im Preise sinken sollten: und folglich würden die Profite unverändert bleiben.

Obgleich also der auswärtige Handel einem Lande sehr zum Segen gereicht, da er die Menge und Mannigfaltigkeit der Dinge, für welche das Einkommen verausgabt werden kann, vermehrt und durch den Überfluß und die Wohlfeilheit der Güter zur Sparsamkeit und Kapitalansammlung anregt, so besitzt er doch keine Tendenz, die Kapitalprofite zu heben, wenn die importierten Güter nicht zu jener Klasse zählen, für welche der Arbeitslohn ausgegeben wird.

Die Bemerkungen, die über den auswärtigen Handel gemacht worden sind, treffen auch auf den einheimischen zu. Niemals wird die Profitrate durch bessere Arbeitsverteilung, durch maschinelle Erfindungen, Wege- und Kanalbauten oder durch irgendwelche anderen Mittel erhöht, welche die Arbeit entweder bei der Fabrikation oder bei der Beförderung von Waren verringern. Das sind Ursachen, die auf den Preis wirken und für die Konsumenten immer höchst vorteilhaft sind, weil sie diese in den Stand setzen, mit derselben Arbeit oder mit dem Werte des Ertrages der nämlichen Arbeit im Tausch eine größere Menge des Gutes zu erlangen, auf welches die Verbesserung angewandt wird; aber auf den Profit haben sie keinerlei Einfluß. Andererseits hebt wohl jede Verminderung des Arbeitslohnes die Profite, bringt aber keine Wirkung auf den Preis der Güter hervor. Das eine gereicht allen Klassen zum Vorteil; denn alle Klassen sind Konsumenten. Das andere ist nur den Produzenten vorteilhaft; sie verdienen mehr, aber jedes Ding verharrt auf seinem früheren Preis. Im ersteren Falle erlangen sie soviel wie zuvor; doch ist jedes Ding, für welches ihre Gewinne ausgegeben werden, im Tauschwerte zurückgegangen.

Dieselbe Regel, welche den relativen Wert der Güter in einem Lande bestimmt, reguliert nicht den relativen Wert derjenigen Güter, die zwischen zwei oder mehreren Ländern ausgetauscht werden.

Unter einem System von vollständig freiem Handel widmet natürlicherweise jedes Land sein Kapital und seine Arbeit solchen Verwendungen, die für es am vorteilhaftesten sind. Dieses Verfolgen des individuellen Nutzens ist wunderbar mit der allgemeinen Wohlfahrt der Gesamtheit verbunden. Indem es den Fleiß anregt, die Erfindungsgabe belohnt und am erfolgreichsten die besonderen Kräfte, die von der Natur verliehen sind, ausnutzt, verteilt es die Arbeit am wirksamsten und wirtschaftlichsten; während es durch die Vermehrung der allgemeinen Masse der Produktionen allgemeinen Nutzen verbreitet und die Universalgesellschaft der Nationen der zivilisierten Welt durch ein gemeinsames Band des Interesses und Verkehrs miteinander verbindet. Dieser Grundsatz ist es, welcher bestimmt, daß Wein in Frankreich und Portugal, Getreide in Amerika und Polen angebaut und Metall und andere Waren in England verfertigt werden sollen.

In ein und demselben Lande befinden sich die Profite im allgemeinen stets auf demselben Niveau, oder unterscheiden sich nur insofern voneinander, als die Kapitalsverwendung mehr oder weniger sicher und angenehm ist. Zwischen verschiedenen Ländern ist das jedoch nicht der Fall. Wenn die Profite des in Yorkshire verwendeten Kapitals die des in London verwendeten übersteigen sollten, würde das Kapital schnell von London nach Yorkshire strömen und eine Gleichmäßigkeit der Profite bewirkt werden. Sollten jedoch infolge der verminderten Rate des Ertrages der Ländereien Englands, infolge der Vermehrung des Kapitals und der Bevölkerung die Löhne steigen und die Profite sinken, so würde daraus nicht folgen, daß Kapital und Bevölkerung notwendigerweise von England nach Holland, Spanien oder Rußland, wo die Profite vielleicht höher wären, wandern würden.

Hätte Portugal mit anderen Ländern keine Handelsbeziehung, so würde es gezwungen sein, statt einen großen Teil seines Kapitals und seines Fleißes zur Erzeugung von Weinen zu verwenden, mit denen es für seinen eigenen Konsum Tuch- und Metallwaren anderer Länder ersteht, einen Teil dieses Kapitals in der Fabrikation dieser Güter anzulegen, die es wahrscheinlich auf diese Weise in geringerer Qualität und Quantität erhalten würde.

Diejenige Weinmenge, welche es im Tausche gegen englisches Tuch hingeben muß, wird nicht durch die betreffenden Arbeitsmengen bestimmt, welche der Produktion jedes dieser Güter gewidmet wird, wie das der Fall wäre, wenn beide Güter in England oder in Portugal erzeugt würden.

England kann vielleicht so gestellt sein, daß man zur Tuchfabrikation der Arbeit von 100 Mann auf ein Jahr bedarf; und wenn es versuchte, den Wein zu erzeugen, möchte die Arbeit von 120 Mann für dieselbe Zeit nötig sein. Infolgedessen läge es in Englands eigenem Interesse, Wein zu importieren und durch die Ausfuhr von Tuch zu erstehen.

Um den Wein in Portugal zu produzieren, könnte vielleicht die Arbeit von nur 80 Mann im Jahre erforderlich sein, und um das Tuch daselbst zu fabrizieren, die von 90 Mann in derselben Zeit. Daher würde es für Portugal vorteilhaft sein, Wein zu exportieren im Tausche für Tuch. Dieser Tausch könnte sogar stattfinden, obgleich das von Portugal eingeführte Gut dort mit weniger Arbeit als in England produziert werden könnte. Obwohl es das Tuch mit der Arbeit von 90 Mann herstellen könnte, würde es dieses doch aus einem Lande importieren, wo man zu seiner Fabrikation die Arbeit von 100 Mann benötigte, weil es für Portugal vorteilhaft sein würde, sein Kapital zur Produktion von Wein zu verwenden, für welchen es von England mehr Tuch erhalten würde, als es durch Ablenkung eines Teiles seines Kapitals vom Weinbau zur Tuchmanufaktur produzieren könnte.

Auf diese Weise würde England das Arbeitsprodukt von 100 Mann für das Arbeitsprodukt von 80 hingeben. Ein solcher Austausch könnte zwischen einzelnen Personen eines und desselben Landes nicht stattfinden. Die Arbeit von 100 Engländern kann nicht für die von 80 gegeben werden; wohl aber kann das Arbeitsprodukt von 100 Engländern für dasjenige von 80 Portugiesen, 60 Russen oder 120 Ostindiern hingegeben werden. Der hierbei in Betracht kommende Unterschied zwischen einem einzigen Lande und mehreren ist leicht zu ermessen, wenn man die Schwierigkeit in Betracht zieht, mit welcher sich das Kapital, um eine einträglichere Verwendung zu suchen, aus einem Lande in ein anderes fortbewegt, und die Leichtigkeit, mit der es in demselben Lande ständig aus der einen Provinz in die andere wandert.[1]

Zweifellos würde es für die englischen Kapitalisten und für die Konsumenten beider Länder vorteilhaft sein, daß unter solchen Umständen Wein und Tuch beide in Portugal gemacht würden, und daß infolgedessen das Kapital und die Arbeit, die in England bei der Herstellung von Tuch Verwendung finden, zu dem Zwecke nach Portugal hinübergeleitet würden. In jenem Falle würde der relative Wert dieser Güter nach demselben Grundsatze bestimmt werden, als wenn das eine das Erzeugnis von Yorkshire und das andere das von London wäre. Und in jedem anderen Falle, nämlich wenn sich das Kapital ungehindert nach solchen Ländern begäbe, wo es am vorteilhaftesten verwendet werden könnte, wäre kein Unterschied in der Profitrate und in dem wirklichen oder Arbeitspreise der Güter kein anderer Unterschied möglich als die Zusatzmenge von Arbeit, die erforderlich wäre, um sie nach den verschiedenen Märkten, wo sie verkauft werden sollten, zu senden.

Indessen zeigt die Erfahrung, daß die eingebildete oder tatsächliche Unsicherheit des Kapitals, wenn es nicht unter der unmittelbaren Aufsicht seines Eigentümers steht, zusammen mit der natürlichen Abneigung, die jeder Mensch hat, das Land seiner Geburt und seiner Beziehungen zu verlassen, um sich mit all seinen eingewurzelten Gewohnheiten einer fremden Regierung und neuen Gesetzen anzuvertrauen, die Auswanderung des Kapitals hemmen. Diese Gefühle, deren Schwinden ich nur bedauern würde, bestimmen die meisten Menschen von Vermögen, sich lieber mit einer niedrigen Profitrate in ihrer Heimat zu begnügen, als nach einer vorteilhafteren Verwendung ihres Vermögens bei fremden Nationen zu suchen.

Da man das Gold und Silber nun einmal zum allgemeinen Maßgut der Zirkulation gewählt hat, werden beide durch den Wettbewerb im Handel in solchen Mengen unter die verschiedenen Länder der Erde verteilt, daß sie sich dem natürlichen Verkehr, welcher eintreten würde, wenn keine derartigen Metalle existierten und der Handel zwischen den Ländern ein bloßer Tauschhandel wäre, von selbst anpassen.

[1] Es wird daher einleuchten, daß ein Land, welches sehr bedeutende Vorteile im Maschinenwesen und in der Technik besitzt und deshalb imstande sein kann, gewisse Güter mit viel weniger Arbeit als seine Nachbarn zu erzeugen, gegen solche Güter einen Teil des für seinen Konsum notwendigen Getreides importieren kann, selbst wenn sein Boden fruchtbarer wäre und das Getreide sich mit weniger Arbeit als in dem Lande, woher es importiert wurde, erzeugen ließe. Zwei Menschen können sowohl Schuhe wie Hüte herstellen, und doch ist der eine dem anderen in beiden Beschäftigungen überlegen. Aber in der Herstellung von Hüten kann er seinen Konkurrenten nur um 20 Prozent übertreffen und in der von Schuhen um 33 Prozent. Wird es dann nicht im Interesse beider liegen, daß der Überlegenere sich ausschließlich auf die Schuhmacherei und der darin weniger Geschickte auf die Hutmacherei legen sollte?

Daher kann man also nach Portugal kein Tuch einführen, wenn man es daselbst nicht für mehr Gold verkaufen kann, als es in demjenigen Land kostet, aus dem es eingeführt wurde. Ebenso läßt sich kein Wein nach England einführen, wenn man ihn daselbst nicht für mehr verkaufen kann, als er in Portugal kostet. Wäre der Handel ein bloßer Tauschhandel, so könnte er nur so lange bestehen, wie England das Tuch derartig billig herzustellen vermöchte, daß es mit einer bestimmten Arbeitsmenge bei der Verfertigung von Tuch eine größere Weinmenge erzielte, als durch den Anbau von Reben, und als auch die Industrie von Portugal den umgekehrten Wirkungen unterläge. Nehmen wir nun an, England erfände zur Weinerzeugung ein solches Verfahren, so daß es mehr sein Interesse sein würde, ihn anzubauen, als ihn einzuführen; es würde dann natürlich einen Teil seines Kapitals aus dem auswärtigen Handel in den einheimischen hinüberleiten, würde aufhören, Tuch zur Ausfuhr herzustellen, und würde Wein für sich selber anbauen. Der Geldpreis dieser Güter würde dementsprechend reguliert werden; während das Tuch seinen früheren Preis behauptete, würde bei uns der Weinpreis sinken, und in Portugal würde eine Veränderung in dem Preise keines von beiden Gütern eintreten. Man würde eine Zeitlang fortfahren, Tuch aus England zu exportieren, weil sein Preis auch ferner noch in Portugal höher stehen würde als hier; doch würde man, statt Wein, Geld dafür eintauschen, und zwar so lange, bis die Ansammlung des Geldes bei uns und seine Abnahme in Portugal derartig auf den relativen Wert des Tuches in den beiden Ländern einwirken müßte, daß es aufhören würde, vorteilhaft zu sein, es auszuführen. Würde die Verbesserung in der Weingewinnung von außerordentlicher Bedeutung sein, so könnte es beiden Ländern zum Nutzen gereichen, ihre bisherigen Beschäftigungen zu vertauschen; nämlich so, das England allen Wein, und Portugal alles Tuch, das von ihnen verbraucht wurde, herstellte; aber dies könnte nur durch eine neue Verteilung der Edelmetalle bewirkt werden, welche den Tuchpreis in England heben und ihn in Portugal drücken müßte. Der relative Preis des Weines würde in England wegen des durch die Verbesserung seiner Fabrikation erlangten wirklichen Vorteils sinken, d. h. sein natürlicher Preis würde sinken; der relative Preis des Tuches würde dort der Geldansammlung zufolge steigen.

Gesetzt also, der Weinpreis beliefe sich in England vor der Verbesserung in der Weinbereitung auf 50 £ pro Faß, und der Preis einer bestimmten Tuchmenge auf 45 £, während der Preis derselben Weinmenge in Portugal 45 £ und der der nämlichen Tuchmenge 50 £ betrüge, so würde man Wein aus Portugal mit einem Profit von 5 £ und Tuch aus England mit einem Profit von demselben Betrage exportieren.

Nehmen wir an, der Wein ginge nach der Verbesserung in England auf 45 £ herab und das Tuch bliebe auf demselben Preis stehen. Jeder Umsatz im Handel ist ein unabhängiger Umsatz. Solange ein Kaufmann in England Tuch für 45 £ erstehen und mit dem gewöhnlichen Profit in Portugal verkaufen kann, wird er fortfahren, es aus England zu exportieren. Sein Geschäft besteht einfach darin, englisches Tuch zu kaufen und es mit einem Wechsel zu bezahlen, den er mit portugiesischem Gelde ersteht. Für ihn ist es von keiner Bedeutung, was aus diesem Gelde wird: er hat seine Schuld durch Übersendung des Wechsels beglichen. Sein Umsatz wird zweifellos durch die Bedingungen bestimmt, unter welchen er diesen Wechsel erhalten kann; aber diese sind ihm zur Zeit bekannt, und die Ursachen, welche vielleicht den Wechselkurs beeinflussen, kümmern ihn nicht.

Wenn die Märkte für den Weinexport von Portugal nach England günstig sind, wird der Weinexporteur als Verkäufer eines Wechsels auftreten, welcher entweder vom Tuchimporteur oder von demjenigen erstanden wird, der ihm seinen Wechsel verkaufte, und auf diese Weise werden die Exporteure, ohne daß Geld notwendig aus einem der beiden Länder wandert, in jedem Lande für ihre Waren bezahlt werden. Ohne daß irgendein unmittelbarer Umsatz zwischen ihnen besteht, wird das vom Tuchimporteur in Portugal bezahlte Geld dem portugiesischen Weinexporteur ausbezahlt werden, und in England wird durch die Begebung desselben Wechsels der Tuchexporteur berechtigt sein, seinen Tucherlös vom Weinimporteur in Empfang zu nehmen.

Ständen aber die Weinpreise derartig, daß kein Wein nach England exportiert werden könnte, so würde der Tuchimporteur in gleicher Weise einen Wechsel kaufen. Doch würde der Preis dieses Wechsels höher sein infolge der Kenntnis, welche der Verkäufer davon haben würde, daß kein Gegenwechsel auf dem Markte vorhanden wäre, durch den er schließlich die zwischen den beiden Ländern bestehenden Umsätze regeln könnte. Vielleicht könnte er wissen, daß das Gold- oder Silbergeld, welches er im Tausch für seinen Wechsel erhielt, tatsächlich an seinen Geschäftsfreund in England geschickt werden müßte, um ihn in den Stand zu setzen, die Forderung zu zahlen, zu welcher er jemanden auf sich ermächtigt hatte; und er könnte daher alle die Kosten, die ihm erwachsen, zusammen mit seinem angemessenen und gewöhnlichen Profit auf den Preis seines Wechsels schlagen.

Wenn nun diese Prämie für einen Wechsel auf England dem am Tuchimport erzielten Gewinne gleichkommen sollte, so würde natürlich die Einfuhr aufhören. Beliefe sich jedoch die Prämie für den Wechsel nur auf 2 Prozent, d. h. müßte man, um eine Schuld von 100 £ in England begleichen zu können, in Portugal 102 £ bezahlen, während Tuch bei 45 £ Kosten für 50 £ verkauft würde, so würde man Tuch einführen, Wechsel kaufen und Geld ausführen, bis die Abnahme des

Geldes in Portugal und seine Ansammlung in England einen Preisstand hervorgerufen hätte, der es nicht länger vorteilhaft machen würde, diese Umsätze fortzusetzen.

Allein, die Abnahme des Geldes in dem einen Lande und seine Zunahme in einem anderen wirken nicht auf den Preis eines einzigen Gutes ein, sondern auf die Preise aller; und deshalb werden die Preise von Wein und Tuch beide in England gehoben und beide in Portugal gedrückt werden. Der Tuchpreis, der in dem einen Lande auf 45 £ und im anderen auf 50 £ gestanden hat, würde wahrscheinlich in Portugal auf 49 £ oder 48 £ sinken, in England auf 46 £ oder 47 £ steigen und nach Bezahlung einer Wechselprämie keinen genügenden Profit mehr abwerfen, um einen Kaufmann zu veranlassen, jenes Gut einzuführen.

Auf diese Weise wird das Geld jedes Landes ihm nur in solchen Mengen zugeteilt werden, wie nötig ist, um einen vorteilhaften Tauschhandel zu regeln. England exportierte Tuch gegen Wein, weil, indem es so handelte, seine eigene Arbeit produktiver gestaltet wurde; es besaß mehr Tuch und Wein, als wenn es beides für sich selbst fabriziert hätte; und Portugal importierte Tuch und führte Wein aus, weil die Arbeit von Portugal in der Weinerzeugung für beide Länder nutzbringender angewandt werden konnte. Lassen wir einmal bei der Tuchfabrikation in England oder bei der Weinproduktion in Portugal eine größere Schwierigkeit eintreten, oder lassen wir eine größere Erleichterung für England in der Wein- oder für Portugal in der Tuchfabrikation eintreten, und der Handel muß sofort aufhören.

In den Verhältnissen Portugals möge keinerlei Veränderung eintreten; aber England findet heraus, daß es seine Arbeit produktiver zur Weinerzeugung anwenden kann, und augenblicklich ändert sich der Tauschhandel zwischen den beiden Ländern. Nicht nur wird der Weinexport von Portugal eingestellt, sondern es tritt auch eine neue Verteilung der Edelmetalle ein, und sein Tuchimport wird ebenfalls verhindert.

Wahrscheinlich würden beide Länder einsehen, daß es in ihrem eigenen Interesse läge, ihren Wein und ihr Tuch selbst herzustellen; aber dieses sonderbare Ergebnis würde eintreten: obwohl in England der Wein billiger sein würde, würde das Tuch im Preise erhöht, von dem Konsumenten würde mehr dafür bezahlt werden, während die Konsumenten in Portugal, die von Tuch wie Wein, imstande wären, diese Güter billiger zu kaufen. In demjenigen Lande, wo die Verbesserung eingetreten wäre, würden die Preise erhöht werden; in jenem, wo keine Veränderung stattgefunden hätte, aber wo sie eines einträglichen Zweiges des auswärtigen Handels beraubt worden wären, würden die Preise fallen.

Das ist jedoch für Portugal nur ein scheinbarer Vorteil; denn die

Menge von Tuch und Wein zusammengenommen, die in jenem Lande produziert wird, würde verringert werden, während die in England produzierte Menge vermehrt werden würde. Das Geld würde seinen Wert in beiden Ländern bis zu einem gewissen Grade geändert haben. In England würde es gesunken und in Portugal gestiegen sein. In Geld geschätzt, würde das Gesamteinkommen Portugals zurückgegangen sein, dasjenige Englands, in demselben Maßgut geschätzt, gestiegen sein.

So ergibt sich denn, daß die Verbesserung einer Fabrikation in irgendeinem Lande die Tendenz hat, die Verteilung der Edelmetalle unter die Nationen der Welt zu ändern; sie strebt, die Gütermenge zu vermehren, während sie gleichzeitig allgemein die Preise in dem Lande, wo die Verbesserung stattfindet, hebt.

Zur Vereinfachung dieser Frage habe ich angenommen, daß sich der Handel zwischen zwei Ländern nur auf zwei Güter, auf Wein und Tuch, beschränkte; aber es ist wohl genügend bekannt, daß viele und verschiedene Artikel auf der Import- und Exportliste stehen. Durch den Abfluß des Geldes aus dem einen Lande und seine Ansammlung in einem anderen werden die Preise aller Güter betroffen; und darum ist der Ausfuhr von viel mehr Gütern außer Geld eine Anregung gegeben, welche darum hindern wird, daß eine solch große Wirkung auf den Geldwert in den beiden Ländern ausgeübt wird, wie es sonst erwartet werden könnte.

Abgesehen von den Verbesserungen in der Technik und im Maschinenwesen, gibt es noch verschiedene andere Ursachen, welche den natürlichen Gang des Handels fortwährend beeinflussen und auf den Gleichgewichtszustand sowie den relativen Wert des Geldes einwirken. Ein- oder Ausfuhrprämien, neue Steuern auf Güter stören bald durch ihre direkte, bald durch ihre indirekte Einwirkung den natürlichen Tauschhandel und bewirken eine dauernde Notwendigkeit, Geld ein- oder auszuführen, damit die Preise dem natürlichen Gange des Handels angepaßt werden können; und diese Wirkung wird nicht allein in demjenigen Lande hervorgerufen, wo die störende Ursache eintritt, sondern, in größerem oder geringerem Grade, in jedem Lande der Handelswelt.

Das wird uns einigermaßen den verschiedenen Wert des Geldes in verschiedenen Ländern verständlich machen; es wird uns erklären, warum die Preise inländischer Güter, vor allem jener von großem Volumen, jedoch verhältnismäßig geringem Werte, unabhängig von anderen Ursachen, in Ländern, wo die Gewerbe blühen, höher sind. Von zwei Ländern, welche genau dieselbe Bevölkerung, und dieselbe Bodenfläche von gleicher Fruchtbarkeit, auch mit derselben Kenntnis der Landwirtschaft, im Anbau haben, werden die Preise des Rohproduktes in demjenigen am höchsten stehen, wo man die größere Geschicklichkeit und die besseren Maschinen bei der Herstellung von Exportgütern verwendet. Wahrscheinlich wird sich die Profitrate nur um weniges unterscheiden; denn der Lohn oder die dem Arbeiter tatsächlich bezahlte Vergütung kann in beiden dieselbe sein. Doch werden sich Löhne wie Rohprodukte in dem Lande höher in Geld stellen, wo infolge der mit seiner Geschicklichkeit und Maschinerie verknüpften Vorteile eine Fülle von Geld im Austausch für seine Waren eingeführt wird.

Besäße das eine der beiden Länder in der Fabrikation einer bestimmten Warenqualität eine gewisse Überlegenheit, das zweite in der Herstellung von Waren einer anderen Qualität, so würde sich in keinem von ihnen ein erheblicher Zustrom der Edelmetalle bemerkbar machen; doch würde jene Wirkung unvermeidlich sein, wenn der Vorteil sehr stark zugunsten des einen überwöge.

Im vorhergehenden Teile dieses Werkes haben wir zum Zwecke der Beweisführung angenommen, daß das Geld seinen Wert stets beibehalte. Wir bemühen uns nun, zu zeigen, daß außer den gewöhnlichen Veränderungen des Geldwertes und jenen, welche der ganzen Handelswelt gemeinsam sind, es auch noch partielle Veränderungen gibt, welchen das Geld in einzelnen Ländern unterworfen ist, und zwar derart, daß der Geldwert in irgendwelchen zwei Ländern nie derselbe ist, da er von der verhältnismäßigen Besteuerung, der gewerblichen Geschicklichkeit, den Vorteilen des Klimas, den natürlichen Ressourcen und vielen anderen Ursachen abhängt.

Wenn auch das Geld derartigen Veränderungen fortwährend ausgesetzt ist und infolgedessen auch die Preise derjenigen Güter, welche den meisten Ländern gemeinsam sind, bedeutenden Unterschieden unterworfen sind, so wird doch weder durch den Zufluß, noch durch den Abfluß des Geldes eine Wirkung auf die Profitrate ausgeübt werden. Das Kapital wird nicht zunehmen, weil sich das Umlaufsmittel vermehrt hat. Wenn die seitens des Landwirts an seinen Grundherrn entrichtete Rente und der an seine Arbeiter bezahlte Lohn in dem einen Lande um 20 Prozent höher als in dem anderen sind und gleichzeitig der nominelle Wert des dem Landwirte gehörenden Kapitals 20 Prozent mehr beträgt, wird der letztere genau dieselbe Profitrate beziehen, auch wenn er sein Rohprodukt 20 Prozent teurer verkaufen sollte.

Der Profit, das kann nicht genug wiederholt werden, hängt vom Lohn ab; nicht vom nominellen Lohne, sondern vom realen; nicht von der Anzahl der Pfunde, die dem Arbeiter jährlich bezahlt werden mögen, sondern von der Anzahl Werktage, die zur Erlangung dieser Pfunde notwendig sind. Daher kann der Lohn in zwei Ländern genau derselbe sein, und er kann im selben Verhältnisse zur Rente und zu dem ganzen Ertrage, der von dem Boden erzielt wird, stehen, auch wenn der Arbeiter in dem einen Lande vielleicht 10 sh. in der Woche, im anderen 12 sh. empfangen sollte.

Auf den frühen Stufen der Gesellschaft, wo die Gewerbe geringen Fortschritt gemacht haben und das Erzeugnis aller Länder, das nur aus massigen und nützlichsten Gütern besteht, fast gleich ist, wird der Geldwert in verschiedenen Ländern hauptsächlich durch ihre Entfernung von denjenigen Bergwerken bestimmt werden, welche den Bedarf an Edelmetallen decken. Aber in dem Maße, wie Technik und Verbesserungen der Gesellschaft fortschreiten und sich verschiedene Völker in besonderen Gewerben hervortun, wird der Wert der Edelmetalle, obwohl die Entfernung noch in die Berechnung eingehen wird, hauptsächlich durch die Überlegenheit in jenen Gewerben bestimmt werden.

Angenommen, alle Völker produzierten nur Getreide, Vieh und Grobtuch und Gold könnte nur durch die Ausfuhr solcher Güter erlangt werden von den Ländern, welche sie erzeugten oder von denen, welche sie in Abhängigkeit hielten, so würde Gold natürlich in Polen einen höheren Tauschwert als in England besitzen, und zwar wegen der größeren Kosten, ein so voluminöses Gut wie das Getreide den weiteren Weg zu transportieren, sowie auch wegen der größeren Ausgaben, welche mit der Versendung von Gold nach Polen verbunden wären.

Dieser Unterschied im Goldwerte oder, was dasselbe ist, dieser Unterschied im Getreidepreise in den beiden Ländern würde auch bestehen, wenn die Leichtigkeit, Getreide in England zu produzieren, infolge der größeren Fruchtbarkeit des Bodens und der Überlegenheit in der Geschicklichkeit und in den Gerätschaften des Arbeiters diejenige Polens weit übertreffen sollte.

Sollte jedoch Polen das erste Land sein, das seine Fabrikation verbesserte, gelänge es ihm, ein Gut herzustellen, das bei großem Werte und kleinem Volumen überall begehrt würde, oder sollte es mit irgendeinem besonderen Naturerzeugnis gesegnet sein, das man allgemein begehrte und das sich nicht im Besitze anderer Länder befände, dann würde es für dieses Gut eine Zusatzmenge an Gold im Tausche bekommen, was den Preis seines Getreides, Viehes und Grobtuches beeinflussen würde. Der Nachteil der Entfernung würde wahrscheinlich durch den Vorteil, ein exportfähiges Gut von hohem Werte zu besitzen, mehr als ausgeglichen sein, und das Geld würde in Polen dauernd niedriger im Werte als in England stehen. Läge dagegen der Vorteil in bezug auf Geschicklichkeit und Maschinenwesen auf seiten Englands, so würde noch ein anderer Grund zu dem, der vorher existierte, hinzugefügt werden, warum das Gold in England weniger wertvoll als in Polen sein und Getreide, Vieh und Tuch im ersteren Lande einen höheren Preis haben müßten.

Das, glaube ich, sind die beiden einzigen Ursachen, welche den verhältnismäßigen Geldwert in den verschiedenen Ländern der Welt bestimmen. Denn obschon die Besteuerung eine Störung in dem Gleichgewicht des Geldes erzeugt, so geschieht dies doch nur dadurch, daß sie dem Lande, welchem sie auferlegt wird, etliche Vorteile entzieht, die es infolge von Geschicklichkeit, Fleiß und Klima besitzt.

Es ist mein Bestreben gewesen, zwischen einem niedrigen Geldwerte und einem hohen Werte von Getreide oder irgendeinem anderen Gute, mit dem sich das Geld vergleichen läßt, sorgfältig zu unterscheiden. Beide hat man gewöhnlich für ein und dasselbe angesehen; aber es ist klar, daß, wenn Getreide von 5 auf 10 sh. pro Scheffel steigt, dies entweder von einem Sinken des Geldwertes oder von einem Steigen des Getreidewertes herrühren kann. So haben wir gesehen, daß, infolge der Notwendigkeit, nach und nach zu Boden von immer schlechterer Qualität seine Zuflucht zu nehmen, um eine wachsende Bevölkerung zu ernähren, Getreide im verhältnismäßigen Werte zu anderen Dingen steigen muß. Wenn daher Geld dauernd denselben Wert behält, wird Getreide für mehr von diesem Gelde getauscht werden, d. h. es wird im Preise steigen. Dasselbe Steigen in dem Getreidepreis wird durch solche Maschinenverbesserungen in den Gewerben hervorgerufen werden, vermittelst derer wir Güter mit besonderen Vorteilen zu fabrizieren vermögen, denn ein Geldzufluß wird die Folge sein; das Geld wird im Werte sinken und folglich für weniger Getreide hingegeben werden. Doch sind die von einem hohen Getreidepreise herrührenden Wirkungen, je nachdem ob sie durch ein Steigen des Getreidewertes erzeugt oder ein Sinken des Geldwertes verursacht werden, jeweils vollständig verschieden. In beiden Fällen wird zwar der Geldpreis des Lohnes steigen; geschieht das aber wegen Sinkens des Geldwertes, dann werden nicht nur Lohn und Getreide, sondern auch alle anderen Güter steigen. Hat der Fabrikant mehr an Lohn zu bezahlen, so wird er auch für seine Erzeugnisse mehr erhalten, und die Profitrate wird unverändert bleiben. Aber wenn das Steigen im Getreidepreis die Wirkung der Schwierigkeit der Produktion ist, dann werden die Profite sinken; denn der Fabrikant wird mehr Lohn bezahlen müssen und nicht in den Stand gesetzt sein, sich schadlos zu halten, indem er den Preis seines Erzeugnisses erhöht.

Jede zur Erleichterung des Minenbetriebes vorgenommene Verbesserung, durch welche die Edelmetalle mit einer geringeren Arbeitsmenge gewonnen werden können, wird den Wert des Geldes im allgemeinen herabdrücken. Man wird es dann in allen Ländern für weniger Güter eintauschen. Wenn jedoch irgendein besonderes Land sich durch Fabrikation auszeichnet, so daß es einen Geldzufluß zu sich herbeiführt, so wird in jenem Land der Geldwert niedriger und der Getreide- und Arbeitspreis verhältnismäßig höher als in irgendeinem anderen sein.

Dieser höhere Geldwert wird nicht durch den Wechselkurs angezeigt werden; die Wechsel können weiter al pari gehandelt werden, auch wenn der Getreide- und Arbeitspreis in dem einen Lande um 10, 20 oder 30 Prozent höher sein sollte als in dem anderen. Unter den angenommenen Umständen ist ein solcher Preisunterschied die natürliche Ordnung der Dinge, und der Wechselkurs kann nur dann al pari stehen, wenn eine genügende Geldmenge in das Land, das sich in der Fabrikation auszeichnet, eingeführt wird, so daß sich dadurch der Preis seines Getreides und seiner Arbeit erhöht. Wenn fremde Länder die Geldausfuhr verbieten sollten und die Befolgung eines solchen Gesetzes mit Erfolg erzwingen könnten, dann wäre es ihnen allerdings möglich, das Steigen des Getreide- und Arbeitspreises in dem Industrielande zu verhindern; denn ein solches Steigen kann nur nach dem Zufluß von Edelmetall stattfinden, vorausgesetzt, daß kein Papiergeld gebraucht wird; doch könnten sie nicht verhindern, daß der Wechselkurs für sie sehr ungünstig stände. Wäre England das Industrieland und wäre es möglich, die Geldeinfuhr zu verhindern, so könnte sein Wechselkurs mit Frankreich, Holland und Spanien 5, 10 oder 20 Prozent gegen diese Länder stehen.

Wann immer der Geldumlauf gewaltsam angehalten und das Geld daran gehindert wird, seinen richtigen Stand zu erlangen, gibt es keine Grenzen für die möglichen Veränderungen des Wechselkurses. Die Wirkungen sind denen ähnlich, welche entstehen, wenn ein Papiergeld, welches nicht nach Belieben des Inhabers gegen bar einlösbar ist, Zwangskurs erhält. Ein solches Umlaufsmittel ist notwendigerweise auf dasjenige Land beschränkt, wo es in Umlauf gesetzt wird; es kann also, wenn es zu reichlich ist, sich nicht in anderen Ländern verbreiten. Das Gleichgewicht der Zirkulation ist gestört, und der Wechselkurs wird unvermeidlich dem Lande, wo es in übermäßiger Menge vorhanden ist, ungünstig sein. Genauso würden sich die Wirkungen eines metallischen Umlaufsmittels gestalten, wenn das Geld durch Zwangsmittel, durch nicht zu umgehende Gesetze, in einem Lande zurückgehalten werden sollte, während es die Strömung im Handel nach anderen Ländern triebe.

Besitzt jedes Land genau die Geldmenge, welche es haben sollte, so wird zwar sicherlich das Geld nicht in jedem denselben Wert haben; denn es kann in bezug auf viele Güter um 5, 10 oder 20 Prozent differieren; doch wird der Wechselkurs al pari stehen. Ein Hundert Pfund in England oder die in 100 £ enthaltene Menge Silber wird einen auf 100 £ lautenden Wechsel oder eine gleiche Menge Silber in Frankreich, Spanien oder Holland erstehen.

Wenn wir von dem Wechselkurse und dem verhältnismäßigen Werte des Geldes in verschiedenen Ländern sprechen, dürfen wir das nicht im mindesten auf den nach Gütern geschätzten Geldwert in jedem Lande beziehen. Der Wechselkurs läßt sich niemals durch Schätzung des verhältnismäßigen Geldwertes in Getreide, Tuch oder welchem Gut immer feststellen, sondern dadurch, daß man den Wert des Umlaufsmittels eines Landes in dem Umlaufsmittel eines anderen schätzt.

Man kann ihn auch durch Vergleichung mit irgendeinem beiden Ländern gemeinsamen Maßstabe feststellen. Wenn ein auf England lautender 100-£-Wechsel dieselbe Warenmenge in Frankreich oder Spanien ersteht, die man mit einem auf Hamburg lautenden Wechsel vom gleichen Betrag ersteht, wird der Wechselkurs zwischen Hamburg und England al pari stehen. Wenn man aber mit einem auf England lautenden 130-£-Wechsel nicht mehr zu kaufen vermag, als mit einem 100-£-Wechsel auf Hamburg, so steht der Kurs gegen England auf 30 Prozent.

In England kann man vielleicht mit 100 £ einen Wechsel oder das Recht ersteben, in Holland 101 £, in Frankreich 102 £ und in Spanien 105 £ dafür zu erlangen. In dem Falle, sagt man, steht der Wechselkurs Englands gegen Holland auf 1 Prozent, gegen Frankreich auf 2 Prozent und gegen Spanien auf 5 Prozent. Dies zeigt an, daß der Stand der Umlaufsmittel größer ist, als er in diesen Ländern sein sollte, und der verhältnismäßige Wert von ihren und Englands Umlaufsmitteln würde sich durch einen Geldabfluß ihrerseits oder durch einen Geldzufluß nach England sogleich wieder auf pari stellen.

Diejenigen, welche behaupteten, unser Umlaufsmittel sei während der letzten 10 Jahre entwertet gewesen, als der Wechselkurs 20 bis 30 Prozent gegen unser Land schwankte, haben damit niemals sagen wollen, daß das Geld im Vergleich mit verschiedenen Gütern in dem einen Lande nicht mehr wert sein könnte, als in dem anderen. Wohl aber behaupteten sie, daß sich 130 £ in England nicht zurückhalten ließen, wenn es nicht entwertet wäre, als es, in hamburgischem oder holländischem Gelde geschätzt, nicht mehr als 100 £ in Barren wert war.

Durch Verschicken von 130 guter englischer Pfund Sterling nach Hamburg würde ich dort, selbst bei 5 £ Unkosten, 125 £ erhalten; was anderes könnte mich also veranlassen, für einen Wechsel 130 £ zu bezahlen, für den ich in Hamburg nur 100 £ bekommen würde, als der Umstand, daß meine Pfunde eben keine guten Pfund Sterling waren? Sie waren verschlechtert, in ihrem inneren Werte unter die hamburgischen Pfund Sterling herabgesetzt, und wenn ich sie wirklich mit 5 £ Unkosten dorthin schickte, ließen sie sich nur für 100 £ veräußern. Zweifellos würden mir meine 130 £ in Metall 125 £ in Hamburg verschaffen, aber für Papier-Pfund Sterling kann ich nur 100 £ bekommen; und dennoch wurde behauptet, 130 £ in Papier hätten denselben Wert wie 130 £ in Silber oder Gold.

Weit vernünftiger behaupteten allerdings einige, daß zwar 130 £ in Papier nicht denselben Wert wie 130 £ in Metall besäßen, daß es jedoch lediglich das Metallgeld und nicht das Papiergeld wäre, welches sich in seinem Werte verändert hätte. Sie wollten die Bedeutung des Wortes Entwertung auf ein wirkliches Sinken des Wertes beschränkt wissen und nicht auf einen vergleichsweisen Unterschied zwischen dem Werte des Geldes und dem Normalmaß, an dem es gesetzlich gemessen wird. Früher hatten 100 £ englischen Geldes denselben Wert und waren imstande, 100 hamburgische £ zu erstehen; man konnte in jedem anderen Lande mit einem 100-£-Wechsel auf England oder Hamburg genau dieselbe Gütermenge erstehen. Um die nämlichen Dinge zu erhalten, war ich kürzlich gezwungen, 130 £ englischen Geldes zu bezahlen, als man sie in Hamburg noch für 100 £ hamburgischen Geldes erlangen konnte. Hatte damals das englische Geld seinen früheren Wert behalten, so mußte das hamburgische im Werte gestiegen sein. Wo aber ist der Beweis dafür? Wie läßt sich feststellen, ob das englische Geld gesunken oder aber das hamburgische gestiegen ist? Es gibt doch keinen Maßstab, nach welchem dies bestimmt werden kann. Es ist eine Vermutung, die keinen Beweis gestattet und sich weder mit Sicherheit bestätigen noch widerlegen läßt. Die Völker der Erde müssen früh zu der Überzeugung gelangt sein, daß es in der Natur kein Normalmaß des Wertes gebe, an das man sich unentwegt halten könnte, und deshalb wählten sie ein Maßgut, das ihnen im großen und ganzen weniger veränderlich als irgendein anderes Gut erschien.

Nach diesem Normalmaß müssen wir uns nun richten, bis das Gesetz geändert ist, und bis irgendein anderes Gut entdeckt ist, vermittelst dessen wir ein vollkommeneres Normalmaß als das, das wir festgesetzt haben, erhalten werden. Solange Gold bei uns ausschließlich das Normalmaß ist, wird das Geld entwertet sein, wenn ein Pfund Sterling nicht den gleichen Wert wie 5 dwts. und 3 grs. Standard Gold hat, und zwar gleichgültig, ob Gold in seinem allgemeinen Werte steigt oder sinkt.

KAPITEL VIII

Über Steuern

Steuern sind ein Teil vom Ertrage des Bodens und der Arbeit eines Landes, der der Regierung zur Verfügung gestellt wird, und werden letzthin immer entweder aus dem Kapital oder aus dem Einkommen des betreffenden Landes bezahlt.

Wir haben bereits gezeigt, daß das Kapital eines Landes entweder stehendes oder umlaufendes ist, je nachdem es von mehr oder weniger dauerhafter Natur ist. Es ist schwer, genau festzustellen, wo die Unterscheidung zwischen umlaufendem und stehendem Kapitale beginnt; denn es gibt fast unendliche Grade in der Dauerhaftigkeit des Kapitals. Die Nahrungsmittel eines Landes werden mindestens einmal im Jahre konsumiert und wieder erzeugt; die Kleidung des Arbeiters wird wahrscheinlich nicht in weniger als zwei Jahren verbraucht und wiedererzeugt, während seine Wohnung und Einrichtung für die Dauer eines Zeitraums von zehn oder zwanzig Jahren berechnet sind.

Wenn die jährlichen Erzeugnisse eines Landes seinen jährlichen Verbrauch mehr als ersetzen, so sagt man, daß es sein Kapital vermehre. Wird aber sein jährlicher Verbrauch durch seine jährliche Produktion nicht wenigstens ersetzt, so sagt man, daß es sein Kapital vermindere. Kapital kann also durch erhöhte Produktion oder verringerte unproduktive Konsumtion vergrößert werden.

Wenn der Verbrauch der Regierung in dem Falle, wo er durch die Erhebung von weiteren Steuern zunimmt, entweder durch gesteigerte Produktion oder verminderte Konsumtion vom Volke aufgebracht wird, dann werden die Steuern auf das Einkommen fallen, und das Nationalkapital wird unvermindert bleiben. Erfolgt aber auf seiten des Volkes keine Vermehrung der Produktion oder Verringerung der unproduktiven Konsumtion, dann werden die Steuern notwendigerweise das Kapital treffen, d. h. den Fonds, der für die produktive Konsumtion bestimmt ist, beeinträchtigen.[1]

[1] Man muß sich darüber klar sein, daß alle Erzeugnisse eines Landes konsumiert werden. Aber der denkbar größte Unterschied liegt darin, ob sie von denen, die einen anderen Wert reproduzieren, oder von denjenigen, welche nicht reproduzieren, verbraucht werden. Wenn wir sagen, daß Einkommen erspart wird und zum Kapital geschlagen, so meinen wir, daß der Teil des Einkommens, welcher dem Kapital sozusagen hinzugefügt wird, eine Konsumtion erfährt durch produktive statt unproduktive Arbeiter. Es kann keinen größeren Irrtum geben, als anzunehmen, das Kapital vermehre sich durch Nichtkonsumtion. Sollte der Preis der Arbeit so hoch steigen,

Im Verhältnis, wie das Kapital eines Landes vermindert wird, werden seine Erzeugnisse notwendigerweise vermindert werden. Bestehen also die nämlichen unproduktiven Ausgaben seitens des Volkes und Staates fort und sind sie mit einer dauernd abnehmenden jährlichen Reproduktion verbunden, so werden die Hilfsquellen von Volk und Staat mit wachsender Schnelligkeit versiegen, und Elend und Verfall werden folgen.

Trotz der kolossalen Ausgaben der englischen Regierung in den letzten 20 Jahren kann wenig Zweifel darüber sein, daß sie durch die gestiegene Produktion seitens des Volkes mehr als ausgeglichen worden sind. Nicht nur ist das nationale Kapital unberührt geblieben, es hat sich auch bedeutend vermehrt, und das jährliche Volkseinkommen ist selbst nach der Bezahlung der Steuern heutzutage wahrscheinlich immer noch größer, als zu irgendeiner früheren Zeit unserer Geschichte.

Zum Beweise dafür ließen sich die Zunahme der Bevölkerung, die Ausdehnung des Ackerbaues, die Vermehrung von Schiffahrt und Gewerbe, die Erbauung von Docks, die Eröffnung zahlreicher Kanäle, sowie viele andere kostspielige Unternehmungen anführen, die alle auf eine Zunahme sowohl des Kapitals als auch der jährlichen Produktion hindeuten.

Dennoch ist es sicher, daß dieses Anwachsen des Kapitals ohne Besteuerung noch viel größer gewesen sein würde. Es gibt keine Steuern, die nicht eine Tendenz haben, die Kraft, Kapital anzusammeln, zu verringern. Alle Steuern müssen entweder das Kapital oder das Einkommen treffen. Wenn sie Kapital schmälern, dann müssen sie den Vermögensfonds, nach dessen Größe sich stets die Ausdehnung des produktiven Fleißes des Landes richtet, in entsprechendem Maße vermindern; und fallen sie auf das Einkommen, dann müssen sie entweder die Ersparnisse verringern oder die Steuerzahler zwingen, den Steuerbetrag durch entsprechende Einschränkung ihrer früheren unproduktiven Konsumtion an Bedarfs- und Luxusartikeln einzusparen. Einzelne Steuern werden diese Wirkungen in weit höherem Grade als andere hervorbringen, doch liegt das Hauptübel der Besteuerung nicht so sehr in einer Auswahl ihrer Objekte, als vielmehr in der allgemeinen Menge ihrer Wirkungen zusammengenommen.

Die Steuern brauchen nicht notwendigerweise Kapitalsteuern zu sein, weil sie auf das Kapital, noch Einkommensteuern, weil sie auf das Einkommen gelegt werden. Wenn ich von meinem Einkommen von 1000 £ im Jahre 100 £ Steuern zahlen muß, wird dies in Wirklichkeit eine Steuer auf mein Einkommen sein, falls ich mit der Verausgabung

daß trotz der Kapitalzunahme nicht mehr verwendet werden könnte, so müßte ich sagen, eine solche Kapitalvermehrung würde immer noch unproduktiv verbraucht werden.

der übrigen 900 £ zufrieden sein sollte. Aber es wird eine Steuer auf Kapital sein, wenn ich fortfahre, 1000 £ auszugeben.

Das Kapital, aus dem ich mein Einkommen von 1000 £ beziehe, kann vielleicht 10 000 £ wert sein. Eine einprozentige Steuer von diesem Kapital würde dann 100 £ betragen. Doch bliebe mein Kapital unangetastet, wenn ich mich nach Bezahlung dieser Steuer in gleicher Weise mit einer Ausgabe von 900 £ zufrieden gäbe.

Der Wunsch, den jedermann besitzt, seine Stellung im Leben zu behalten und seinen Wohlstand auf derjenigen Höhe zu behaupten, die er einmal erreicht hat, verursacht, daß die meisten Steuern, gleichgültig, ob man sie auf das Kapital oder auf das Einkommen legt, aus dem Einkommen bezahlt werden; und deshalb müssen sich die jährlichen Genüsse des Volkes in dem Maße, wie die Besteuerung fortschreitet, oder die Regierung ihre Ausgaben vermehrt, verringern, es sei denn, daß es sein Kapital und Einkommen entsprechend erhöhen könnte. Es müßte die Politik der Regierungen sein, eine Neigung in dem Volke, dies zu tun, zu stärken und niemals solche Steuern aufzuerlegen, die das Kapital unvermeidlich treffen werden; denn, wenn sie so handeln, schmälern sie die Mittel für den Unterhalt der Arbeit und verringern dadurch die künftige Produktion des Landes.

In England ist diese Politik vernachlässigt worden, als man die Testamente besteuerte, in der Erbschaftssteuer, sowie in all den Steuern, die die Übertragung des Eigentums vom Toten auf den Lebenden betreffen. Wenn eine Erbschaft von 1000 £ einer Steuer von 100 £ unterliegt, so betrachtet der Erbe seine Erbschaft nur als 900 £ wert, und er spürt keine besondere Veranlassung, die 100 £ Steuern von seinen Ausgaben zu sparen; auf diese Weise vermindert sich das Kapital des Landes. Hätte er jedoch in Wirklichkeit 1000 £ erhalten und die 100 £ als eine Steuer auf sein Einkommen oder auf Wein, Pferde oder Bediente entrichten müssen, so würde er wahrscheinlich seine Ausgaben eingeschränkt oder vielmehr nicht um jene Summe vermehrt haben. Infolgedessen würde das Kapital des Landes unvermindert geblieben sein.

»Steuern auf die Übertragung des Eigentums vom Toten auf den Lebenden«, sagt Adam Smith, »fallen letztlich wie sofort auf die Personen, auf die das Eigentum übertragen wird. Steuern auf den Verkauf von Boden treffen gänzlich den Verkäufer. Letzterer steht fast immer unter dem Zwange zu verkaufen und muß daher einen Preis nehmen, wie er ihn bekommen kann. Der Käufer steht selten unter der Notwendigkeit, zu kaufen, und wird daher nur einen solchen Preis geben, wie er mag. Er überlegt, was ihn das Land an Steuer und Kaufpreis zusammen kosten wird. Je mehr er an Steuern bezahlen muß, desto weniger wird er als Preis zu geben geneigt sein. Folglich treffen solche

Steuern fast immer eine notleidende Person und müssen daher sehr grausam und drückend sein.« »Stempel- und Registrierungsgebühren von Schuldverschreibungen und Kontrakten über geborgtes Geld fallen gänzlich auf den Schuldner und werden in der Tat auch stets von ihm bezahlt. Gebühren derselben Art bei Prozeßsachen treffen die Prozessierenden. Sie vermindern den Kapitalwert des Streitobjektes für beide Teile. Je mehr es kostet, ein Eigentum zu erwerben, desto geringer muß sein Nettowert sein, nachdem man es erworben hat. Alle Steuern auf Eigentumsübertragungen jeder Art verringern tendenziell, soweit sie den Kapitalswert jenes Eigentums herabmindern, die für den Unterhalt der Arbeit bestimmten Mittel. Sie sind alle mehr oder weniger schädliche Steuern, die das Einkommen des Herrschers vermehren, das selten andere als unproduktive Arbeiter unterhält, und zwar auf Kosten des Kapitals des Volkes, das nur produktive unterhält.«

Aber das ist nicht der einzige Einwand gegen die Steuern auf die Übertragung von Eigentum. Sie verhindern, daß das nationale Kapital in der für die Gesamtheit dienlichsten Art und Weise verteilt werde. Im Hinblick auf die allgemeine Wohlfahrt kann dem Verkehr und Austausch von Eigentum jeglicher Art nicht genug Erleichterung gewährt werden, da hierdurch jede Art Kapital am besten seinen Weg zu denjenigen findet, die es am vorteilhaftesten zur Hebung der Produktionen des Landes verwenden werden.

KAPITEL IX

Steuern auf Rohprodukte

In einem der vorhergehenden Teile dieses Werkes glaube ich zur Genüge den Grundsatz dargetan zu haben, daß der Preis des Getreides durch die Kosten seiner Produktion ausschließlich auf demjenigen Boden, oder besser gesagt, ausschließlich mit dem Kapital, bestimmt wird, das keine Rente bezahlt. Es wird daraus folgen, daß alles, was die Produktionskosten erhöhen kann, auch den Preis erhöhen wird, und alles, was sie herabmindern kann, den Preis drücken wird. Die Notwendigkeit, ärmeren Boden zu bebauen, oder einen geringeren Betrag mit einem gegebenen Zusatzkapital auf einem bereits in Bebauung befindlichen Boden zu erzielen, wird den Tauschwert der Rohprodukte unvermeidlich in die Höhe treiben. Die Erfindung von Maschinen, welche den Landwirt instand setzen werden, sein Getreide mit geringeren Produktionskosten zu erzeugen, wird natürlich seinen Tauschwert herabdrücken. Jede Steuer, welche dem Landwirt in Gestalt von Grundsteuern, Zehnten oder einer Steuer vom erzielten Ertrage auferlegt werden mag, wird die Produktionskosten und folglich auch den Preis der Rohprodukte erhöhen.

Stiege der Preis der Rohprodukte nicht derartig, um den Landmann für die Steuer zu entschädigen, so würde dieser natürlich ein Geschäft aufgeben, in welchem sein Profit unter den allgemeinen Stand der Profite gesunken wäre. Dies würde so lange eine Verminderung des Angebots verursachen, bis die ungeschwächte Nachfrage eine derartige Preiserhöhung der Rohprodukte bewirkt haben würde, daß dadurch ihr Anbau ebenso einträglich gemacht würde, wie die Anlage von Kapital in irgendeinem anderen Gewerbe.

Eine Preiserhöhung ist das einzige Mittel, durch das er die Steuer bezahlen und aus der Verwendung seines Kapitals den üblichen und allgemeinen Profit fortbeziehen könnte. Er wäre nicht imstande, die Steuer von seiner Rente in Abzug zu bringen und seinen Gutsherrn zu nötigen, sie selbst zu bezahlen, denn er entrichtet keine Rente. Auch würde er sie nicht von seinem Profit abziehen, denn es liegt kein Grund vor, warum er ein Unternehmen, das einen kleinen Profit abwirft, weiter fortführen sollte, wenn alle anderen größere abwerfen. Daher kann es keine Frage sein, daß er die Macht haben wird, den Preis der Rohprodukte um eine Summe zu steigern, die der Steuer gleich ist.

Eine Steuer auf Rohprodukte würde nicht vom Grundeigentümer bezahlt werden, sie würde nicht von dem Landwirt bezahlt werden; sondern in Gestalt eines höheren Preises vom Konsumenten bezahlt werden.

Rente, daran sollte man sich erinnern, ist die Differenz zwischen dem Ertrag, der durch gleiche Mengen von Arbeit und Kapital, das auf Böden von gleichen oder verschiedenen Qualitäten angewandt wird, gewonnen wird. Man sollte sich auch daran erinnern, daß sich die Geldrente und die Getreiderente des Bodens nicht im selben Verhältnis ändern.

In jedem Falle einer Steuer auf Rohprodukte, einer Grundsteuer oder von Zehnten wird die Getreiderente variieren, während die Geldrente genau dieselbe wie zuvor bleiben wird.

Wenn der in Bebauung befindliche Boden, wie wir vorhin angenommen haben, von dreierlei Qualität wäre und man bei gleichem Kapitalsbetrage

> 180 Quarter Getreide vom Boden Nr. 1
> 170 Quarter Getreide vom Boden Nr. 2
> 160 Quarter Getreide vom Boden Nr. 3

erzielen würde, dann beliefe sich die Rente Nr. 1 auf 20 Quarter, die Differenz zwischen Nr. 1 und Nr. 3; und die von Nr. 2 auf 10 Quarter – die Differenz zwischen Nr. 2 und Nr. 3 –, während Nr. 3 überhaupt keine Rente zahlen würde.

Stände nun der Getreidepreis auf 4 £ pro Quarter, dann würde die Geldrente von Nr. 1 = 80 £ und die von Nr. 2 = 40 £ sein.

Angenommen, man würde eine Getreidesteuer von 8 sh. pro Quarter erheben; dann würde der Preis auf 4 £ 8 sh. steigen; und wenn die Grundbesitzer dieselbe Getreiderente wie früher erhielten, würde sich die Rente von Nr. 1 auf 88 £ und die von Nr. 2 auf 44 £ belaufen. Sie würden jedoch nicht dieselbe Getreiderente bekommen; die Steuer würde Nr. 1 schwerer als Nr. 2, und Nr. 2 schwerer als Nr. 3 belasten, weil man sie von einer größeren Getreidemenge erheben würde. Die Schwierigkeit der Produktion auf Boden Nr. 3 ist es, welche den Preis bestimmt; und Getreide steigt auf 4 £ 8 sh., damit der Profit des in Nr. 3 investierten Kapitals mit dem allgemeinen Kapitalprofit auf gleicher Höhe stehen kann.

Der Ertrag und die Steuer auf die drei Bodenqualitäten würden sich, wie folgt, gestalten:

Nr. 1 trägt 180 Quarter zu 4 £ 8 sh.	792 £
davon der Wert von 16,3 Quarter oder 8 sh. pro Quarter auf 180 Quarter	72 £
Reinertrag an Getreide 163,7 Qu.; Reinertrag an Geld	720 £.

Nr. 2 trägt 170 Quarter, zu 4 £ 8 sh.	748 £
davon der Wert von 15,4 Quarter, zu 4 £ 8 sh.	
oder 8 sh. auf 170 Quarter	68 £
Reinertrag an Getreide 154,6 Qu.; Reinertrag an Geld	680 £.

Nr. 3 trägt 160 Quarter, zu 4 £ 8 sh.	704 £
davon der Wert von 14,5 Quarter, zu 4 £ 8 sh.	
oder 8 sh. pro Quarter auf 160 Quarter	64 £
Reinertrag an Getreide 145,5 Qu.; Reinertrag an Geld	640 £.

Die Geldrente von Nr. 1 würde 80 £ oder die Differenz von 720 £ und 640 £ weiter betragen; und die von Nr. 2 40 £ oder die Differenz von 680 £ und 640 £, genau so viel wie vorher; aber die Getreiderente wird auf Nr. 1 von 20 Quarter auf 18,2 Quarter, die Differenz von 163,7 und 145,5, und die auf Nr. 2 von 10 Quarter auf 9,1 Quarter, die Differenz von 154,6 und 145,5 Quarter, zurückgegangen sein.

Eine Steuer auf Getreide würde also die Konsumenten treffen und seinen Wert, verglichen mit allen übrigen Gütern, in einem der Steuer entsprechenden Grade erhöhen. Je nachdem die Rohprodukte in die Zusammensetzung anderer Güter eingingen, würde deren Wert ebenfalls erhöht werden, falls nicht die Steuer durch andere Ursachen wieder ausgeglichen wäre. Sie würden in der Tat indirekt besteuert werden, und ihr Wert würde der Steuer entsprechend in die Höhe gehen.

Indessen würde eine Steuer auf Rohprodukte und auf die Bedarfsartikel des Arbeiters eine andere Wirkung haben: sie würde den Lohn steigern. Infolge der Wirkung des Bevölkerungsprinzips auf die Vermehrung der Menschheit hält sich der Lohn der untersten Klassen niemals erheblich über dem Betrag, welchen Natur und Gewohnheit für den Unterhalt der Arbeiter erfordern. Diese Klasse ist nie imstande, einen beträchtlichen Teil der Besteuerung zu tragen, und deshalb könnte sie, falls sie für jeden Quarter Weizen 8 sh. und für andere Bedarfartikel einen geringeren Satz zusätzlich zu bezahlen hätte, nicht mehr mit demselben Lohn wie zuvor auskommen und die Arbeiterschaft aufrechterhalten. Der Lohn würde unvermeidlich und notwendigerweise steigen; und in dem Maße, wie er stiege, würde der Profit sinken. Die Regierung würde von all dem Getreide, das im Lande konsumiert wird, eine Steuer von 8 sh. pro Quarter erhalten, von dem ein Teil direkt von den Getreidekonsumenten bezahlt würde; der andere Teil würde indirekt von denen beglichen werden, welche Arbeit verwendeten, und würde den Profit in derselben Weise beeinflussen, als ob der Lohn infolge erhöhter Nachfrage nach Arbeit im Vergleich mit dem Angebote oder infolge größerer Schwierigkeit, die für den Arbeiter notwendigen Nahrungs- und Bedarfsartikel zu beschaffen, gestiegen wäre.

Insofern die Steuer die Konsumenten treffen könnte, würde sie eine gleichmäßige Steuer sein; insofern sie aber die Profite treffen würde, würde sie eine Partialsteuer sein, denn sie würde weder den Grundbesitzer noch den Kapitalisten treffen, weil sie auch ferner dasselbe erhalten würden: der eine dieselbe Geldrente, der andere dieselben Gelddividenden wie vorher. Eine Steuer auf das Erzeugnis des Bodens würde daher wie folgt wirken:

1. würde sie den Preis der Rohprodukte um einen der Steuer gleichen Betrag erhöhen und deshalb jeden Konsumenten seinem Verbrauch entsprechend treffen;
2. würde sie den Arbeitslohn in die Höhe treiben und die Profite drücken.

Gegen eine solche Steuer kann man also einwenden:

1. Daß, weil sie den Arbeitslohn steigert und die Profite drückt, sie eine ungleiche Steuer ist, da sie das Einkommen des Landwirts, Händlers und Fabrikanten trifft und das Einkommen des Grundbesitzers, Kapitalisten sowie aller derjenigen, die ein festes Einkommen beziehen, unbesteuert läßt.
2. Daß zwischen dem Steigen des Getreidepreises und dem des Lohnes ein beträchtlicher Zeitraum liegen würde, währenddessen viel Not durch den Arbeiter erlitten worden sein würde.
3. Daß ein Steigen des Lohnes und ein Sinken des Profits eine Entmutigung für die Akkumulation ist und auf dieselbe Art wirkt wie natürliche Armut des Bodens.
4. Daß durch die Preiserhöhung der Rohprodukte die Preise aller Güter, in welche das Rohprodukt eingeht, erhöht werden würden und daß wir darum dem auswärtigen Fabrikanten nicht unter gleichen Bedingungen auf dem Weltmarkte entgegentreten würden.

In bezug auf den ersten Einwand, nämlich daß die Steuer infolge ihrer Arbeitslohnsteigerung und Profitverminderung ungleich wirkt, da sie das Einkommen des Landwirts, Kaufmanns und Fabrikanten trifft, dagegen das des Grundbesitzers, Kapitalisten, sowie aller übrigen, die ein festes Einkommen beziehen, unbesteuert läßt, kann geantwortet werden, daß, wenn die Wirkung der Steuer ungleich ist, es Sache der Gesetzgebung ist, sie gleich zu machen, indem man die Grundrente und die Kapitalerträge direkt besteuert. Wenn das geschähe, würden alle Ziele einer Einkommensteuer erreicht werden, ohne daß dabei die Unannehmlichkeit bestände, seine Zuflucht zu der verhaßten Maßnahme nehmen zu müssen, jedermanns Angelegenheiten zu erforschen und Beamte mit Befugnissen auszustatten, die den Gewohnheiten und Gefühlen eines freien Landes zuwider laufen.

Hinsichtlich des zweiten Einwandes, nämlich daß zwischen dem Steigen des Getreidepreises und dem des Lohnes ein beträchtlicher Zeitraum liegen würde, währenddessen viel Not durch die ärmeren Klassen erlitten werden würde, antworte ich, daß der Lohn unter verschiedenen Umständen dem Rohproduktenpreis in sehr verschiedenen Schnelligkeitsgraden folgt; daß in einigen Fällen überhaupt kein Einfluß auf den Lohn durch eine Erhöhung des Getreidepreises ausgeübt wird, während in anderen das Steigen des Lohnes der Erhöhung des Getreidepreises vorhergeht. Ferner tritt in einigen die Wirkung auf den Lohn langsam, im anderen schneller zutage.

Diejenigen, welche behaupten, daß der Preis der Bedarfsartikel den Arbeitspreis bestimmt, immer unter Berücksichtigung des besonderen Fortschrittsgrades, in dem die Gesellschaft sich befinden mag, scheinen zu bereitwillig zugegeben zu haben, daß auf ein Steigen oder Sinken des Preises der Bedarfsartikel sehr langsam ein Steigen oder Sinken des Lohnes folgen wird. Ein hoher Preis der Lebensmittel kann von sehr verschiedenen Ursachen herrühren und demnach auch sehr verschiedene Wirkungen hervorbringen. Er kann entstehen durch:

1. Ein ungenügendes Angebot.
2. Allmählich wachsende Nachfrage, die schließlich mit erhöhten Produktionskosten befriedigt werden mag.
3. Ein Sinken des Geldwertes.
4. Steuern auf Bedarfsartikel.

Diese vier Ursachen haben diejenigen nicht genügend unterschieden und getrennt, die den Einfluß eines hohen Preises der Bedarfsartikel auf den Lohn untersucht haben. Wir wollen sie, jede für sich, einer Prüfung unterziehen.

Eine schlechte Ernte wird einen hohen Preis der Lebensmittel hervorrufen, und der hohe Preis ist das einzige Mittel, durch das der Konsum gezwungen wird, sich dem Stande des Angebots anzupassen. Wären alle Käufer des Getreides reich, so könnte der Preis auf jede Höhe steigen; das Resultat aber bliebe unverändert. Der Preis würde schließlich so hoch stehen, daß die am wenigsten Reichen genötigt wären, auf den Gebrauch eines Teiles der Menge, welche sie gewöhnlich konsumierten, zu verzichten, da die Nachfrage allein durch verringerten Verbrauch in die Grenzen des Angebots zurückgedrängt werden könnte. Unter solchen Umständen kann keine Politik verkehrter sein, als den Geldlohn gewaltsam nach dem Preise der Nahrungsmittel zu regulieren, wie es infolge falscher Anwendung der

Armengesetze häufig vorgekommen ist. Eine derartige Maßnahme gewährt dem Arbeiter keine wirkliche Erleichterung, weil ihre Wirkung ist, den Getreidepreis noch höher zu schrauben, und der Arbeiter schließlich doch gezwungen werden muß, seinen Konsum dem begrenzten Angebot entsprechend einzuschränken. Beim natürlichen Verlauf der Dinge würde ein durch schlechte Ernten entstandenes ungenügendes Angebot ohne einen schädlichen und unklugen Eingriff keine Steigerung des Lohnes zur Folge haben. Die Lohnerhöhung besteht nur nominell für diejenigen, die sie empfangen; sie erhöht die Konkurrenz auf dem Getreidemarkte, und ihre letzte Wirkung ist, die Profite der Getreidebauer und Getreidehändler zu erhöhen. Der Arbeitslohn wird in Wirklichkeit durch das Verhältnis zwischen Angebot und Nachfrage der Bedarfsartikel sowie Angebot und Nachfrage der Arbeit bestimmt; und Geld ist bloß das Maßgut oder der Maßstab, in welchem der Lohn ausgedrückt wird. In diesem Falle ist daher das Elend des Arbeiters unvermeidlich, und keine Gesetzgebung kann ein Heilmittel dagegen bieten, ausgenommen durch die Einfuhr von mehr Nahrungsmitteln oder durch Annahme der geeignetsten Ersatzmittel.

Wenn ein hoher Getreidepreis die Folge erhöhter Nachfrage ist, ist ihm stets eine Lohnsteigerung vorhergegangen, da die Nachfrage ohne eine Vermehrung der Mittel des Volkes, um das zu zahlen, was es begehrt, nicht wachsen kann. Eine Ansammlung von Kapital erzeugt natürlich eine erhöhte Konkurrenz unter den Arbeitgebern und folglich auch eine Steigerung des Arbeitspreises. Der höhere Lohn wird nicht immer sogleich für Lebensmittel ausgegeben, sondern wird zuerst dazu benutzt, um zu den anderen Genüssen des Arbeiters beizutragen. Indessen verleitet ihn seine bessere Lage und ermöglicht es ihm zu heiraten, und dann verdrängt die Nachfrage nach Lebensmitteln für den Unterhalt seiner Familie die nach jenen anderen Genüssen, für welche er eine Zeitlang seinen Lohn verausgabte. Das Getreide steigt also im Preise, weil die Nachfrage danach wächst, weil Leute in der Gesellschaft vorhanden sind, die erhöhte Mittel haben, dafür zu zahlen; und die Profite des Landwirts werden über das allgemeine Profitniveau gehoben werden, bis die erforderliche Kapitalmenge auf seinen Anbau verwendet worden ist. Ob nun das Getreide, nachdem dies geschehen ist, auf seinen ehemaligen Preis wieder zurücksinken muß oder ob es dauernd höher bleiben muß, wird von der Qualität desjenigen Bodens abhängen, von dem die vermehrte Menge an Getreide geliefert worden ist. Wurde es von einem Boden geerntet von derselben Fruchtbarkeit wie der, welcher zuletzt in Bebauung war, und zwar mit keinen größeren Arbeitskosten, dann wird der Preis auf seinen früheren Stand zurückgehen; wenn aber von einem ärmeren Boden, wird er sich dauernd höher stellen. Der hohe Arbeitslohn rührte zunächst von einer Vermehrung in der Nachfrage nach Arbeit her: Insofern er zur Verheiratung ermunterte und Kinder ernährte, brachte er die Wirkung hervor, das Arbeitsangebot zu vermehren. Falls aber der Bedarf gedeckt ist, wird der Lohn wieder auf seinen früheren Preis sinken, wenn das Getreide auf seinen früheren Preis gefallen ist: auf einen höheren als den vormaligen Preis, wenn die größere Getreidemenge von Böden geringerer Qualität erzeugt worden ist. Ein hoher Preis ist keineswegs unvereinbar mit einem starken Angebot: der Preis steht dauernd hoch, nicht weil die Menge nicht ausreicht, sondern weil vermehrte Produktionskosten entstanden sind. Allerdings geschieht es gewöhnlich, daß, wenn der Bevölkerungszunahme ein Ansporn gegeben ist, eine Wirkung erzielt wird, die über das hinausgeht, was die Lage erfordert; die Bevölkerung kann und wird sich im allgemeinen so stark vermehrt haben, daß sie trotz der gestiegenen Arbeitsnachfrage in einem größeren Verhältnis zu den dem Unterhalt der Arbeiter dienenden Mitteln als vor der Kapitalsvermehrung steht. In diesem Falle wird eine Reaktion eintreten; der Lohn wird unter seinen natürlichen Stand sinken und wird darin fortfahren, bis das gewöhnliche Verhältnis zwischen Angebot und Nachfrage wiederhergestellt worden ist. In diesem Falle geht also dem Steigen des Getreidepreises eine Lohnerhöhung voraus und zieht für den Arbeiter deshalb keine üblen Folgen nach sich.

Ein Sinken des Geldwertes infolge eines Zuflusses von Edelmetallen aus den Bergwerken oder durch Mißbrauch der Bankprivilegien ist eine weitere Ursache für das Steigen des Preises der Nahrungsmittel; sie führt aber keine Veränderung in der produzierten Menge herbei. Sie läßt auch die Zahl der Arbeiter sowie die Nachfrage nach ihnen unberührt, da weder ein Zuwachs, noch eine Abnahme von Kapital vorhanden sein wird. Die Menge der dem Arbeiter zukommenden Bedarfsartikel hängt von dem Verhältnis zwischen Angebot und Nachfrage der Bedarfsartikel im Vergleich mit dem Verhältnis zwischen Angebot und Nachfrage der Arbeit ab, da das Geld nur das Maßgut ist, in welchem die Menge ausgedrückt wird, und da sich keins von beiden verändert hat, so wird sich auch die wirkliche Vergütung des Arbeiters nicht anders gestalten. Der Geldlohn wird zwar steigen, aber er wird ihn nur in den Stand setzen, sich mit derselben Menge von Bedarfsartikeln wie früher zu versorgen. Diejenigen, welche diesen Grundsatz bestreiten, sind zu zeigen verpflichtet, warum eine Zunahme des Geldes nicht dieselbe Wirkung auf die Steigerung des Preises der Arbeit, deren Menge sich nicht vermehrt hat, ausüben sollte, die sie, wie sie selbst zugeben, auf den Preis von Schuhen, Hüten und Getreide haben würde, wenn sich die Menge dieser Güter nicht vermehrt hätte. Der relative Marktwert von Hüten und Schuhen wird durch Angebot und Nachfrage von Hüten verglichen mit Angebot und Nachfrage von Schuhen bestimmt. Wenn Schuhe im Preise verdoppelt werden, werden auch die Hüte im Preise verdoppelt werden, und sie werden denselben verhältnismäßigen Wert behalten. So wird auch die Arbeit, wenn sich Getreide und alle Bedarfsartikel des Arbeiters im Preise verdoppeln, ebenfalls den doppelten Preis haben, und solange keine Unterbrechung in der gewöhnlichen Nachfrage von Bedarfsartikeln und Arbeit erfolgt, kann kein Grund vorliegen, warum dieselben ihren relativen Wert nicht bewahren sollten.

Weder ein Sinken des Geldwertes, noch eine Steuer auf Rohprodukte, obwohl beides den Preis erhöhen wird, wird *notwendigerweise* die Menge der Rohprodukte oder die Zahl der Personen beeinträchtigen, welche sie sowohl zu kaufen imstande als zu konsumieren geneigt sind. Es ist sehr leicht zu begreifen, warum, wenn das Kapital eines Landes sich unregelmäßig vermehrt, der Lohn steigen sollte, während der Getreidepreis stationär bleibt oder in geringerem Grade steigt; und warum, wenn das Kapital eines Landes abnimmt, der Lohn sinken sollte, während das Getreide gleichbleibt oder in weit geringerem Maße sinkt, noch dazu auf geraume Zeit. Der Grund liegt darin, daß die Arbeit ein Gut ist, das weder beliebig vermehrt noch vermindert werden kann. Wenn auf dem Markte zu wenig Hüte für den Bedarf vorhanden sind, so wird der Preis steigen, doch nur auf kurze Zeit; denn im Laufe eines Jahres kann die Menge der Hüte durch Verwendung von mehr Kapital in jenem Gewerbe jeden denkbaren Zuwachs erfahren, weshalb ihr Marktpreis ihren natürlichen auf längere Zeit nicht um sehr viel übersteigen kann. Mit den Menschen verhält sich das aber nicht so. Man kann ihre Zahl in ein bis zwei Jahren nicht erhöhen, falls eine Kapitalsvermehrung stattgefunden hat, noch läßt sich ihre Zahl schnell vermindern, wenn das Kapital im Rückgang begriffen ist. Da also die Zahl der Hände sich langsam vermehrt oder abnimmt, während sich die dem Unterhalt der Arbeit dienenden Mittel schnell vermehren oder vermindern, muß eine beträchtliche Zeit verstreichen, ehe der Preis der Arbeit durch den Preis des Getreides und der Bedarfsartikel genau reguliert wird. Aber im Falle eines Sinkens des Geldwertes oder einer Getreidesteuer tritt weder notwendigerweise ein Überangebot in der Arbeit noch auch eine Schwächung in der Nachfrage ein, und darum kann es keinen Grund geben, warum der Arbeiter eine wirkliche Lohnverkürzung erfahren sollte.

Eine Getreidesteuer vermindert die Menge des Getreides nicht unbedingt, sie treibt nur seinen Geldpreis in die Höhe. Sie verringert auch nicht notwendigerweise die Nachfrage nach Arbeit im Vergleich zum Angebot. Warum sollte sie also den dem Arbeiter gezahlten Anteil verkürzen? Angenommen, es sei wahr, daß sie tatsächlich die dem Arbeiter gegebene Menge verminderte, mit anderen Worten, sie steigerte seinen Geldlohn nicht in demselben Verhältnis, wie die Steuer den Preis des von ihm konsumierten Getreides erhöhte; würde dann das Angebot von Getreide nicht die Nachfrage übersteigen? Würde es nicht im Preise sinken, und würde der Arbeiter nicht so seinen gewöhnlichen Anteil erhalten? In solchem Falle würde in der Tat der Landwirtschaft Kapital entzogen werden; denn wenn der Preis nicht um den Gesamtbetrag der Steuer erhöht würde, so würden die landwirtschaftlichen Profite unter dem allgemeinen Niveau der Profite stehen und das Kapital sich eine vorteilhaftere Verwendung aussuchen. Was also eine Steuer auf Rohprodukte anbetrifft, so würde, scheint mir, zwischen dem Steigen des Preises der Rohprodukte und dem Steigen des Lohnes des Arbeiters keine Zwischenzeit verstreichen, die der Arbeiter als drückend empfinden könnte, weshalb kein anderes Ungemach von dieser Klasse erlitten würde als das, welches sie durch jede andere Steuerart erleiden würde, nämlich die Gefahr, daß die Steuer vielleicht die dem Unterhalt der Arbeit dienenden Fonds beeinträchtigen und somit die Nachfrage danach hemmen oder drücken könnte.

Bezüglich des dritten Einwandes gegen die Rohproduktsteuern, daß nämlich der steigende Lohn und der sinkende Profit eine Abschreckung für die Ansammlung sind und wie eine natürliche Armut des Bodens wirkten, so habe ich in einem anderen Teil dieses Werkes zu zeigen versucht, daß sich Ersparnisse ebensogut bei den Ausgaben, als bei der Produktion machen lassen, mittels einer Herabsetzung des Wertes der Güter wie eines Steigens der Profitrate. Wenn ich meine Profite von 1000 £ auf 1200 £ erhöhe, während dieselben Preise bestehen bleiben, so wächst meine Fähigkeit, mein Kapital durch Sparen zu vermehren. Doch wächst sie nicht so sehr, wie es der Fall sein würde, wenn meine Profite dieselben blieben, während die Güter so im Preise erniedrigt wären, daß mir 800 £ ebensoviel davon verschaffen würden wie früher 1000 £.

Nun muß aber die durch die Steuer geforderte Summe erhoben werden, und es ist einfach die Frage, ob derselbe Betrag einzelnen Personen genommen werden soll, indem man ihre Profite vermindert, oder indem man die Preise der Güter erhöht, für welche ihre Profite ausgegeben zu werden pflegen.

Besteuerung in jeder Form ist nichts weiter als eine Wahl zwischen Übeln. Trifft sie nicht den Profit oder andere Einkommensquellen, so muß sie auf die Ausgaben wirken; und vorausgesetzt, daß die Last gleichmäßig getragen und die Reproduktion nicht beeinträchtigt wird, so ist es gleichgültig, worauf sie gelegt wird. Produktions- oder Kapitalprofitsteuern, mögen sie nun die Profite unmittelbar oder indirekt durch Besteuerung des Bodens oder seines Ertrages treffen, haben anderen Steuern gegenüber den Vorteil, daß ihnen keine Klasse der Gesellschaft entgehen kann und jeder nach seinen Kräften Tribut zollen muß, vorausgesetzt, daß alles übrige Einkommen besteuert wird.

Den Aufwandsteuern kann sich ein Geizhals entziehen; er hat vielleicht ein jährliches Einkommen von 10 000 £ und verbraucht davon nur 300 £. Den Profitsteuern aber, mögen sie nun direkt oder indirekt sein, kann er nicht entgehen. Entweder wird er zu ihnen dadurch beitragen, daß er einen Teil oder den Wert eines Teiles seines Ertrages opfert oder daß er infolge erhöhter Preise derjenigen Bedarfsartikel, welche für die Produktion unerläßlich sind, unfähig sein wird, in derselben Rate wie bisher zu akkumulieren. Er kann zwar ein Einkommen von gleichem Werte beziehen, aber er wird nicht dieselbe Verfügungskraft über die Arbeit noch über eine gleiche Menge von Materialien haben, an denen solche Arbeit betätigt werden kann.

Wenn ein Land von allen anderen isoliert liegt und mit keinem seiner Nachbarn Handel unterhält, so kann es auch in keiner Weise irgendeinen Teil seiner Steuern von sich abwälzen. Ein Teil vom Ertrage seines Bodens und seiner Arbeit wird dem Dienste des Staates gewidmet werden, und ich kann nicht umhin zu glauben, daß es, vorausgesetzt, es belaste jene Klasse nicht ungleich, welche ansammelt und spart, von geringer Bedeutung sein wird, ob die Steuern auf Profite, auf landwirtschaftliche oder auf gewerbliche Güter gelegt werden. Wenn mein jährliches Einkommen 1000 £ beträgt und ich Steuern im Betrage von 100 £ zahlen muß, so ist es von geringer Bedeutung, ob ich sie aus meinem Einkommen bestreite und dadurch für mich nur 900 £ übrig habe, oder ob ich für landwirtschaftliche Güter oder gewerbliche Erzeugnisse 100 £ mehr ausgebe. Wenn 100 £ mein fairer Anteil an den Ausgaben des Landes ist, so besteht die Vortrefflichkeit der Besteuerung darin, daß ich sicher bin, genau diese 100 £, und nicht mehr oder weniger, bezahlen zu müssen; was in keiner Weise so sicher geschehen kann, als durch Steuern auf Löhne, Profite oder Rohprodukte.

Der vierte und letzte Einwand besteht darin, daß infolge des Steigens des Rohproduktenpreises die Preise aller Güter, in welche Rohprodukte eingehen, in die Höhe getrieben werden, und daß wir infolgedessen dem ausländischen Fabrikanten auf dem Weltmarkte nicht unter gleichen Bedingungen entgegentreten werden.

Zunächst könnten Getreide und *alle* heimischen Güter ohne einen Zufluß von Edelmetallen nicht erheblich im Preise erhöht werden;

denn ein und dieselbe Menge Geldes könnte nicht dieselbe Menge Güter zu hohen wie zu niedrigen Preisen in Umlauf setzen, und die Edelmetalle könnten nie mit teueren Gütern gekauft werden. Braucht man mehr Gold, so muß es dadurch erlangt werden, daß man wohl mehr, aber nicht weniger Güter dafür hingibt. Auch könnte der Geldmangel nicht durch Papiergeld beseitigt werden, denn nicht dieses bestimmt den Wert des Goldes als Gut, sondern das Gold bestimmt den Wert des Papieres. Wenn also der Wert des Goldes nicht verringert werden könnte, so könnte kein Papier dem Umlaufsmittel hinzugefügt werden, ohne entwertet zu werden. Und daß der Wert des Goldes nicht gemindert werden könnte, erscheint klar, wenn wir bedenken, daß der Wert des Goldes als Gut durch diejenige Warenmenge geregelt wird, welche den Ausländern im Tausche dafür gegeben werden muß. Ist Gold billig, sind Güter teuer; und ist Gold teuer, so sind Güter billig und sinken im Preise. Da nun kein Grund gezeigt worden ist, warum Ausländer ihr Gold billiger als gewöhnlich verkaufen sollten, so ist es nicht wahrscheinlich, daß überhaupt ein Goldzufluß erfolgen würde. Ohne einen solchen Zufluß kann aber keine Vermehrung der Menge, kein Sinken seines Wertes, kein Steigen der allgemeinen Warenpreise stattfinden.[1]

Die wahrscheinliche Wirkung einer Steuer auf Rohprodukte würde sein, die Preise der Rohprodukte und aller Güter, in welche die Rohprodukte eingehen, zu steigern, aber keineswegs im Verhältnis zu der Steuer. Dagegen würden andere Güter, in welche keine Rohprodukte eingingen, wie metallene oder irdene Artikel, im Preise sinken, so daß dieselbe Geldmenge wie früher zum gesamten Umlaufe genügen würde.

Eine Steuer, welche eine Preissteigerung aller inländischen Erzeugnisse bewirken sollte, würde den Export nicht lähmen, ausgenommen auf eine sehr begrenzte Zeit. Wenn sie im Inlande im Preise gestiegen wären, dann könnten sie in der Tat nicht unmittelbar mit Gewinn exportiert werden, weil sie hier einer Abgabe unterworfen wären, von der sie im Auslande frei wären. Die Steuer würde dieselbe Wirkung wie eine Veränderung des Geldwertes erzeugen, die jedoch nicht allgemein und allen Ländern gemeinsam wäre, sondern sich auf ein einziges beschränkte. Würde England dieses Land sein, so wäre es nicht imstande zu verkaufen, aber es könnte kaufen, weil Importgüter nicht im Preis erhöht sein würden. Unter diesen Umständen könnte man gegen ausländische Güter nichts als Geld ausführen, aber dies ist ein Handel, welcher nicht lange anhalten könnte. Der Geldvorrat einer

---

[1] Man kann darüber im Zweifel sein, ob Güter, welche bloß infolge von Besteuerung im Preise gestiegen sind, für ihren Umlauf irgendwelchen Mehrbetrag an Geld erfordern würden. Ich glaube, daß dies nicht der Fall wäre.

Nation läßt sich nicht erschöpfen; denn nachdem eine gewisse Menge sie verlassen hat, wird der Wert des zurückbleibenden steigen, und ein solcher Güterpreis wird die Folge sein, daß sie wieder fähig sein werden, mit Gewinn ausgeführt zu werden. Wenn das Geld also gestiegen wäre, würden wir es nicht länger mehr gegen Waren exportieren, sondern wir würden diejenigen Fabrikate ausführen, welche infolge einer Preiserhöhung der Rohprodukte, aus denen man sie herstellte, zuerst eine Preissteigerung erfahren hätten und nun durch die Geldausfuhr wieder gesunken wären.

Hiergegen läßt sich jedoch einwenden, daß, wenn das Geld derartig im Werte stiege, es in bezug auf ausländische Güter ebenso wie auf inländische steigen und infolgedessen jeder Antrieb, ausländische Waren zu importieren, aufhören würde. Angenommen also, wir importierten Waren, die im Auslande 100 £ kosteten und sich bei uns für 120 £ absetzen ließen, so müßten wir aufhören, sie einzuführen, wenn der Geldwert in England derartig gestiegen wäre, daß sie hier nur für 100 £ verkauft würden; dieses jedoch könnte niemals eintreten. Der Grund, welcher uns veranlaßt, ein Gut zu importieren, ist die Entdeckung seiner verhältnismäßigen Wohlfeilheit im Ausland; es ist der Vergleich seines Preises im Ausland mit seinem Preise im Inlande. Wenn ein Land Hüte exportiert und Tuch einführt, so geschieht das, weil es durch die Herstellung von Hüten und deren Austausch gegen Tuch mehr Tuch erhalten kann, als wenn es selbst Tuch fabrizierte. Verursacht das Steigen der Rohprodukte in der Hutmanufaktur erhöhte Produktionskosten, so würde es auch erhöhte Kosten in der Tuchfabrikation verursachen. Wenn man daher beide Güter im Inlande erzeugte, würden beide steigen. Das Gut jedoch, das wir einführen, würde im Preis nicht steigen, auch würde es nicht sinken, falls der Geldwert stiege; denn dadurch, daß es nicht sänke, würde es sein natürliches Verhältnis dem Exportgut gegenüber zurückerlangen. Das Steigen der Rohprodukte läßt einen Hut von 30 auf 33 sh. steigen oder um 10 Prozent; dieselbe Ursache würde das Tuch, falls wir es selbst herstellten, von 20 sh. auf 22 sh. pro Ellen steigen lassen. Diese Erhöhung zerstört jedoch das Verhältnis zwischen Tuch und Hüten nicht; ein Hut war und ist auch ferner noch $1^{1}/_{2}$ Ellen Tuch wert. Wenn wir aber Tuch importieren, wird sein Wert unverändert auf 20 sh. pro Elle stehen bleiben, unberührt zuerst vom Sinken und dann vom Steigen des Geldwertes; während Hüte, die von 30 auf 33 sh. gestiegen waren, wieder von 33 sh. auf 30 sh. herabgehen werden, bei welchem Punkte das Verhältnis zwischen Tuch und Hüten wiederhergestellt sein wird.

Um die Betrachtung dieses Gegenstandes zu vereinfachen, habe ich angenommen, daß ein Steigen des Wertes der Rohmaterialien alle heimischen Güter in gleichem Verhältnis treffen würde; daß, wenn die Wirkung auf das eine wäre, es um 10 Prozent zu erhöhen, es alle um 10 Prozent erhöhen würde. Da aber der Wert der Güter sehr verschieden aus Rohmaterial und Arbeit zusammengesetzt ist; da etliche Güter, wie z. B. alle diejenigen, welche man aus Metallen verfertigt, durch das Steigen der von der Erdoberfläche gewonnenen Rohprodukte unberührt bleiben würden, so ist es klar, daß durch eine Rohproduktensteuer die größte Mannigfaltigkeit in den Wirkungen entstände, welche auf den Wert der Güter ausgeübt werden. Insofern diese Wirkung einträte, würde sie zum Export bestimmter Güter anspornen oder ihn verzögern und zweifellos mit derselben Unannehmlichkeit verbunden sein, welche eine Begleiterscheinung der Güterbesteuerung ist: sie würde das natürliche Verhältnis zwischen dem Werte jedes einzelnen zerstören. Auf diese Weise könnte der natürliche Preis eines Hutes statt dasselbe wie $1^1/_2$ Ellen Tuch zu sein, nur von dem Werte von $1^1/_4$ Ellen oder er könnte von dem Werte von $1^3/_4$ Ellen sein, und darum könnte dem auswärtigen Handel leicht eine andere Richtung gegeben werden. Alle diese Nachteile würden wahrscheinlich den Wert der Ein- und Ausfuhr nicht berühren; sie würden nur die bestmögliche Verteilung des Kapitals in der ganzen Welt hindern, die niemals so gut geregelt ist, als wenn sich jedes Gut frei nach seinem natürlichen Preise richten kann, ungefesselt durch künstlichen Zwang.

Obschon also das Steigen des Preises der meisten unserer eigenen Güter zeitweilig den Export im allgemeinen beeinträchtigen würde und vielleicht die Ausfuhr einiger weniger Güter dauernd zu hindern vermöchte, könnte es doch den auswärtigen Handel nicht wesentlich stören, und würde uns auch keinem verhältnismäßigen Nachteile hinsichtlich des Wettbewerbs auf auswärtigen Märkten aussetzen.

KAPITEL X

Steuern auf Rente

Eine Steuer auf Rente würde nur diese treffen; sie fiele gänzlich auf die Grundbesitzer und könnte auf keine Klasse der Konsumenten abgewälzt werden. Dem Grundbesitzer wäre es nicht möglich, seine Rente zu steigern, weil er die Differenz zwischen dem Produkt, das von dem im Anbau befindlichen wenigstergiebigen Boden erlangt wurde, und dem von Boden jeder anderen Qualität unverändert lassen würde. Drei Sorten von Boden, Nr. 1, 2 und 3, werden angebaut und liefern bei gleicher Arbeit entsprechend 180, 170 und 160 Quarter Weizen. Aber Nr. 3 bringt keine Rente und bleibt infolgedessen unbesteuert. Es läßt sich also weder die Rente von Nr. 2 über den Wert von 10 Quarter, noch die von Nr. 1 über den Wert von 20 Quartern erhöhen. Da der Landwirt von Boden Nr. 3 weder Rente noch Steuer zahlt, könnte eine solche Steuer den Preis der Rohprodukte nicht steigern, weil er in keiner Weise den Preis des erzeugten Gutes zu erhöhen vermöchte. Eine Steuer auf Rente würde vom Anbau jungfräulichen Bodens nicht abschrecken; denn solcher Boden wirft keine Rente ab und würde daher unbesteuert bleiben. Wenn Boden Nr. 4 in Anbau genommen würde und 150 Quarter lieferte, so würde keine Steuer für solches Land gezahlt werden; wohl aber würde auf Boden Nr. 3 eine Rente von 10 Quarter entstehen, welche nun beginnen würde, die Steuer zu zahlen.

Eine Steuer auf die Rente würde den Anbau entmutigen, weil sie eine Steuer auf den Gewinn des Grundbesitzers wäre. Die Bezeichnung Grundrente wird, wie ich anderswo bemerkt habe, auf den gesamten Wertbetrag angewandt, den der Landwirt an seinen Gutsherrn zahlt, wovon, genau genommen, nur ein Teil die eigentliche Rente ist. Die Gebäude, das Inventar und andere Ausgaben, die vom Grundbesitzer bezahlt werden, bilden, genau genommen, einen Teil des Gutsvermögens und müßten vom Pächter geliefert worden sein, wenn der Grundbesitzer nicht für sie gesorgt hätte. Die Rente ist derjenige Betrag, der dem Grundeigentümer für die Benutzung des Bodens bezahlt wird, und zwar für die Benutzung des Bodens allein. Die weitere Summe, die ihm unter dem Namen Rente bezahlt wird, ist eine Entschädigung für die Benutzung der Gebäude usw. und bildet in Wirklichkeit den Profit von des Grundbesitzers Kapital. Würde man bei der Besteuerung der Rente keinen Unterschied machen zwischen demjenigen Teile, welcher für die Benutzung des Bodens, und dem, der für die Benutzung von des Grundbesitzers Kapital bezahlt wird, so träfe ein Teil der Steuer den Profit des Grundbesitzers und würde infolgedessen vom Anbau abschrecken, wenn nicht der Preis der Rohprodukte stiege. Allerdings könnte dem Grundbesitzer auf dem Boden, für dessen Benutzung keine Rente entrichtet würde, unter demselben Namen eine Entschädigung für die Benutzung seiner Gebäude zuteil werden. Denn man würde weder diese Gebäude errichtet noch Rohprodukte auf solchem Boden erzeugt haben, bis der Preis, zu dem sie verkauft würden, nicht nur alle gewöhnlichen Ausgaben, sondern auch diese weitere für die Steuer bezahlt machte. Dieser Teil der Steuer trifft weder den Gutsherrn noch den Landwirt, sondern den Konsumenten der Rohprodukte.

Es kann wenig Zweifel bestehen, daß die Grundbesitzer, wenn eine Steuer auf die Rente gelegt wäre, bald einen Weg finden würden, um zwischen dem zu unterscheiden, was ihnen für die Benutzung des Bodens, und dem, was ihnen für die Benutzung der Gebäude und der Verbesserungen, die durch das Kapital des Grundbesitzers gemacht worden sind, bezahlt wird. Letzteres würde entweder Haus- oder Gebäuderente genannt werden oder es würden auf allem neuen Boden, der in Bebauung genommen wird, solche Gebäude und Verbesserungen durch den Pächter und nicht durch den Grundbesitzer gemacht werden. Das Kapital des Grundbesitzers könnte in der Tat zu solchem Zweck verwendet werden; nominell könnte es durch den Pächter ausgegeben werden, während der Grundbesitzer ihm die Mittel liefern würde, sei es in Gestalt eines Darlehens, sei es durch Kauf einer Annuität für die Dauer der Pacht. Ob man es unterscheidet oder nicht, so besteht doch ein wirklicher Unterschied zwischen der Natur der Vergütungen, die der Grundbesitzer für jene verschiedenen Gegenstände erhält; und es ist ganz sicher, daß eine Steuer auf die wirkliche Grundrente gänzlich den Grundbesitzer trifft, daß aber eine Steuer auf die Vergütung, die der Grundbesitzer für die Benutzung seines in das Gut gesteckten Kapitals empfängt, in einem sich entwickelnden Lande auf den Konsumenten der Rohprodukte fällt. Wenn man die Rente mit einer Steuer belasten und keine Methode festlegen würde, die Vergütung, die heute dem Grundbesitzer seitens des Pächters unter dem Namen der Rente gezahlt wird, zu zergliedern, dann würde die Steuer, soweit sie die Rente von Gebäuden und Inventar beträfe, für längere Zeit niemals auf den Grundbesitzer, sondern auf den Konsumenten fallen. Das für solche Gebäude usw. verausgabte Kapital muß den üblichen Kapitalprofit abwerfen; aber es würde aufhören, diesen Profit auf dem zuletzt angebauten Boden zu gewähren, wenn die Ausgaben für jene Gebäude usw. nicht dem Pächter zufielen. Und wenn sie es täten, würde der Pächter aufhören, seinen gewöhnlichen Kapitalprofit zu machen, falls er sie nicht auf den Konsumenten abwälzen könnte.

KAPITEL XI

Zehnten

(Dieses Kapitel ist hier fortgelassen worden; F. N.)

KAPITEL XII

Grundsteuer

Eine Grundsteuer, die im Verhältnis zur Grundrente erhoben wird und die sich mit jeder Veränderung der Rente verändert, ist in der Wirkung eine Steuer auf die Rente. Und da eine solche Steuer weder den Boden, der keine Rente abwirft, noch den Ertrag des Kapitals belasten wird, das nur des Profites halber auf den Boden verwendet wird und das niemals eine Rente zahlt, so wird sie den Preis der Rohprodukte in keiner Weise beeinflussen, sondern gänzlich die Grundbesitzer belasten. Eine derartige Steuer würde sich in keiner Hinsicht von einer Rentensteuer unterscheiden. Wird jedoch von allem bebauten Boden eine Grundsteuer erhoben, so wird sie sich, mag die Steuer auch noch so mäßig sein, als eine Ertragsteuer darstellen und deshalb den Preis der Produkte in die Höhe treiben. Wenn Nr. 3 der zuletzt in Kultur genommene Boden ist, so kann er, obschon er keine Rente zu bezahlen hätte, nach der Steuer doch nicht bebaut werden und die allgemeine Profitrate einbringen, falls nicht der Preis der Produkte entsprechend der Steuer stiege. Entweder wird das Kapital von einer solchen Verwendung abgehalten werden, bis der Getreidepreis infolge der Nachfrage genügend hoch gestiegen sein wird, um den üblichen Profit abzuwerfen; oder aber es wird den Boden, falls man es bereits darauf verwendet hätte, verlassen, um sich eine vorteilhaftere Verwendung auszusuchen. Die Steuer kann nicht auf den Grundbesitzer abgewälzt werden, denn nach der Voraussetzung empfängt er keine Rente. Eine solche Steuer kann im Verhältnis zur Qualität des Bodens und zur Menge seines Ertrages stehen, und dann unterscheidet sie sich in keiner Hinsicht von den Zehnten; oder sie kann endlich eine feste Steuer pro Morgen von allem bebauten Boden bilden, gleichgültig welcher Qualität derselbe sein mag.

Eine Grundsteuer dieser letzteren Art würde eine sehr ungleichmäßig wirkende Steuer sein und dem einen der vier Prinzipien der Besteuerung im allgemeinen widersprechen, mit welchen nach Adam Smith alle Steuern übereinstimmen sollten. Diese vier Grundsätze sind folgende:

1. »Die Untertanen jedes Staates sollten zum Unterhalt der Regierung so genau wie möglich im Verhältnis ihrer besonderen Fähigkeit beitragen.«

2. »Die Steuer, welche jeder einzelne zu zahlen verpflichtet ist, sollte bestimmt und nicht willkürlich sein.«
3. »Jede Steuer sollte zu der Zeit oder auf die Weise erhoben werden, bei der es dem Steuerzahler aller Voraussicht nach am bequemsten ist, sie zu bezahlen.«
4. »Jede Steuer sollte so eingerichtet sein, daß sie so wenig wie möglich mehr als das, was sie dem Fiskus einbringt, den Taschen des Volkes entnimmt oder davon fernhält.«

Eine gleichmäßige Grundsteuer, die unterschiedslos und ohne Rücksicht auf die Qualitätsunterschiede von allem angebauten Boden erhoben wird, wird den Getreidepreis erhöhen im Verhältnis zu der Steuer, welche der Landwirt des geringwertigsten Bodens entrichtet. Böden von verschiedener Qualität werden bei Anwendung ein und desselben Kapitals sehr verschiedene Mengen an Rohprodukten liefern. Wenn auf den Boden, der mit einem bestimmten Kapitale 1000 Quarter Getreide trägt, eine Steuer von 100 £ gelegt wird, wird das Getreide um 2 sh. pro Quarter steigen, um dem Landwirt für die Steuer einen Ersatz zu geben. Mit demselben Kapitale können aber vielleicht auf Boden besserer Qualität 2000 Quarter geerntet werden, was bei 2 sh. Aufschlag pro Quarter 200 £ ausmachen würde. Doch wird die Steuer, da sie beide Böden gleich belastet, 100 £ vom besseren wie vom schlechteren betragen, und folglich wird der Getreidekonsument besteuert werden, nicht nur um die Bedürfnisse des Staates zu bezahlen, sondern auch um dem Bewirtschafter des besseren Bodens während dessen Pachtzeit 100 £ im Jahre zu geben und später die Rente des Grundbesitzers um diesen Betrag in die Höhe zu treiben. Eine Steuer dieser Art würde also dem 4. Grundsatze Adam Smith's zuwider sein, sie würde den Taschen des Volkes mehr entziehen, als sie der Staatskasse einbrächte. Die »taille« in Frankreich vor der Revolution war eine Steuer dieser Art; nur diejenigen Böden wurden besteuert, welche in nicht adliger Pacht bewirtschaftet wurden. Der Preis der Rohprodukte stieg in einem der Steuer entsprechenden Maße, und infolgedessen wurden alle diejenigen, deren Böden nicht besteuert waren, durch eine Erhöhung ihrer Rente bereichert. Rohproduktensteuern wie Zehnten sind von diesem Nachteil frei; sie heben zwar den Preis der Roherzeugnisse, nehmen aber von jeder Bodenqualität eine Abgabe, die im Verhältnis zum wirklichen Ertrage steht und nicht im Verhältnis zum Ertrage desjenigen, der am wenigsten produktiv ist.

Aus der eigentümlichen Ansicht, welche Adam Smith von der Rente hatte, und da er nicht beobachtet hatte, daß viel Kapital in jedem Lande verwendet wird auf Boden, für den keine Rente gezahlt wird, schloß er, daß alle Steuern auf den Boden, mögen sie nun von diesem selbst in Gestalt der Grundsteuer oder des Zehnten erhoben werden oder vom Ertrage des Bodens oder endlich von den Profiten des Landwirts, unabänderlich insgesamt vom Grundbesitzer gezahlt würden und daß dieser in allen Fällen der wirkliche Steuerträger sei, obwohl die Steuer im allgemeinen nominell durch den Pächter entrichtet wurde. »Steuern auf den Ertrag des Bodens«, sagt er, »sind in Wirklichkeit Steuern auf die Rente; und wenn sie auch ursprünglich vom Landwirt aufgebracht werden mögen, so bezahlt sie letzthin doch der Grundeigentümer. Wenn ein bestimmter Teil des Ertrages für die Steuer bezahlt werden muß, so berechnet der Landwirt, so gut er kann, wie hoch sich der Wert dieses Teiles ein Jahr ums andere belaufen wird, und macht dann einen entsprechenden Abzug von der Rente, die er dem Grundbesitzer zu zahlen einwilligt. Es gibt keinen Landwirt, welcher nicht zuvor berechnete, wie hoch sich der Kirchenzehnt, der eine Grundsteuer dieser Art ist, ein Jahr ums andere wahrscheinlich belaufen wird.« Es ist zweifellos richtig, daß der Landwirt, wenn er mit seinem Gutsherrn wegen der Rente seines Gutes verhandelt, seine voraussichtlichen Ausgaben jeglicher Art veranschlägt; und wenn er nicht für den an die Kirche gezahlten Zehnten oder für die Steuer auf den Bodenertrag durch das Steigen des relativen Wertes der Erzeugnisse seines Gutes entschädigt wäre, so würde er natürlich versuchen, sie von der Rente abzuziehen. Aber dies ist gerade die Frage, über die man streitet, ob er sie eventuell von seiner Rente abziehen oder ob er durch einen höheren Preis der Produkte entschädigt wird. Aus den Gründen, die ich schon angegeben habe, kann ich nicht den geringsten Zweifel darüber hegen, daß sie den Preis der Produkte erhöhen würden und Adam Smith infolgedessen einen falschen Standpunkt in dieser wichtigen Frage eingenommen hat.

Dr. Smith's Ansicht über diesen Gegenstand ist wahrscheinlich der Grund, warum er »den Zehnten und jede andere Grundsteuer dieser Art als unter dem Anschein vollkommener Gleichheit sehr ungleiche Steuern« geschildert hat, »da ein gewisser Teil des Ertrages in verschiedenen Fällen einem sehr verschiedenen Teile der Rente entspricht«. Ich habe zu zeigen versucht, daß solche Steuern die einzelnen Klassen der Landwirte oder Gutsherrn nicht ungleich belasten, da beide durch das Steigen der Rohprodukte entschädigt werden und zur Steuer nur in dem Maße, wie sie Konsumenten von Rohprodukten sind, beitragen. Insofern allerdings, als der Lohn und durch den Lohn die Profitrate getroffen wird, bilden die Grundbesitzer, statt daß sie ihren vollen Anteil zu einer derartigen Steuer beitragen, eine Klasse, die besonders verschont bleibt. Die Kapitalprofite sind es, von welchen der Teil der Steuer herrührt, der jene Arbeiter belastet, die infolge der Unzulänglichkeit ihrer Mittel außerstande sind, Steuern zu bezahlen.

Aus dieser Ansicht über die Zehnten und die Steuern auf den Boden und seinen Ertrag kann man nicht schließen, daß sie nicht vom Anbau abschrecken. Alles, was den Tauschwert der Güter irgendwelcher Art hebt, nach denen eine sehr breite Nachfrage vorhanden ist, zielt darauf hin, Anbau und Produktion zu entmutigen. Das aber ist ein von jeder Besteuerung unzertrennliches Übel, das sich nicht auf die speziellen Steuern, von welchen wir jetzt sprechen, beschränkt.

In der Tat kann man das als den unvermeidlichen Nachteil ansehen, der allen vom Staate erhobenen und verausgabten Steuern anhaftet. Jede neue Steuer wird eine neue Last für die Produktion und treibt den natürlichen Preis in die Höhe. Ein Teil der Arbeit des Landes, über den der Steuerzahler vorher verfügte, wird zur Verfügung des Staates gestellt und kann daher nicht produktiv verwendet werden. Dieser Teil kann u. U. so groß werden, daß kein genügender Überschuß mehr übrig bleibt, um die Anstrengungen jener anzufeuern, die gewöhnlich durch ihre Ersparnisse das Kapital des Staates vermehren. Glücklicherweise ist die Besteuerung bisher in keinem freien Lande soweit getrieben worden, daß sich dessen Kapital dadurch von Jahr zu Jahr beständig verringert hätte. Ein derartiger Zustand der Besteuerung ließe sich nicht lange ertragen; oder wenn er ertragen würde, würde dadurch vom jährlichen Ertrage des Landes fortwährend soviel verschlungen werden, daß dadurch der ausgedehnteste Schauplatz von Elend, Hungersnot und Entvölkerung entstände.

Wenn durch den Pächter die Steuer nicht auf den Grundbesitzer, sondern auf den Konsumenten abgewälzt wird, dann kann sie, wenn sie nicht von Anbeginn an ungleich war, es niemals werden; denn der Preis des Ertrages erfährt eine, der Steuer entsprechende, einmalige Erhöhung und wird sich nachher nicht mehr über diesen Betrag hinaus verändern. Wenn sie ungleich ist, was sie, wie ich zu zeigen versucht habe, sein wird, kann sie gegen den vierten oben erwähnten Grundsatz, aber sie wird nicht gegen den ersten verstoßen. Sie mag vielleicht den Taschen des Volkes mehr entziehen, als sie der öffentlichen Schatzkammer des Staates zuführt, doch wird sie keine besondere Klasse der Steuerzahler ungleich belasten. Say, so will mir scheinen, hat die Natur und die Wirkungen der englischen Grundsteuer mißverstanden, wenn er sagt: »Viele schreiben dieser festen Bewertung das mächtige Gedeihen der englischen Landwirtschaft zu.« Daß sie sehr viel dazu beigetragen hat, darüber kann kein Zweifel bestehen. Was aber müßten wir von einer Regierung sagen, die, indem sie sich an einen kleinen Händler wendete, so sprechen wollte: Mit einem kleinen Kapital kannst du nur einen begrenzten Handel fortführen, und deine direkte Steuerlast ist infolgedessen sehr gering. Borge und sammle Kapital, erweitere deinen Handel, damit er dir gewaltige Profite einbringt, und du sollst dennoch nie einen größeren Steuerbetrag zahlen. Noch mehr, wenn deine Nachfolger deinen Gewinn erben werden und ihn weiterhin vermehrt haben sollten, sollen sie nicht höher eingeschätzt werden als du; und deine Erben sollen keinen größeren Teil der öffentlichen Lasten tragen.

Zweifellos würde dies ein großer Anreiz für Gewerbe und Handel sein; aber wäre es gerecht? Könnte ihr Fortkommen nicht um einen anderen Preis erreicht werden? Haben nicht in England selbst Gewerbe und Handel seit der nämlichen Zeit sogar größere Fortschritte gemacht, ohne daß beide mit so viel Parteilichkeit begünstigt wurden? Ein Grundbesitzer vermehrt sein jährliches Einkommen durch seinen Fleiß, Sparsamkeit und Geschicklichkeit um 5000 Fr. Wenn nun der Staat den fünften Teil seines vermehrten Einkommens fordert, bleiben alsdann nicht noch 4000 Fr. an Zuwachs übrig, um ihn zu weiteren Anstrengungen anzuspornen?

Herr Say nimmt an: »Ein Grundbesitzer mag sein jährliches Einkommen durch seinen Fleiß, Sparsamkeit und Geschicklichkeit um 5000 Fr. erhöhen.« Aber ein Grundbesitzer hat ja gar keine Möglichkeit, seinen Fleiß, Sparsamkeit und Geschicklichkeit auf seinen Boden zu verwenden, wenn er selbst nicht auch als Landwirt tätig ist; und dann nimmt er die Verbesserung in seiner Eigenschaft als Kapitalist und Landwirt vor, nicht als Grundbesitzer. Es ist unverständlich, wie er den Ertrag seines Gutes durch eine *besondere* Geschicklichkeit seinerseits vermehren könnte, ohne vorher die Menge des darauf verwandten Kapitals zu erhöhen. Wenn er das Kapital vermehrte, könnte sein größeres Einkommen immer noch im selben Verhältnis zu seinem erhöhten Kapitale wie das Einkommen aller übrigen Landwirte zu ihren Kapitalien stehen.

Würde man den Vorschlag Herrn Say's befolgen und forderte der Staat den fünften Teil vom vermehrten Einkommen des Landwirtes, so wäre das eine Sondersteuer auf die Landwirte, die ihre Profite träfe und nicht die Profite derjenigen in anderen Unternehmen. Die Steuer würde von allen Böden bezahlt werden, von denen, die kärgliche Ernte bringen, und von denen, die reichlich liefern, und bei etlichen könnte dafür keine Entschädigung in Gestalt eines Abzuges von der Rente erlangt werden, weil überhaupt keine Rente von ihnen entrichtet wird. Eine Sondersteuer auf die Profite trifft niemals das Gewerbe, auf das sie gelegt wird; denn entweder wird der Unternehmer sein Geschäft aufgeben oder er wird sich für die Steuer schadlos halten. Nun könnten aber diejenigen, welche keine Rente bezahlen, nur durch ein Steigen der Produktenpreise entschädigt werden, und somit würde die von Herrn Say vorgeschlagene Steuer den Konsumenten belasten, nicht aber den Grundeigentümer oder den Landwirt.

Wenn die vorgeschlagene Steuer erhöht wäre im Verhältnis zu der vermehrten Menge oder dem Wert des auf dem Boden erzielten Rohertrages, so würde sie sich in nichts von den Zehnten unterscheiden und in gleicher Weise auf den Konsumenten abgewälzt werden. Gleichviel ob sie den Roh- oder den Reinertrag des Bodens träfe, wäre sie doch ebenfalls eine Verbrauchsteuer und würde den Grundbesitzer und Landwirt nur in derselben Weise wie die anderen Steuern auf Rohprodukte belasten.

Hätte man überhaupt keine Steuer auf den Boden gelegt und wäre die nämliche Summe durch irgendwelche anderen Mittel aufgebracht worden, so würde sich die Landwirtschaft wenigstens ebenso, wie es tatsächlich geschehen ist, entfaltet haben; denn es ist unmöglich, daß irgendeine Bodensteuer ein *Ansporn* zur Landwirtschaft sein kann. Zwar kann und wird auch wahrscheinlich eine mäßige Steuer die Produktion nicht besonders abschrecken, aber sie kann sie auch nicht anspornen. Die englische Regierung hat sich solcher Ausdrucksweise nicht bedient, wie Herr Say angenommen hat. Sie versprach nicht, die landwirtschaftliche Klasse und deren Nachkommen von aller künftigen Besteuerung zu befreien und den weiteren Bedarf, welchen der Staat haben möchte, von den anderen Klassen der Gesellschaft decken zu lassen. Sie sagte bloß: »Auf diese Art und Weise wollen wir den Boden nicht weiter belasten; wir behalten uns aber die vollständigste Freiheit vor, dich auf irgendeinem anderen Wege zur Zahlung deines vollen Beitrages für die künftigen Bedürfnisse des Staates heranzuziehen.«

Indem er von Naturalsteuern oder einer Steuer von einer bestimmten Proportion zu dem Produkte, was genau dasselbe wie der Zehnte ist, spricht, sagt Herr Say: »Diese Besteuerungsform scheint die gerechteste zu sein, und doch gibt es keine, die das weniger ist: Sie nimmt auf die vom Produzenten gemachten Auslagen durchaus keine Rücksicht; sie steht im Verhältnis zum Roh- und nicht zum Reineinkommen. Zwei Landwirte bauen verschiedene Arten von Rohprodukten an. Der eine baut Getreide auf mittlerem Boden an, wobei sich seine jährlichen Ausgaben im Durchschnitt auf 8000 Fr. belaufen. Den Rohertrag seiner Ländereien verkauft er für 12 000 Fr. Er hat also ein Reineinkommen von 4000 Fr.

Sein Nachbar hat Weide- oder Waldboden, der in jedem Jahre die nämliche Summe von 12 000 Fr. einbringt; seine Kosten beziffern sich jedoch nur auf 2000 Fr. Infolgedessen bezieht er im Durchschnitt ein Reineinkommen von 10 000 Fr.«

»Nun befiehlt ein Gesetz, daß ein Zwölftel vom Ertrage aller Bodenfrüchte in natura erhoben werde, gleichgültig, welcher Art sie auch sein mögen. Diesem Gesetz zufolge wird vom ersten Getreide im

Werte von 1000 Fr. gefordert, und vom zweiten Heu, Vieh oder Holz im selben Werte von 1000 Fr. Was ist geschehen? Dem einen hat man ein Viertel seines Reineinkommens von 4000 Fr. entzogen, dem anderen, dessen Reineinkommen 10 000 Fr. betrug, ist nur ein Zehntel genommen. Einkommen ist der Reingewinn, welcher übrig bleibt, nachdem man das Kapital genau in seinen früheren Zustand zurückversetzt hat. Entspricht das Einkommen eines Kaufmanns vielleicht sämtlichen Verkäufen, die er im Laufe eines Jahres erzielt? Sicherlich nicht. Nur derjenige Betrag bildet sein Einkommen, den er bei seinen Verkäufen über seine Auslagen hinaus erlöst, und nur von diesem Überschuß sollten die Einkommensteuern erhoben werden.«

Herrn Say's Irrtum in der obigen Stelle liegt in der Annahme, daß sich das Reineinkommen der Landwirte um denselben Betrag unterscheiden wird, weil der Wert des Ertrages des einen dieser beiden Güter nach Reproduktion des Kapitals größer ist als der Wert des Ertrages des anderen. Das vom Waldboden erzielte Reineinkommen der Grundbesitzer und Pächter zusammen kann vielleicht bedeutend größer sein als das Reineinkommen der Grundbesitzer und Pächter vom Getreideboden; das liegt aber an der Differenz der Rente und nicht an der Differenz der Profitrate. Herr Say hat gänzlich die Berücksichtigung des verschiedenen Betrages der Rente, welche diese Landwirte zu bezahlen haben würden, außer acht gelassen. In einunddemselben Gewerbe kann es zwei Profitraten nicht geben, und deshalb ist es, wenn der Wert des Ertrages in verschiedenen Verhältnissen zum Kapital steht, die Rente, welche zu differieren pflegt, und nicht der Profit. Unter welchem Vorwande dürfte jemand mit einem Kapitale von 2000 Fr. aus seinem Unternehmen einen Reingewinn von 10 000 Fr. beziehen, während ein anderer mit einem Kapital von 8000 Fr. nur 4000 Fr. erlangen würde? Herr Say möge einmal einen angemessenen Abzug für Rente in Anschlag bringen; er möge ferner die Wirkung mit in Betracht ziehen, die eine solche Steuer auf jene verschiedenen Arten von Rohprodukten erzeugen würde, und er wird dann einsehen, daß das keine ungleiche Steuer ist, und weiter, daß die Produzenten selbst zu ihr nicht anders beisteuern werden als irgendeine andere Klasse der Konsumenten.

KAPITEL XIV

Haussteuern

Außer dem Golde gibt es noch einige andere Güter, die an Menge nicht rasch verringert werden können; jede Steuer auf sie wird daher den Eigentümer treffen, wenn die Preiserhöhung die Nachfrage schwächen sollte.

Haussteuern sind von dieser Art. Obwohl sie auf den Benutzer gelegt werden, werden sie doch häufig den Grundbesitzer in Gestalt einer Rentenverminderung belasten. Die Bodenprodukte werden, wie so viele andere Güter, von Jahr zu Jahr konsumiert und reproduziert. Da sie darum schnell mit der Nachfrage auf gleiche Höhe gebracht werden können, so können sie ihren natürlichen Preis nicht lange übersteigen. Insofern sich jedoch eine Haussteuer als ein vom Mieter bezahlter Rentenzuwachs auffassen läßt, wird ihre Tendenz sein, die Nachfrage nach Häusern von gleichen Jahresrenten zu senken, ohne dadurch deren Angebot zu verringern. Demnach wird die Rente sinken, und ein Teil der Steuer vom Grundbesitzer indirekt bezahlt werden.

»Die Rente eines Hauses«, sagt Adam Smith, »kann in zwei Teile zerlegt werden, von denen der eine als die Gebäuderente bezeichnet werden kann, während der andere gewöhnlich die Bauplatzrente genannt wird. Die Gebäuderente ist der Zins oder Gewinn aus dem Kapitale, das zum Bau des Hauses verwendet worden ist. Um das Gewerbe eines Bauunternehmers mit anderen Gewerben auf gleiche Stufe zu stellen, muß diese Rente unbedingt groß genug sein, um ihm erstens denselben Zins einzubringen, den er für sein Kapital erlangt haben würde, wenn er es gegen gute Sicherheit verliehen hätte, und zweitens, um in einer gewissen Reihe von Jahren das Kapital zu ersetzen, welches er auf den Hausbau verwendet hatte.« – »Bringt das Baugewerbe zu irgendwelcher Zeit einen weit höheren Profit im Verhältnis zum Geldzins ein, so wird es bald so viel Kapital aus anderen Gewerben an sich ziehen, daß dadurch der Profit auf seinen eigentlichen Stand zurückgeführt wird. Wenn es aber zeitweilig viel weniger abwirft, werden ihm andere Gewerbe bald so viel Kapital entziehen, daß der Profit dadurch wieder gehoben wird. Derjenige Teil der ganzen Rente eines Hauses, der über das hinausgeht, was genügt, um diesen angemessenen Profit zu gewähren, kommt natürlich der Bauplatzrente zugute, und da, wo Grundeigentümer und Hauseigentümer zwei verschiedene Personen sind, wird er meist vollständig dem ersteren bezahlt. Bei Landhäusern in einiger Entfernung von einer großen Stadt, wo eine große Auswahl von Boden ist, ist die Grundrente kaum von Bedeutung oder beträgt nicht mehr, als der Platz, auf dem das Haus steht, wenn er zum Ackerbau verwendet würde, einbringen würde. Bei Landvillen in der Nähe einer großen Stadt ist sie zuweilen erheblich höher, und die besondere Annehmlichkeit oder Schönheit der Lage wird hier oft sehr hoch bezahlt. Am höchsten sind die Bauplatzrenten gewöhnlich in der Hauptstadt und in jenen besonderen Teilen von ihr, wo gerade die größte Nachfrage nach Häusern ist, was auch immer der Grund für diese Nachfrage ist, sei es nun Handel und Geschäft, Vergnügen und Gesellschaft, oder bloße Eitelkeit und Mode.« Eine Steuer auf die Hausrente kann entweder den Benutzer oder den Grundbesitzer oder endlich den Bauplatzeigentümer treffen. In gewöhnlichen Fällen kann man aber annehmen, daß die gesamte Steuer unmittelbar und letztlich vom Benutzer bezahlt wird.

Ist die Steuer mäßig und handelt es sich um eine stationäre oder eine wachsende Volkswirtschaft, so wäre für den Benutzer eines Hauses wenig Grund vorhanden, sich mit einem von schlechterer Art zu begnügen. Wenn aber die Steuer hoch wäre oder wenn irgendwelche anderen Umstände die Nachfrage nach Häusern verringern sollten, dann würde das Einkommen des Grundherrn sinken; denn der Benutzer würde für die Steuer teilweise durch eine Herabsetzung der Rente entschädigt werden. Es ist jedoch schwer zu sagen, in welchen Verhältnissen der Teil der Steuer, der von dem Benutzer durch ein Fallen der Rente gespart wird, auf Gebäuderente und Grundrente fallen würde. Wahrscheinlich würden im ersten Falle beide betroffen; da aber Häuser, wenn auch langsam, so doch sicher verfallen und man keine mehr errichten würde, ehe der Profit des Erbauers seinen gewöhnlichen Stand wieder erreicht hätte, würde die Gebäuderente nach einer Zwischenzeit wieder auf ihren natürlichen Preis gebracht werden. Da der Erbauer nur so lange eine Rente empfängt, wie das Gebäude steht, so könnte er unter den ungünstigsten Umständen keinen Teil der Steuer auf längere Zeit bezahlen.

Demnach würde also die Bezahlung dieser Steuer schließlich dem Benutzer und Bauplatzeigentümer zufallen, aber »in welchem Verhältnis sich diese endgültige Last zwischen ihnen teilen würde«, bemerkt Adam Smith, »läßt sich wohl nicht allzu leicht bestimmen. Wahrscheinlich fiele die Teilung unter verschiedenen Umständen sehr verschieden aus, und eine Steuer dieser Art könnte je nach jenen verschiedenen Umständen sowohl den Bewohner des Hauses, wie den Eigentümer des Grundstückes sehr ungleich treffen.« (»Volkswohlstand«, Buch V, Kap. II.)

Adam Smith hält die Bauplatzrenten für besonders geeignete Besteuerungsobjekte. »Sowohl die Bauplatzrenten wie auch die gewöhnliche Grundrente«, sagte er, »sind eine Art des Einkommens, welche der Eigentümer in vielen Fällen ohne irgendwelche eigene Mühe und Sorge bezieht. Wenn ihm auch ein Teil von diesem Einkommen, um die Staatsausgaben zu decken, wieder genommen werden sollte, so wird dadurch keinerlei Art von Gewerbefleiß entmutigt werden. Der jährliche Ertrag von Boden und Arbeit der Gesellschaft, der wirkliche Wohlstand und das wirkliche Einkommen der großen Masse des Volkes könnten nach einer solchen Steuer genau derselbe bleiben wie zuvor. Daher sind die Bauplatzrenten und die gewöhnlichen Grundrenten vielleicht diejenigen Einkommensarten, welche eine Sonderbesteuerung am besten ertragen können.« Man muß zugeben, daß sich die Wirkungen dieser Steuern so, wie sie Adam Smith beschrieben hat, gestalten würden; aber sicherlich wäre es sehr ungerecht, ausschließlich das Einkommen irgendeiner besonderen Klasse der Gesellschaft zu besteuern. Die Staatslasten sollten von allen im Verhältnis zu ihren Mitteln getragen werden; das ist einer von den vier Grundsätzen, die nach Adam Smith die ganze Besteuerung beherrschen sollten. Oft gehört die Rente solchen Leuten, welche nach jahrelanger Arbeit ihren Verdienst realisiert und ihr Vermögen zum Kaufe von Land oder Häusern verwendet haben; und es würde gewiß eine Verletzung des Prinzips der Sicherheit des Eigentums sein, das immer hochgehalten werden sollte, wenn man sie einer ungleichen Besteuerung unterwerfen wollte. Man muß es bedauern, daß die Stempelabgabe auf die Übertragung von Grundeigentum dessen Übergang in solche Hände, wo es sich wahrscheinlich am produktivsten gestalten würde, wesentlich beeinträchtigt. Und wenn man bedenkt, daß der Boden, als ein taugliches Objekt für ausschließliche Besteuerung betrachtet, nicht allein zur Entschädigung für das Risiko dieser Besteuerung im Preise zurückgehen, sondern im Verhältnis zur unbestimmten Natur und zum unsicheren Werte des Risikos ein geeigneter Gegenstand für Spekulationen werden würde, die mehr die Natur des Spieles als die des nüchternen Handels besäßen, so wird es wahrscheinlich sein, daß diejenigen Hände, in welche der Boden in jenem Falle am leichtesten geraten würde, die Hände derjenigen sein werden, welche mehr die Eigenschaften eines Spielers als die des nüchtern denkenden Eigentümers besitzen, der seinen Boden voraussichtlich zum größten Vorteil verwenden würde.

KAPITEL XV

Gewinnsteuern

Steuern auf solche Güter, welche man gewöhnlich als Luxusgegenstände bezeichnet, treffen nur diejenigen, welche von ihnen Gebrauch machen. Eine Weinsteuer wird vom Weinkonsumenten getragen, eine Steuer auf Luxuspferde oder Equipagen von denen, welche sich derartige Genüsse verschaffen, und zwar genau in dem Maße, wie sie sich dieselben verschaffen. Dagegen belasten Steuern auf Bedarfsartikel deren Konsumenten nicht bloß im Verhältnis der Menge, die von ihnen verbraucht werden mag, sondern oftmals in einem weit höheren Verhältnis. Wir haben beobachtet, daß eine Getreidesteuer nicht nur den Fabrikanten in dem Maße trifft, wie er mit seiner Familie Getreide konsumiert, sondern daß sie die Kapitalprofitrate verändert und folglich auch sein Einkommen beeinträchtigt. Alles, was den Arbeitslohn hebt, drückt den Kapitalprofit; daher hat jede Steuer, welche irgendein Konsumgut des Arbeiters belastet, die Tendenz, die Profitrate zu drücken.

Eine Steuer auf Hüte wird den Preis der Hüte steigern; eine Steuer auf Schuhe den Preis der Schuhe. Wenn dem nicht so wäre, würde die Steuer schließlich vom Fabrikanten bezahlt werden; seine Gewinne würden unter den gewöhnlichen Stand sinken, und er würde sein Gewerbe aufgeben. Eine Sondersteuer auf Profite wird den Preis desjenigen Gutes steigern, auf welchen sie fällt. Eine Steuer auf die Profite des Hutmachers beispielsweise würde den Preis der Hüte erhöhen; denn wären seine Gewinne besteuert, nicht aber die irgendeines anderen Gewerbes, so würden sie, wenn er den Preis seiner Hüte nicht heraufsetzte, unter der üblichen Profitrate stehen, und er würde seine Beschäftigung für eine andere aufgeben.

Auf dieselbe Weise würde eine Steuer auf den Gewinn des Landwirtes den Getreidepreis erhöhen, eine Steuer auf den Gewinn des Tuchmachers den Preis des Tuches, und wenn man eine den Gewinnen entsprechende Steuer auf alle Gewerbe legte, würde jedes Gut im Preise steigen. Läge jedoch die Mine, welche uns mit dem Maßgut unseres Geldes versorgte, in unserem Lande und wären die Profite des Bergwerksunternehmers ebenfalls besteuert, so würde der Preis keines einzigen Gutes steigen, weil dann jedermann einen verhältnismäßig gleichen Teil von seinem Einkommen abgeben und alles beim alten bleiben würde.

Wenn Geld unbesteuert wäre und darum seinen Wert behalten

dürfte, während sonst jedes Ding besteuert wäre und im Werte stiege, so würde der Hutmacher, der Landwirt und Tuchmacher, falls jeder von ihnen die gleichen Kapitalien verwendete und dieselben Profite bezöge, denselben Steuerbetrag bezahlen. Beläuft sich die Steuer auf 100 £ so werden die Hüte, das Tuch und das Getreide je um 100 £ im Werte erhöht werden. Verdient der Hutmacher an seinen Hüten 1100 £ statt 1000 £, so wird er an die Regierung 100 £ Steuern entrichten und daher immer noch 1000 £ für Waren seines eigenen Verbrauchs auszugeben haben. Da aber Getreide, Tuch und alle übrigen Güter aus demselben Grunde im Preise steigen werden, so wird er für seine 1000 £ nicht mehr als vorher für 910 £ erhalten, und so wird er durch Verminderung seiner Ausgaben zur Deckung des Staatsbedarfes beitragen. Er wird durch die Zahlung der Steuer einen Teil des Ertrages von Boden und Arbeit des Landes statt ihn selbst zu verbrauchen, der Regierung zur Verfügung gestellt haben. Wenn er seine 1000 £, statt sie zu verausgaben, seinem Kapitale hinzufügt, wird er an dem Steigen des Lohnes und den höheren Kosten der Rohmaterialien und Maschinen merken, daß seine Ersparnis von 1000 £ sich nicht auf mehr beläuft als eine Ersparnis von 910 £ früher.

Wird Geld besteuert oder wird sein Wert durch irgendeine andere Ursache verändert und bleiben die Preise für alle Güter unverändert, so werden auch die Gewinne des Fabrikanten und des Landwirtes genau wie früher stehen, sie werden auch fernerhin 1000 £ betragen, und da ein jeder von ihnen 100 £ an die Regierung zu zahlen haben wird, so werden sie für sich nur 900 £ behalten, welche Summe ihnen über den Ertrag von Boden und Arbeit des Landes eine geringere Verfügung gewähren wird, ob sie dieselbe nun auf produktive oder unproduktive Arbeit verwenden. Die Regierung wird genau das gewinnen, was sie verlieren. Im ersten Falle würde der Steuerzahler für 1000 £ eine ebenso große Menge von Waren wie zuvor für 910 £ haben; im zweiten würde er nur soviel haben, wie für 900 £ zuvor, denn der Warenpreis würde unverändert bleiben, und er würde nur 900 £ auszugeben haben. Das folgt aus dem Unterschiede in dem Betrage der Steuer; im ersten Falle ist er nur ein Elftel seines Einkommens, im zweiten ein Zehntel, da in den beiden Fällen das Geld von verschiedenem Wert ist.

Obgleich aber alle Güter, wenn das Geld unbesteuert bleibt und seinen Wert nicht ändert, im Preise steigen werden, werden sie doch nicht in demselben Verhältnis steigen. Nach der Besteuerung werden sie nicht mehr in demselben verhältnismäßigen Wert zueinander stehen, wie sie es vor der Steuer taten. In einem früheren Teile dieses Werkes erörterten wir die Wirkungen, welche die Teilung des Kapitals in stehendes und umlaufendes oder vielmehr in dauerhaftes und vergängliches auf die Güterpreise hat. Wir zeigten, daß zwei Fabrikanten wohl genau denselben Betrag an Kapital verwenden und auch genau denselben Betrag an Profit daraus erzielen könnten, daß sie aber ihre Güter dennoch für sehr verschiedene Summen Geldes verkaufen würden, je nachdem die Kapitalien, die sie verwendeten, rasch oder langsam konsumiert und reproduziert würden. Der eine könnte seine Waren vielleicht für 4000 £, der andere für 10 000 £ verkaufen, und es könnten alle beide ein Kapital von 10 000 £ anwenden und einen Profit von 20 Prozent oder 2000 £ beziehen. Das Kapital des einen könnte beispielsweise 2000 £ umlaufendes, das reproduziert werden müßte, und 8000 £ stehendes, in Gebäuden und Maschinen, betragen, das Kapital des anderen dagegen 8000 £ umlaufendes und nur 2000 £ stehendes. Wenn nun jede von den Personen mit 10 Prozent ihres Einkommens oder mit 200 £ besteuert werden sollte, müßte der eine seine Waren von 10 000 £ auf 10 200 £ erhöhen, damit ihm sein Geschäft den üblichen Profitsatz einbrächte; der andere würde genötigt sein, den Preis seiner Waren von 4000 £ auf 4200 £ hinaufzusetzen. Vor der Steuer waren die Waren, die von einem dieser Fabrikanten verkauft wurden, $2^{1}/_{2}$mal mehr wert als die Waren des anderen; nach der Steuer werden sie es nur noch 2,42mal soviel sein. Der eine Artikel wird um 2 Prozent, der andere um 5 Prozent gestiegen sein: infolgedessen würde eine Gewinnsteuer, solange das Geld im Werte unverändert bliebe, die relativen Preise und Werte der Güter verändern. Dies würde auch wahr sein, wenn die Steuer statt auf die Profite auf die Güter selbst gelegt wäre. Angenommen, man besteuerte sie im Verhältnis zum Werte desjenigen Kapitals, das man zu ihrer Herstellung verwendete, so würden sie, wie auch immer ihr Wert sein möchte, in gleichem Maße steigen und folglich nicht mehr im selben Verhältnis wie früher zueinander stehen. Ein Gut, welches von 10 000 auf 11 000 Pfund stieg, würde nicht mehr dieselbe Beziehung wie vorher zu einem anderen haben, das sich von 2000 £ auf 3000 £ erhöhte. Wenn unter diesen Umständen das Geld, aus welchem Grund auch immer, im Werte stiege, so würde es die Preise der Güter nicht im selben Grade beeinflussen. Die nämliche Ursache, welche den Preis des einen von 10 200 £ auf 10 000 £ oder um weniger als 2 Prozent herabdrücken würde, würde den Preis des anderen von 4200 £ auf 4000 £ oder um $4^{3}/_{4}$ Prozent erniedrigen. Wenn sie in irgendeinem anderen Verhältnis fielen, würden die Profite nicht gleich sein; denn um sie gleich zu machen, müßte der Preis des zweiten Gutes, falls der des ersten Gutes auf 10 000 £ stände, 4000 £ betragen, und wenn der Preis des ersten 10 200 £ wäre, müßte der des anderen 4200 £ sein.

Die Berücksichtigung dieser Tatsache wird zum Verständnis eines sehr wichtigen Grundsatzes führen, daß nämlich in einem Lande, wo keine Besteuerung existiert, die Veränderung des Geldwertes, welche aus Mangel oder Überfluß entsteht, auf die Preise aller Güter in gleichem Maße einwirken wird, so daß, wenn ein Gut im Werte von 1000 £ auf 1200 £ steigt oder auf 800 £ sinkt, ein Gut von 10000 £ Wert auf 12000 £ steigen oder auf 8000 £ sinken wird. Aber in einem Lande, wo die Preise durch die Besteuerung künstlich in die Höhe getrieben sind, wird ein durch Zuströmen entstandener Überfluß an Geld oder ein durch Ausfuhr infolge auswärtiger Nachfrage hervorgerufener Mangel an Geld nicht im selben Maße auf die Preise aller Güter einwirken; etliche werden um 5, 6 oder 12 Prozent steigen oder sinken, andere um 3, 4 oder 7 Prozent. Wenn ein Land nicht besteuert wäre und das Geld im Werte sinken sollte, so würde sein Überfluß auf jedem einzelnen Markte ähnliche Wirkungen erzeugen. Stiege das Fleisch um 20 Prozent, so würde sich auch Brot, Bier, Schuhe, Arbeit, überhaupt jedes Gut um 20 Prozent erhöhen. Es ist notwendig, daß sie das täten, um jedem Gewerbe dieselbe Profitrate zu sichern. Doch trifft dies nicht länger zu, wenn irgendeines von diesen Gütern besteuert wird. Wenn sie in dem Falle sämtlich im Verhältnis zum Sinken des Geldwertes steigen sollten, so würden sich die Profite ungleich gestalten. Würden die Güter besteuert, so würden die Profite über den allgemeinen Stand gehoben, und das Kapital würde von einem Gewerbezweige zum anderen übertragen werden, bis sich der Gleichgewichtszustand der Profite wieder hergestellt hätte, was nur geschehen könnte, nachdem die verhältnismäßigen Preise verändert wären.

Wird dieser Grundsatz nicht die verschiedenen Wirkungen erklären, welche zurzeit der Bankrestriktion[1] vom veränderten Geldwerte auf die Preise der Güter ausgeübt wurden? Man hat denjenigen, die behaupten, daß das Umlaufmittel in jener Periode wegen allzugroßen Überflusses an Papiergeld entwertet wäre, entgegnet, daß, wenn dem so wäre, alle Güter im selben Verhältnis hätten steigen müssen. Man fand aber, daß sich manche viel mehr als andere geändert hatten, und daraus folgerte man, daß das Steigen der Preise einem gewissen Etwas, das den Wert der Güter beeinflußte, zuzuschreiben wäre, nicht aber irgendeiner Wertveränderung des Umlaufsmittels. Indessen stellt es sich, wie wir schon gesehen haben, heraus, daß in einem Lande, wo sie der Besteuerung unterliegen, nicht alle Güter ihren Preis im selben Verhältnis ändern werden, sei es nun infolge eines Steigens oder eines Sinkens des Wertes des Umlaufmittels.

Wenn die Profite aller Gewerbe, ausgenommen die des Landwirts, besteuert wären, würden alle Waren, die Rohprodukte ausgenommen,

---

[1] Damit ist die Periode gemeint, während welcher die Einlösungspflicht der Bank von England für ihre Noten suspendiert war (F. N.).

im Geldwerte steigen. Der Landwirt würde dasselbe Einkommen an Getreide wie früher haben und auch sein Getreide für denselben Geldpreis verkaufen. Da er aber genötigt sein würde, einen Zusatzpreis für alle Güter mit Ausnahme des Getreides, welches er verbrauchte, zu bezahlen, so würde dies für ihn eine Aufwandsteuer sein. Er würde auch nicht von dieser Steuer durch eine Veränderung des Geldwertes befreit werden; denn eine Änderung im Geldwerte könnte alle besteuerten Güter auf ihren früheren Preis herabdrücken, aber das unbesteuerte würde unter seinen früheren Stand sinken, und daher würde der Landwirt, obwohl er seine Güter zum selben Preise wie früher erstehen würde, weniger Geld haben, mit welchem er sie erstehen könnte.

In genau derselben Lage würde sich auch der Grundbesitzer befinden: Wenn alle Güter im Preise stiegen und das Geld seinen Wert beibehielte, würde er dieselbe Getreide- und die nämliche Geldrente wie vorher beziehen, und wenn alle Güter bei demselben Preise verblieben, würde er zwar dieselbe Getreiderente, aber eine kleinere Geldrente haben. Demnach würde er also auf jeden Fall zu den erhobenen Abgaben indirekt beisteuern, obgleich sein Einkommen nicht direkt besteuert wäre.

Nehmen wir jedoch an, die Profite des Landwirts würden ebenfalls besteuert, dann befände dieser sich in derselben Lage wie die anderen Gewerbetreibenden: Seine Rohprodukte würden steigen, so daß er, nachdem er die Steuer bezahlt hätte, dasselbe Geldeinkommen haben würde, aber für alle Güter, die er konsumierte, einschließlich der Rohprodukte, würde er einen Zusatzpreis bezahlen.

Dagegen würde der Grundherr anders gestellt sein. Er würde aus der Steuer auf seines Pächters Profite Nutzen ziehen, da er für den Zusatzpreis, zu welchem er die fabrizierten Güter, wenn diese im Preise stiegen, kaufen würde, entschädigt werden würde; und er würde dasselbe Geldeinkommen haben, wenn die Güter infolge eines Steigens des Geldwertes zu ihrem früheren Preise verkauft würden. Eine Steuer auf die Profite des Landwirts ist nicht eine Steuer, die im Verhältnis zum Rohertrage des Bodens steht, sondern zu dessen Reinertrag, nach der Bezahlung von Rente, Lohn und allen übrigen Kosten. Da die Bewirtschafter der einzelnen Arten von Boden Nr. 1, 2 und 3 genau dieselben Kapitalien anwenden, so werden sie auch genau dieselben Profite erzielen, wie groß sich auch immer die Menge des Rohertrages, die der eine vielleicht mehr als der andere erzielt, gestalten mag, und folglich werden sie alle gleichmäßig besteuert sein. Angenommen, der Rohertrag von Bodenqualität Nr. 1 belaufe sich auf 180 Quarter, der von Nr. 2 auf 170 und von Nr. 3 auf 160 Quarter, und jeder sei mit 10 Quarter Steuer belastet, so wird die Differenz zwischen dem Ertrag von Nr. 1, 2 und 3 nach Bezahlung der Steuer dieselbe wie früher sein. Wird nämlich Nr. 1 auf 170, Nr. 2 auf 160 und Nr. 3 auf 150 Quarter reduziert, so wird die Differenz zwischen Nr. 1 und Nr. 3 genau wie vorher 20 Quarter betragen und die von Nr. 2 und Nr. 3 10 Quarter. Wenn die Preise des Getreides und jedes anderen Gutes nach Einführung der Steuer genau die früheren sein sollten, dann würde die Geldrente ebenso wie die Getreiderente unverändert bleiben. Sollte jedoch der Preis des Getreides und jedes anderen Gutes infolge der Steuer steigen, so wird sich auch die Geldrente im selben Verhältnis erhöhen. Wenn der Getreidepreis auf 4 £ pro Quarter stände, würde die Rente von Nr. 1 80 £, und die von Nr. 2 40 £ betragen; wenn aber das Getreide um 5 Prozent oder auf 4 £ 4 sh. stiege, dann würde die Geldrente ebenfalls um 5 Prozent steigen; denn 20 Quarter Getreide würden nun 84 £ und 10 Quarter 42 £ wert sein, so daß in jedem Falle der Grundbesitzer von einer solchen Steuer unberührt bleiben wird. Eine Kapitalprofitsteuer läßt die Getreiderente stets unverändert, und daher schwankt die Geldrente mit dem Getreidepreise; eine Steuer auf Rohprodukte oder ein Zehnter hingegen läßt die Getreiderente nie unverändert, aber im allgemeinen die Geldrente auf dem gleichen Niveau wie vorher. In einem anderen Teile dieses Werkes habe ich bemerkt, daß, wenn eine Grundsteuer von demselben Geldbetrag auf jede Art von in Bebauung befindlichem Boden gelegt wäre, ohne Rücksicht auf einen Unterschied der Fruchtbarkeit, sie in ihrer Wirkung sehr ungleich sein würde, da sie ein Gewinn für den Grundbesitzer der fruchtbareren Böden wäre. Sie würde den Getreidepreis im Verhältnis zu der von dem Pächter des schlechtesten Bodens getragenen Last erhöhen. Da jedoch dieser Zusatzpreis für die größere Ertragsmenge, welche der bessere Boden einbrächte, erzielt worden wäre, so würden die Pächter eines solchen Bodens zwar während ihrer Pachtzeit einen Vorteil genießen, aber dieser würde nachher dem Grundbesitzer in Gestalt einer Rentenerhöhung zugutekommen. Die Wirkung einer gleichen Steuer auf die *Profite* des Landwirtes ist genau dieselbe; sie treibt die Geldrente der Grundbesitzer, wenn das Geld denselben Wert beibehält, in die Höhe. Da aber die Profite aller übrigen Gewerbe ebenso besteuert werden wie jene des Landwirtes und demnach die Preise aller Waren ebenso wie das Getreide sich erhöhen, so verliert der Grundbesitzer infolge des höheren Geldpreises der Waren und des Getreides, für die er seine Rente verausgabt, genau soviel wie er durch das Steigen seiner Rente gewinnt. Sollte das Geld im Werte steigen und sollten alle Dinge nach Einführung einer Kapitalprofitsteuer auf ihre früheren Preise herabgehen, so würde auch die Rente genau dieselbe wie vorher sein. Der Grundbesitzer würde dieselbe Geldrente bekommen und alle Güter, für die er sie verausgabte, zu ihrem früheren Preise erhalten, so daß er unter allen Umständen unbesteuert bleiben würde.[2]

Dieser Umstand ist sonderbar. Man belastet den Landwirt durch eine Besteuerung seines Profits nicht mehr, als wenn man seine Profite von der Steuer befreie, und der Grundbesitzer hat ein entschiedenes Interesse daran, daß die Profite seines Pächters besteuert werden, da er selbst nur unter dieser Bedingung tatsächlich steuerfrei bleibt.

Eine Kapitalprofitsteuer würde auch den Kapitalisten treffen, wenn alle Güter im Verhältnis zur Steuer steigen sollten, obwohl seine Dividenden unbesteuert blieben. Wenn jedoch infolge der Veränderung des Geldwertes alle Güter auf ihren früheren Preis sinken sollten, dann würde der Kapitalist nichts an Steuer zahlen. Er würde seine gesamten Güter zum selben Preise kaufen und dieselben Gelderträge weiter beziehen.

Wenn man zugibt, daß, wenn man die Profite eines einzigen Fabrikanten besteuert, der Preis seiner Waren steigen würde, damit er mit den übrigen Fabrikanten auf gleicher Stufe stände, und daß durch die Besteuerung der Profite zweier Fabrikanten die Preise zweier Arten von Waren in die Höhe gehen müßten, so sehe ich nicht ein, wie man noch bestreiten kann, daß die Preise aller Waren durch eine Besteuerung der Profite aller Fabrikanten steigen würden, vorausgesetzt, daß sich das Bergwerk, welches uns mit Geld versorgte, in unserem Lande befände und steuerfrei bliebe. Da aber das Geld ein vom Auslande importiertes Gut ist, so könnten die Preise aller Waren nicht steigen; denn eine derartige Wirkung könnte ohne eine Zusatzmenge von Geld nicht eintreten[3], die sich wiederum, wie auf Seite 89 gezeigt ist, für

---

[2] Den Grundbesitzern würde es zu besonderem Vorteile gereichen, wenn nur die Profite des Landwirtes besteuert werden sollten, dagegen nicht die Gewinne irgendeines anderen Kapitalisten. Das wäre tatsächlich eine Steuer auf die Konsumenten der Rohprodukte, teils zum Nutzen des Staates, teils zum Nutzen der Grundbesitzer.
[3] Bei weiterer Überlegung bezweifle ich, ob für den Umlauf derselben Gütermenge mehr Geld erforderlich werden würde, wenn ihre Preise nicht durch Produktionserschwerung, sondern durch Besteuerung gesteigert wären. Angenommen, 100 000 Quarter Getreide würden zu einer gewissen Zeit einem bestimmten Kreise für 4 £ pro Quarter verkauft und der Getreidepreis stiege infolge einer direkten Steuer in Höhe von 8 sh. pro Quarter auf 4 £ 8 sh., dann, glaube ich, würde dieselbe Geldmenge und nicht mehr erforderlich sein, dieses Getreide zum höheren Preise abzusetzen. Wenn ich vorher 11 Quarter zu 4 £ kaufte und wegen der Steuer gezwungen wäre, meinen Konsum auf 10 Quarter einzuschränken, so werde ich nicht mehr Geld brauchen, denn ich werde in allen Fällen für mein Getreide 44 £ bezahlen. In der Tat würde das Volk ein Elftel weniger konsumieren, und diese Menge würde die Regierung verbrauchen. Das Geld, welches, um es zu kaufen, erforderlich wäre, würde von den 8 sh. pro Quarter herrühren, die die Landwirte in Gestalt einer Steuer aufzubringen hätten; doch würde ihnen die erhobene Summe zur selben Zeit für ihr Getreide bezahlt werden. Infolgedessen ist die Steuer in Wirklichkeit eine Naturalsteuer und macht es nicht nötig, daß mehr Geld gebraucht werden müßte, oder, wenn doch, nur so wenig, daß diese Menge unberücksichtigt bleiben kann.

teure Waren nicht erlangen ließe. Wäre jedoch ein solches Steigen möglich, so könnte es nicht von Dauer sein; denn es würde einen mächtigen Einfluß auf den auswärtigen Handel ausüben. Als Gegenwert für eingeführte Güter könnten diese teuren Waren nicht exportiert werden, und darum müßten wir, obgleich wir zu verkaufen aufhörten, zeitweilig weiter kaufen und Geld oder Barren so lange ausführen, bis die verhältnismäßigen Preise der Güter nahezu dieselben wie vorher wären. Es erscheint mir absolut sicher, daß eine gut geregelte Profitsteuer schließlich die Güter, einheimische wie fremde, wieder auf denselben Geldpreis, den sie, bevor die Steuer erhoben wurde, hatten, zurückführen würde.

Da Rohproduktensteuern, Zehnten, Lohnsteuern und Steuern auf die Bedarfsartikel des Arbeiters dadurch, daß sie den Lohn erhöhen, die Profite herunterdrücken, so werden sie alle, wenn auch nicht in gleichem Maße, von denselben Wirkungen begleitet sein.

Die Erfindung von Maschinen, welche die heimischen Gewerbe wesentlich hebt, hat stets die Tendenz, den verhältnismäßigen Wert des Geldes zu steigern und demnach seine Einfuhr zu fördern. Dagegen tendiert jede Besteuerung, die entweder den Fabrikanten oder den Rohstoffproduzenten trifft, dazu, den verhältnismäßigen Wert des Geldes zu verringern und folglich auch seine Ausfuhr zu fördern.

KAPITEL XVI

Lohnsteuern

Lohnsteuern werden den Lohn erhöhen und infolgedessen die Kapitalprofitrate herabmindern. Wir haben bereits gesehen, daß eine Steuer auf Bedarfsartikel deren Preis in die Höhe treiben und eine Lohnsteigerung zur Folge haben wird. Der einzige Unterschied zwischen einer Steuer auf Bedarfsartikel und einer Lohnsteuer besteht darin, daß notwendigerweise wohl die erstere, nicht aber die letztere, mit einer Preiserhöhung der Bedarfsartikel verbunden ist; daher werden weder der Kapitalist noch der Grundbesitzer noch irgendeine andere Gesellschaftsklasse, sondern nur die Arbeitgeber eine Lohnsteuer tragen. Eine Lohnsteuer ist durchweg eine Steuer auf Profite; eine Steuer auf Bedarfsartikel ist teilweise eine Profitsteuer und teilweise eine Steuer auf reiche Konsumenten. Die letzten Wirkungen, welche aus solchen Steuern resultieren, sind also genau dieselben wie die, welche aus einer direkten Steuer auf die Profite hervorgehen.

»Der Lohn der unteren Arbeiterklassen«, sagt Adam Smith, »wird überall notwendigerweise durch zwei verschiedene Umstände bestimmt: durch die Nachfrage nach Arbeit und durch den gewöhnlichen oder durchschnittlichen Preis der Lebensmittel. Je nachdem die Nachfrage nach Arbeit zunimmt, stationär bleibt oder abnimmt, oder je nachdem sie eine wachsende, stationäre oder zurückgehende Bevölkerung verlangt, reguliert sie den Unterhalt des Arbeiters und entscheidet, inwieweit er reichlich, mäßig oder kärglich ausfallen soll. Der *gewöhnliche oder durchschnittliche* Preis der Lebensmittel bestimmt diejenige Menge Geldes, welche dem Arbeiter bezahlt werden muß, damit dieser imstande ist, sich ein Jahr wie das andere diesen reichlichen, mäßigen oder kärglichen Lebensunterhalt zu verschaffen. Solange also die Nachfrage nach Arbeit und der Preis der Lebensmittel unverändert bleiben, kann eine direkte Steuer auf den Arbeitslohn keine andere Wirkung haben, als ihn etwas höher zu treiben als die Steuer.«

Gegen die Behauptung, wie sie hier von Dr. Smith aufgestellt wird, macht Buchanan zwei Einwände geltend. Erstens leugnet er, daß sich der Geldlohn der Arbeit nach dem Preise der Lebensmittel richtet; und zweitens leugnet er, daß eine Steuer auf den Arbeitslohn den Arbeitspreis erhöhen würde. In bezug auf den ersten Punkt ist Herrn Buchanan's Beweisführung die folgende: »Der Arbeitslohn besteht, wie bereits bemerkt, nicht in Geld, sondern in dem, was das Geld ersteht, nämlich in Lebensmitteln und anderen Bedarfsartikeln, und die dem Arbeiter aus dem allgemeinen Vorrat gezahlte Vergütung wird stets im Verhältnis zum Angebot stehen. Wo die Lebensmittel *billig und reichlich* vorhanden sind, fällt sein Anteil größer aus; und wo sie *knapp und teuer* sind, wird er geringer sein. Sein Lohn wird und kann ihm nicht mehr als stets seinen gerechten Anteil gewähren. Es ist zwar eine von Dr. Smith und den meisten anderen Schriftstellern vertretene Ansicht, daß der Geldpreis der Arbeit durch den Geldpreis der Lebensmittel bestimmt wird und daß der Lohn bei steigenden Preisen der Lebensmittel entsprechend in die Höhe geht. Allein es ist klar, daß der Preis der Arbeit mit dem der Nahrungsmittel in keiner notwendigen Beziehung steht, weil er gänzlich vom Angebot an Arbeitern im Vergleich zur Nachfrage abhängt. Außerdem ist noch zu bemerken, daß der hohe Preis der Lebensmittel ein gewisses Anzeichen für ein unzulängliches Angebot ist und sich beim natürlichen Verlauf der Dinge einstellt, um den Verbrauch zu verlangsamen. Ein kleineres Angebot an Nahrungsmitteln, das sich unter dieselbe Anzahl von Konsumenten verteilt, wird einem jeden offenbar einen kleineren Anteil lassen, und der Arbeiter muß seinen Anteil an dem allgemeinen Mangel tragen. Um diese Bürde gleichmäßig zu verteilen und den Arbeiter daran zu hindern, daß er den Lebensunterhalt so unbesorgt wie früher verbraucht, steigt der Preis. Doch scheint es, als ob der Lohn mit ihm in die Höhe gehen muß, damit er auch ferner dieselbe Menge eines knapperen Gutes verbrauchen kann; und auf diese Art wird die Natur so dargestellt, als ob sie ihren eigenen Zwecken entgegenwirke, indem sie zuerst den Preis der Nahrungsmittel steigere, um den Konsum herabzumindern, und nachher den Lohn erhöhe, um dem Arbeiter dieselbe Menge wie früher zu geben.«

In dieser Beweisführung von Herrn Buchanan scheint mir eine starke Mischung von Wahrheit und Irrtum zu sein. Weil ein hoher Preis der Lebensmittel zuweilen von einem ungenügenden Angebot herrührt, hält ihn Herr Buchanan für ein sicheres Anzeichen eines ungenügenden Angebots. Er schreibt einer einzigen Ursache das ausschließlich zu, was von vielen herrühren kann. Es ist zweifellos richtig, daß im Falle eines mangelhaften Angebots eine kleinere Menge unter dieselbe Anzahl von Konsumenten verteilt wird und ein kleinerer Anteil auf jeden entfallen wird. Um diesen Verlust gleichmäßig zu verteilen und den Arbeiter zu hindern, seinen Unterhalt so reichlich wie früher zu konsumieren, steigt der Preis. Man muß infolgedessen Herrn Buchanan zugestehen, daß ein durch ein mangelhaftes Angebot verursachtes Steigen der Lebensmittelpreise den Geldlohn der Arbeit nicht unbedingt in die Höhe treiben wird, da der Verbrauch eingeschränkt werden muß, was nur durch eine Verringerung der Kaufkraft der Konsumenten bewirkt werden kann. Aber gerade weil der Preis der Lebensmittel durch ein unzulängliches Angebot gehoben wird, sind wir keineswegs ermächtigt, was Herr Buchanan zu tun scheint, zu schließen, daß nicht ein reichliches Angebot bei einem hohen Preise bestehen kann; nicht einem hohen Preise in bezug auf Geld allein, sondern in bezug auf alle anderen Dinge.

Der natürliche Preis der Güter, welcher letztlich stets ihren Marktpreis bestimmt, hängt von der Leichtigkeit der Produktion ab; doch steht die erzeugte Menge nicht im Verhältnis zu jener Leichtigkeit. Wer kann, obgleich die heute in Anbau befindlichen Böden den Böden, die vor 300 Jahren in Anbau waren, bei weitem nachstehen und die Produktionserschwerung daher zugenommen hat, irgendwie im Zweifel sein, daß die jetzt produzierte Menge die damals produzierte ganz bedeutend übertrifft? Nicht nur ist ein hoher Preis vereinbar mit einem vermehrten Angebot, sondern er verfehlt auch selten, dasselbe zu begleiten. Wenn sich also der Preis der Lebensmittel infolge einer Besteuerung oder Produktionserschwerung erhöht und die Menge sich nicht vermindert, wird der Geldlohn der Arbeit steigen.

Hinsichtlich der Frage, ob eine Steuer auf den Arbeitslohn den Arbeitspreis erhöhen würde, sagt Herr Buchanan: »Nachdem der Arbeiter den ihm zukommenden Lohn für seine Arbeit erhalten hat, wie kann er sich an seinen Arbeitgeber für dasjenige halten, was er nachher an Steuern abgeben muß? Einen solchen Schluß rechtfertigt kein Gesetz oder Prinzip des menschlichen Verkehrs. Nachdem der Arbeiter seinen Lohn empfangen hat, ist dieser in seinem eigenen Besitz, und er muß, soweit er dazu imstande ist, die Lasten aller Forderungen tragen, denen er später ausgesetzt ist; denn er hat offenbar kein Mittel, um diejenigen zur Rückerstattung zu zwingen, welche ihm bereits den vollen Preis seiner Arbeit bezahlt haben.« Buchanan hat mit großem Beifall die folgende treffliche Stelle aus Malthus' Werk über die Bevölkerung angeführt, die mir seinen Einwand erschöpfend zu beantworten scheint: »Der Preis der Arbeit ist, wenn man es ihm überläßt, seinen natürlichen Stand zu finden, ein äußerst wichtiges politisches Barometer, welches die Beziehung zwischen dem Angebot von Lebensmitteln und Nachfrage nach ihnen, zwischen der Menge, die konsumiert werden kann, und der Konsumentenzahl anzeigt; und im Durchschnitt genommen, abgesehen von Zufälligkeiten, drückt er außerdem die Bedürfnisse der Gesellschaft bezüglich der Bevölkerung klar aus; d. h. der Preis der Arbeit wird, wie groß auch immer auf eine Ehe die Kinderzahl sein mag, die notwendig ist, um die gegenwärtige Bevölkerung aufrechtzuerhalten, doch gerade dafür ausreichen oder er wird darüber oder darunter liegen, je nachdem der Stand der tatsächlichen Mittel, welche dem Unterhalt der Arbeit dienen, stationär bleibt, zu- oder abnimmt. Aber anstatt ihn in diesem Lichte zu betrachten, sehen wir ihn als ein gewisses Etwas an, das wir nach Belieben herauf- oder heruntersetzen können, als ein Etwas, das hauptsächlich von Seiner Majestät Friedensrichtern abhängt. Wenn ein Steigen im Preise der Lebensmittel schon ausdrückt, daß die Nachfrage für das Angebot zu groß ist, erhöhen wir den Preis der Arbeit, um den Arbeiter in dieselbe Lage wie früher zu versetzen, d. h. wir vergrößern die Nachfrage und sind dann sehr erstaunt, daß der Preis der Lebensmittel weiter steigt. Wir verfahren hierbei gerade so, als wenn wir das Quecksilber, falls es im gewöhnlichen Wetterglase auf *stürmisch* stände, durch einen gewaltsamen Druck auf beständig schön brächten, und dann sehr verwundert wären, daß es fortfährt, zu regnen.«

Wenn der Lohn des Arbeiters vorher nur genügte, um die notwendige Bevölkerung zu unterhalten, so wird er, nach der Steuer, zu jenem Unterhalte nicht mehr ausreichen; denn der Arbeiter wird nicht mehr dieselben Mittel haben, um sie für seine Familie auszugeben. Infolgedessen wird die Arbeit steigen, weil die Nachfrage anhält, und nur durch die Erhöhung des Preises wird das Angebot nicht verringert.

Nichts kann man häufiger sehen, als daß Hüte oder Malz, wenn sie besteuert werden, steigen; sie steigen, weil das erforderliche Angebot nicht erfolgen würde, wenn sie nicht stiegen. So verhält es sich auch mit der Arbeit; wenn der Lohn besteuert wird, steigt ihr Preis, weil sonst die notwendige Bevölkerungszahl nicht aufrechterhalten würde. Gibt Buchanan nicht alles, was behauptet ist, zu, wenn er sagt: »Wäre er (der Arbeiter) tatsächlich auf das bloße physiologische Existenzminimum herabgedrückt, so würde er keine weitere Lohnverkürzung mehr aushalten, da er unter solchen Bedingungen sein Geschlecht nicht fortpflanzen könnte.« Angenommen, die Verhältnisse des Landes lägen so, daß die am wenigsten qualifizierten Arbeiter nicht lediglich veranlaßt werden, ihr Geschlecht fortzupflanzen, sondern es zu vermehren, dann würde sich ihr Lohn entsprechend gestalten. Können sie sich in dem erforderlichen Maße vermehren, wenn ihnen die Steuer einen Teil ihres Lohnes entzieht und sie auf die notwendigsten Bedarfsartikel beschränkt?

Es ist zweifellos wahr, daß ein besteuertes Gut nicht der Steuer entsprechend steigen wird, wenn die Nachfrage danach abnimmt und die Menge nicht vermindert werden kann. Wäre das Metallgeld im allgemeinen Gebrauche, so würde sich sein Wert durch eine Steuer nicht auf längere Zeit im Verhältnis zu dem Betrag der Steuer erhöhen, weil sich bei höherem Preise wohl die Nachfrage, nicht aber die Menge verringern würde, und zweifellos wirkt dieselbe Ursache häufig auf den Arbeitslohn ein. Die Zahl der Arbeiter läßt sich im Verhältnis zur Zu- und Abnahme der sie beschäftigenden Mittel nicht schnell vermehren oder vermindern. Aber in dem angenommenen Falle ist keine notwendige Abnahme der Nachfrage nach Arbeit vorhanden, und wenn sie vermindert wäre, läßt die Nachfrage nicht der Steuer entsprechend nach. Buchanan vergißt, daß die von der Regierung durch die Steuer aufgebrachten Mittel zum Unterhalt von Arbeitern verwendet werden, wenn auch von unproduktiven. Wenn die Arbeit bei einer Lohnbesteuerung nicht steigen sollte, würde der Wettbewerb um Arbeit stark zunehmen, weil die Besitzer von Kapital, welche zu einer solchen Steuer nichts beizutragen hätten, dieselben Mittel für Arbeitsverwendung besitzen würden, während die Regierung, welche die Steuer empfinge, einen Zusatzfonds für diesen Zweck hätte. Regierung und private Wirtschaft werden auf diese Weise Konkurrenten, und die Folge ihrer Konkurrenz ist eine Steigerung des Arbeitspreises. Zwar wird nur dieselbe Anzahl von Menschen beschäftigt, aber sie werden zu höheren Löhnen verwendet werden.

Wäre die Steuer sofort der Kapitalistenklasse auferlegt worden, so würde ihr dem Unterhalt der Arbeit dienender Fonds im selben Maße abgenommen haben, wie sich der Fonds der Regierung für den nämlichen Zweck vermehrt hätte, und infolgedessen würden die Löhne keine Steigerung erfahren haben; denn obgleich dieselbe Nachfrage vorhanden wäre, würde doch nicht derselbe Wettbewerb bestehen. Wenn die Regierung den Ertrag der Steuer sogleich, nachdem sie erhoben wäre, einem fremden Staate als Finanzhilfe zuführte und wenn also diese Mittel der Erhaltung fremder und nicht englischer Arbeiter, Soldaten, Matrosen usw., gewidmet würden, dann würde allerdings eine verminderte Nachfrage nach Arbeit bestehen, und die Löhne könnten, obschon sie besteuert wären, nicht steigen. Aber dasselbe geschähe, wenn die Steuer auf Konsumgüter oder auf Kapitalprofite gelegt worden wäre, oder wenn man die nämliche Summe für jene Subsidien auf irgendeine andere Weise aufgebracht hätte: weniger Arbeit könnte im Inlande verwendet werden. In dem einen Falle sind die Löhne am Steigen gehindert; im anderen müssen sie unbedingt sinken. Nehmen wir jedoch an, es würde der Ertrag einer Lohnsteuer, nachdem man sie von den Arbeitern erhoben hätte, ihren Arbeitgebern umsonst überwiesen, so würde sie zwar deren Geldfonds für den Unterhalt der Arbeit, aber weder die Güter noch die Arbeit vermehren. Folglich würde sie nur die Konkurrenz unter den Arbeitgebern erhöhen, und die Steuer würde schließlich weder für den Arbeitgeber noch für den Arbeiter mit einem Verlust verbunden sein. Der Arbeitgeber würde einen höheren Preis für die Arbeit bezahlen, der Zusatz, den der Arbeiter empfinge, würde an die Regierung als Steuer entrichtet und darauf seinem Herrn wieder zurückerstattet werden. Doch muß man hierbei nicht vergessen, daß der Ertrag der Steuern im allgemeinen verschwenderisch ausgegeben wird, daß Steuern auf Kosten der Annehmlichkeiten und Genüsse des Volkes erlangt werden und gewöhnlich entweder das Kapital vermindern oder dessen Ansammlung hemmen. Dadurch, daß sie das Kapital zu verringern tendieren, streben sie, die dem Unterhalt der Arbeit wirklich dienenden Mittel zu verringern und deshalb die wirkliche Nachfrage nach Arbeit herabzusetzen. Im allgemeinen verringern also die Steuern, insofern sie das wirkliche Kapital des Landes beeinträchtigen, die Nachfrage nach Arbeit, und daher ist es wohl eine wahrscheinliche, nicht aber eine notwendige noch eine besondere Begleiterscheinung einer Lohnsteuer, daß der Lohn zwar steigen würde, aber nicht um eine Summe, die der Steuer genau gleich ist.

Adam Smith hat, wie wir gesehen haben, vollkommen zugegeben, daß die Wirkung einer Lohnsteuer sein würde, den Lohn um eine Summe zu erhöhen, die zum wenigsten der Steuer gleichkommt, und die, wenn auch nicht unmittelbar, so doch letzthin von dem Arbeitgeber bezahlt werden würde. Soweit stimmen wir vollkommen überein; aber in bezug auf die nachfolgende Wirkung einer solchen Steuer weichen unsere Ansichten wesentlich voneinander ab.

»Eine direkte Steuer auf den Arbeitslohn könnte daher«, sagt Adam Smith, »obgleich der Arbeiter sie vielleicht selbst bezahlen könnte, eigentlich nicht als von ihm auch nur vorgeschossen bezeichnet werden; wenigstens dann nicht, wenn die Arbeitsnachfrage und der durchschnittliche Lebensmittelpreis nach Einführung der Steuer derselbe wie vorher blieben. In allen solchen Fällen würde nicht bloß die Steuer, sondern in Wirklichkeit noch etwas mehr von demjenigen vorgeschossen, welcher den Arbeiter unmittelbar beschäftigte. Die endgültige Last würde in verschiedenen Fällen verschiedenen Personen zufallen. Die Lohnerhöhung für Manufakturarbeit, die eine solche Steuer verursachen könnte, würde vom Fabrikanten vorgeschossen werden, *der dann berechtigt und genötigt sein würde, sie mit einem Profit auf den Preis seiner Waren zu schlagen*. Die Lohnerhöhung, die solch eine Steuer für Landarbeit veranlassen könnte, würde vom Landwirt vorgeschossen werden, welcher sich genötigt sähe, ein größeres Kapital zu verwenden, um dieselbe Anzahl von Arbeitern wie früher zu unterhalten. Um aber dieses größere Kapital *samt dem üblichen Kapitalprofit* wieder zurückzuerlangen, würde es nötig sein, daß er einen großen Teil oder, was auf dasselbe hinauskommt, den Preis eines größeren Teiles vom Bodenertrag behielte und infolgedessen an den Gutsherrn weniger Rente zahlte. Die endgültige Last dieser Lohnerhöhung würde in diesem Falle dem Grundbesitzer zufallen, *zusammen mit dem Zusatzprofit des Landwirtes, der ihn vorgeschossen hätte*. Eine direkte Steuer auf den Arbeitslohn müßte in allen Fällen mit der Zeit sowohl eine größere Schmälerung der Grundrente wie auch ein stärkeres Steigen des Manufakturwarenpreises bewirken, als aus der angemessenen Erhebung einer dem Ertrag der Steuer gleichen Summe gefolgt wäre, die teilweise auf die Grundrente, teilweise auf Konsumgüter gelegt wäre.« (»Volkswohlstand«, a. a. O., Bd. III, S. 337). An dieser Stelle wird behauptet, daß zwar der von den Landwirten gezahlte Zusatzlohn schließlich auf die Grundbesitzer fallen wird, die dann eine kleinere Rente bekommen werden, daß aber der von Fabrikanten gezahlte Zusatzlohn ein Steigen des Preises der Manufakturwaren verursachen und infolgedessen auf die Konsumenten jener Güter fallen wird.

Nehmen wir nun einmal eine Gesellschaft an, die aus Grundbesitzern, Fabrikanten, Landwirten und Arbeitern besteht. Zugegeben, die Arbeiter würden für die Steuer entschädigt werden. Aber von wem? — Wer würde denjenigen Teil bezahlen, welcher nicht auf die Grundbesitzer fiele? Die Fabrikanten könnten keinen Teil davon bezahlen; denn, wenn der Preis ihrer Güter im Verhältnis zu dem von ihnen gezahlten Zusatzlohn steigen sollte, würden sie sich nach der Steuer in einer besseren Lage als vorher befinden. Wenn die Tuch-, Hut- und Schuhmacher usw. imstande sein sollten, den Preis ihrer Waren um 10 Prozent zu erhöhen – vorausgesetzt, diese 10 Prozent entschädigten sie für den von ihnen gezahlten Zusatzlohn vollständig –, »wenn sie«, wie Adam Smith sagt, »berechtigt und genötigt wären, den Zusatzlohn *mit einem Profit* auf den Preis ihrer Waren zu schlagen«, so könnte ein jeder von ihnen ebensoviel wie früher von den Waren des anderen konsumieren, und deshalb würden sie zur Steuer nichts beitragen. Wenn der Tuchmacher für seine Hüte und Schuhe mehr bezahlte, würde er auch für sein Tuch mehr bekommen, und wenn der Hutmacher für seine Schuhe und Kleider mehr bezahlte, würde er auch für seine Hüte mehr erhalten. Sie würden also alle Manufakturgüter ebenso vorteilhaft wie vorher kaufen, und falls das Getreide, wie Dr. Smith annimmt, nicht im Preise stiege, würden sie, wenngleich sie eine Zusatzsumme für seinen Ankauf zu erlegen hätten, einen Vorteil, nicht aber einen Nachteil von einer solchen Steuer haben.

Wenn also weder die Arbeiter noch die Fabrikanten zu einer derartigen Steuer beitragen und auch die Landwirte durch ein Sinken der Rente entschädigt würden, so müßten die Grundbesitzer nicht nur ihre ganze Last tragen, sondern auch noch zu den höheren Gewinnen der Fabrikanten beisteuern. Um dies zu tun, müßten sie jedoch alle Manufakturgüter im Lande konsumieren; denn der Zusatzpreis auf die Gesamtmasse beträgt wenig mehr, als die den Arbeitern in den Fabriken ursprünglich auferlegte Steuer.

Nun wird wohl nicht bestritten werden, daß der Tuchmacher, der Hutmacher und die übrigen Fabrikanten die gegenseitigen Konsumenten ihrer Waren sind, und man wird auch nicht bestreiten, daß alle Arten von Arbeitern Seife, Tuch, Schuhe, Kerzen und verschiedene andere Güter verbrauchen. Folglich ist es unmöglich, daß die Gesamtlast dieser Steuern nur auf die Grundbesitzer fallen sollte.

Wenn jedoch die Arbeiter keinen Anteil der Steuer zahlen und die Fabrikate dennoch eine Preiserhöhung erfahren, so müssen die Löhne steigen, nicht allein um die Arbeiter für die Steuer zu entschädigen, sondern auch für den höheren Preis fabrizierter Bedarfsartikel, was, insofern es die landwirtschaftliche Arbeit betrifft, ein weiteres Sinken der Rente, und, insofern es die gewerbliche Arbeit betrifft, ein weiteres Steigen der Warenpreise verursachen wird. Diese Erhöhung der Warenpreise wird wieder den Lohn beeinflussen, und die Wirkung und Rückwirkung zuerst von dem Lohn auf die Waren und dann von den Waren auf den Lohn werden sich ohne nachweisbare Grenzen ausdehnen. Die Argumente, durch welche diese Theorie gestützt wird, führen zu so absurden Schlüssen, daß man schon auf den ersten Blick sehen kann, daß sie nicht zu verteidigen ist.

Alle die Wirkungen, welche beim natürlichen Fortschreiten der Gesellschaft und bei wachsender Produktionserschwerung durch ein Steigen der Rente und der Konsumgüter auf den Kapitalprofit und den Arbeitslohn ausgeübt werden, treten auch bei einem steuerbedingten Steigen des Lohnes in Erscheinung, und daher werden die Genüsse des Arbeiters ebenso wie die seiner Arbeitgeber durch die Steuer verkürzt werden, und zwar nicht nur durch diese Steuer speziell, sondern auch durch jede andere gleichen Aufkommens, da sie alle dazu neigen würden, die für den Unterhalt der Arbeit bestimmten Mittel zu verringern.

Belasten Steuern den Landwirt ungleichmäßig, so wird er imstande sein, den Preis der Rohprodukte zu erhöhen, damit er sich mit denen, welche andere Gewerbe betreiben, gleichsteht. Allein eine Lohnsteuer, die ihn nicht mehr als jedes andere Gewerbe treffen würde, könnte durch einen hohen Preis der Rohprodukte nicht beseitigt oder ausgeglichen werden; denn derselbe Grund, welcher ihn veranlassen sollte, den Getreidepreis zu erhöhen, nämlich sich für die Steuer zu entschädigen, würde den Tuchmacher bestimmen, den Preis des Tuches zu erhöhen, den Schuhmacher, Hutmacher und Schreiner den Preis der Schuhe, Hüte und Möbel.

Wenn sie auch alle den Preis ihrer Waren derartig erhöhen könnten, daß sie sich mit einem Profit für die Steuer schadlos zu halten vermöchten, so ist es doch offenkundig, daß die Steuer niemals bezahlt werden könnte, weil sie alle die gegenseitigen Konsumenten ihrer Güter sind; denn wer würden die Steuerträger sein, wenn alle entschädigt wären?

Somit hoffe ich, daß es mir gelungen ist zu zeigen, daß jede Steuer, welche die Wirkung hat, den Lohn zu erhöhen, in Gestalt einer Profitverminderung bezahlt werden wird, und daß infolgedessen eine Lohnsteuer im Grunde genommen eine Profitsteuer ist.

Der Grundsatz der Teilung des Ertrages von Arbeit und Kapital in Lohn und Profit erscheint mir so sicher, daß es für mich, von den unmittelbaren Wirkungen abgesehen, von geringer Bedeutung sein könnte, ob der Kapitalprofit oder der Arbeitslohn besteuert wäre. Durch eine Besteuerung des Kapitalprofits würde man wahrscheinlich die Rate ändern, nach welcher sich die dem Unterhalt der Arbeit dienenden Mittel vermehren, und die Löhne würden sich dadurch, daß sie zu hoch wären, in einem Mißverhältnis zum Umfang dieses Fonds befinden. Durch eine Besteuerung des Lohnes würde die dem Arbeiter bezahlte Vergütung dem Stande jenes Fonds ebenfalls nicht entsprechen, weil sie zu niedrig wäre. In dem einen Falle würde das natürliche Gleichgewicht zwischen Profit und Lohn durch ein Sinken, in dem anderen durch ein Steigen des Geldlohnes wiederhergestellt werden. Eine Lohnsteuer trifft also nicht den Grundbesitzer, sondern den Kapitalprofit.

Wenn die Wirkung von Lohnsteuern so ist, wie ich sie beschrieben habe, dann verdienen sie auch nicht den Tadel, welcher über sie durch Dr. Smith ausgesprochen worden ist. Von solchen Steuern bemerkt er: »Diese und einige andere Steuern derselben Art sollen den größeren Teil der Fabriken von Holland durch Steigerung des Arbeitspreises ruiniert haben. Ein französischer Schriftsteller hat den Vorschlag gemacht, die Finanzen seines Landes dadurch zu reformieren, daß man diese verderblichste aller Steuern an die Stelle anderer setzt.« Und an einer anderen Stelle sagt er: »Steuern auf Bedarfsartikel streben, indem sie den Arbeitslohn steigern, zwangsläufig dahin, den Preis aller Waren zu erhöhen und folglich die Ausdehnung ihres Absatzes und ihres Verbrauches zu vermindern.« Sie würden diesen Tadel nicht verdienen, selbst wenn Dr. Smith's Grundsatz richtig wäre, daß solche Steuern die Preise von Fabrikaten in die Höhe trieben, denn eine derartige Wirkung könnte nur zeitweilig bestehen und würde unserem auswärtigen Handel keinen Schaden zufügen. Wenn irgendeine Ursache den Preis einiger weniger Fabrikate erhöhen würde, so würde sie ihren Export hindern oder hemmen; wenn jedoch die nämliche Ursache allgemein auf sie sämtlich einwirkte, so würde die Wirkung nur eine nominelle sein und würde weder ihren relativen Wert beeinflussen, noch in irgendwelcher Weise die Anregung zu einem Tauschhandel schwächen, als welcher sich in Wirklichkeit aller Handel, auswärtiger wie inländischer, darstellt.

Ich habe bereits zu zeigen versucht, daß, wenn irgendeine Ursache die Preise aller Güter hebt, die Wirkungen nahezu einem Sinken des Geldwertes ähnlich sind. Sinkt das Geld im Werte, so steigen alle Güter im Preise; und wenn sich die Wirkung auf ein einziges Land beschränkt, wird sie dessen auswärtigen Handel in derselben Weise treffen, wie ein durch allgemeine Besteuerung verursachter hoher Güterpreis. Untersuchen wir daher die Wirkungen eines niedrigen Geldwertes, welcher sich auf ein Land beschränkt, so untersuchen wir damit zugleich auch die Wirkungen eines hohen Güterpreises, der auf ein Land beschränkt ist. Allerdings war sich Adam Smith der Ähnlichkeit zwischen diesen beiden Fällen vollkommen bewußt, und er behauptete demgemäß, daß der niedrige Wert des Silbers in Spanien infolge des Verbots seiner Ausfuhr für die Industrie und den auswärtigen Handel von Spanien außerordentlich nachteilig war. »Allein jene Herabsetzung des Silberwertes, welche, da sie die Wirkung der besonderen Lage oder der politischen Einrichtungen eines besonderen Landes ist, nur in jenem Lande Platz greift, ist eine Sache von sehr großer Bedeutung, die, weit davon entfernt, dazu zu dienen, irgend jemanden wirklich reicher zu machen, jeden wirklich ärmer werden läßt. *Das Steigen des Geldpreises aller Güter, welches jenem Lande in diesem Falle eigentümlich ist*, hat die Tendenz, allen Unternehmungsgeist, der dort vorhanden ist, mehr oder weniger zu entmutigen und fremde Nationen durch ihre Fähigkeit, fast sämtliche Warenarten für eine geringere Silbermenge zu liefern, als es die einheimischen Unternehmer können, in den Stand zu setzen, letztere nicht bloß auf dem fremden, sondern sogar auf dem inländischen Markte zu unterbieten.« (»Volkswohlstand«, a. a. O., Bd. II, S. 278.)

Der eine und, wie ich glaube, der einzige von den Nachteilen eines niedrigen Silberwertes, welcher in einem Lande aus einem aufgezwungenen Überflusses entsteht, ist von Dr. Smith trefflich erklärt worden. Wenn der Handel in Gold und Silber frei wäre, »dann würde das Gold und Silber, welches ins Ausland ginge, nicht für umsonst ins Ausland gehen, sondern einen gleichen Wert an Waren dieser oder jener Art zurückbringen. Zudem würden diese Waren nicht bloß Gegenstände des Luxus und Aufwandes sein, zum Konsum von müßigen Leuten, die keinen Gegenwert für ihren Konsum produzieren. Da sich das wirkliche Vermögen und Einkommen von müßigen Leuten durch diese außergewöhnliche Ausfuhr von Gold und Silber nicht vermehrte, so würde auch ihr Konsum dadurch nicht gehoben werden.

Wahrscheinlich würde der größere Teil jener Waren in Materialien, Werkzeugen und Lebensmitteln für die Verwendung und den Unterhalt fleißiger Menschen bestehen, welche den vollen Wert ihres Konsums mit einem Profit reproduzieren würden. Auf diese Weise würde ein Teil des toten Kapitals der Gesellschaft in lebendiges verwandelt, und ein größeres Volumen an gewerblicher Tätigkeit als zuvor in Bewegung gesetzt werden.«

Indem man nicht einen Freihandel in Edelmetallen erlaubt, wenn die Güterpreise entweder infolge von Besteuerung oder infolge des Zuflusses der Edelmetalle erhöht sind, hält man einen Teil des toten Kapitals der Gesellschaft davon ab, daß es in tätiges Kapital umgewandelt wird, man verhindert, daß die gewerbliche Tätigkeit ausgeweitet wird. Das aber ist die ganze Größe des Übels, ein Übel, welches die Länder niemals fühlen, in denen die Silberausfuhr entweder gestattet oder doch geduldet wird.

Die Wechselkurse stehen zwischen den Ländern nur so lange al pari, wie diese genau diejenige Menge an Umlaufsmitteln besitzen, welche sie nach dem jeweiligen Stande der Dinge haben sollten, um die Zirkulation ihrer Güter zu bewerkstelligen. Wäre der Handel mit den Edelmetallen gänzlich frei, und wäre es möglich, das Geld ohne jede Kosten zu exportieren, so stände der Wechselkurs in jedem Lande nicht anders als al pari. Wäre der Handel mit den Edelmetallen völlig frei, würden sie allgemein im Umlauf benutzt, so könnte, selbst unter Berücksichtigung der Transportkosten, der Wechselkurs in einem Lande niemals um mehr vom Paristande abweichen, als diese Kosten betragen würden. Diese Grundsätze, glaube ich, werden jetzt nirgends mehr bestritten. Wenn ein Land Papiergeld gebrauchte, das uneinlösbar und folglich auch durch keinen festen Maßstab reguliert wäre, so könnte in ihm der Wechselkurs im selben Verhältnis vom Paristande abweichen, wie sein Geld über diejenige Menge hinaus vermehrt werden könnte, welche ihm nach dem allgemeinen Handelsstande zugekommen wäre, wenn der Geldhandel freigewesen und die Edelmetalle entweder als Geld oder als Geldstandard gebraucht worden wären.

Wenn der Anteil Englands bei den allgemeinen Handelsoperationen 10 Millionen Pfund Sterling von bekanntem Gewicht und Feingehalt betragen sollte und 10 Millionen Papierpfund an ihre Stelle gesetzt würden, so würde das auf den Wechselkurs keine Wirkung ausüben. Wenn jedoch durch Mißbrauch der Befugnis, Papiergeld auszugeben, 11 Millionen Pfund im Umlauf verwendet werden sollten, würde der Wechselkurs 9 Prozent gegen England stehen; wenn 12 Millionen verwendet würden, so würde der Wechselkurs sich um 16 Prozent verschlechtern, und bei 20 Millionen würde der Kurs 50 Prozent gegen England stehen. Um diese Wirkung zu erzeugen, ist es aber nicht nötig, daß Papiergeld verwendet werden müßte; jede Ursache, welche eine größere Menge von Pfunden im Umlauf läßt, als zirkuliert haben würden, wenn der Handel frei und die Edelmetalle von bekanntem Gewicht und Feingehalt als Geld oder als Maßstab des Geldes benutzt worden wären, würde genau dieselben Wirkungen hervorbringen. Angenommen, jedes Pfund enthielte eine geringere Menge Gold oder Silber, als es nach dem Gesetz enthalten sollte, so könnte eine größere Anzahl solcher Pfunde im Umlauf Verwendung finden. Wäre von jedem Pfunde ein Zehntel seines Edelmetallgehalts entfernt worden, so könnten statt 10 nunmehr 11 Millionen gebraucht werden; wenn $^2/_{10}$ fortgenommen wären, so könnten 12 Millionen verwendet werden, und wenn die Hälfte fortgenommen wäre, könnten 20 Millionen nicht zuviel gefunden werden. Wäre die letztere Summe statt 10 Millionen im Gebrauch, so würde jedes Gut in England auf das Doppelte seines ursprünglichen Preises erhöht sein, und der Wechselkurs würde 50 Prozent gegen England sein. Das würde jedoch keine Störung im auswärtigen Handel verursachen noch die Fabrikation irgendeines Gutes beeinträchtigen. Stiege das Tuch z. B. in England von 20 £ auf 40 £ pro Stück, so würden wir es nach wie vor dem Steigen gerade so gut ausführen; denn dem fremden Käufer würde eine Entschädigung von 50 Prozent im Wechselkurs erwachsen, so daß er mit 20 £ seines Geldes Devisen erstehen könnte, die ihn in den Stand setzen würden, eine Schuld von 40 £ in England zu begleichen. Auf dieselbe Weise würde er, wenn er ein Gut exportierte, welches daheim 20 £ kostete und sich in England für 40 £ absetzen ließe, nur 20 £ bekommen, denn 40 £ in England vermöchten bloß einen 20-£-Wechsel auf ein fremdes Land zu kaufen. Die nämlichen Wirkungen würden sich ergeben, wenn, bei Erfordernis von nur 10 Millionen, der Geldumlauf in England, gleichgültig aus welchem Grunde, zwangsweise durch 20 Millionen Pfund bewerkstelligt würde. Wenn ein so absurdes Gesetz, wie das Ausfuhrverbot von Edelmetallen, erzwungen werden könnte, und als Folge eines solchen Verbotes ein Umlauf von 11 Millionen guter, frisch geprägter Pfunde an Stelle von 10 Millionen zu erzwingen wäre, so würde der Wechselkurs auf 9 Prozent gegen England stehen; bei 12 Millionen auf 16 Prozent; und bei 20 Millionen auf 50 Prozent gegen England. Aber den Gewerben von England würde kein Hindernis in den Weg gelegt werden; würden die einheimischen Güter in England zu einem hohen Preise verkauft, so würden es auch die fremden Güter, und ob sie hoch oder niedrig ständen, würde für den ausländischen Exporteur und Importeur so lange von wenig Bedeutung sein, als er genötigt sein würde, wenn seine Güter teuer verkauft würden, eine Entschädigung im

Wechselkurse zu gewähren, und er andererseits dieselbe Vergütung bekommen würde, falls er englische Güter zu einem hohen Preis einkaufen müßte. Der einzige Nachteil also, welcher einem Lande dadurch erwachsen könnte, daß es infolge von Prohibitivgesetzen eine größere Menge Gold und Silber im Umlauf zurückhielte, als sonst dort verbleiben würde, wäre der Verlust, den es erleiden würde, weil es einen Teil seines Kapitals, statt produktiv, unproduktiv verwendete. In der Form von Geld bringt dieses Kapital keinen Profit; in der Form von Materialien, Maschinen und Nahrungsmitteln, für welche es ausgetauscht werden könnte, würde es einkommenbildend wirken und den Reichtum und die Hilfsquellen des Staates vermehren. So hoffe ich denn, zur Genüge bewiesen zu haben, daß ein infolge von Besteuerung verhältnismäßig niedriger Preis der Edelmetalle oder, mit anderen Worten, ein im allgemeinen hoher Preis der Güter von keinem Nachteil für einen Staat sein würde, da ein Teil der Metalle ausgeführt werden würde, was durch Erhöhung ihres Wertes die Preise der Güter wieder herunterdrücken müßte. Und ferner, daß die Wirkung auf den Wechselkurs, falls sie nicht ausgeführt würden, wenn sie durch Prohibitivgesetze in einem Lande zurückgehalten werden könnten, die Wirkung hoher Preise für die Güter ausgleichen würde. Wenn also die Steuern auf Bedarfsartikel und Löhne die Preise aller Güter, für welche die Arbeit ausgegeben wird, nicht erhöhen würden, so können sie aus solchen Gründen auch nicht verworfen werden; und weiter, selbst wenn die von Adam Smith vertretene Ansicht, sie hätten eine derartige Wirkung, wohl begründet wäre, so würden sie deshalb doch nicht schädlich sein. Sie würden aus keinen anderen Gründen zu tadeln sein als aus denen, die mit Recht gegen Steuern jeglicher Art geltend gemacht werden könnten.

Die Grundbesitzer als solche würden von der Steuerlast befreit sein; aber insofern sie aus ihren Einkünften durch den Unterhalt von Gärtnern, Dienstboten usw. direkte Arbeitsbeschäftigung gewährten, würden sie diese Wirkung verspüren.

Zweifellos neigen »Steuern auf Luxusgegenstände dazu, den Preis keiner anderen Güter zu erhöhen als den der besteuerten Güter«; aber es ist nicht wahr, »daß Steuern auf Bedarfsartikel durch Steigerung des Arbeitslohnes den Preis aller Fabrikate notwendigerweise zu steigern streben«. Es ist wahr, daß »Steuern auf Luxusartikel zuletzt immer von den Konsumenten der besteuerten Güter ohne jede Rückerstattung bezahlt werden. Sie treffen unterschiedslos jede Art des Einkommens: Arbeitslohn, Kapitalprofit und Grundrente«; aber es ist nicht wahr, «daß Steuern auf Bedarfsartikel, *insofern sie den arbeitenden Armen treffen*, letzthin teilweise von den Grundbesitzern durch eine verringerte Rente ihrer Böden und teilweise von den reichen Konsumenten, mögen sie nun Grundbesitzer oder andere sein, durch den erhöhten Preis der Manufakturwaren bezahlt werden«; denn *insofern diese Steuern den arbeitenden Armen treffen,* werden sie fast gänzlich in Gestalt verringerter Kapitalprofite bezahlt werden, da die Arbeiter selbst nur einen kleinen Teil davon in der verminderten Nachfrage nach Arbeit zu tragen hätten, welche jede Art von Besteuerung hervorzubringen strebt.

Infolge seiner irrtümlichen Ansichten von der Wirkung dieser Steuer ist Dr. Smith zu dem Schluß gelangt, daß »die mittleren und höheren Volksschichten, wenn sie ihren eigenen Vorteil verständen, sich stets allen Steuern auf die Bedarfsartikel des Lebens sowie auch allen direkten Steuern auf den Arbeitslohn widersetzen sollten.« Dieser Schluß folgt aus seiner Erwägung, »daß die schließliche Bezahlung der einen wie der anderen ganz und gar auf sie selbst fällt, und zwar stets mit einem erheblichen Aufschlage. Am schwersten treffen sie die Grundbesitzer[1], die stets in einer doppelten Eigenschaft zahlen: als Grundbesitzer, durch Verminderung ihrer Rente, und als reiche Konsumenten, durch Erhöhung ihrer Ausgaben. Die Bemerkung Sir Matthew Decker's, daß sich gewisse Steuern im Preise bestimmter Waren zuweilen vier- oder fünfmal wiederholen und anhäufen, ist in betreff der Steuern auf die Bedarfsartikel des Lebens vollkommen richtig. In dem Preise des Leders z. B. muß man nicht bloß die Steuern auf das Leder seiner eigenen Schuhe, sondern auch einen Teil derjenigen auf die des Schuhmachers und Gerbers bezahlen. Außerdem hat man für die Steuer auf Salz, Seife und Kerzen zu bezahlen, welche jene Handwerker, sowie für die Steuer auf das Leder, welches der Salzsieder, Seifensieder und Kerzenzieher bei ihrer Tätigkeit verbrauchen.«

Da jedoch Dr. Smith nicht behauptet, daß der Gerber, der Salzsieder, der Seifensieder und der Kerzenzieher aus der Steuer auf Leder, Salz, Seife und Lichte Vorteil haben werden, und da es sicher ist, daß die Regierung nicht mehr als die auferlegte Steuer empfangen wird, so ist es unmöglich, zu begreifen, daß vom Volke, gleichgültig wen die Steuer auch immer treffen mag, mehr bezahlt werden kann. Zwar können und werden auch tatsächlich die reichen Konsumenten für den armen Konsumenten zahlen, aber sie werden nicht mehr als den Gesamtbetrag der Steuer bezahlen, und es liegt nicht in der Natur der Dinge, daß sich »die Steuer vier- oder fünfmal wiederholen und akkumulieren sollte«.

Ein Besteuerungssystem kann fehlerhaft sein; es kann vom Volke mehr erhoben werden, als in den Staatssäckel fließt, da ein Teil in-

---

[1] Weit entfernt, dies zu tun, würden sie die Grundbesitzer und Kapitalisten kaum berühren.

folge seiner Wirkung auf die Preise vielleicht von denjenigen empfangen werden kann, welche wegen der besonderen Art, in der Steuern erhoben werden, im Vorteile sind. Solche Steuern sind schädlich und sollten daher nicht gefördert werden; denn es läßt sich der Grundsatz aufstellen, daß die Steuern, wenn sie gerecht wirken, mit dem ersten von Dr. Smith's Grundsätzen übereinstimmen und dem Volke so wenig wie möglich mehr als das entziehen sollen, was in die Kassen des Staates fließt. Say sagt: »Andere empfehlen Finanzprojekte und schlagen Mittel vor, den Säckel des Herrschers ohne jede Belastung seiner Untertanen zu füllen. Wenn aber ein Finanzplan nicht die Natur eines Handelsunternehmens hat, so kann er der Regierung nicht mehr geben, als er anderen Personen oder der Regierung selbst unter irgendeiner anderen Form entzieht. Wie durch den Schlag eines Zauberstabes läßt sich nicht Etwas aus Nichts machen. Auf welche Art und Weise ein Vorgehen auch verkleidet werden mag, in was für Formen wir auch einen Wert zwängen mögen, welcher Verwandlung wir ihn auch aussetzen mögen, können wir doch nur zu einem Werte gelangen, indem wir ihn schaffen oder anderen entziehen. Der allerbeste aller Finanzpläne ist, wenig auszugeben, und die beste aller Steuern diejenige, welche die niedrigste ist.«

Dr. Smith behauptet durchweg und, wie ich glaube, auch mit Recht, daß die arbeitenden Klassen zu den Staatslasten nicht wesentlich beisteuern können. Infolgedessen wird eine Steuer auf Bedarfsartikel oder auf Lohn von den Armen auf die Reichen abgewälzt werden; geht also Dr. Smith's Ansicht dahin, »daß sich gewisse Steuern oft vier- oder fünfmal im Preise bestimmter Waren wiederholen und häufen«, nur um diesen Zweck zu erfüllen, nämlich die Überwälzung der Steuer von den Armen auf die Reichen, so können sie aus diesem Grunde nicht kritisiert werden.

Angenommen, der gerechte Steueranteil eines reichen Konsumenten beliefe sich auf 100 £ und er würde sie direkt zahlen, wenn die Steuer auf Einkommen, Wein oder irgendeinen anderen Luxusartikel gelegt wäre, so würde er kein Unrecht leiden, wenn er durch die Besteuerung von Bedarfsartikeln nur mit 25 £ belangt werden sollte, soweit es seinen eigenen Verbrauch von Bedarfsartikeln und den seiner Familie anbeträfe, diese Steuer aber noch dreimal tragen müßte, indem er einen Zusatzpreis für andere Güter zahlte, um die Arbeiter oder deren Arbeitgeber für die Steuer zu entschädigen, welche sie vorzustrecken hätten. Selbst in dem Falle ist der Schluß nicht bündig; denn, wenn nicht mehr bezahlt werden sollte, als von der Regierung verlangt wird, von welcher Bedeutung kann es für den reichen Konsumenten sein, ob er die Steuer durch Zahlung eines höheren Preises für einen Luxusgegenstand direkt oder durch einen höheren Preis für Bedarfsartikel und andere Güter, die er konsumiert, indirekt entrichtet? Bezahlt das Volk nicht mehr, als die Regierung einnimmt, so wird der reiche Konsument nur seinen gerechten Anteil entrichten; wird mehr bezahlt, dann hätte Adam Smith feststellen sollen, von wem dieses Mehr empfangen wird. Seine ganze Argumentation gründet sich jedoch auf einen Irrtum; denn die Güterpreise würden durch solche Steuern nicht erhöht werden.

Es scheint mir nicht, daß Say dem einleuchtenden Grundsatz treu geblieben ist, den ich aus seinem trefflichen Werke zitiert habe; denn schon auf der nächsten Seite, wo er von der Besteuerung spricht, sagt er: »Wird sie zu weit getrieben, so bringt sie diese beklagenswerte Wirkung hervor, daß sie den Steuerzahler eines Teiles seines Vermögens beraubt, ohne den Staat zu bereichern. Das läßt sich begreifen, wenn wir in Betracht ziehen, daß jedermanns Kraft zu konsumieren, produktiv oder nicht, durch sein Einkommen begrenzt ist. Er kann also nicht eines Teiles seines Einkommens beraubt werden, ohne gezwungen zu sein, seinen Konsum entsprechend einzuschränken. Daraus entspringt eine Verminderung der Nachfrage nach solchen Waren, die er nicht mehr konsumiert, und besonders nach denjenigen, auf welche die Steuer gelegt ist. Aus dieser Verminderung der Nachfrage folgt eine Verringerung der Produktion und infolgedessen der steuerpflichtigen Güter. Der Steuerzahler wird daher einen Teil seiner Genüsse einbüßen, der Produzent einen Teil seiner Profite, und die Staatskasse einen Teil ihrer Einnahmen.«

Say führt die Salzsteuer in Frankreich vor der Revolution an, die, wie er sagt, die Salzproduktion um die Hälfte verminderte. Wenn jedoch weniger Salz verbraucht wurde, so wurde auch weniger Kapital zu seiner Produktion verwendet; und deshalb würde der Produzent, obgleich er aus der Salzgewinnung einen geringeren Profit ziehen würde, bei der Produktion anderer Dinge mehr verdienen. Trifft eine Steuer, so drückend sie auch sein mag, das Einkommen und nicht das Kapital, so vermindert sie nicht die Nachfrage, sie ändert nur deren Struktur. Sie setzt die Regierung in den Stand, vom Ertrage des Bodens und der Arbeit des Landes soviel zu verbrauchen, wie vorher von den Personen, die zur Steuer beitragen, konsumiert wurde; ein Übel, welches ohne Übertreibung schon groß genug ist. Beläuft sich mein jährliches Einkommen auf 1000 £ und werde ich im Jahre mit 100 £ für eine Steuer veranlagt, so werde ich nur imstande sein, neun Zehntel von der Menge von Waren, die ich vorher konsumierte, nachzufragen, aber ich befähige die Regierung, das andere Zehntel zu beanspruchen. Wäre das besteuerte Gut Getreide, so ist es nicht nötig, daß ich meine Nachfrage nach Getreide verminderte, da ich ja lieber 100 £ im Jahre mehr für mein Getreide ausgeben und meinen Bedarf an Wein, Möbeln und anderem Luxus bis zu demselben Betrag einschränken kann.[2] Infolgedessen wird zwar im Wein- oder Möbelgeschäft weniger Kapital verwendet werden, aber mehr in der Fabrikation solcher Güter, für welche die von der Regierung erhobenen Steuern verausgabt werden.

Say bemerkt, Turgot habe durch die Herabsetzung der Markthallenabgaben für Fische in Paris auf die Hälfte ihren Ertrag nicht beeinträchtigt, weshalb sich der Fischkonsum verdoppelt haben müsse. Er schließt daraus, daß der Profit des Fischers und derjenigen, die sich an diesem Gewerbe beteiligten, sich auch verdoppelt und sich das Einkommen des Landes um den Gesamtbetrag dieser erhöhten Profite vermehrt und dadurch, daß es einen Antrieb zur Kapitalansammlung gegeben habe, die Einnahmequellen des Staates vermehrt haben müsse.[3] Ohne mich auf die Politik, welche diese Änderung der Abgaben diktierte, näher einzulassen, hege ich meine Zweifel, ob sie irgendeinen großen Antrieb zur Kapitalansammlung gab. Wenn sich die Profite des Fischers und der anderen, die sich an dem Gewerbe beteiligten, infolge davon, daß mehr Fisch verbraucht worden wäre, verdoppelt hätten, so müßte man anderen Anlagen Kapital und Arbeit entzogen haben, um sie bei diesem besonderen Gewerbe zu verwenden. Aber in jenen Anlagen erzeugten Kapital und Arbeit Profite, welche, wenn sie daraus zurückgezogen wurden, haben aufgegeben werden müssen. Die Fähigkeit des Landes, Kapital anzusammeln, wurde nur um die Differenz der Profite vermehrt, die man aus dem Wirtschaftszweig erzielte, in welchem das Kapital neu angelegt wurde, und jenen, die in dem erzielt wurden, aus dem es zurückgezogen wurde.

Mögen die Steuern nun dem Einkommen oder dem Kapital entnommen werden, sie verringern die steuerbaren Güter des Landes. Wenn ich aufhöre, 100 £ für Wein auszugeben, weil ich die Regierung durch Bezahlung einer Steuer von diesem Betrag in den Stand gesetzt habe, 100 £ auszugeben, statt sie selber auszugeben, so wird notwendiger-

---

[2] Say sagt, »daß die Steuer, die auf den Preis eines Gutes aufgeschlagen wird, seinen Preis steigert. Jede Preiserhöhung eines Gutes verringert notwendigerweise die Zahl derjenigen, welche es kaufen können, oder doch wenigstens die Menge, welche diese davon konsumieren werden«. Das ist keineswegs eine notwendige Folge. Ich glaube nicht, daß wenn Brot besteuert wäre, sich der Brotkonsum mehr verringern würde, als wenn man Tuch, Wein oder Seife besteuert hätte.

[3] Die folgende Bemerkung desselben Schriftstellers scheint mir ebenfalls irrig zu sein: »Wenn ein hoher Zoll auf Baumwolle gelegt wird, vermindert sich die Produktion solcher Waren, für welche Baumwolle die Grundlage bildet. Beliefe sich der Gesamtwert, welcher der Baumwolle in ihren verschiedenen Fabrikationszweigen in einem einzelnen Lande hinzugefügt wird, auf 100 Millionen Fr. im Jahre und wäre die Wirkung der Steuer, den Verbrauch auf die Hälfte zu verringern, dann würde die Steuer diesem Lande alljährlich 50 Millionen Fr. entziehen, wozu noch die von der Regierung erhobene Summe käme« (a. a. O., Bd. II, S. 314).

weise ein Güterwert von einhundert Pfund von der Liste der steuerbaren Güter gestrichen. Wenn sich das Einkommen der Bewohner eines Landes auf 10 Millionen beläuft, werden sie wenigstens einen Wert von 10 Millionen steuerbarer Güter besitzen. Wird durch Besteuerung der Regierung eine Million zur Verfügung gestellt, so wird zwar ihr Einkommen nominell immer noch 10 Millionen betragen, aber sie werden nur noch einen Wert von 9 Millionen an steuerbaren Gütern übrig behalten. Es gibt keine Umstände, unter welchen eine Besteuerung nicht die Genüsse derjenigen verkürzt, auf welche die Steuern schließlich fallen, und keine Mittel, wodurch diese Genüsse wieder vermehrt werden können, als die Ansammlung von neuem Einkommen.

Die Besteuerung kann nie so gleichmäßig angewandt werden, daß sie auf den Wert aller Güter im selben Verhältnis einwirkt und sie im selben verhältnismäßigen Werte erhält. Häufig wirkt sie sehr verschieden von der Absicht der Gesetzgebung durch ihre indirekten Wirkungen. Wir haben schon gesehen, daß die Wirkung einer direkten Steuer auf Getreide und Rohprodukte ist, falls auch das Geld in dem betreffenden Lande erzeugt wird, den Preis aller Güter in dem Verhältnis, wie Rohprodukte in ihre Zusammensetzung eingehen, zu erhöhen und dadurch die natürliche Beziehung, die vorher zwischen ihnen bestand, zu zerstören. Eine andere indirekte Wirkung ist, daß sie den Lohn steigert und die Profitrate drückt; und in einem anderen Teile dieses Werkes haben wir gesehen, daß die Wirkung eines Steigens der Löhne und eines Fallens der Profite ist, die Geldpreise derjenigen Güter herabzusetzen, welche in höherem Grade durch die Verwendung stehenden Kapitals produziert werden.

Daß ein Gut, wenn es besteuert ist, nicht mehr so gewinnbringend exportiert werden kann, ist so wohl verstanden worden, daß man auf seine Ausfuhr häufig eine Steuererstattung bewilligt und einen Zoll auf seine Einfuhr gelegt hat. Wenn diese Rückvergütungen und Zölle nicht nur auf die betreffenden Güter selbst, sondern auch auf alle diejenigen, für welche sie indirekt von Bedeutung sind, und zwar in genau entsprechender Höhe angewendet werden, dann allerdings wird keine Störung im Werte der Edelmetalle eintreten. Da wir dann ein Gut nach dessen Besteuerung ebenso leicht exportieren könnten wie vorher und der Einfuhr keine besondere Erleichterung gewährt werden würde, so würden die Edelmetalle nicht mehr als vorher in die Liste der ausführbaren Güter eintreten.

Von allen Gütern eignen sich wohl keine zu Besteuerungszwecken so gut wie diejenigen, welche entweder auf natürlichem oder auf künstlichem Wege mit besonderer Leichtigkeit erzeugt werden. In bezug auf fremde Länder können solche Güter unter die eingereiht werden, deren Preis sich nicht nach der Menge der auf sie verwendeten Arbeit richtet, sondern nach Liebhaberei, Geschmack und Kaufkraft der Käufer. Besäße England ergiebigere Zinnminen als andere Länder, oder hätte es infolge besserer Maschinen oder Brennstoffe besondere Vorteile bei der Fabrikation von Baumwollwaren, dann würden die Preise von Zinn und von Baumwollwaren in England auch ferner durch die verhältnismäßige Menge von Arbeit und Kapital bestimmt werden, die zu ihrer Produktion erforderlich wäre, und sie würden sich wegen der Konkurrenz unserer Kaufleute für den fremden Konsumenten kaum erheblich teurer stellen. Vielleicht könnte unser Vorteil in der Erzeugung dieser Güter so groß sein, daß sie auf dem fremden Markt eine recht beträchtliche Preiserhöhung zu ertragen vermöchten, ohne daß sich ihr Verbrauch dadurch wesentlich verringerte. Solange aber bei uns freier Wettbewerb herrschte, könnten sie diesen Preis niemals anders erlangen, als durch eine Steuer auf ihren Export. Diese Steuer würde gänzlich die auswärtigen Konsumenten treffen, und auf diese Weise würde ein Teil der Ausgaben der englischen Regierung mit einer Steuer auf den Boden und die Arbeit anderer Länder bestritten werden. Die Teesteuer, welche das englische Volk gegenwärtig bezahlt und die zur Deckung der Ausgaben der englischen Regierung beiträgt, könnte der Bezahlung der Ausgaben der chinesischen Regierung zugute kommen, falls man sie in China der Teeausfuhr auferlegte.

Luxussteuern haben den Steuern auf Bedarfsartikel gegenüber einige Vorteile voraus. Sie werden im allgemeinen aus dem Einkommen bestritten und reduzieren infolgedessen das produktive Kapital des Landes nicht. Wenn der Wein infolge von Besteuerung bedeutend im Preis stiege, würde man wahrscheinlich lieber auf den Genuß von Wein verzichten, als irgendwelche bedeutenden Eingriffe in sein Kapital machen, um imstande zu sein, ihn zu kaufen. Sie werden so mit dem Preise identifiziert, daß der Steuerzahler kaum gewahr wird, daß er eine Steuer zahlt. Aber sie haben auch ihre Nachteile. Erstens treffen sie niemals das Kapital, und doch kann es bei einigen außergewöhnlichen Gelegenheiten geboten sein, daß selbst das Kapital zu den öffentlichen Lasten beitrage, und zweitens bieten sie keine Sicherheit für das Aufkommen der Steuer, weil diese vielleicht nicht einmal das Einkommen wirklich erreicht. Jemand, der die Absicht hat zu sparen, wird einer Steuer auf Wein dadurch ausweichen, daß er es aufgibt, ihn zu verbrauchen. Das Einkommen des Landes kann unvermindert bleiben, und doch kann der Staat außerstande sein, auch nur einen Schilling durch die Steuer aufzubringen.

Was die Gewohnheit genußreich gemacht hat, wird nur mit Widerwillen aufgegeben und weiter trotz einer sehr erheblichen Steuer verbraucht werden. Aber dieser Widerwille hat seine Grenzen, und die

Erfahrung lehrt tagtäglich, daß eine Erhöhung des nominellen Betrages einer Steuer oft den Ertrag verringert. Jemand, der dieselbe Weinmenge weiter trinken würde, obgleich der Preis einer Flasche um 3 Schilling gestiegen wäre, würde doch lieber auf diesen Genuß verzichten, als zusätzliche 4 Schilling dafür bezahlen. Ein anderer wird bereit sein, 4 Schilling zu bezahlen, aber sich weigern, 5 zu bezahlen. Dasselbe kann von anderen Luxussteuern gesagt werden. Viele, die für die Annehmlichkeit, welche ein Pferd gewährt, gern eine Steuer von 5 £ bezahlten, würden eine solche von 10 £ oder 20 £ nicht mehr entrichten. Sie geben den Gebrauch von Wein und Pferden nicht deshalb auf, weil sie nicht mehr bezahlen können, sondern weil sie nicht mehr bezahlen wollen. Jedermann hat in seinem Kopfe einen Maßstab, nach dem er den Wert seiner Genüsse schätzt; aber dieser Maßstab ist so verschieden wie der menschliche Charakter. Ein Land, dessen finanzielle Lage durch seine schädliche Politik hinsichtlich der Anhäufung einer großen nationalen Schuld und einer daraus folgenden kolossalen Besteuerung äußerst schwierig geworden ist, ist besonders der Unannehmlichkeit, die diese Art, Steuern zu erheben, begleitet, ausgesetzt. Nachdem alle Luxusgegenstände mit Steuern belegt worden sind, nachdem Pferde, Kutschen, Wein, Diener und alle übrigen Annehmlichkeiten des Reichen eine Besteuerung erfahren haben, wird schließlich ein Minister dahin geführt, zu mehr direkten Steuern, wie Einkommen- und Vermögensteuern, seine Zuflucht zu nehmen und dadurch die goldene Regel Say's außer acht zu lassen, »daß der allerbeste aller Finanzpläne ist, wenig auszugeben, und die beste aller Steuern diejenige ist, welche die niedrigste ist«.

KAPITEL XVII

Steuern auf andere Güter als Rohprodukte

Nach demselben Grundsatze, demzufolge eine Getreidesteuer den Getreidepreis erhöhen würde, würde eine Steuer auf irgendein anderes Gut den Preis jenes Gutes in die Höhe treiben. Stiege das Gut nicht um eine der Steuer gleiche Summe, so würde es seinem Produzenten nicht denselben Gewinn einbringen, den er vorher hatte, und er würde sein Kapital einem anderen Gewerbezweig zuwenden.

Die Besteuerung aller Güter wird ihre Preise, solange das Geld seinen unveränderten Wert behält, mindestens um einen der Steuer gleichen Betrag erhöhen.[1] Eine Steuer auf die fabrizierten Bedarfsartikel des Arbeiters würde dieselbe Wirkung auf den Lohn zur Folge haben, wie eine Steuer auf Getreide, welches sich ja von den anderen Bedarfsartikeln nur dadurch unterscheidet, daß es als erstes und wichtigstes von ihnen obenan steht, und genau dieselben Wirkungen würde sie auch auf den Kapitalprofit und den auswärtigen Handel ausüben. Aber eine Steuer auf Luxusgegenstände würde keine andere Wirkung haben, als ihren Preis zu erhöhen. Sie würde gänzlich auf den Konsumenten fallen und könnte weder den Lohn steigern, noch die Profite herabdrücken.

Steuern, die dem Lande für die Führung eines Krieges oder für die ordentlichen Ausgaben des Staates auferlegt werden und die hauptsächlich für den Unterhalt unproduktiver Arbeiter bestimmt sind, werden der produktiven Industrie des Landes entzogen, und jedwede Ersparnis, die sich bei solchen Ausgaben machen läßt, wird im allge-

[1] Say bemerkt, »daß ein Fabrikant nicht imstande sei, den Konsumenten zur Zahlung der gesamten, auf sein Gut gelegten Steuer zu veranlassen, weil dessen höherer Preis seinen Verbrauch vermindern wird«. Sollte das der Fall sein, sollte der Verbrauch abnehmen, wird sich dann das Angebot nicht ebenso schnell verringern? Warum sollte der Fabrikant sein Gewerbe fortführen, wenn sein Profit unter dem allgemeinen Stande steht? Say scheint auch hier die Lehre vergessen zu haben, die er anderwärts verteidigt, nämlich, »daß die Produktionskosten den Preis bestimmen, unter welchen die Güter auf längere Zeit nicht sinken können, weil sonst die Produktion entweder eingestellt oder vermindert werden würde« (a. a. O., Bd. II, S. 26). – »Die Steuer trifft also in diesem Falle teilweise den Konsumenten, welcher für das besteuerte Gut mehr ausgeben muß, und teilweise den Produzenten, der nach Abzug der Steuer weniger erhalten wird. Dem Fiskus wird das zugute kommen, was der Käufer mehr bezahlt, sowie auch das Opfer, welches der Produzent durch Hingabe eines Teiles von seinem Profit bringen muß. Die Kraft des Schießpulvers wirkt zu gleicher Zeit auf die Kugel, die es fortschleudert, und auf das Geschütz, welches es zurückweichen läßt« (a. a. O., Bd. II, S. 333).

meinen dem Einkommen, wenn nicht dem Kapital, der Steuerzahler zugute kommen. Wenn für die Kosten eines Kriegsjahres 20 Millionen mittels einer Anleihe aufgebracht werden, so entzieht man diese 20 Millionen dem produktiven Kapitale der Nation. Die Million pro Jahr, welche zur Bezahlung der Zinsen dieser Anleihe durch Steuern erhoben wird, geht nur von denen, die sie bezahlen, auf diejenigen über, die sie empfangen, d. h. vom Steuerzahler zum Staatsgläubiger. Die wirkliche Ausgabe bilden die 20 Millionen und nicht die Zinsen, welche dafür bezahlt werden müssen.[2] Ob die Zinsen nun bezahlt oder nicht bezahlt werden, das Land wird darum weder reicher noch ärmer sein. Die Regierung hätte die 20 Millionen auf einmal in der Gestalt von Steuern einfordern können, in welchem Falle es nicht nötig gewesen wäre, alljährlich Steuern im Betrage von einer Million zu erheben. Das würde jedoch die Natur der Transaktion nicht geändert haben. Statt jemanden zur Zahlung von 100 £ pro Jahr aufzufordern, hätte man ihn zwingen können, 2000 £ ein für allemal zu entrichten. Möglicherweise hätte es ihm auch besser gepaßt, sich diese 2000 £ zu leihen und dafür alljährlich 100 £ Zinsen an den Geldgeber zu zahlen, als die größere Summe aus seinen eigenen Mitteln aufzubringen. In dem einen Falle ist es ein privates Übereinkommen zwischen A. und B., im anderen leistet die Regierung dem B. für die Zahlung der Zinsen Gewähr, für die A. ebenfalls aufzukommen hat. Wäre das Übereinkommen privater Natur gewesen, so würde keine öffentliche Urkunde darüber ausgefertigt sein, und es würde für das Land verhältnismäßig gleichgültig sein, ob A. seinen Kontrakt dem B. getreulich hielte, oder ob er die 100 £ im Jahre widerrechtlich in seinem eigenen Besitz behielte. Allerdings würde das Land an der getreuen Einhaltung eines Kontraktes ein allgemeines Interesse haben, aber hinsichtlich des Volkswohlstandes würde es kein anderes Interesse haben als das, ob A. oder B. diese 100 £ am produktivsten an-

---

[2] »Melon sagt, daß die Staatsschulden Schulden sind, die von der rechten Hand in die linke gehen, wodurch der Körper nicht geschwächt wird. Sicherlich wird das Nationalvermögen durch die Bezahlung der Zinsen auf ausstehende Schulden nicht verringert; denn die Zinsen bilden einen Wert, der aus der Hand des Steuerzahlers in die des Staatsgläubigers übergeht. Ob es der Staatsgläubiger oder der Steuerzahler ist, der sie ansammelt oder verbraucht, das ist für die Gesamtheit kaum von Bedeutung. Aber das Kapital der Schuld – was ist aus ihm geworden? Es existiert nicht mehr. Der Verbrauch, welcher der Anleihe folgte, hat ein Kapital vernichtet, welches niemals mehr Einkommen spenden wird. Die Gesellschaft ist nicht um den Betrag der Zinsen gebracht worden, denn diese gehen aus der einen Hand in die andere über, sondern um das Einkommen aus einem vernichteten Kapital. Wenn dieses Kapital von demjenigen produktiv verwendet worden wäre, der es dem Staate lieh, so würde es ihm ebenfalls ein Einkommen eingebracht haben, aber jenes Einkommen würde aus einer wirklichen Produktion hervorgegangen und nicht der Tasche eines Mitbürgers entnommen worden sein« (Say, Bd. II, S. 357). Das ist im wahren Geiste der Wissenschaft aufgefaßt und ausgedrückt.

legen würde. Allein über diese Frage zu entscheiden, würde es weder ein Recht, noch die nötige Fähigkeit haben. Es wäre möglich, daß A. die Summe, falls er sie für seinen eigenen Gebrauch zurückbehielte, nutzlos verschwendete und daß, wenn sie an B. bezahlt wäre, dieser sie seinem Kapitale zuführen und produktiv verwendete. Auch das Umgekehrte würde möglich sein. Im Hinblick auf den Volkswohlstand allein möchte es gleich oder mehr wünschenswert sein, daß A. sie bezahlte, oder nicht. Aber die Ansprüche auf Gerechtigkeit und Treu und Glauben, ein höheres Gut, dürfen nicht hinter die auf ein geringeres zurücktreten, und demnach würden, wenn der Staat zur Entscheidung angerufen würde, die Gerichtshöfe den A. zwingen, seinen Kontrakt zu erfüllen. Eine durch die Nation garantierte Schuld unterscheidet sich in keiner Hinsicht von dem obigen Übereinkommen. Gerechtigkeit und Treu und Glauben gebieten, daß die Zinsen einer Staatsschuld fortlaufend bezahlt werden und daß man von denjenigen, welche ihre Kapitalien zu Zwecken des Gemeinwohls vorgestreckt haben, nicht verlangt, auf ihre berechtigten Forderungen unter dem Vorwande staatlicher Nützlichkeitserwägungen Verzicht zu leisten.

Unabhängig von dieser Überlegung ist es jedoch keinesfalls sicher, daß durch die Aufopferung politischer Rechtschaffenheit ein politischer Vorteil gewonnen würde; es folgt noch keineswegs daraus, daß der von der Zahlung der Staatsschuldzinsen befreite Teil sie produktiver verwenden würde, als die, welchen sie fraglos zukommen. Durch Beseitigung der Staatsschuld könnte vielleicht das Einkommen jemandes von 1000 £ auf 1500 £ gesteigert werden, aber das eines andern würde dann von 1500 £ auf 1000 £ sinken. Die Einkommen dieser beiden Personen belaufen sich jetzt auf 2500 £, sie würde sich dann nicht auf mehr belaufen. Wenn es die Aufgabe der Regierung wäre, Steuern zu erheben, so würde in dem einen Fall genau so viel steuerbares Kapital und Einkommen vorhanden sein wie im andern. Also nicht durch die Zinszahlung für die Staatsschuld wird ein Land ins Elend gestürzt, noch kann ihm mit der Entlastung von der Zahlung geholfen werden. Nur durch Ersparnis vom Einkommen und durch Einschränkung der Ausgaben kann das Nationalkapital vermehrt werden, und durch Beseitigung der Staatsschuld würde man weder das Einkommen erhöhen, noch die Ausgaben verringern. Durch verschwenderische Ausgaben seitens der Regierung und einzelner Personen und durch Anleihen verarmt das Land; daher wird jede Maßnahme, welche darauf gerichtet ist, öffentliche und private Sparsamkeit zu fördern, die öffentliche Notlage lindern. Aber es ist Irrtum und Täuschung anzunehmen, daß eine wirkliche nationale Schwierigkeit behoben werden kann, wenn man sie von den Schultern der einen Klasse der Allgemeinheit, welche sie gerechterweise zu tragen hätte, auf die Schultern einer andern abwälzt, welche nach allen Grundsätzen der Gerechtigkeit nicht mehr als ihren Anteil tragen sollte.

Aus dem Gesagten darf man jedoch nicht schließen, daß ich das Borgsystem für das am besten geeignete halte, um die außerordentlichen Ausgaben des Staates zu bestreiten. Es ist ein System, das uns weniger haushälterisch zu machen, uns für unsere tatsächliche Lage blind zu machen tendiert. Wenn sich die Kosten eines Krieges auf 40 Millionen im Jahre belaufen und der Anteil, welchen jemand zur Deckung dieser jährlichen Ausgaben beizusteuern hätte, 100 £ ausmachte, so würde der Betreffende, falls man ihn aufforderte, seinen Anteil auf einmal zu bezahlen, die 100 £ bald aus seinem Einkommen zu erübrigen suchen. Bei dem Anleihesystem soll er nur die Zinsen von diesen 100 £ oder 5 £ im Jahre bezahlen, und er glaubt, genug zu tun, wenn er diese 5 £ von seinen Ausgaben erspart, und wiegt sich dann in dem Glauben, daß er ebenso reich sei wie zuvor. Wenn das ganze Volk so denkt und handelt, spart es nur die Zinsen von 40 Millionen oder 2 Millionen, und es verliert dabei nicht bloß allen Zins oder Gewinn, welchen 40 Millionen Kapital bei produktiver Verwendung einbringen würden, sondern auch noch 38 Millionen dazu, d. h. die Differenz zwischen seinen Ersparnissen und Ausgaben. Wenn, wie ich vorhin bemerkte, jeder seine eigene Anleihe aufzunehmen und mit seinem vollen Anteil zu den Bedürfnissen des Staates beizusteuern hätte, dann würde die Besteuerung aufhören, sobald der Krieg zu Ende wäre, und wir würden sofort zu einem natürlichen Stand der Preise zurückkehren. A. könnte vielleicht aus seinen privaten Mitteln dem B. die Zinsen für das Geld zu bezahlen haben, das er von ihm während des Krieges entlieh, um seinen Anteil an den Ausgaben entrichten zu können; aber damit würde die Nation nichts zu tun haben.

Ein Land, das eine große Schuld angehäuft hat, befindet sich in einer sehr prekären Lage; und obschon es wegen des Betrages der Steuern und des gestiegenen Preises der Arbeit in Vergleich mit fremden Ländern keinem anderen Nachteil ausgesetzt ist, als dem unvermeidlichen, diese Steuern bezahlen zu müssen, so erheischt es doch das Interesse eines jeden Steuerzahlers, seine Schultern von dieser Last zu befreien und die Bezahlung von sich auf einen anderen abzuwälzen; und die Versuchung, mit seinem Kapitale in ein anderes Land zu übersiedeln, wo er von derartigen Lasten frei sein wird, wird schließlich unwiderstehlich und besiegt das natürliche Widerstreben, welches jedermann vor dem Verlassen des Ortes seiner Geburt und des Schauplatzes seiner Jugenderinnerungen empfindet. Ein Land, das sich in die mit diesem Systeme verbundenen Schwierigkeiten verwickelt hat, würde klug daran tun, sich von ihnen durch Aufopferung eines Teiles seines Eigentums, der zur Tilgung seiner Schuld nötig sein könnte, frei zu machen. Was für einen einzelnen weise ist, ist es auch für ein Volk. Jemand, der 10 000 £ besitzt, die ihm ein Einkommen von 500 £ sichern, aus welchem er jährlich 100 £ für Schuldzinsen zu zahlen hat, hat in Wirklichkeit nur ein Vermögen von 8000 £ und würde gleich reich bleiben, ob er 100 £ im Jahre weiter bezahlte, oder ein für allemal 2000 £ opferte. Aber wo, fragt man, würde der Käufer des Eigentums sein, welches der Betreffende, um diese 2000 £ zu erlangen, veräußern müßte? Die Antwort ist klar: Der Staatsgläubiger, der diese 2000 £ erhalten soll, wird eine Anlage für sein Geld brauchen und daher geneigt sein, es entweder dem Grundbesitzer oder dem Fabrikanten zu leihen oder aber ihnen einen Teil des zu ihrer Verfügung stehenden Eigentums abzukaufen. Selbst die Kapitalisten würden zu einer solchen Zahlung reichlich beisteuern. Dieser Plan ist schon öfters anempfohlen worden, aber wir haben leider weder Klugheit noch Mut genug, um ihn anzunehmen. Indessen muß man zugeben, daß während des Friedens unsere unablässigen Bemühungen darauf gerichtet sein sollten, den Teil der Schuld, der während des Krieges aufgenommen worden ist, zurückzuzahlen.

Kein Tilgungsfonds kann dem Zwecke, die Schuld herabzumindern, dienen, wenn er nicht aus dem Überschuß der öffentlichen Einnahmen über die öffentlichen Ausgaben gebildet wird. Es ist zu bedauern, daß der Tilgungsfonds in unserem Lande nur dem Namen nach ein solcher ist; denn bei uns ist ein Überschuß der Einnahmen über die Ausgaben nicht vorhanden. Durch Sparsamkeit sollte man aus ihm einen tatsächlich wirksamen Fonds für die Bezahlung der Schuld machen. Wenn wir unsere Schuld beim Ausbruch eines zukünftigen Krieges nicht sehr erheblich herabgesetzt haben werden, so muß eins von zweien geschehen: Entweder müssen die Gesamtkosten jenes Krieges durch Steuern, die von Jahr zu Jahr erhoben werden, bestritten werden, oder wir müssen am Ende jenes Krieges, wenn nicht schon vorher, einen Staatsbankerott erleiden. Nicht, daß wir außerstande sein werden, eine größere Schuldvermehrung zu tragen; es würde schwerfallen, den Kräften eines großen Volkes Schranken zu setzen; sondern weil sicherlich der Preis seine Grenzen hat, welchen in der Form einer dauernden Besteuerung Individuen bloß für das Vorrecht zu zahlen gewillt sein werden, in ihrem Vaterlande leben zu können.[3]

---

[3] »Der Kredit ist im allgemeinen gut, da er den Kapitalien solche Hände zu verlassen gestattet, wo sie nicht nützlich verwendet werden, und sie in die überleitet, in denen sie produktiv gestaltet werden: er lenkt ein Kapital aus einer Verwendung, in der es, wie eine Anlage in Staatspapieren, nur für einen Kapitalisten gewinnbringend ist, in die Hände der wirtschaftlich Tätigen ab, um es produktiv zu gestalten. Er erleichtert die Verwendung aller Kapitalien und läßt keines ungenutzt liegen« (Économie Politique, 4. Auflage, Bd. II, S. 463). Das muß ein Versehen von Say sein. Das Kapital des Aktionärs kann niemals produktiv gemacht werden – es ist

Wenn ein Gut einen Monopolpreis hat, so steht es auf dem höchsten Preis, zu welchem die Käufer es zu erwerben gewillt sind. Güter haben nur dann einen Monopolpreis, wenn sich ihre Menge in keiner Weise vermehren läßt, und wenn sich infolgedessen die Konkurrenz ganz auf einer Seite, auf der der Käufer, befindet. Der Monopolpreis innerhalb eines Zeitraumes kann bedeutend höher oder niedriger als der Monopolpreis während eines anderen sein, weil der Wettbewerb unter den Käufern von ihrem Wohlstande, ihren Geschmacksrichtungen und Launen abhängen muß. Jene besonderen Weine, welche in sehr beschränkter Menge gewonnen werden, und jene Kunstwerke, welche infolge ihrer Vortrefflichkeit oder Seltenheit einen fabelhaften Wert angenommen haben, werden für eine sehr verschiedene Menge von dem Erzeugnis gewöhnlicher Arbeit ausgetauscht werden, je nachdem die Gesellschaft reich oder arm ist, Fülle oder Mangel an solchem Erzeugnis hat, oder sich in einem rohen oder kultivierten Zustande befindet. Daher wird der Tauschwert eines Gutes, das einen Monopolpreis hat, nirgends durch seine Produktionskosten bestimmt.

Die Rohprodukte besitzen keinen Monopolpreis, weil sich der Marktpreis von Gerste oder Weizen ebenso sehr nach ihren Produktionskosten richtet, wie der Marktpreis von Tuch und Leinen. Der einzige Unterschied besteht darin, daß nur ein Teil des in der Landwirtschaft verwendeten Kapitals den Getreidepreis bestimmt, nämlich jener Teil, welcher keine Rente zahlt, während bei der Produktion von Fabrikaten jeder Teil des Kapitals mit denselben Ergebnissen verwendet wird, und da kein Teil eine Rente bezahlt, so ist jeder Teil in gleicher Weise ein Preisregulator. Auch lassen sich Getreide und andere Rohprodukte durch Verwendung von mehr Kapital auf den Boden an Menge vermehren, und schon deshalb haben sie keinen Monopolpreis. Der Wettbewerb herrscht hier unter den Verkäufern ebenso, wie unter den Käufern. Bei der Produktion jener seltenen Weine und wertvollen Kunstwerke, von welchen wir gesprochen haben, ist das nicht der Fall; ihre Menge kann nicht vermehrt werden, und ihr Preis wird nur durch die Stärke der Kaufkraft und der Kaufwilligkeit der Nachfrager beschränkt. Die Rente dieser Weinberge kann über jede einigermaßen bestimmbaren Grenzen erhöht werden, weil, da kein anderer Boden imstande ist, solche Weine zu produzieren, keiner mit ihnen in Wettbewerb gebracht werden kann.

Allerdings lassen sich Getreide und Rohprodukte eines Landes zeitweilig zu Monopolpreisen verkaufen; aber das können sie dauernd

in Wirklichkeit kein Kapital. Wenn er seine Papiere verkaufen und das dafür erhaltene Kapital produktiv anlegen sollte, so könnte er das nur in der Weise ermöglichen, daß er das Kapital des Käufers seiner Papiere von einer produktiven Verwendung abzieht.

nur dann tun, wenn sich kein Kapital mehr mit Profit auf die Böden verwenden und ihr Ertrag sich infolgedessen nicht vergrößern läßt. Zu solcher Zeit wird jeder Teil des Bodens, der in Anbau ist, und jeder auf den Boden verwendete Teil des Kapitals eine Rente einbringen, die sich in der Tat im Verhältnis zur Differenz im Ertrage unterscheidet. Dann wird auch jede dem Landwirt etwa auferlegte Steuer die Rente und nicht den Konsumenten treffen. Er kann den Preis seines Getreides nicht erhöhen, weil es der Voraussetzung nach schon auf dem höchsten Preis steht, zu welchem die Käufer kaufen wollen oder können. Er wird nicht mit einer niedrigeren Profitrate, als der, die von anderen Kapitalisten bezogen wird, zufrieden sein, und deshalb wird er nur die Wahl haben, eine Rentenermäßigung zu erwirken oder sein Unternehmen aufzugeben.

Buchanan glaubt, Getreide und Rohprodukte hätten einen Monopolpreis, weil sie eine Rente abwerfen. Er vermutet, daß alle Güter, die eine Rente abwerfen, einen Monopolpreis haben; und daraus schließt er, daß alle Steuern auf Rohprodukte den Grundbesitzer und nicht den Konsumenten treffen würden. »Da der Preis des Getreides«, sagt er, »welches stets eine Rente bringt, keineswegs durch seine Produktionskosten beeinflußt wird, müssen jene Ausgaben aus der Rente bezahlt werden; und wenn sie daher steigen oder sinken, so ist die Folge nicht ein höherer oder niedriger Preis, sondern eine höhere oder niedrigere Rente. Von diesem Standpunkte aus betrachtet, sind alle Steuern auf Gesinde, Pferde oder Ackergeräte in Wirklichkeit Grundsteuern; wobei während seiner Pachtzeit die Last auf den Landwirt fällt, und wenn die Pacht erneuert werden muß, auf den Gutsbesitzer. In gleicher Weise verringern alle jene verbesserten landwirtschaftlichen Geräte, die dem Landwirt Kosten ersparen, wie Dresch- und Mähmaschinen, und alles, was ihm leichteren Zutritt zum Markte gibt, wie gute Wege, Kanäle und Brücken, nicht den Marktpreis des Getreides, obschon sie die ursprünglichen Produktionskosten des Getreides verringern. Alles, was daher mit jenen Verbesserungen erspart wird, gehört dem Gutsbesitzer als Teil seiner Rente.«

Es ist klar, daß, wenn wir Buchanan die Grundlage, auf welcher seine Beweisführung aufgebaut ist, einräumen, nämlich, daß der Getreidepreis stets eine Rente abwirft, natürlich alle die Folgerungen, die er behauptet, sich ergeben würden. Steuern auf den Landwirt würden dann nicht auf den Konsumenten, sondern auf die Rente fallen, und alle Verbesserungen in der Landwirtschaft würden die Rente erhöhen. Aber ich hoffe, hinreichend klargelegt zu haben, daß bis zu der Zeit, wo ein Land in jedem seiner Teile, und zwar bis zum höchsten Grade, in Anbau genommen worden ist, stets ein auf den Boden verwendeter Kapitalteil vorhanden ist, welcher keine Rente einbringt, und daß gerade dieser Kapitalteil, dessen Ertrag, genau wie bei gewerblichen Unternehmungen, in Profit und Lohn zerfällt, den Getreidepreis bestimmt. Da also der Preis des Getreides, welches keine Rente gewährt, durch seine Produktionskosten beeinflußt wird, so können jene Kosten nicht aus der Rente bezahlt werden. Die Folge von jenen steigenden Kosten ist demnach ein höherer Preis und nicht eine niedrigere Rente.

Es ist bemerkenswert, daß beide, Adam Smith wie Buchanan, welche darin völlig übereinstimmen, daß die Rohproduktensteuern, eine Grundsteuer und Zehnten sämtlich die Grundrente und nicht die Konsumenten der Rohprodukte treffen, dennoch zugestehen müssen, daß Malzsteuern auf den Bierkonsumenten und nicht auf die Rente des Grundbesitzers fallen würden. Adam Smith's Beweisführung ist eine gelungene Darstellung der Ansicht, welche ich selbst von der Malzsteuer und jeder anderen Steuer auf Rohprodukte hege.

KAPITEL XVIII

Armensteuern

Die Armensteuer ist eine Steuer, die unter verschiedenen Umständen den Konsumenten von Rohprodukten und Waren, den Kapitalprofit und die Grundrente trifft. Sie stellt sich als eine Steuer dar, die mit besonderem Gewicht auf den Profit des Landwirts fällt und infolgedessen als von Einfluß auf den Rohproduktenpreis betrachtet werden kann. In dem Grade, wie sie die gewerblichen und landwirtschaftlichen Profite gleichmäßig belastet, wird sie sich zu einer allgemeinen Kapitalprofitsteuer gestalten und keine Veränderung im Preise der Rohprodukte und Fabrikate verursachen. Im Verhältnis zu des Landwirts Unfähigkeit, sich für denjenigen Teil der Steuer, welcher ihn speziell trifft, durch eine Erhöhung des Rohproduktenpreises schadlos zu halten, wird sie eine Rentensteuer sein und vom Grundbesitzer bezahlt werden. Um also die Wirkung der Armensteuer zu irgendeiner bestimmten Zeit kennenzulernen, müssen wir feststellen, ob sie zu jener Zeit die Profite des Landwirts und Fabrikanten in gleichem oder ungleichem Grade trifft, und auch, ob die Umstände derartig liegen, daß sie dem Landwirt die Möglichkeit bieten, den Preis der Rohprodukte zu erhöhen.

Die Armensteuern sollen vorgeblich von dem Landwirt im Verhältnis zu seiner Rente erhoben werden; und demgemäß sollte derjenige Landwirt, welcher eine sehr geringe oder überhaupt keine Rente bezahlt, wenig oder keine Steuer bezahlen. Wenn das wahr wäre, würden die Armensteuern, soweit sie von der ländlichen Klasse bezahlt werden, gänzlich den Grundbesitzer belasten und könnten auf den Konsumenten der Rohprodukte nicht abgewälzt werden. Allein, ich glaube, daß es nicht wahr ist; die Armensteuer wird nicht entsprechend der Rente erhoben, die ein Landwirt seinem Gutsherrn jeweils bezahlt; sie steht im Verhältnis zum Jahreswerte seines Bodens, mag jener Jahreswert diesem nun durch das Kapital des Gutsherrn oder des Pächters verliehen sein.

Wenn zwei Landwirte in derselben Gemeinde Land von zwei verschiedenen Qualitäten pachteten, wobei der eine für 50 Morgen des fruchtbarsten Bodens eine Jahresrente von 100 £ und der andere die nämliche Summe für 1000 Morgen des am wenigsten fruchtbaren bezahlte, so würden sie, falls keiner von beiden versuchte, den Boden zu verbessern, denselben Betrag an Armensteuern entrichten. Wenn sich jedoch der Pächter des armen Bodens, in der Erwartung einer sehr langen Pachtzeit, bestimmen ließe, die produktiven Kräfte seines Bodens durch Düngen, Entwässern, Einhegen usw. mit großen Kosten zu heben, so würde er zu den Armensteuern nicht im Verhältnis zu der von ihm an den Gutsherrn gezahlten jeweiligen Rente beitragen, sondern zum jeweiligen Jahresertrage des Bodens. Die Steuer könnte der Rente gleich sein, oder diese übersteigen; aber ob sie es täte oder nicht, kein Teil dieser Steuer würde vom Grundbesitzer bezahlt werden. Sie würde vom Pächter vorher veranschlagt worden sein, und wenn der Produktenpreis nicht genügend wäre, um ihn für alle seine Kosten zusammen mit dieser Zusatzbelastung für Armensteuern zu entschädigen, so würde er die Verbesserungen nicht vorgenommen haben. Die Steuer wird also in diesem Falle offenbar vom Konsumenten bezahlt; denn wäre keine Steuer vorhanden gewesen, so würden dieselben Verbesserungen ausgeführt worden sein, und man würde bei einem niedrigeren Getreidepreise die allgemein übliche Profitrate vom verwendeten Kapital erzielt haben.

Auch würde es in dieser Frage nicht den geringsten Unterschied ausmachen, wenn der Gutsherr diese Verbesserungen selbst vorgenommen und infolgedessen seine Rente von 100 £ auf 500 £ erhöht hätte. Die Steuer würde dem Konsumenten in gleicher Weise aufgebürdet werden; denn ob der Gutsherr eine große Summe Geldes für seinen Boden verausgaben sollte, würde von der Rente, oder von dem, was man Rente nennt, abhängen, die er als Entschädigung dafür erhalten würde; und diese wiederum würde vom Preise des Getreides oder anderer Rohprodukte abhängen, der genügend hoch stehen müßte, um nicht nur diese Zusatzrente, sondern auch die Steuer zu decken, der der Boden unterliegen würde. Wenn gleichzeitig auch alles gewerbliche Kapital zu den Armensteuern beitrüge, und zwar im selben Verhältnis, wie das vom Landwirt oder Grundbesitzer für Bodenverbesserung verausgabte Kapital, dann würden sie nicht länger eine Sonderbelastung der Profite des Kapitals des Landwirtes oder des Gutsbesitzers, sondern eine Steuer auf das Kapital aller Produzenten sein; und daher könnten sie auch nicht länger auf den Konsumenten der Rohprodukte oder den Grundbesitzer abgewälzt werden. Die Profite des Landwirts würden die Wirkung der Steuer nicht mehr spüren als die des Fabrikanten, und der erstere könnte sie ebensowenig wie dieser zum Vorwande eines Preisaufschlages seines Gutes benutzen. Nicht der absolute, sondern der relative Rückgang der Profite ist es, der verhindert, daß Kapital in einem bestimmten Gewerbe verwendet wird: Die Profitdifferenz ist es, welche Kapital von der einen Anlage zur anderen fließen läßt.

Indessen muß man anerkennen, daß beim augenblicklichen Stande der Armensteuern ein weit größerer Betrag den Landwirt als den Fabrikanten im Verhältnis zu ihren entsprechenden Profiten trifft, da der Landwirt nach den jeweiligen Erträgen, die er erzielt, veranlagt wird, der Fabrikant dagegen bloß nach dem Werte der Gebäude, in denen er arbeitet, ohne Rücksicht auf den Wert der Maschinen, der Arbeit oder des Kapitals, das er verwenden mag. Aus diesem Umstand folgt, daß der Landwirt imstande sein wird, den Preis seines Produktes um die gesamte Differenz zu erhöhen. Denn, da die Steuer seine Profite ungleichmäßig und besonders belastet, würde er weniger Grund haben, sein Kapital dem Boden zu widmen, als es in einem anderen Gewerbe zu verwenden, wenn nicht der Preis der Rohprodukte gestiegen wäre. Hätte die Steuer dagegen den Fabrikanten schwerer als den Landwirt belastet, so würde jener imstande gewesen sein, aus dem nämlichen Grunde, aus welchem unter ähnlichen Umständen der Landwirt den Rohproduktenpreis steigern konnte, den Preis seiner Waren um den Betrag der Differenz zu erhöhen. In einer Gesellschaft also, welche ihre Landwirtschaft ausdehnt, werden die Armensteuern, falls sie den Boden besonders stark belasten, teilweise von den Kapitalverwendern in Gestalt einer Verminderung ihres Kapitalprofits und teilweise von dem Konsumenten der Rohprodukte in der Form höherer Preise bezahlt werden. Bei einem derartigen Stande der Dinge kann die Steuer unter gewissen Umständen für die Grundbesitzer sogar eher vorteilhaft als nachteilig sein; denn ist die vom Bewirtschafter des schlechtesten Bodens entrichtete Steuer im Verhältnis zu der darauf gewonnenen Ertragsmenge höher als die von den Landwirten der fruchtbareren Böden bezahlte, so wird das Steigen des Getreidepreises, welches sich auf alles Getreide erstrecken wird, die letzteren mehr als genug für die Steuer entschädigen. Dieser Vorteil wird ihnen während der ganzen Dauer ihrer Pacht bleiben, nachher aber auf ihre Gutsherrn übergehen. Das also wäre die Wirkung der Armensteuern in einer fortschreitenden Gesellschaft; dagegen würde in einem stationären oder in einem rückschrittlichen Lande, insofern das Kapital nicht aus dem Boden zurückgezogen werden könnte, wenn eine weitere Steuer für die Armenunterstützung erhoben würde, derjenige Teil davon, welcher die Landwirtschaft träfe, während der Pachtdauer von den Landwirten bezahlt werden; beim Ablauf jener Pachtverträge aber würde er fast gänzlich die Gutsherrn belasten. Der Landwirt, welcher sein Kapital während seiner früheren Pacht dazu verwendet hätte, seinen Boden zu verbessern, würde, falls das Gut noch in seinen Händen wäre, für diese neue Steuer im Verhältnis zum neuen Werte, den der Boden infolge seiner Verbesserung angenommen hätte, veranlagt werden, und diesen Betrag müßte er während seiner Pacht bezahlen, obgleich seine Profite dadurch unter die allgemeine Profitrate herabgedrückt werden könnten; denn das von ihm verausgabte Kapital könnte vielleicht derartig in den Boden eingegangen sein, daß es ihm nicht mehr entzogen werden kann. Wenn allerdings er selbst oder sein Gutsherr (falls dieser es verausgabt haben sollte) imstande wären, das Kapital zurückzuziehen und auf diese Weise den Gelderträg des Bodens zu verringern, so würde die Steuer entsprechend sinken, und da sich der Ertrag gleichzeitig verringert hätte, würde sein Preis steigen. Der Landwirt oder Gutsherr würde dadurch für die Steuer schadlos gehalten werden, daß er den Konsumenten mit ihr belastete, und kein Teil würde die Rente treffen. Allein, das ist unmöglich, wenigstens mit Rücksicht auf einen gewissen Teil des Kapitals, und deshalb wird die Steuer in jenem Verhältnis während ihrer Pachten von den Landwirten und bei ihrem Erlöschen von den Gutsherren bezahlt werden. Diese Zusatzsteuer, soweit sie die Fabrikanten besonders schwer belastete, würde unter solchen Umständen auf den Preis ihrer Waren aufgeschlagen werden; denn es kann kein Grund vorliegen, weshalb ihre Profite unter die allgemeine Profitrate fallen sollten, wenn ihre Kapitalien der Landwirtschaft leicht zugeführt werden könnten.

KAPITEL XIX

Über plötzliche Veränderungen in den Handelswegen

Ein großes Industrieland ist zeitweiligen Wechselfällen und Zufälligkeiten, welche durch die Überführung von Kapital aus der einen Verwendung in eine andere entstehen, ganz besonders ausgesetzt. Die Nachfrage nach dem Erzeugnis der Landwirtschaft ist gleichmäßig und steht nicht unter dem Einflusse von Mode, Vorurteil oder Laune. Um das Leben zu erhalten, sind Nahrungsmittel notwendig, und die Nachfrage nach Nahrungsmitteln muß zu allen Zeiten und in allen Ländern fortbestehen. Bei den Gewerben ist das anders; die Nachfrage nach irgendeinem besonderen Fabrikat ist nicht bloß vom Bedarf, sondern auch von Geschmack und Laune der Käufer abhängig. Außerdem kann auch eine neue Steuer den verhältnismäßigen Vorteil, den ein Land vorher in der Fabrikation eines bestimmten Gutes besaß, zunichte machen; oder die Wirkungen eines Krieges können die Fracht- und Versicherungskosten bei seinem Versand derartig in die Höhe treiben, daß es nicht länger in Wettbewerb mit dem einheimischen Fabrikat des Landes treten kann, nach welchem es früher exportiert wurde. In allen diesen Fällen werden jene erhebliches Ungemach und zweifellos auch gewisse Verluste zu erleiden haben, die sich mit der Herstellung solcher Güter befassen; und das wird sich nicht nur zur Zeit der Veränderung fühlbar machen, sondern während der ganzen Zwischenzeit, innerhalb derer sie Kapital und Arbeit aus der einen Verwendung in eine andere überführen.

Auch wird das Ungemach nicht allein in dem Lande, wo solche Schwierigkeiten entstehen, empfunden werden, sondern auch in den Ländern, nach welchen seine Güter vorher exportiert wurden. Kein Land kann lange einführen, wenn es nicht auch ausführt, oder kann lange ausführen, wenn es nicht auch einführt. Wenn also irgendein Umstand eintritt, der ein Land dauernd verhindern sollte, den üblichen Betrag ausländischer Güter zu importieren, so wird dadurch notwendigerweise die Fabrikation etlicher Güter zurückgehen, welche gewöhnlich exportiert wurden; und obgleich sich der Gesamtwert der Produkte des Landes wahrscheinlich nur wenig ändern wird, da dasselbe Kapital zur Verwendung gelangen wird, so werden sie doch nicht ebenso reichlich und billig sein, und man wird während des Wechsels der Verwendungsarten große Schwierigkeiten zu erdulden haben. Wenn wir durch die Verwendung von 10 000 £ bei der Fabrikation von Baumwollwaren für die Ausfuhr jährlich 3000 Paar seidene Strümpfe im Werte von 2000 £ einführten und dann wegen der Unterbrechung des auswärtigen Handels gezwungen sein sollten, dieses Kapital aus der Baumwollfabrikation zurückzuziehen und es selber zur Herstellung von Strümpfen zu verwenden, so müßten wir, unter der Voraussetzung, daß kein Teil des Kapitals vernichtet wäre, immer noch Strümpfe im Werte von 2000 £ erhalten; aber statt 3000 Paar zu haben, könnten wir vielleicht nur 2500 haben. Bei der Überführung des Kapitals aus dem Baumwoll- in das Strumpfgewerbe könnten sich vielleicht manche Schwierigkeiten bemerkbar machen, aber sie würden den Wert des Volksvermögens nicht erheblich beeinträchtigen, obschon es den Umfang unserer jährlichen Produktion möglicherweise verringern könnte.[1]

Der Beginn des Krieges nach einem langen Frieden oder des Friedens nach einem langen Kriege erzeugt im Handel gewöhnlich große Not. Er verändert in hohem Grade die Natur der Anlagen, welchen die betreffenden Kapitalien der Länder vorher gewidmet waren; und während der Zwischenzeit, in der sie sich an den Stellen niederlassen, welche neue Umstände am vorteilhaftesten gestaltet haben, ist viel stehendes Kapital unbenutzt, vielleicht gänzlich verloren gegangen, und die Arbeiter sind ohne volle Beschäftigung. Die Dauer dieser Notlage wird je nach der Stärke der Abneigung, welche die meisten Menschen gegen das Aufgeben ihrer langgewohnten Kapitalanlage empfinden, länger oder kürzer ausfallen. Oftmals wird sie auch noch durch die Einschränkungen und Verbote verlängert, welche der unsinnigen, unter den verschiedenen Staaten der Handelswelt herrschenden Eifersucht ihre Entstehung verdanken.

Die Not, welche aus einer Veränderung des Handels entsteht, wird oft fälschlich für das gehalten, was mit einer Verminderung des nationalen Kapitals und einem rückschrittlichen Zustand der Gesellschaft verbunden ist. Es würde vielleicht schwerfallen, irgendwelche

---

[1] »Der Handel setzt uns in den Stand, ein Gut an dem Orte zu erlangen, wo es zu finden ist, und es nach einem anderen zu schaffen, wo es verbraucht werden soll. Er bietet uns daher die Möglichkeit, den Wert des betreffenden Gutes um die ganze Differenz zwischen seinem Preise am ersten und am zweiten dieser Orte zu erhöhen.« (Say, a. a. O., Bd. II, S. 458.) Richtig; aber auf welche Weise wird ihm dieser Zusatzwert verliehen? Erstens dadurch, daß man zu den Produktionskosten die Versandkosten, zweitens den Profit für den vom Kaufmann gemachten Kapitalaufwand hinzuschlägt. Das Gut ist nur wertvoller aus denselben Gründen, aus welchen jedes andere Gut wertvoller werden kann, weil man zu seiner Herstellung und Versendung mehr Arbeit verausgabt, ehe es vom Konsumenten gekauft wird. Das muß aber nicht als ein besonderer Vorteil des Handels hingestellt werden. Bei näherer Prüfung des Gegenstandes wird man finden, daß der ganze Segen des Handels auf den Umstand zurückzuführen ist, daß wir mit seiner Hilfe keine wertvolleren, wohl aber nützlichere Gegenstände erwerben können.

Kennzeichen herauszufinden, nach welchen sich beide genau unterscheiden lassen.

Wenn jedoch solche Not unmittelbar einen Wechsel von Krieg zu Frieden begleitet, so werden wir bei unserer Kenntnis von dem Bestehen einer derartigen Ursache vernünftigerweise glauben, daß die dem Unterhalt der Arbeit dienenden Mittel eher aus ihrer gewöhnlichen Bahn abgelenkt als wesentlich geschmälert worden sind und daß das Volk nach vorübergehendem Leiden wieder an Reichtum zunehmen wird. Man muß sich auch erinnern, daß der Rückgang stets ein unnatürlicher Zustand der Gesellschaft ist. Der Mensch wächst von der Jugend zur Mannheit heran, dann altert er und stirbt. Allein, die Entwicklung der Völker gestaltet sich nicht so. Sind sie erst einmal in das Stadium der größten Kraft gelangt, so kann einem weiteren Fortschreiten allerdings Einhalt geboten werden, aber in ihrem natürlichen Streben wollen sie auf Jahrhunderte noch ihren Wohlstand und ihre Bevölkerung unvermindert beibehalten.

In reichen und mächtigen Ländern, wo große Kapitalien in Maschinen investiert sind, wird sich bei einem Umschwung im Handel mehr Not fühlbar machen als in ärmeren Ländern, wo verhältnismäßig ein viel kleinerer Betrag an stehendem, und ein weit größerer an umlaufendem Kapital vorhanden ist und infolgedessen mehr Arbeit durch Menschenhände geleistet wird. Umlaufendes Kapital läßt sich nicht so schwer wie stehendes aus einer Verwendung ziehen, in der es gerade beschäftigt ist. Oft ist es unmöglich, die Maschinerie, die für eine bestimmte Fabrikation aufgestellt sein mag, auf die Zwecke einer anderen umzustellen. Aber die Kleidung, Nahrung und Wohnung des Arbeiters in dem einen Gewerbszweig kann leicht für den Unterhalt des Arbeiters in einem anderen verwendet werden; oder derselbe Arbeiter kann die nämliche Nahrung, Kleidung und Wohnung erhalten, während sich seine Verwendung geändert hat. Dies freilich ist ein Übel, dem sich eine reiche Nation unterwerfen muß; und darüber zu klagen, wäre nicht begründeter, als wenn ein reicher Kaufmann darüber jammern wollte, daß sein Schiff den Gefahren der See ausgesetzt wäre, während die Hütte seines armen Nachbarn vor solchem Zufall sicher wäre.

Von Wechselfällen dieser Art, wenn auch in geringerem Maße, ist selbst die Landwirtschaft nicht ausgenommen. Der Krieg, welcher in einem handeltreibenden Lande den Handel der Staaten unterbricht, hindert häufig den Export des Getreides aus Ländern, wo es mit wenig Kosten erzeugt werden kann, nach anderen, die nicht so günstig gelegen sind. Unter solchen Umständen wird eine ungewöhnliche Menge von Kapital der Landwirtschaft zugeführt, und das vorher importierende Land wird von ausländischer Hilfe unabhängig. Bei der Beendigung des Krieges fallen die Einfuhrhindernisse fort, und für den inländischen Produzenten beginnt nun eine vernichtende Konkurrenz, der er ohne das Opfer eines großen Teiles seines Kapitals sich nicht entziehen kann. Die beste Politik des Staates würde sein, den Import ausländischen Getreides auf eine beschränkte Reihe von Jahren mit einer im Betrage von Zeit zu Zeit abnehmenden Abgabe zu belegen, um dem inländischen Produzenten Gelegenheit zu bieten, sein Kapital nach und nach aus dem Boden herauszuziehen. Hierdurch könnte zwar das betreffende Land nicht die vorteilhafteste Verteilung seines Kapitals bewerkstelligen, aber die zeitweilige Abgabe, der es unterworfen wäre, würde einer besonderen Klasse zum Vorteil gereichen, deren Kapitalverwendung beim Stillstand der Einfuhr für die Beschaffung von Nahrungsmitteln höchst nützlich war. Wenn solchen Bemühungen in einer Zeit dringender Not bei Beendigung der Schwierigkeit das Risiko des Ruines folgte, so würde sich das Kapital vor einer derartigen Verwendung hüten. Die Landwirte würden außer dem üblichen Kapitalprofit erwarten, für das Risiko entschädigt zu werden, dem sie bei einer plötzlichen Getreidezufuhr ausgesetzt wären; und deshalb würde der Preis für den Konsumenten zu den Zeiten, wo er am meisten eine Zufuhr brauchte, nicht nur durch die höheren Kosten der inländischen Produktion gesteigert werden, sondern auch durch die Versicherung, welche er in dem Preise für das besondere Risiko zu zahlen haben würde, dem diese Kapitalverwendung ausgesetzt wäre. Obwohl es also dem Wohlstande des Landes dienlicher wäre, die Einfuhr billigen Getreides unter jedwedem Opfer an Kapital zu gestatten, würde es vielleicht doch geboten sein, sie auf einige Jahre mit einem Zoll zu belasten.

Bei Untersuchung der Rentenfrage fanden wir, daß mit jeder Vermehrung des Getreideangebotes und mit dem darauf folgenden Preisrückgange Kapital von dem ärmeren Boden zurückgezogen werden würde; und ein Boden besserer Art, der dann keine Rente zahlen würde, würde das Normalmaß werden, nach dem der natürliche Preis des Getreides reguliert werden würde. Bei 4 £ pro Quarter könnte Boden von geringerer Qualität, der mit Nr. 6 bezeichnet sei, bebaut werden; bei 3 £ 10 sh. Nr. 5, bei 3 £ Nr. 4 usw. Wenn Getreide infolge dauernden Überflusses auf 3 £ 10 sh. herabginge, würde das auf Nr. 6 verwandte Kapital aufhören, verwendet zu werden; denn nur als Getreide auf 4 £ stand, konnte es den allgemeinen Profit erlangen, selbst ohne Rente zu bezahlen. Infolgedessen würde es zurückgezogen werden, um solche Güter zu fabrizieren, mit welchen man alles Getreide, das auf Nr. 6 wuchs, kaufen und importieren würde. Bei dieser Verwendung würde es notwendigerweise für seinen Besitzer produktiver sein, oder es würde nicht der anderen entzogen werden; denn wenn er mehr Getreide erhalten könnte von dem Boden, für welchen er keine Rente bezahlte, als er erlangen könnte, indem er es mit einem Gute erkaufte, das er fabrizierte, könnte sein Preis nicht unter 4 £ stehen.

Allerdings ist gesagt worden, daß Kapital nicht aus dem Boden zurückgezogen werden könne; es nehme die Gestalt von Aufwendungen an, die sich nicht wiedererlangen ließen, wie Düngung, Einhegung, Entwässerung usw., die notwendigerweise von dem Boden untrennbar seien. Das ist in gewissem Grade richtig; aber das aus Rindvieh, Schafen, Heu- und Getreidescheunen, Wagen usw. bestehende Kapital kann zurückgezogen werden, und es wird daher stets eine Sache der Kalkulation sein, ob diese, trotz des niedrigen Getreidepreises, auch fernerhin auf den Boden verwendet werden sollen oder ob sie verkauft und ihr Wert in eine andere Anlage übergeführt werden soll.

Nehmen wir es jedoch als Tatsache hin, daß kein Teil des Kapitals zurückgezogen werden könnte[2], so würde der Landwirt weiter Getreide anbauen, und noch dazu dieselbe Menge, zu welchem Preise es sich auch immer verkaufen ließe. Denn es könnte gar nicht in seinem Interesse liegen, weniger zu erzeugen, und wenn er sein Kapital nicht auf diese Weise verwendete, würde er von ihm überhaupt keinen Gewinn haben. Man könnte kein Getreide einführen, weil er es lieber zu weniger als 3 £ 10 s, als überhaupt nicht verkaufen würde, und der Voraussetzung nach könnte es der Importeur nicht unter diesem Preise verkaufen. Obschon also die Landwirte, welche Boden von dieser Qualität bewirtschafteten, durch das Sinken des Tauschwertes des Gutes, welches sie erzeugten, zweifellos Schaden erlitten, — wie würde das Land davon betroffen werden? Wir würden genau dieselbe

---

[2] Welches Kapital auch immer im Boden den Charakter des stehenden annimmt, es muß doch am Ende der Pacht das des Gutsherrn und nicht des Pächters sein. Welche Entschädigung der Gutsherr auch immer für dieses Kapital bei der Weiterverpachtung seines Bodens erhalten mag, sie wird stets in der Form der Rente erscheinen. Allein, man wird keine Rente zahlen, wenn sich mit einem bestimmten Kapitale mehr Getreide von auswärts beziehen läßt, als auf dem betreffenden Boden im Inlande erzeugt werden kann. Wenn die Verhältnisse der Gesellschaft es nötig machen sollten, daß Getreide eingeführt wird und durch Anwendung eines bestimmten Kapitals 1000 Quarter gewonnen werden können und dieser Boden bei der Verwendung desselben Kapitals 1100 Quarter trägt, so werden 100 Quarter unbedingt der Rente zufallen. Lassen sich aber 1200 Quarter vom Auslande erlangen, dann wird dieser Boden außer Kultur kommen; denn er wird nun nicht einmal die allgemeine Profitrate abwerfen. Das ist jedoch kein Nachteil, wie groß auch immer das Kapital gewesen sein mag, welches in den Boden gesteckt worden war. Solches Kapital wird in der Erwartung, den Ertrag zu vermehren, investiert – das ist der Zweck. Welche Bedeutung kann es dann für die Gesellschaft haben, ob die Hälfte ihres Kapitals im Werte sinkt oder sogar vernichtet wird, wenn sie eine größere Jahresproduktion erhält? Diejenigen, welche in diesem Falle den Kapitalverlust beklagen, bringen den Zweck den Mitteln zum Opfer.

Menge von jedem erzeugten Gute haben, aber Rohprodukte und Getreide würden zu einem viel billigeren Preis verkauft werden. Das Kapital eines Landes besteht in seinen Gütern, und da diese die nämlichen wie früher bleiben würden, so würde die Reproduktion in demselben Grade fortdauern. Dieser niedrige Getreidepreis würde jedoch nur den üblichen Kapitalprofit auf Boden Nr. 5 einbringen, der dann keine Rente bezahlen würde, und die Rente von allem besseren Boden würde sinken, desgleichen auch der Lohn, und der Profit würde steigen.

Wie tief auch immer der Getreidepreis sinken mag, so würde doch keine Einfuhr erfolgen, wenn das Kapital nicht dem Boden entzogen werden könnte und die Nachfrage nicht stiege, denn es würde dieselbe Menge wie zuvor im Inlande erzeugt werden. Obgleich eine andere Verteilung des Ertrages stattfände und einzelne Klassen begünstigt und andere benachteiligt würden, so wäre die Gesamtproduktion doch genau dieselbe, und die Nation insgesamt würde weder reicher noch ärmer sein.

Doch ergibt sich aus einem verhältnismäßig niedrigen Getreidepreis stets der Vorteil, daß die Verteilung der jeweiligen Produktion wahrscheinlich die Mittel zum Unterhalt von Arbeit vermehren wird, insofern der produktiven Klasse ein größerer Anteil unter dem Namen des Profits, der unproduktiven Klasse ein kleinerer unter dem Namen der Rente zufallen wird.

Das trifft zu, selbst wenn das Kapital aus dem Boden nicht zurückgezogen werden kann und daselbst verwendet werden oder gänzlich unverwendet bleiben muß. Läßt sich jedoch ein beträchtlicher Teil des Kapitals daraus zurückziehen, wie es offenbar geschehen könnte, so wird er nur zurückgezogen werden, wenn er durch seine Zurücknahme dem Eigentümer mehr einbringt, als wenn man ihn dort beließe, wo er war; man wird ihn nur dann zurückziehen, wenn er anderwärts für den Eigentümer wie für die Gesamtheit produktiver verwendet werden kann. Er willigt ein, jenen Teil seines Kapitals, welcher vom Boden nicht getrennt werden kann, aufzugeben, weil er mit dem Teil, den er wegnehmen kann, einen größeren Wert und eine größere Menge Rohprodukte erhalten kann, als wenn er diesen Teil des Kapitals nicht aufgäbe. Sein Fall ist ganz ähnlich dem eines Mannes, der in seiner Fabrik mit bedeutenden Kosten Maschinen aufgestellt hat, die später durch neuere Erfindungen derartig verbessert werden, daß die von ihm erzeugten Güter sehr erheblich im Werte sinken. Es würde für ihn gänzlich eine Frage der Kalkulation sein, ob er die alten Maschinen abschaffen und vollkommenere aufstellen sollte, *indem er den ganzen Wert der alten verliert,* oder ob er sich mit deren verhältnismäßig schwachen Kräften weiter behelfen sollte. Wer würde ihm unter solchen Umständen raten, auf den Gebrauch der besseren Maschinen zu verzichten, weil sonst der Wert der alten verringert oder vernichtet werden würde? Dennoch ist dies das Argument derjenigen, welche uns anempfehlen wollen, die Getreideeinfuhr zu verhindern, weil dadurch der Teil des Kapitals des Landwirts, der für immer im Boden stecken bleibt, entwertet oder vernichtet wird. Sie sehen nicht ein, daß der Zweck alles Handels ist die Produktion zu vermehren, und daß durch Vermehrung der Produktion das Gemeinwohl gehoben wird, wenn auch ein partieller Verlust entstehen sollte. Um konsequent zu sein, müßten sie alle Verbesserungen in der Landwirtschaft und den Gewerben sowie alle maschinellen Erfindungen aufzuhalten suchen; denn obgleich diese zum allgemeinen Überfluß und deshalb zum Gemeinwohl beitragen, so verfehlen sie doch im Augenblicke ihrer Einführung nie, den Wert eines Teiles des vorhandenen Kapitals der Landwirte und Gewerbetreibenden zu entwerten oder zu vernichten.[3]

Die Landwirtschaft ist, wie alle anderen Gewerbe, gerade in einem Handelsstaate einer Rückwirkung unterworfen, welche in entgegengesetzter Richtung auf die Wirkung eines starken Ansporns folgt. So führt, wenn der Krieg die Einfuhr von Getreide unterbricht, sein dadurch bedingter hoher Preis dem Boden Kapital zu, der großen Profite halber, welche eine derartige Investition einbringt. Das wird wahrscheinlich bewirken, daß mehr Kapital verwendet wird und mehr Rohprodukte zu Markte gebracht werden, als die Nachfrage des Landes erfordert. In solchem Falle wird der Getreidepreis infolge der Wirkungen eines Überflusses sinken, und viel landwirtschaftliche Not wird entstehen, bis das durchschnittliche Angebot mit der durchschnittlichen Nachfrage wieder ins Gleichgewicht gebracht ist.

---

[3] Zu den trefflichsten Veröffentlichungen über die unkluge Politik einer Beschränkung der Getreideeinfuhr kann auch Major Torrens' »Abhandlung über den auswärtigen Getreidehandel« gezählt werden. Seine Beweisführung scheint mir unwiderlegt und unwiderleglich zu sein.

KAPITEL XX

Wert und Reichtum; ihre Unterscheidungsmerkmale

»Ein Mann ist reich oder arm«, sagt Adam Smith, »je nach dem Grad, in welchem er sich den Genuß der Bedarfsartikel, Annehmlichkeiten und Vergnügungen des menschlichen Lebens leisten kann.«

Der Wert unterscheidet sich also wesentlich vom Reichtum; denn der Wert hängt nicht vom Überfluß, sondern von der Schwierigkeit oder Leichtigkeit der Produktion ab. Die Arbeit von einer Million Menschen in den Gewerben wird zwar stets denselben Wert erzeugen, wird aber nicht immer denselben Reichtum erzeugen. Durch die Erfindung von Maschinen, durch Fortschritte in der Geschicklichkeit, durch eine bessere Arbeitsteilung oder die Entdeckung neuer Märkte, wo sich vorteilhaftere Umsätze erzielen lassen, kann eine Million Menschen in dem einen Gesellschaftszustande möglicherweise das Doppelte oder Dreifache an Reichtümern, »an Bedarfsartikeln, Annehmlichkeiten und Vergnügungen« hervorbringen, die sie in einem anderen erzeugen könnte; aber deswegen wird sie dem Werte doch nichts hinzufügen; denn jedes Ding steigt oder sinkt im Werte im Verhältnis zu der Leichtigkeit oder Schwierigkeit seiner Produktion oder, mit anderen Worten, im Verhältnis zu der auf seine Erzeugung verwendeten Arbeitsmenge. Gesetzt, die Arbeit einer gewissen Anzahl Menschen produziere mit einem bestimmten Kapital 1000 Paar Strümpfe, und durch maschinelle Erfindungen könne dieselbe Anzahl Menschen 2000 Paar verfertigen, oder sie könne weiterhin 1000 Paar verfertigen und außerdem 500 Hüte. Dann wird der Wert der 2000 Paar Strümpfe oder von 1000 Paar Strümpfen und 500 Hüten weder größer noch kleiner sein, als der von 1000 Paar Strümpfen vor der Einführung der Maschinen, weil sie das Produkt derselben Arbeitsmenge sein werden. Nichtsdestoweniger wird sich der Wert der gesamten Gütermasse verringern; denn obgleich der Wert der infolge der Verbesserung vergrößerten Produktenmenge genau derselbe sein wird, wie der Wert der kleineren Menge gewesen wäre, die erzeugt worden sein würde, wäre keine Verbesserung eingetreten, so wird doch auch eine Wirkung auf den noch nicht konsumierten Teil der Waren, die vor der Verbesserung produziert wurden, ausgeübt. Der Wert jener Waren wird sich insofern vermindern, als sie Stück für Stück auf den Stand der mit allen Vorteilen der Verbesserung erzeugten Waren herabsinken müssen;

und trotz der vermehrten Gütermasse, trotz ihres gesteigerten Reichtums und ihrer vermehrten Genußmittel wird die Gesellschaft einen geringeren Wertbetrag haben. Indem wir beständig die Leichtigkeit der Produktion vermehren, vermindern wir fortgesetzt den Wert etlicher der vorher erzeugten Güter, obschon wir durch dieselben Mittel nicht bloß den Nationalreichtum, sondern auch die künftige Produktionskraft steigern. Viele Irrtümer in der Volkswirtschaftslehre sind aus Irrtümern über diesen Gegenstand hervorgegangen, dadurch, daß man einen Zuwachs an Reichtum und einen Zuwachs an Wert für dieselbe Sache hielt, und aus haltlosen Begriffen über das, was ein Normalmaß des Wertes darstellt. Der eine betrachtet Geld als den Wertmaßstab, und nach ihm wird ein Volk reicher oder ärmer, je nachdem es seine Güter aller Arten gegen mehr oder weniger Geld austauschen kann. Andere stellen Geld als ein sehr bequemes Mittel zum Zwecke des Tauschhandels hin, doch nicht als ein geeignetes Maß, nach welchem sich der Wert anderer Dinge schätzen läßt; nach ihnen ist der wahre Wertmesser Getreide[1], und ein Land gilt für reich oder arm, je nachdem seine Güter sich für mehr oder weniger Getreide austauschen lassen. Andere wiederum betrachten je nach der Menge von Arbeit, die es erstehen kann, ein Land als reich oder arm. Warum aber sollten Gold oder Getreide oder Arbeit ein besseres Normalmaß des Wertes sein, als Kohle oder Eisen, besser als Tuch, Seife, Kerzen und die übrigen Bedarfsartikel des Arbeiters? – kurz, warum sollten irgendein Gut oder alle Güter zusammen den Maßstab bilden, wenn solch ein Maßstab selbst Wertschwankungen unterliegt? Getreide wie Gold kann sich infolge von Produktionserleichterung oder -erschwerung in bezug auf andere Dinge um 10, 20 oder 30 Prozent verändern; warum sollten wir stets sagen, daß sich gerade jene übrigen Dinge verändert haben und nicht das Getreide? Dasjenige Gut allein bleibt unveränderlich, welches zu allen Zeiten dasselbe Opfer an Mühe und Arbeit zu seiner Erzeugung erfordert. Ein solches Gut kennen wir zwar nicht; doch können wir hypothetisch argumentieren und darüber sprechen, als ob wir es besäßen, und können unsere wissenschaftlichen Kenntnisse dadurch vervollkommen, daß wir die absolute Unanwendbarkeit aller bisher angenommenen Maßstäbe eingehend nachweisen.

---

[1] Adam Smith sagt: »Der Unterschied zwischen dem wirklichen und dem nominellen Preise von Gütern und Arbeit ist nicht nur eine Sache der Spekulation, sondern kann in der Praxis oft von bedeutendem Nutzen sein.« Ich stimme mit ihm überein; aber der wirkliche Preis von Arbeit und Gütern läßt sich durch ihren Preis in Waren, Adam Smith's realen Maßstab, nicht besser bestimmen als durch ihren Gold- und Silberpreis, seinen nominellen Maßstab. Der Arbeiter erhält nur dann einen in Wirklichkeit hohen Preis für seine Arbeit, wenn sein Lohn den Ertrag einer großen Arbeitsmenge ersteht.

Aber selbst, wenn wir annähmen, daß einer von diesen ein genauer Wertmaßstab wäre, würde er trotzdem noch immer kein Maßstab des Reichtums sein; denn Reichtum hängt nicht vom Werte ab. Jemand ist reich oder arm, je nach der Fülle von Bedarfsartikeln und Luxusgegenständen, über die er verfügen kann; und ob der Tauschwert dieser gegenüber Geld, Getreide oder Arbeit hoch oder niedrig ist, sie werden dennoch zum Genuß ihres Besitzers in gleicher Weise beitragen. Durch Verwechslung der Begriffe Wert und Wohlstand oder Reichtum hat man behauptet, daß der Reichtum durch eine Verminderung der Menge von Gütern, d. h. der Bedarfsartikel, Annehmlichkeiten und Vergnügungen des menschlichen Lebens, vermehrt werden könne. Wäre der Wert das Maß des Reichtums, dann könnte man das nicht bestreiten, weil sich der Wert der Güter durch Knappheit erhöht; hat aber Adam Smith recht und besteht der Reichtum in Bedarfsartikeln und Genüssen, dann kann er durch eine Quantitätsverminderung nicht vermehrt werden.

Es ist wahr, daß der Besitzer eines seltenen Gutes reicher ist, wenn er damit über mehr Bedarfsartikel und Genüsse des menschlichen Lebens verfügen kann. Da aber das allgemeine Vermögen, aus welchem der Reichtum jedes einzelnen hervorgeht, um alles, was irgend jemand daraus entnimmt, mengenmäßig verringert wird, so müssen sich die Anteile der anderen notwendigerweise in dem Maße verkleinern, als sich dieser Begünstigte eine größere Menge für sich selbst anzueignen imstande ist.

Man lasse einmal das Wasser knapp werden, sagt Lord Lauderdale, und es ausschließlich im Besitze eines einzelnen sein, und man wird seinen Reichtum vermehren, weil das Wasser nun mehr Wert haben wird; und wenn der Wohlstand die Summe von Einzelreichtümern ist, wird man den Wohlstand auf dieselbe Weise ebenfalls vermehren. Ohne Zweifel wird der Reichtum dieses Individuums zunehmen; aber insofern der Landwirt einen Teil seines Getreides, der Schuhmacher einen Teil seiner Schuhe verkaufen und jedermann einen Teil seines Besitzes hingeben muß, nur um sich mit Wasser zu versorgen, das vorher für nichts zu haben war, sind sie um die gesamte Gütermenge, welche sie zu dem Zwecke opfern müssen, ärmer, und der Eigentümer des Wassers ist genau um den Betrag ihres Verlustes besser daran. Zwar erfreut sich die Gesamtheit noch derselben Wasser- und derselben Gütermenge, aber sie sind jetzt anders verteilt. Dies heißt jedoch eher ein Monopol, als eine Knappheit an Wasser annehmen. Wenn es knapp sein sollte, würde sich der Reichtum von Land und Leuten insofern tatsächlich vermindern, als sie um einen Teil eines ihrer Genüsse gebracht würden. Der Landwirt würde nicht nur weniger Getreide haben, um es für andere Güter auszutauschen, die für ihn nötig oder wünschenswert sein könnten, sondern er, wie jeder andere einzelne, würde um den Genuß einer der wesentlichsten Annehmlichkeiten verkürzt werden. Nicht nur würde eine andere Verteilung des Reichtums, sondern ein tatsächlicher Verlust an Wohlstand vorliegen.

Man kann also von zwei Ländern, die genau dieselbe Menge an allen Bedarfsartikeln und Annehmlichkeiten des Lebens haben, behaupten, daß sie gleich reich sind, aber der Wert ihres entsprechenden Reichtums würde von der verhältnismäßigen Leichtigkeit oder Schwierigkeit, mit der er erzeugt würde, abhängen. Denn, wenn uns eine bessere Maschine in den Stand setzen sollte, statt ein Paar Strümpfe, zwei Paar ohne Zusatzarbeit zu fabrizieren, so würde man für eine Elle Tuch die doppelte Menge davon hingeben. Wenn eine ähnliche Verbesserung in der Tuchfabrikation einträte, werden Strümpfe und Tuch zwar in denselben Verhältnissen wie früher gegeneinander ausgetauscht werden, aber beide werden im Werte gesunken sein; denn um sie gegen Hüte, Gold oder gegen andere Güter auszutauschen, muß man das Doppelte der früheren Menge dafür hingeben. Man dehne die Verbesserung auch auf die Produktion von Gold und jedes anderen Gutes aus, und sie werden alle ihre früheren Wertverhältnisse wieder erlangen. Im Lande wird die doppelte Menge an Gütern jährlich erzeugt, und der Wohlstand des Landes infolgedessen um das Doppelte vermehrt werden, aber dieser Wohlstand wird nicht an Wert zugenommen haben.

Obgleich Adam Smith die richtige Beschreibung von Reichtum gegeben hat, legt er ihn später anders aus und sagt, »daß jemand reich oder arm sein muß, je nach der Arbeitsmenge, die er zu erstehen vermag«. Nun, diese Beschreibung unterscheidet sich von der anderen wesentlich und ist sicher unrichtig; denn, angenommen, die Minen würden ergiebiger werden, so daß Gold und Silber infolge erheblicher Produktionserleichterung im Werte fielen, oder angenommen, es ließe sich Samt mit soviel weniger Arbeit als früher fabrizieren, daß er auf die Hälfte seines früheren Wertes fiele, dann würde der Reichtum von allen, die jene Güter erstanden, größer geworden sein: Der eine könnte die Menge seines Silbergeschirrs vermehren, der andere die doppelte Menge Samt kaufen; aber mit dem Besitz dieses Mehr an Silbergeschirr und Samt könnten sie nicht mehr Arbeit als vorher verwenden; denn da der Tauschwert von Samt und Silbergeschirr gesunken wäre, müßten sie von diesen Arten des Reichtums entsprechend mehr aufwenden, um eine Tagesarbeit zu erstehen. Daher läßt sich der Reichtum nicht nach der Arbeitsmenge, welche er erstehen kann, schätzen.

Der Wohlstand eines Landes läßt sich also auf zweierlei Weise vermehren, nämlich dadurch, daß man einen größeren Teil des Einkommens für den Unterhalt produktiver Arbeit verwendet, wodurch nicht bloß die Menge, sondern auch der Wert der Gütermasse erhöht wird, oder durch produktivere Ausnutzung der nämlichen Arbeitsmenge, ohne eine Zusatzmenge von Arbeit anzuwenden, was wohl die Fülle, aber nicht den Wert der Güter erhöhen wird.

Im ersteren Falle würde ein Land nicht nur reich werden, sondern auch der Wert seines Reichtums würde sich vermehren. Es würde reich werden durch Sparsamkeit, durch Einschränkung seiner Ausgaben für Luxusgegenstände und Genüsse, und durch Verwendung dieser Ersparnisse zur Reproduktion.

Im zweiten Falle wird nicht notwendigerweise entweder eine verringerte Ausgabe für Luxusgegenstände und Genüsse vorliegen oder eine vermehrte Menge produktiver Arbeit verwendet werden, sondern man würde mit derselben Arbeit mehr produzieren; der Wohlstand würde zunehmen, aber nicht der Wert. Von diesen zwei Arten, den Wohlstand zu vermehren, muß letztere vorgezogen werden, weil sie dieselbe Wirkung ohne die Entziehung oder Verringerung von Genüssen erzeugt, die mit der ersteren Art unfehlbar verbunden ist. Kapital ist derjenige Teil des Wohlstandes eines Landes, der in der Absicht künftiger Produktion verwendet wird und in derselben Weise wie der Wohlstand vermehrt werden kann. Ein Zusatzkapital wird für die Erzeugung künftigen Wohlstandes gleich wirksam sein, mag man es nun infolge technischer und maschineller Verbesserungen erlangt haben, oder indem man mehr Einkommen reproduktiv verwendet. Denn Wohlstand hängt stets von der Menge der erzeugten Güter ab, ohne jede Rücksicht auf die Leichtigkeit, mit der man sich die bei der Produktion verwendeten Werkzeuge verschafft haben mag. Eine gewisse Menge Tuch und Lebensmittel wird dieselbe Anzahl Menschen unterhalten und beschäftigen und wird infolgedessen dasselbe Beschäftigungsvolumen verschaffen, ob sie nun mit der Arbeit von 100 oder von 200 Mann gewonnen werden; wenn aber zu ihrer Produktion 200 verwendet worden sind, werden sie den doppelten Wert haben.

Say scheint mir, trotz der in der vierten und letzten Auflage seines »Traité d'Économie Politique« vorgenommenen Verbesserungen, in seiner Definition von Reichtum und Wert besonders unglücklich gewesen zu sein. Er hält diese beiden Ausdrücke für synonym und meint, jemand sei in dem Maße reich, wie er den Wert seines Besitzes vermehre und imstande sei, über eine Fülle von Gütern zu verfügen. »Der Wert der Einkommen hat sich dann vermehrt«, bemerkt er, »wenn sie, gleichgültig womit es geschieht, eine größere Menge an Erzeugnissen verschaffen können.« Hätte sich die Schwierigkeit in der Tuchfabrikation verdoppelt, und würde daher Tuch gegen die doppelte Menge von Gütern getauscht, gegen die es zuvor getauscht wurde, so würde es sich nach Say an Wert verdoppelt haben, wozu ich meine völlige Zustimmung gebe. Wenn jedoch irgendwelche besondere Erleichterung bei der Produktion der Güter und keine größere Schwierigkeit bei der Tucherzeugung bestände, und Tuch sich infolgedessen für die doppelte Gütermenge wie vorher austauschen lassen sollte, dann würde Say immer noch sagen, daß sich das Tuch an Wert verdoppelt hätte, während er nach meiner Ansicht sagen müßte, daß das Tuch seinen früheren Wert beibehalten hätte und jene Güter auf die Hälfte ihres früheren Wertes gesunken wären. Muß nicht Say mit sich selbst in Widerspruch geraten, wenn er sagt, daß durch Produktionserleichterung zwei Sack Getreide mit denselben Mitteln, mit denen vorher einer gewonnen wurde, erzeugt werden können und deshalb jeder Sack auf die Hälfte seines früheren Wertes sinken wird, und dennoch behauptet, daß der Tuchmacher, welcher sein Tuch gegen zwei Sack Getreide tauscht, das Doppelte des früher erhaltenen Wertes erhalten wird, wo er für sein Tuch nur einen Sack bekommen konnte. Wenn zwei Sack denselben Wert haben, wie einer vorher, so bekommt er offenbar den nämlichen Wert und nicht mehr – er erhält allerdings die doppelte Menge an Reichtum – die doppelte Menge an Nutzen – m. a. W. die doppelte Menge von dem, was Adam Smith Gebrauchswert nennt, keineswegs aber die doppelte Menge an Wert; und deshalb kann Say nicht recht haben, wenn er Wert, Reichtum und Nutzen für synonym hält. Allerdings gibt es in Say's Werk viele Stellen, auf welche ich mich zum Beweise meiner Lehre hinsichtlich des wesentlichen Unterschiedes zwischen Wert und Reichtum beziehen kann, obgleich ich bekennen muß, daß auch mehrere andere Stellen vorhanden sind, in denen eine entgegengesetzte Lehre behauptet ist. Diese Stellen kann ich nicht miteinander vereinbaren, und ich hebe sie dadurch hervor, daß ich sie einander gegenüberstelle, damit Herr Say, wenn er mir bei einer späteren Auflage seines Werkes die Ehre erweisen sollte, diese Bemerkungen zu berücksichtigen, solche Erklärungen seiner Ansichten geben möge, daß sie die Schwierigkeit beseitigen können, auf welche viele so gut wie ich bei unseren Versuchen, sie zu ergründen, stoßen.

1. Beim Tausch zweier Produkte tauschen wir in Wirklichkeit die produktiven Leistungen, welche zu ihrer Schaffung gedient haben. . . . . S. 504
2. Es gibt keine wirkliche Teuerung, außer der, welche den Produktionskosten entspringt. Ein wirklich teures Ding ist ein solches, das viel zu produzieren kostet . . . . S. 457
3. Der Wert aller produktiven Leistungen, welche zur Schaffung

eines Produktes verbraucht werden müssen, bildet die Produktionskosten jenes Produktes . . . . S. 505
4. Die Nützlichkeit bestimmt die Nachfrage nach einem Gute, aber seine Produktionskosten schränken die Größe seiner Nachfrage ein. Wenn seine Nützlichkeit seinen Wert nicht auf den Stand seiner Produktionskosten hebt, dann ist das Ding nicht das wert, was es kostet; es ist ein Beweis dafür, daß die produktiven Leistungen zur Herstellung eines höherwertigen Gutes verwendet werden könnten. Die Besitzer produktiver Mittel, d. h. diejenigen, welche die Verfügung über Arbeit, Kapital oder Boden besitzen, befassen sich ständig mit der Vergleichung der Produktionskosten und des Wertes der erzeugten Dinge oder, was auf dasselbe herauskommt, mit der Vergleichung des Wertes der verschiedenen Güter untereinander; weil die Produktionskosten nichts anderes als der Wert der produktiven Leistungen sind, die beim Zustandebringen einer Produktion verbraucht werden, und der Wert einer produktiven Leistung nichts anderes ist, als der Wert des Gutes, welches das Ergebnis ist. Der Wert eines Gutes, der Wert einer produktiven Leistung, der Wert der Produktionskosten sind also insgesamt ähnliche Werte, wenn jedes Ding seinem natürlichen Laufe überlassen bleibt . . . . . S. 507
5. Der Wert von Einkommen ist dann gewachsen, wenn sie (gleichgültig, womit dies geschieht) ein größeres Quantum von Produkten verschaffen können. . . . . S. 497
6. Der Preis ist das Maß des Güterwertes, und ihr Wert ist das Maß ihrer Nützlichkeit . . . . Bd. I, S. 4
7. Der freie Tauschhandel gibt zu der Zeit, an dem Orte und in dem Zustande der Gesellschaft, in dem wir uns befinden, den Wert an, den man den ausgetauschten Dingen beimißt . . . . . S. 466
8. Produzieren heißt Werte schaffen dadurch, daß man einem Dinge Nützlichkeit verleiht oder sie vermehrt, und damit eine Nachfrage danach hervorruft, die die erste Ursache seines Wertes ist. Bd. II, S. 487
9. Geschaffene Nützlichkeit bildet ein Produkt. Der daraus sich ergebende Tauschwert ist bloß das Maß dieser Nützlichkeit, das Maß der Produktion, die stattgefunden hat . . . . S. 490
10. Die Nützlichkeit, welche Menschen eines besonderen Landes an einem Produkte finden, kann nicht anders geschätzt werden als nach dem Preise, welchen sie dafür bezahlen . . . . S. 502
11. Der Preis ist das Maß der Nützlichkeit, welche ein Produkt in dem Urteile der Menschen hat; der Befriedigung, welche sie aus seinem Verbrauch ableiten, weil sie diese Nützlichkeit lieber nicht verbrauchen würden, wenn sie für den Preis, den sie kostet, eine Nützlichkeit erwerben könnten, die ihnen mehr Befriedigung bieten würde.
S. 506

12. Die Menge aller anderen Güter, welche jemand für das Gut, das er zu veräußern wünscht, sofort erhalten kann, ist zu allen Zeiten ein nicht zu bestreitender Wert . . . . Bd. II, S. 4

Wenn es keine andere wirkliche Teuerung gibt als die, welche aus den Produktionskosten entspringt (siehe Nr. 2), wie kann dann von einem Gute behauptet werden, es steige im Werte (siehe Nr. 5), wenn seine Produktionskosten nicht gewachsen sind, und bloß, weil es gegen mehr von einem billigen Gute getauscht werden wird – gegen mehr von einem Gute, dessen Produktionskosten sich verringert haben? Wenn ich für ein Pfund Gold 2000mal mehr Tuch gebe, als ich für ein Pfund Eisen gebe, beweist das, daß ich dem Golde 2000mal mehr Nützlichkeit als dem Eisen beimesse? Sicherlich nicht; es beweist nur, wie Say (siehe Nr. 4) zugibt, daß die Produktionskosten des Goldes 2000mal so groß wie die des Eisens sind. Wären die Produktionskosten der beiden Metalle gleich, so würde ich denselben Preis für sie bezahlen; wäre aber Nützlichkeit das Maß des Wertes, so würde ich wahrscheinlich für das Eisen mehr geben. Die Konkurrenz unter den Produzenten, »welche sich beständig mit der Vergleichung der Produktionskosten und des Wertes des erzeugten Dinges befassen« (siehe Nr. 4), ist es, welche den Wert verschiedener Güter reguliert. Wenn ich also für einen Laib Brot einen Schilling und für eine Guinee deren 21 gebe, so beweist das nicht, daß dies meiner Schätzung nach das verhältnismäßige Maß ihrer Nützlichkeit ist.

In Nr. 4 vertritt Say mit kaum einer Abweichung die Lehre, an der ich hinsichtlich des Wertes festhalte. In seine produktiven Leistungen schließt er die Leistungen von Boden, Kapital und Arbeit ein; in meine schließe ich nur Kapital und Arbeit ein und schließe den Boden gänzlich aus. Unsere Meinungsverschiedenheit ergibt sich aus der verschiedenen Ansicht, die wir von der Rente haben: Ich behaupte, daß sie stets das Resultat eines partiellen Monopols ist und in Wirklichkeit niemals den Preis bestimmt, sondern die Wirkung desselben ist. Wenn die Grundbesitzer auf alle Rente verzichteten, so bin ich der Meinung, daß die auf dem Boden erzeugten Güter nicht billiger sein würden, weil immer ein Teil derselben Güter auf einem Boden erzeugt wird, für den man keine Rente bezahlt oder bezahlen kann, da der Ertragsüberschuß gerade dazu ausreicht, den Kapitalprofit zu bezahlen.

Obgleich niemand mehr als ich dazu geneigt ist, den Vorteil hoch einzuschätzen, den alle Konsumentenklassen von einer wirklichen Fülle und Wohlfeilheit der Güter haben, so kann ich doch Say nicht beistimmen, wenn er den Wert eines Gutes nach der Menge anderer Güter schätzt, gegen die es getauscht werden wird. Ich bin der Meinung eines ganz ausgezeichneten Schriftstellers, Destutt de Tracy's, welcher sagt, »daß, ein Ding messen, so viel heißt, als es mit einer bestimmten Menge des Dinges zu vergleichen, welches wir als Maßstab der Vergleichung, als Einheit wählen. Eine Länge, ein Gewicht, einen Wert messen, also bestimmen, heißt finden, wie oft sie Meter, Gramm, Franken, kurz, Einheiten derselben Art enthalten.« Ein Frank ist nicht ein Wertmaß für jegliches Ding, sondern nur für eine Menge desselben Metalls, aus welchem Franken hergestellt werden, wenn Franken und das zu messende Ding sich nicht auf ein anderes Maß zurückführen lassen, welches beiden gemeinsam ist. Das, glaube ich, ist möglich; denn beide sind das Ergebnis von Arbeit; und deshalb ist Arbeit ein gemeinsames Maß, nach welchem sich ihr wirklicher, wie auch ihr verhältnismäßiger Wert schätzen läßt. Das scheint, zu meiner Freude, auch die Meinung Destutt de Tracy's zu sein[2]. Er sagt: »Da es feststeht, daß unsere physischen und moralischen Fähigkeiten allein unseren ursprünglichen Reichtum bilden, so ist die Anwendung jener Fähigkeiten, Arbeit irgendwelcher Art, unser einziger, ursprünglicher Schatz, und stets infolge dieser Anwendung werden alle jene Dinge geschaffen, die wir Reichtum nennen; die, welche die notwendigsten sind, so gut wie die, welche die lediglich angenehmsten sind. Es ist auch sicher, daß alle jene Dinge nur die Arbeit repräsentieren, welche sie geschaffen hat, und wenn sie einen Wert oder sogar zwei verschiedene Werte haben, können sie diese nur von dem der Arbeit herleiten, aus welcher sie stammen.«

Say legt es Adam Smith, wo er von den Vorzügen und den Mängeln seines großen Werkes spricht, als Irrtum aus, daß »er der Arbeit des Menschen allein die Fähigkeit zuspricht, Wert zu erzeugen. Eine genauere Analyse zeigt uns, daß der Wert von der Arbeitstätigkeit herrührt oder vielmehr von dem menschlichen Fleiße in Verbindung mit der Wirkung jener Kräfte, welche die Natur liefert, und mit der des Kapitals. Seine Unkenntnis dieses Grundsatzes hinderte ihn daran, die richtige Theorie vom Einfluß des Maschinenwesens bei der Produktion von Reichtum aufzustellen.«

Im Gegensatz zu Adam Smith's Ansicht spricht Say im vierten Kapitel von dem Werte, der den Gütern durch Naturkräfte verliehen wird, wie die Sonne, die Luft, der Atmosphärendruck usw., die

---

[2] Éléments d'Idéologie, Bd. IV, S. 99. – In diesem Werke hat de Tracy eine nützliche und eine treffliche Abhandlung über die allgemeinen Grundsätze der Volkswirtschaftslehre geschaffen, und ich bedauere nur, hinzufügen zu müssen, daß er mit seiner Autorität die Definitionen stützt, welche Say von den Worten »Wert«, »Reichtum« und »Nützlichkeit« gegeben hat.

bisweilen die menschliche Arbeit ersetzen, bisweilen auch bei der Produktion mit ihr zusammenwirken³. Aber obgleich diese Naturkräfte den *Gebrauchswert* eines Gutes bedeutend erhöhen, so erhöhen sie doch niemals seinen Tauschwert, von dem Say spricht: Sobald man mit Hilfe von Maschinen oder der Kenntnis der Naturwissenschaften Naturkräfte zwingt, die Arbeit zu leisten, welche vorher vom Menschen geleistet wurde, sinkt der Tauschwert dieser Arbeit in entsprechender Weise. Wenn 10 Mann eine Getreidemühle trieben und man die Entdeckung macht, daß sich die Arbeit dieser 10 Mann mit Hilfe des Windes oder Wassers einsparen läßt, so würde das Mehl, welches zum Teil das Produkt der von der Mühle geleisteten Arbeit ist, sogleich im Verhältnis zur ersparten Arbeitsmenge im Werte sinken, und die Gesellschaft würde um die Güter, welche die Arbeit der 10 Mann erzeugen könnte, reicher sein, da die zu ihrem Unterhalte bestimmten Mittel in keiner Weise beeinträchtigt wären. Say übersieht fortwährend den wesentlichen Unterschied, welcher zwischen Gebrauchswert und Tauschwert besteht.

Herr Say wirft Dr. Smith vor, er hätte den Wert übersehen, welcher den Gütern durch Naturkräfte und durch Maschinen verliehen wird, weil er meinte, daß der Wert aller Dinge aus der menschlichen Arbeit hervorginge. Doch scheint mir dieser Vorwurf nicht gerechtfertigt; denn Adam Smith unterschätzt nirgends die Dienste, welche uns diese Naturkräfte und Maschinen leisten, wohl aber unterscheidet er sehr richtig die Natur des Wertes, den sie den Gütern hinzufügen: Sie sind uns dadurch dienlich, daß sie die Fülle der Erzeugnisse mehren, daß sie die Menschen reicher machen und den Gebrauchswert erhöhen; da sie jedoch ihre Arbeit umsonst leisten, da man für den Gebrauch von Luft, Hitze und Wasser nichts bezahlt, so erhöht der Beistand, den sie uns leisten, in nichts den Tauschwert.

³ »Der erste Mensch, welcher die Metalle durch Feuer schmelzen lernte, ist nicht der Erzeuger des Wertes, der dem geschmolzenen Metalle durch diesen Prozeß hinzugefügt wird. Jener Wert ist das Resultat der physischen Wirkung des Feuers, verbunden mit dem Fleiße und dem Kapitale von denjenigen, die sich diese Kenntnis zunutze machten.« – »Aus diesem Irrtume hat Smith den falschen Schluß gezogen, daß der Wert aller Produkte die derzeitige oder frühere Arbeit des Menschen repräsentiert oder, *mit anderen Worten, daß Reichtum nichts weiter als angehäufte Arbeit ist, weshalb nach einer zweiten, gleich unrichtigen Folgerung die Arbeit den einzigen Maßstab des Reichtums oder des Produktenwertes bildet.*« (a. a. O., Kap. IV, S. 31.) Die Folgerungen, mit denen Say schließt, sind seine eigenen und nicht diejenigen Dr. Smith's; sie sind richtig, wenn man zwischen Wert und Reichtum keinen Unterschied macht, und an dieser Stelle macht Say keinen. Aber obgleich Adam Smith, welcher den Reichtum als die Fülle von Bedarfsartikeln, Annehmlichkeiten und Genüssen des menschlichen Lebens definierte, zugestanden haben würde, daß Maschinen und Naturkräfte den Reichtum eines Landes ganz bedeutend steigern könnten, so würde er doch nicht zugegeben haben, daß sie dem Werte jenes Reichtums irgend etwas hinzufügen.

KAPITEL XXI

Wirkungen der Kapitalansammlung auf Profit und Zins

Nach den Darlegungen über den Kapitalprofit wird es scheinen, daß keine Kapitalansammlung den Profit dauernd drücken wird, wenn nicht eine bleibende Ursache für das Steigen des Lohnes vorhanden ist. Wären die dem Unterhalt der Arbeit dienenden Mittel verdoppelt, verdreifacht oder vervierfacht, so würde irgendwelche Schwierigkeit in der Beschaffung der erforderlichen Arbeitskräfte für die Verwendung dieser Mittel nicht lange bestehen; doch würden infolge der wachsenden Schwierigkeit, den Nahrungsmittelvorrat des Landes ständig zu vergrößern, Mittel von gleichem Werte wahrscheinlich nicht die nämliche Arbeitsmenge unterhalten. Wenn sich die Bedarfsartikel des Arbeiters immer mit derselben Leichtigkeit vermehren ließen, so könnte es keine dauernde Veränderung im Profit- oder Lohnsatze geben, bis zu welchem Betrage auch immer Kapital angesammelt werden mag. Adam Smith jedoch schreibt das Sinken des Profits durchweg der Kapitalansammlung und dem Wettbewerb zu, der daraus folgen wird, ohne jemals auf die wachsende Schwierigkeit der Nahrungsbeschaffung für die zusätzliche Zahl von Arbeitern, welche das zusätzliche Kapital verwenden wird, Bezug zu nehmen. »Die Kapitalzunahme«, sagt er, »welche den Lohn steigert, hat die Tendenz, den Profit zu drücken. Wenn sich die Kapitalien vieler reicher Kaufleute demselben Gewerbszweige zuwenden, so strebt ihre gegenseitige Konkurrenz natürlich dahin, seinen Profit zu drücken; und wenn eine gleiche Kapitalzunahme in allen den verschiedenen Gewerben, welche in derselben Gesellschaft betrieben werden, vorhanden ist, so muß derselbe Wettbewerb die nämliche Wirkung in allen herbeiführen.« Adam Smith spricht hier von einem Steigen des Lohnes, aber von einem vorübergehenden Steigen, das von dem Anwachsen der Mittel, bevor die Bevölkerung sich vermehrte, herrührt, und er scheint nicht zu sehen, daß zur selben Zeit, wo sich das Kapital vermehrt, sich auch die vom Kapital zu leistende Arbeit in demselben Verhältnis vermehrt. Say hat indessen in der befriedigendsten Weise gezeigt, daß es keinen Kapitalbetrag gibt, der in einem Lande nicht verwendet werden kann, weil der Nachfrage nur durch die Produktion Schranken gesetzt sind. Niemand produziert zu einem anderen Zweck als zu konsumieren oder zu verkaufen, und er verkauft nur in der Absicht, ein anderes Gut zu kaufen, das ihm unmittelbar nützlich sein oder das zu zukünftiger Produktion beitragen kann. Daher wird er durch Produzieren notwendigerweise entweder zum Konsumenten seiner eigenen Waren oder zum Käufer und Konsumenten der Waren anderer. Es ist nicht anzunehmen, daß er auf längere Zeit hinsichtlich der Güter schlecht informiert sein sollte, die er am vorteilhaftesten produzieren kann, um das Ziel, welches er im Auge hat, nämlich den Besitz anderer Waren, zu erreichen; und infolgedessen ist es nicht wahrscheinlich, daß er fortwährend ein Gut hervorbringen wird, nach dem keine Nachfrage vorhanden ist[1].

Es kann also in einem Lande kein Kapitalbetrag angesammelt werden, der sich nicht produktiv anlegen ließe, bis der Lohn infolge des Steigens der Bedarfsartikel derartig steigt, und demnach für den Kapitalprofit so wenig übrigbleibt, daß das Motiv zur Ansammlung zu wirken aufhört[2]. Solange der Kapitalprofit hoch ist, werden die Menschen einen Grund haben, Kapital anzusammeln. Solange noch jemand ein unbefriedigtes Bedürfnis empfindet, wird er eine Nachfrage nach mehr Gütern haben, und es wird eine wirksame Nachfrage sein, solange wie der Betreffende noch irgendeinen neuen Wert im Austausche für sie zu bieten hat. Wenn jemand, der 100 000 £ im Jahr hätte, 10 000 £ erhielte, so würde er diese Summe nicht in eine Kassette verschließen, sondern entweder seine Ausgaben um 10 000 £ vermehren, sie selbst produktiv verwenden oder aber sie zu dem Zwecke an jemand anderen ausleihen; in jedem Falle würde sich die Nachfrage vermehrt haben, obgleich nach verschiedenen Gegenständen. Wenn er seine Ausgaben vermehrte, so könnte sich seine wirksame Nachfrage wahrscheinlich auf Bauten, Möbel oder irgendeinen derartigen Gegenstand richten. Verwendete er seine 10 000 £ produktiv, dann würde sich seine wirksame Nachfrage auf Nahrung, Kleidung und Rohmaterial richten, die neue Arbeiter beschäftigen könnten, doch würde es immer Nachfrage sein[3].

---

[1] Adam Smith sagt, daß uns Holland ein Beispiel für das Sinken des Profits infolge der Kapitalansammlung und die daraus folgende Überfüllung jedes Gewerbezweiges biete. »Die Regierung borgt dort zu 2 Prozent, und ein kreditwürdiger Privatmann zu 3 Prozent.« Aber man sollte sich daran erinnern, daß Holland gezwungen war, fast das ganze Getreide, das es verbrauchte, einzuführen, und dadurch, daß es hohe Steuern auf die Bedarfsartikel des Arbeiters legte, erhöhte es den Arbeitslohn noch mehr. Diese Tatsachen werden die niedrige Rate von Profit und Zins in Holland genügend erklären.
[2] Stimmt das Folgende mit Say's Grundsatz wohl ganz überein? »In je größerem Überfluß verfügbare Kapitalien im Verhältnis zum Umfang ihrer Verwendung vorhanden sind, desto mehr wird der Zinsfuß für Kapitaldarlehen sinken.« (Bd. II, S. 108.) Wenn sich Kapital bis zu jeder Höhe von einem Lande verwenden läßt, wie kann man es dann im Vergleich mit dem Umfang seiner Verwendung als im Überfluß vorhanden bezeichnen?

Produkte werden stets mit Produkten oder Diensten gekauft; Geld ist nur das Mittel, welches den Austausch bewirkt. Es kann zuviel von einem besonderen Gute erzeugt werden, von dem eine solche Fülle auf dem Markte vorhanden sein kann, daß sich das dafür verausgabte Kapital nicht bezahlt macht. Jedoch kann das nicht bei allen Gütern der Fall sein. Die Nachfrage nach Getreide wird durch die Münder eingeschränkt, die es verzehren sollen, nach Schuhen und Kleidern durch die Anzahl der Personen, welche sie tragen sollen. Obgleich aber ein Gemeinwesen oder ein Teil eines Gemeinwesens so viel Getreide und so viel Hüte und Schuhe haben kann wie es zu verbrauchen imstande ist oder wünschen mag, so läßt sich doch nicht ein gleiches von jedem Gute behaupten, welches durch die Natur oder durch die Kunst hervorgebracht wird. Einige würden mehr Wein konsumieren, wenn sie die Fähigkeit hätten, sich ihn zu verschaffen. Andere, die Wein genug besitzen, möchten die Menge ihrer Möbel vermehren oder deren Qualität verbessern. Andere wiederum möchten vielleicht ihr Besitztum verschönern oder ihre Häuser vergrößern. Der Wunsch, dies alles oder eins davon zu tun, ist in die Brust jedes Menschen eingepflanzt; nichts weiter ist nötig, als die Mittel, und nichts kann die Mittel gewähren, als eine Steigerung der Produktion. Ständen mir Nahrungsmittel und Bedarfsartikel zur Verfügung, so würde ich nicht lange Mangel an Arbeitern leiden, die mich in den Besitz einiger von den Gegenständen bringen würden, die mir am nützlichsten oder begehrenswertesten erschienen.

Ob diese vermehrten Produkte und die daraus folgende Nachfrage den Profit drücken wird oder nicht, hängt einzig und allein vom Steigen des Lohnes ab, und das Steigen des Lohnes, ausgenommen auf eine beschränkte Zeit, von der Leichtigkeit, die Nahrungsmittel

---

[3] Adam Smith sagt, »daß, wenn das Erzeugnis eines bestimmten Industriezweiges übersteigt, was die Nachfrage des Landes erfordert, der Überschuß ins Ausland geschickt und gegen etwas ausgetauscht werden muß, nach dem im Lande selbst eine Nachfrage besteht. *Ohne eine solche Ausfuhr muß ein Teil der produktiven Arbeit des Landes aufhören, und der Wert ihres jährlichen Ertrages sich vermindern.* Der Boden und die Arbeit von Großbritannien bringen gewöhnlich mehr Getreide, Wolle und Eisenwaren hervor, als der Bedarf des heimischen Marktes erfordert. Daher muß der überschüssige Teil ins Ausland versandt und gegen etwas vertauscht werden, nach dem im Lande eine Nachfrage vorhanden ist. Nur mit Hilfe solcher Ausfuhr kann dieser Überschuß einen Wert erhalten, der groß genug ist, um die auf seine Produktion verwandte Arbeit und Auslagen bezahlt zu machen.« Man würde durch die obige Stelle verführt werden zu denken, Adam Smith schlösse, wir befänden uns in der Zwangslage, einen Überschuß an Getreide, Wollwaren und Eisenwaren zu produzieren, und das Kapital, welches sie produzierte, könnte nicht anders verwendet werden. Es ist indessen immer eine Sache der Wahl, auf welche Weise ein Kapital verwendet werden soll, weshalb es auch auf längere Zeit nie einen Überschuß irgendeines Gutes geben kann. Denn, wenn dem so wäre, dann würde es unter seinen natürlichen Preis sinken und das Kapital sich einer gewinnbringenderen Verwendung zuwenden.

und Bedarfsartikel des Arbeiters zu erzeugen. Ich sage, ausgenommen auf eine beschränkte Zeit, weil kein Punkt besser begründet ist, als daß das Angebot von Arbeitern letzthin immer im Verhältnis zu ihren Unterhaltsmitteln steht.

Es gibt nur einen Fall, und auch der tritt nur zeitweilig ein, in welchem die Kapitalansammlung bei einem niedrigen Lebensmittelpreise mit einem Sinken des Profits verbunden sein kann, und der ist, wenn die Mittel für den Unterhalt der Arbeit bedeutend schneller als die Bevölkerung zunehmen; dann wird der Lohn hoch und der Profit niedrig stehen. Wenn jedermann auf den Gebrauch von Luxusgegenständen Verzicht leistete und nur auf Kapitalansammlung bedacht wäre, dann ließe sich eine Menge von Bedarfsartikeln produzieren, für welche kein unmittelbarer Konsum vorhanden sein könnte. An der Zahl nach so begrenzten Gütern könnte zweifellos ein allgemeiner Überfluß bestehen, weshalb weder eine Nachfrage nach einer Zusatzmenge solcher Güter noch Profit auf die Verwendung von mehr Kapital für sie möglich wären. Wenn die Menschen den Konsum einstellten, würden sie zu produzieren aufhören. Dieses Zugeständnis widerspricht nicht dem allgemeinen Grundsatze. Von einem solchen Lande, wie England z. B., ist schwerlich anzunehmen, daß eine Neigung bestehen könne, das ganze Kapital und die ganze Arbeit des Landes nur der Produktion von Bedarfsartikeln zu widmen.

Wenn sich die Kaufleute mit ihren Kapitalien am auswärtigen oder am Zwischenhandel beteiligen, so geschieht das stets aus Wahl und niemals aus Zwang: Es geschieht, weil sich bessere Profite in jenem Handel etwas höher als im Binnenhandel gestalten werden.

Adam Smith hat treffend bemerkt, »daß das Verlangen nach Nahrung bei jedem Menschen durch das beschränkte Fassungsvermögen des menschlichen Magens begrenzt wird, daß aber das Verlangen nach Annehmlichkeiten und Verschönerungen von Gebäuden, Kleidung, Wagen und Hausgerät keine Grenze oder sichere Schranke zu haben scheint.« Die Natur hat also die Größe des Kapitals, das zu irgendeiner Zeit mit Gewinn beim Ackerbau verwendet werden kann, notwendigerweise begrenzt; aber sie hat der Größe des Kapitals, das sich zur Beschaffung von »Annehmlichkeiten und Verschönerungen« des Lebens verwenden läßt, keine Grenzen gezogen. Das Ziel, das man im Auge hat, ist die Erlangung dieser Befriedigungsmittel in größter Fülle, und nur, weil es beim Außenhandel oder beim Zwischenhandel besser erreicht werden wird, beteiligt man sich lieber an ihnen, als daß man die gewünschten Güter oder ein Ersatzmittel dafür im Inland herstellte. Wären wir jedoch infolge besonderer Umstände an der Anlage von Kapital im Außenhandel oder im Zwischenhandel gehindert, so würden wir es, wenn auch mit geringerem Vorteil, im Lande selbst verwenden. Und solange der Wunsch nach »Annehmlichkeiten und Verschönerungen von Gebäuden, Kleidung, Wagen und Hausgerät« unbegrenzt ist, kann auch keine Grenze für das Kapital bestehen, das sich zu ihrer Beschaffung verwenden läßt; ausgenommen die, welche unsere Fähigkeit einschränken, die Arbeiter zu unterhalten, die sie produzieren sollen.

Adam Smith allerdings spricht vom Zwischenhandel nicht wie von einer Frage der Wahl, sondern der Notwendigkeit; als ob das daran beteiligte Kapital untätig bliebe, wenn es nicht auf diese Weise verwendet würde, als ob das Kapital im einheimischen Handel übermäßig sein könnte, wenn es sich nicht auf eine bestimmte Größe beschränkte. Er sagt: »Wenn sich das Kapitalvermögen eines Landes bis zu dem Grade vermehrt hat, *daß nicht mehr alles dazu verwendet werden kann, den Konsum zu versorgen und die produktive Arbeit des betreffenden Landes zu unterhalten,* so drängt sich der überschüssige Teil ganz von selbst in den Zwischenhandel und wird dazu verwandt, die nämlichen Dienste für andere Länder zu verrichten.«

»Ungefähr 96 000 Oxhoft Tabak werden jährlich mit einem Teil des überschüssigen Ertrages britischen Fleißes gekauft. Aber der Bedarf Großbritanniens erfordert vielleicht nicht mehr als 14 000. Könnten also die übrigbleibenden 82 000 nicht ins Ausland verschickt *und gegen etwas anderes vertauscht werden, wonach im Inland mehr Nachfrage ist,* so würde ihre Einfuhr sofort aufhören *und damit auch die produktive Arbeit aller der Einwohner von Großbritannien, die sich gegenwärtig damit befassen, die Waren herzustellen, mit denen diese 82 000 Oxhoft jährlich gekauft werden.«*

Könnte aber dieser Teil der produktiven Arbeit Großbritanniens nicht zur Verfertigung irgendeiner anderen Art Waren verwendet werden, mit dem sich etwas, wonach im Inland mehr Nachfrage wäre, erstehen ließe? Und wenn das nicht möglich wäre, könnten wir dann, wenn auch mit geringerem Vorteil, diese produktive Arbeit nicht dazu verwenden, jene gewünschten Waren oder wenigstens ein Ersatzmittel dafür im Inland erzeugen? Wenn wir Samt brauchten, könnten wir nicht versuchen, Samt herzustellen; und wenn uns das nicht gelingen wollte, könnten wir dann nicht mehr Tuch oder irgend etwas anderes, das uns begehrenswert erschiene, verfertigen?

Wir fabrizieren Güter und kaufen im Ausland Waren damit, weil wir eine größere Menge erhalten können, als wir im Inland verfertigen könnten. Man nehme uns diesen Handel, und wir fabrizieren sogleich wieder für uns selbst. Aber diese Ansicht Adam Smith's steht mit allen seinen allgemeinen Lehren über diesen Gegenstand in

Widerspruch. »Wenn uns ein fremdes Land mit einem Gute billiger versehen kann, als wir es selbst herzustellen imstande sind, so ist es besser, wir kaufen es von ihm mit einem Teil des Erzeugnisses unseres eigenen Gewerbefleißes, der sich auf eine Weise betätigt, in welcher wir einen gewissen Vorteil haben. *Die allgemeine gewerbliche Tätigkeit des Landes wird, da sie stets im Verhältnis zum angewandten Kapitale steht,* dadurch nicht verringert werden, sondern es bleibt ihr nur überlassen, den Weg herauszufinden, auf welchem sie sich mit dem größten Vorteile verwenden läßt.«

Wiederum: »Diejenigen, denen mehr Nahrung zu Gebote steht, als sie selbst verzehren können, sind infolgedessen immer bereit, ihren Überfluß oder, was auf dasselbe hinausläuft, den Preis desselben gegen Annehmlichkeiten anderer Art auszutauschen. Was nach Befriedigung des begrenzten Bedürfnisses übrigbleibt, wird zur Befriedigung solcher Wünsche verwandt, denen nicht Genüge geschehen kann und die völlig endlos zu sein scheinen. Um Nahrung zu erhalten, bemühen sich die Armen, jene Wünsche der Reichen zu befriedigen, und um es desto sicherer zu erreichen, überbieten sie sich gegenseitig in der Wohlfeilheit und Güte ihrer Arbeit. Die Anzahl der Arbeiter wächst mit der zunehmenden Menge von Nahrungsmitteln oder mit der fortschreitenden Verbesserung und Bebauung der Ländereien; und da die Art ihrer Tätigkeit die äußerste Arbeitsteilung gestattet, so nimmt die Menge der Materialien, welche sie bearbeiten können, in weit größerem Maße als ihre Zahl zu. Daraus entsteht eine Nachfrage nach jeder Art Material, das menschliche Erfindungsgabe zu Nutz oder Schmuck von Wohnung, Kleidung, Equipage oder Hausrat verwenden kann, nach den im Innern der Erde liegenden Fossilien und Mineralien, nach Edelmetallen und kostbaren Steinen.«

Es folgt also aus diesen Zugeständnissen, daß der Nachfrage keine Schranken gesetzt sind, keine Schranken der Kapitalverwendung, solange dieses noch einen Profit abwirft, daß es, wie reichlich auch das Kapital werde, keinen anderen adäquaten Grund für ein Sinken des Profits gibt, als ein Steigen des Lohnes, und daß ferner, wie man gleich hinzusetzen kann, die einzige angemessene und dauernde Ursache für das Steigen des Lohnes die zunehmende Erschwerung bei der Beschaffung von Nahrungsmitteln und Bedarfsartikeln für die wachsende Zahl von Arbeitern ist.

Adam Smith hat richtig bemerkt, daß es außerordentlich schwierig ist, die Profitrate des Kapitals zu bestimmen. »Der Profit ist so schwankend, daß es selbst bei einem bestimmten Gewerbe und noch viel mehr bei Gewerben im allgemeinen schwierig sein würde, seine Durchschnittsrate festzustellen. Mit irgendeinem Grad von Genauigkeit zu beurteilen, wie sie vorher oder in vergangenen Zeitläufen gewesen sein mag, muß ganz unmöglich sein.« Da es jedoch einleuchtet, daß man viel für den Gebrauch von Geld geben wird, wenn man viel damit anfangen kann, so meint er, »daß uns der marktgängige Zinsfuß dazu führen werde, uns einen Begriff von der Profitrate zu bilden, und die Geschichte der Entwicklung des Zinses uns die der Entwicklung des Profites bieten werde«. Zweifellos müßten wir, falls der marktgängige Zinsfuß für einen längeren Zeitraum genau festgestellt werden könnte, ein leidlich sicheres Kriterium haben, nach dem sich die Entwicklung des Profites schätzen ließe.

Aber in allen Ländern hat der Staat aus falschen politischen Anschauungen eingegriffen, um einen fairen und freien marktgängigen Zinsfuß dadurch zu verhindern, daß er alle diejenigen mit harten und vernichtenden Strafen belegte, welche mehr als die gesetzlich festgelegte Rate nahmen. Wahrscheinlich sind diese Gesetze in allen Ländern umgangen worden; allein die Berichte bieten uns über diesen Punkt wenig Aufklärung und sagen mehr über die gesetzlich festgelegte Rate als den marktgängigen Zinsfuß aus. Während des gegenwärtigen Krieges haben die Schatzscheine häufig ihren Käufern 7 Prozent, 8 Prozent oder noch mehr Zinsen für ihr Geld eingebracht. Anleihen sind von der Regierung zu einem Zins, der 6 Prozent überstieg, aufgenommen worden, und Individuen sind oft indirekt gezwungen worden, über 10 Prozent als Geldzins zu zahlen; dennoch hat der gesetzliche Zinsfuß während derselben Zeit unverändert auf 5 Prozent gestanden. Wenig Gewicht kann daher zur Informierung darauf gelegt werden, welches der gesetzlich festgelegte Zinsfuß ist, wenn wir finden, daß er so erheblich von dem marktgängigen abweichen kann. Adam Smith berichtet uns, daß der gesetzliche Zinsfuß vom 37. Regierungsjahre Heinrichs VIII. bis zum 21. Jakobs I. fortgesetzt 10 Prozent gewesen sei. Bald nach der Restauration wurde er auf 6 Prozent und durch ein Gesetz vom 12. Regierungsjahre Anna's auf 5 Prozent herabgesetzt. Er glaubt, daß der gesetzliche Zinsfuß dem marktgängigen folgte und ihm nicht vorausging. Vor dem amerikanischen Kriege borgte die Regierung zu 3 Prozent, und die kreditwürdigen Leute in der Hauptstadt und in vielen anderen Teilen des Königreichs zu 3¹/₂, 4 und 4¹/₂ Prozent.

Obgleich der Zinsfuß letztlich und auf die Dauer durch die Profitrate bestimmt wird, ist er aus anderen Gründen doch zeitweiligen Veränderungen unterworfen. Bei jeder Schwankung in der Menge und im Werte des Geldes verändern sich natürlich auch die Preise der Güter. Sie verändern sich, wie bereits gezeigt, auch infolge der Veränderung des Verhältnisses von Angebot und Nachfrage, obgleich weder eine besondere Erleichterung noch Erschwerung in der Produktion vorhanden zu sein braucht. Wenn die Marktpreise der Waren wegen überreichlichen Angebotes, verringerter Nachfrage oder Steigens des Geldwertes sinken, häuft sich bei einem Fabrikanten naturgemäß eine ungewöhnliche Menge von fertigen Waren an, da er nicht gewillt ist, diese zu sehr gedrückten Preisen zu verkaufen. Um seine laufenden Zahlungen zu leisten, für die er sich gewöhnlich auf den Verkauf seiner Waren verläßt, versucht er jetzt, Kredit zu erlangen, und ist oft gezwungen, einen erhöhten Zinsfuß zu zahlen. Das ist jedoch nur von vorübergehender Dauer; denn entweder waren des Fabrikanten Erwartungen wohl begründet, und der Marktpreis seiner Güter steigt, oder er entdeckt, daß eine dauernd verminderte Nachfrage vorhanden ist, und dann widersetzt er sich dem Laufe der Dinge nicht mehr länger. Die Preise sinken, und Geld und Zins gewinnen wieder ihren wirklichen Wert. Wenn durch die Entdeckung einer neuen Mine, durch Mißbräuche im Bankwesen oder irgendeine andere Ursache die Geldmenge stark vermehrt wird, so geht ihre endgültige Wirkung dahin, den Preis der Güter im Verhältnis zu der vermehrten Geldmenge zu erhöhen. Wahrscheinlich aber vergeht bis dahin stets eine gewisse Zeit, während welcher eine Wirkung auf den Zinsfuß ausgeübt wird.

Der Kurs von Staatspapieren ist kein zuverlässiges Kriterium, nach welchem sich der Zinsfuß beurteilen läßt. Zu Kriegszeiten ist der Effektenmarkt infolge der fortwährenden Anleiheemissionen der Regierung derartig überladen, daß der Anleihekurs keine Zeit hat, sich auf seinen angemessenen Stand einzustellen, bevor eine neue Fundierungsoperation eintritt, oder aber er wird durch das Vorgefühl politischer Ereignisse beeinflußt. In Friedenszeiten dagegen wird der Kurs der Staatspapiere durch die Operationen des Tilgungsfonds sowie die Abneigung gehoben, welche eine gewisse Klasse von Menschen dagegen empfindet, ihr Vermögen einer anderen Anlage als der zuzuwenden, an welche sie sich gewöhnt hat, die ihr sicher erscheint, bei der die Zinsen mit größter Regelmäßigkeit bezahlt werden, und folglich der Zinsfuß dieser Obligationen unter die allgemeine Marktrate herabgedrückt. Dabei ist noch zu bemerken, daß die Regierung für verschiedene Obligationen sehr verschiedene Zinssätze zahlt. Während ein Kapital von 100 £ in 5prozentigen Staatspapieren für 95 £ verkauft wird, läßt sich ein Schatzschein von 100 £ oft zu 100 £ 5 sh. unterbringen, für welchen Schatzschein im Jahre nicht mehr als 4 £ 11 sh. 3 d. Zinsen bezahlt werden. Die eine von diesen Obligationen bringt dem Käufer bei den obigen Preisen mehr als $5^{1}/_{4}$ Prozent Zinsen ein, die andere kaum mehr als $4^{1}/_{4}$ Prozent. Eine gewisse Menge dieser Schatzscheine wird von den Bankiers als eine sichere und marktgängige Anlage gesucht; wenn sie über die-

Wirkungen der Kapitalansammlung

sen Bedarf hinaus bedeutend vermehrt würden, so würden sie wahrscheinlich ebensosehr entwertet werden wie das 5prozentige Staatspapier. Ein Papier, das jährlich 3 Prozent abwirft, wird stets zu einem verhältnismäßig höheren Preise verkauft werden, als ein 5prozentiges, weil die Kapitalschuld beider nur al pari oder 100 £ Geld gegen 100 £ Papier getilgt werden kann. Der marktgängige Zinsfuß kann vielleicht auf 4 Prozent sinken, und dann würde die Regierung den Inhaber des 5prozentigen Papiers al pari bezahlen, wenn er nicht einwilligte, 4 Prozent zu nehmen oder einen niedrigeren Zinsfuß als 5 Prozent; sie würde von einer derartigen Abfindung des Inhabers des 3prozentigen Papieres keinen Vorteil haben, als bis der marktgängige Zinsfuß unter 3 Prozent im Jahre gesunken wäre. Um die Zinsen für die Staatsschuld zu bezahlen, werden viermal im Jahre dem Umlauf große Summen Geldes auf einige Tage entzogen. Da diese Nachfrage nach Geld nur vorübergehend ist, wirkt sie selten auf die Preise ein; sie wird im allgemeinen durch die Zahlung eines hohen Zinsfußes übertroffen[4].

---

[4] »Alle Arten von Staatsanleihen«, bemerkt Say, »werden von dem Nachteil begleitet, daß Kapital oder Kapitalteile produktiven Verwendungen entzogen werden, um sie dem Verbrauch zu widmen; und wenn sie in einem Lande erfolgen, *dessen Regierung nicht viel Zutrauen einflößt*, so haben sie die weitere Unannehmlichkeit, den Kapitalzins zu erhöhen. Wer würde der Landwirtschaft, der Industrie und dem Handel zu 5 Prozent im Jahre leihen, wenn sich ein Borger bereit fände, 7 oder 8 Prozent Zinsen zu zahlen? Die Art des Einkommens, welche Kapitalprofit heißt, würde also auf Kosten des Konsumenten steigen. Der Verbrauch würde sich infolge des Steigens des Produktenpreises vermindern, und es würde nach den anderen produktiven Dienstleistungen weniger Nachfrage vorhanden, sie weniger gut bezahlt sein. Das gesamte Volk mit Ausnahme der Kapitalisten würde bei einem solchen Stande der Dinge der leidende Teil sein.« Auf die Frage, »wer den Landwirten, Fabrikanten und Kaufleuten Geld zu 5 Prozent im Jahre leihen würde, wenn ein anderer Borger von geringem Kredit 7 oder 8 Prozent gäbe?«, antwortete ich, daß das jeder kluge und vernünftige Mensch tun würde. Gibt es einen Grund, daß der Zinsfuß, weil er da, wo der Gläubiger ein außerordentliches Risiko läuft, 7 oder 8 Prozent beträgt, an den Stellen, wo man vor solchen Risiken gesichert ist, ebenso hoch sein müßte? Say gibt zu, daß der Zinsfuß von der Profitrate abhängt; aber deshalb folgt noch nicht, daß die Profitrate vom Zinsfuß abhängt. Das eine ist die Ursache, das andere die Wirkung, und es ist unmöglich, daß irgendwelche Umstände sie ihre Plätze wechseln lassen könnten.

KAPITEL XXII

Exportprämien und Einfuhrverbote

Eine Prämie auf die Ausfuhr von Getreide hat wohl die Tendenz, seinen Preis für den ausländischen Konsumenten zu erniedrigen, aber sie hat keine bleibende Wirkung auf seinen Preis auf dem inländischen Markte.

Angenommen, der Getreidepreis müßte, um den allgemein üblichen Kapitalprofit abzuwerfen, in England 4 £ pro Quarter betragen; dann könnte es nach fremden Ländern, wenn es dort für 3 £ 15 sh. pro Quarter verkauft würde, nicht exportiert werden. Wenn aber für die Ausfuhr eine Prämie von 10 sh. pro Quarter gewährt würde, so könnte man es auf dem ausländischen Markte zu 3 £ 10 sh. verkaufen, und folglich würde der Getreideproduzent denselben Profit erhalten, ob er es nun auf dem ausländischen Markte für 3 £ 10 sh. oder auf dem inländischen für 4 £ verkaufte.

Eine Prämie also, welche den Preis des britischen Getreides in dem fremden Lande unter die Produktionskosten des Getreides in jenem Lande herabdrücken sollte, würde naturgemäß die Nachfrage nach britischem Getreide vergrößern und die Nachfrage nach eigenem verringern. Diese Erweiterung der Nachfrage nach britischem Getreide könnte nicht umhin, seinen Preis auf dem einheimischen Markte zeitweilig zu steigern und während jener Zeit auch zu verhindern, daß er auf dem auswärtigen Markte so tief sänke, wie die Prämie es zu bewirken strebt. Doch würden die Ursachen, welche auf diese Weise den Marktpreis von Getreide in England beeinflussen würden, auf dessen natürlichen Preis oder auf seine wirklichen Produktionskosten keinerlei Wirkung ausüben. Zum Anbau von Getreide würde weder mehr Arbeit noch mehr Kapital nötig sein, weshalb der Profit von des Landwirts Kapital, wenn er vorher dem Profit des Kapitals anderer Gewerbetreibender nur gleich war, nach der Preissteigerung beträchtlich darüber stehen wird. Dadurch, daß die Prämie den Profit von des Landwirts Kapital erhöht, wird sie als ein Anreiz für die Landwirtschaft wirken, und es wird aus der Industrie Kapital zurückgezogen werden, um auf den Boden verwendet zu werden, bis die erweiterte ausländische Nachfrage befriedigt worden ist; in welchem Falle der Getreidepreis auf dem einheimischen wieder auf seinen natürlichen und notwendigen Preis sinken und der Profit seinen ordentlichen und gewöhnlichen Stand wieder erreichen wird. Das vergrößerte Angebot von Korn, das auf den ausländischen

Markt einwirkt, wird seinen Preis auch in demjenigen Lande erniedrigen, in das es ausgeführt wird, und dadurch den Profit des Exporteurs auf den niedrigsten Satz herabmindern, bei welchem er noch Handel treiben kann.

Die endgültige Wirkung einer Ausfuhrprämie auf Getreide ist also nicht, den Preis auf dem inländischen Markte zu erhöhen oder zu senken, sondern den Getreidepreis für den ausländischen Konsumenten herabzusetzen, und zwar um den Gesamtbetrag der Prämie, wenn der Getreidepreis vorher auf dem ausländischen Markte nicht niedriger gestanden hatte als auf dem inländischen, und in einem geringeren Grade, wenn der Preis auf dem inländischen höher als auf dem ausländischen Markte gewesen war.

Ein Schriftsteller über die Getreideexportprämie hat im fünften Bande der »Edinburgh Review« ihre Wirkungen auf die ausländische und inländische Nachfrage sehr einleuchtend dargestellt. Er hat auch richtig bemerkt, daß sie nicht verfehlen würde, die Landwirtschaft in dem exportierenden Lande anzuregen; doch scheint er den gewöhnlichen Irrtum in sich aufgenommen zu haben, welchem Dr. Smith und die meisten anderen Schriftsteller über diesen Gegenstand verfallen sind. Er glaubt, daß der Getreidepreis, weil er letzthin den Lohn regelt, deshalb auch den Preis aller anderen Güter regeln werde. Er sagt, daß die Prämie »dadurch, daß sie den Profit der Landwirtschaft hebt, wie eine Ermunterung zum Ackerbau wirken wird, während sie dadurch, daß sie den Preis des Getreides für die einheimischen Konsumenten erhöht, zeitweilig deren Kaufkraft in bezug auf dieses lebensnotwendige Gut vermindern und daher ihren wirklichen Wohlstand schmälern wird. Es ist jedoch einleuchtend, daß diese letztere Wirkung eine nur vorübergehende sein muß: Der Lohn der arbeitenden Konsumenten war vorher durch Konkurrenz angepaßt worden, und das nämliche Prinzip wird sie derselben Rate dadurch wieder anpassen, daß es den Geldpreis der Arbeit *und durch ihn auch den anderer Güter auf den Geldpreis des Getreides hebt.* Daher wird die Exportprämie letztlich den Geldpreis des Getreides auf dem inländischen Markte in die Höhe treiben; allerdings nicht direkt, sondern vermittelst einer Nachfrageerweiterung auf dem ausländischen Markte und einer daraus folgenden Erhöhung des wirklichen Preises im Inlande: *und dieses Steigen des Geldpreises wird natürlich, wenn es sich erst einmal anderen Gütern mitgeteilt hat, dauernden Charakter erhalten.*«

Wenn es mir indessen gelungen ist zu zeigen, daß nicht das Steigen des Geldlohnes der Arbeit den Güterpreis erhöht, sondern daß ein solches Steigen stets den Profit beeinflußt, so folgt daraus, daß die Güterpreise infolge einer Prämie nicht steigen würden.

Doch würde ein zeitweiliges Steigen des Getreidepreises, das von einer größeren Nachfrage seitens des Auslandes herrührte, keine Wirkung auf den Geldpreis der Arbeit haben. Das Steigen des Getreides geht aus einer Konkurrenz um dasjenige Angebot hervor, welches vorher ausschließlich dem einheimischen Markt vorbehalten war. Infolge der Profiterhöhung wird Zusatzkapital in der Landwirtschaft verwendet und somit ein größeres Angebot erzielt; bis es aber erzielt worden, bedarf es unbedingt eines hohen Preises, um den Verbrauch dem Angebot anzupassen, was durch eine Lohnerhöhung verhindert würde. Das Steigen des Getreides ist die Folge seiner Knappheit und bildet das Mittel, durch welches die Nachfrage der einheimischen Käufer vermindert wird. Würde der Lohn erhöht, so würde die Konkurrenz zunehmen und eine weitere Preissteigerung des Getreides notwendig werden. Bei dieser Erörterung der Wirkungen einer Prämie ist angenommen, daß sich nichts ereignet, um den natürlichen Getreidepreis zu erhöhen, durch den sein Marktpreis letztlich bestimmt wird; denn es ist nicht angenommen worden, daß irgendwelche Zusatzarbeit auf dem Boden erforderlich sein würde, um eine gegebene Produktion zu sichern, und dies allein könnte seinen natürlichen Preis steigern. Wäre der natürliche Preis von Tuch 20 sh. pro Elle, so könnte vielleicht eine bedeutende Zunahme der ausländischen Nachfrage den Preis auf 25 sh. oder noch mehr steigern, aber der Profit, den der Tuchmacher dann erzielte, würde nicht verfehlen, Kapital in diese Richtung zu lenken, und auch wenn sich die Nachfrage verdoppeln, verdreifachen oder vervierfachen sollte, würde das entsprechende Angebot doch schließlich erlangt werden und das Tuch auf seinen natürlichen Preis von 20 sh. sinken. So verhält es sich auch mit dem Angebot von Getreide; selbst wenn wir 2, 3 oder 800 000 Quarter davon im Jahr ausführen sollten, würde es letztlich doch zu seinem natürlichen Preis produziert werden, der sich niemals ändert, wenn nicht eine verschiedene Arbeitsmenge zur Produktion erforderlich wird.

Vielleicht geben die Folgerungen Adam Smiths in keinem Teile seines mit Recht so berühmten Werkes mehr zu Einwendungen Anlaß als in dem über Prämien. Zunächst spricht er hier von Getreide als von einem Gute, dessen Produktion infolge einer Ausfuhrprämie nicht vermehrt werden kann; er nimmt durchweg an, daß diese nur auf die jeweils produzierte Menge einwirkt und nicht ein Ansporn zu weiterer Produktion ist. »In Jahren der Fülle«, sagt er, »hält die Prämie, weil sie einen außergewöhnlichen Export verursacht, notwendigerweise den Getreidepreis auf dem inländischen Markte höher, als er naturgemäß stehen würde. In Jahren der Knappheit muß, obwohl die Prämie öfters suspendiert wird, die starke Ausfuhr, welche sie in Jahren der Fülle veranlaßt, doch häufig mehr oder weniger verhindern, daß die Fülle des einen Jahres der Knappheit des anderen abhelfe. Infolgedessen hat die Prämie in reichen wie in kargen Jahren unbedingt die Tendenz, den Geldpreis des Getreides etwas höher zu treiben, als er sonst auf dem heimischen Markte wäre.«[1]

Adam Smith scheint vollkommen erkannt zu haben, daß die Richtigkeit seiner Beweisführung ganz und gar von der Tatsache abhing, ob die Erhöhung »des Geldpreises des Getreides dadurch, daß sie dieses Gut für den Landwirt gewinnbringender macht, nicht notwendigerweise auch seine Produktion anregen würde«.

»Ich antworte«, sagt er, »daß das der Fall sein könnte, wenn die Wirkung der Prämie wäre, den wirklichen Preis des Getreides zu erhöhen, oder den Landwirt in den Stand zu setzen, mit einer gleichen Menge davon eine größere Zahl von Arbeitern in derselben Weise reichlich, mäßig oder kärglich zu unterhalten, wie andere Arbeiter gewöhnlich in seiner Nachbarschaft unterhalten werden.«

Wenn von dem Arbeiter nichts als Getreide konsumiert würde und der Anteil, den er empfinge, der wäre, den sein Unterhalt minimal erforderte, so könnte vielleicht einiger Grund sein anzunehmen, daß sich die dem Arbeiter bezahlte Menge unter keinen Umständen verringern ließe. Allein der Geldlohn der Arbeit steigt oftmals überhaupt nicht und steigt niemals im Verhältnis zu dem Steigen des Geldpreises des Getreides, weil Getreide, obgleich ein wichtiger Teil, doch immerhin nur ein Teil vom Konsum des Arbeiters ist. Würde die eine

---

[1] An einer anderen Stelle sagt Smith, daß, »wie sehr auch der ausländische Markt durch die Prämie an Umfang gewinnen kann, dies doch in jedem einzelnen Jahre ganz auf Kosten des inländischen Marktes geschehen muß, da jeder Scheffel Getreide, welcher mit Hilfe der Prämie ausgeführt wird und der nicht ohne die Prämie ausgeführt worden sein würde, auf dem inländischen Markt geblieben wäre, um den Konsum zu vermehren und den Preis jenes Gutes herabzudrücken. Man darf nicht übersehen, daß die Getreideprämie, wie jede andere Ausfuhrprämie, dem Volke zwei verschiedene Steuern auferlegt: erstens die Steuer, welche es aufbringen muß, um die Prämie zu bezahlen, und zweitens die Steuer, welche von dem höheren Preise des Gutes auf dem inländischen Markte herrührt und die bei diesem besonderen Gute von der ganzen Masse des Volkes bezahlt werden muß, weil die ganze Masse des Volkes Käufer von Getreide ist. Infolgedessen ist gerade bei diesem Gute die zweite Steuer bei weitem die schwerste von beiden.« »Für jede 5 sh., welche die Bevölkerung zur Bezahlung der ersten Steuer aufbringt, muß sie also 6 £ 4 sh. zur Bezahlung der zweiten beisteuern.« »Daher vermindert der durch die Prämie verursachte außerordentliche Getreideexport nicht nur den inländischen Markt in jedem einzelnen Jahr um genau so viel, wie er den ausländischen Markt und Konsum erweitert, sondern seine endgültige Tendenz ist, durch Einschränkung der Bevölkerung und der Industrie des Landes die allmähliche Ausdehnung des inländischen Marktes zu hemmen und auf die Dauer den ganzen Getreidemarkt und -konsum eher zu verringern als zu vermehren.«

Hälfte seines Lohnes für Getreide ausgegeben und die andere Hälfte für Seife, Kerzen, Feuerung, Tee, Zucker, Kleidung usw., also für Güter, bei welchen keine Preiserhöhung vorausgesetzt wird, so wäre er offenbar mit 1½ Scheffel Weizen zu 16 sh. ebensogut bezahlt wie mit 2 Scheffel, als der Preis 8 sh. pro Scheffel war; oder mit 24 sh. in Geld, wie vorher mit 16 sh. Obschon das Getreide um 100 Prozent stiege, würde sein Lohn bloß um 50 Prozent steigen, und demnach würde Grund genug vorhanden sein, dem Boden mehr Kapital zuzuwenden, wenn die Profite in anderen Gewerben dieselben blieben wie zuvor. Aber eine derartige Lohnsteigerung würde auch die Fabrikanten zur Zurückziehung ihrer Kapitalien aus den gewerblichen Anlagen veranlassen, um sie auf den Boden zu verwenden; denn während der Landwirt den Preis seines Gutes um 100 Prozent und seine Löhne nur um 50 Prozent erhöhte, würde sich der Fabrikant ebenfalls genötigt sehen, seine Löhne um 50 Prozent zu steigern, wogegen er für diese vermehrte Produktionsbelastung in dem Steigen seines Fabrikates keinerlei Entschädigung fände. Infolgedessen würden der Landwirtschaft so lange Kapitalien aus den Gewerben zuströmen, bis das Angebot den Getreidepreis wieder auf 8 sh. pro Scheffel und den Lohn auf 16 sh. pro Woche herabgedrückt hätte; in welchem Falle der Fabrikant denselben Profit wie der Landwirt erhalten und der Kapitalstrom aufhören würde. In der Tat ist dies die Art und Weise, in welcher der Getreideanbau stets ausgedehnt und der gesteigerte Bedarf des Marktes gedeckt wird. Die Mittel für den Unterhalt der Arbeit wachsen und die Löhne werden erhöht. Den Arbeiter verleitet seine angenehme Lage, zu heiraten – die Bevölkerung wächst, und die Nachfrage nach Getreide treibt dessen Preis im Vergleich mit anderen Dingen in die Höhe – mehr Kapital wird mit Gewinn auf die Landwirtschaft verwendet und strömt ihr so lange zu, bis das Angebot der Nachfrage gleich ist, worauf der Preis wieder sinkt und die landwirtschaftlichen und gewerblichen Profite wieder zu einem Gleichstand gebracht werden.

Ob jedoch die Löhne nach dem Steigen des Getreidepreises stationär waren oder ob sie mäßig oder beträchtlich zunahmen, ist von keiner Bedeutung für diese Frage; denn der Lohn wird vom Fabrikanten ebensogut wie vom Landwirt bezahlt, und deshalb müssen beide in dieser Hinsicht durch ein Steigen des Getreidepreises gleichmäßig berührt werden. Doch werden sie in ihren Profiten insofern ungleich getroffen, als der Landwirt sein Gut zu einem höheren Preise, der Fabrikant seines zum selben Preise wie vorher verkauft. Indessen liegt gerade in der Ungleichheit des Profits stets der Anreiz dazu, Kapital aus einer Verwendung in eine andere zu verschieben, und folglich würde mehr Getreide gebaut und würden weniger Güter fabriziert werden. Die Industrieprodukte würden nicht steigen, weil weniger fabriziert würden; denn man würde eine Zufuhr derselben im Tausche gegen das ausgeführte Getreide erhalten.

Wenn eine Prämie den Getreidepreis erhöht, so erhöht sie ihn entweder im Vergleich mit dem Preis anderer Güter oder sie tut es nicht. Wenn ja, so ist es unmöglich, die größeren Profite des Landwirts und die Versuchung zur Kapitalverschiebung zu bestreiten, bis sein Preis durch ein reichliches Angebot wieder ermäßigt ist. Wenn die Prämie den Preis nicht im Vergleich zu dem anderer Güter steigert, wo ist dann der Schaden für den inländischen Konsumenten, über die Unannehmlichkeit, die Steuer zu bezahlen, hinaus? Zahlt der Fabrikant einen höheren Preis für sein Getreide, dann wird er durch den höheren Preis entschädigt, zu welchem er sein Gut verkauft, mit dem er letztlich sein Getreide ersteht.

Der Irrtum Adam Smith's entspringt genau der nämlichen Quelle, wie der des Autors in der »Edinburgh Review«; denn beide glauben, »daß der Geldpreis des Getreides den aller übrigen inländischen Erzeugnisse reguliert«.[2] Er »reguliert«, sagt Adam Smith, »den Geldpreis der Arbeit, der immer so beschaffen sein muß, daß er den Arbeiter in den Stand setzt, eine Menge von Getreide zu kaufen, die genügt, ihn und seine Familie so reichlich, mäßig oder kärglich zu erhalten, wie der fortschreitende, stillstehende oder sich verschlechternde Zustand der Gesellschaft seine Arbeitgeber zwingt, ihn zu erhalten. Dadurch, daß er den Geldpreis aller übrigen Teile des Rohproduktes des Bodens reguliert, reguliert er den der Rohstoffe von fast allen Gewerben. Dadurch, daß er den Geldpreis der Arbeit reguliert, reguliert er den von Fabrikation und Gewerbefleiß; und indem er beide reguliert, reguliert er den des fertigen Erzeugnisses. *Der Geldpreis der Arbeit sowie der jedes Dinges, welches das Produkt entweder des Bodens oder der Arbeit ist, muß notwendigerweise im Verhältnis zum Geldpreise des Getreides steigen oder sinken.*«

Diese Ansicht Adam Smith's habe ich vorhin zu widerlegen versucht. Indem er ein Steigen des Güterpreises als eine notwendige Folge eines Steigens des Getreidepreises betrachtet, urteilt er, als ob es keinen anderen Fonds gäbe, aus welchem die erhöhten Kosten bezahlt werden könnten. Er hat die Profite, deren Verringerung diesen Fonds bildet, ohne den Güterpreis zu erhöhen, gänzlich außer acht gelassen. Wenn diese Ansicht Dr. Smith's wohl begründet wäre, so könnten die Profite in Wirklichkeit niemals sinken, welche Kapitalansammlung auch immer stattfände. Wenn der Landwirt bei steigenden Löhnen den Preis seines Getreides erhöhen und auch der

---

[2] Derselben Ansicht ist Say, a. a. O., Bd. II, S. 335.

Tuch-, Hut-, Schuhmacher und jeder andere Gewerbetreibende den Preis seiner Waren im Verhältnis zum Aufschlage steigern könnte, so würden sie auch ferner in demselben relativen Wertverhältnis zueinander stehen, obwohl sie, in Geld ausgedrückt, alle gestiegen sein könnten. Jedes von diesen Gewerben könnte noch über die gleiche Menge von Waren der anderen verfügen wie zuvor, was, da Güter, und nicht Geld, den Wohlstand ausmachen, der einzige Umstand ist, welcher für sie von Bedeutung wäre, und die ganze Preiserhöhung von Rohprodukten und Waren würde niemandem weiter nachteilig sein als jenen, deren gesamtes Eigentum in Gold oder Silber bestände oder deren jährliches Einkommen in Gestalt einer Menge jener Metalle, sei es in Barren oder in Geld, bezahlt würde. Nehmen wir einmal an, daß der Gebrauch des Geldes gänzlich beseitigt wäre und der gesamte Handel durch Tausch bewerkstelligt würde. Könnte unter solchen Umständen Getreide anderen Dingen gegenüber im Tauschwert steigen? Könnte es dies, dann ist es nicht richtig, daß der Wert des Getreides den Wert aller übrigen Güter reguliert; denn um das zu tun, dürfte es sich nicht in seinem verhältnismäßigen Werte zu ihnen ändern. Könnte es dies nicht, dann muß man daran festhalten, daß Getreide stets gegen eine gleiche Menge aller übrigen Güter ausgetauscht würde, mag es nun von reichem oder armem Boden, mit viel oder mit wenig Arbeit, mit Hilfe von Maschinen oder ohne diese gewonnen werden.

Obwohl Adam Smith's allgemeine Lehren mit dem übereinstimmen, was ich soeben erörtert habe, kann ich doch nicht umhin, zu bemerken, daß er in einem Teile seines Werkes eine richtige Auffassung von der Natur des Wertes gegeben zu haben scheint. »Das Verhältnis zwischen dem Werte von Gold und Silber und dem von Waren von jeder anderen Art *hängt in allen Fällen*«, sagt er, »*von dem Verhältnis zwischen der Arbeitsmenge ab, welche erforderlich ist, um eine bestimmte Menge an Gold und Silber zu Markte zu bringen, und derjenigen, die nötig ist, um eine gewisse Menge von irgendeiner anderen Art von Waren dorthin zu bringen.*« Gibt er hier nicht vollkommen zu, daß, wenn irgendeine Erhöhung der Arbeitsmenge stattfindet, welche nötig ist, um die eine Art von Waren zu Markte zu bringen, während eine solche Erhöhung nicht stattfindet, wenn man eine andere Art dorthin bringt, die erstere Art in ihrem verhältnismäßigen Werte steigen wird? Wenn nicht mehr Arbeit als vorher erforderlich ist, um Tuch oder Gold zu Markte zu bringen, so werden sie sich in ihrem verhältnismäßigen Werte nicht verändern; ist jedoch mehr Arbeit nötig, um Getreide und Schuhe zu Markte zu bringen, werden dann nicht Getreide und Schuhe in bezug auf Tuch und Goldmünzen im Werte steigen?

Adam Smith glaubt ferner, daß eine Prämie eine partielle Herabsetzung im Geldwerte bewirkt. »Diejenige Herabsetzung des Silberwertes«, sagt er, »welche die Wirkung der Ergiebigkeit der Minen ist und im größten Teile der handeltreibenden Welt die gleiche oder nahezu die gleiche Wirkung hat, ist für irgendein einzelnes Land von sehr geringer Bedeutung. Das daraus folgende Steigen aller Geldpreise, obwohl es diejenigen, welche sie erhalten, in Wirklichkeit nicht reicher macht, macht sie auch nicht wirklich ärmer. Ein Silbergeschirr wird wirklich billiger, und alles andere behält genau denselben wirklichen Wert wie vorher.« Diese Bemerkung ist sehr richtig.

»Dagegen ist diejenige Herabsetzung des Silberwertes, welche, da sie die Wirkung entweder der besonderen Lage oder der politischen Einrichtungen eines einzelnen Landes ist, nur in diesem Lande eintritt, eine Sache von äußerster Wichtigkeit, die, weit entfernt, irgend jemanden wirklich reicher zu machen, die Tendenz hat, jedermann wirklich ärmer zu machen. Das Steigen des Geldpreises aller Güter, das in diesem Falle jenem Lande eigentümlich ist, hat die Tendenz, jede Art wirtschaftlicher Tätigkeit in ihm mehr oder weniger zu entmutigen und fremde Nationen in den Stand zu setzen, dadurch, daß sie fast alle Waren für eine kleinere Menge Silbers liefern als seine eigenen Arbeiter es zu tun vermögen, sie zu unterbieten, nicht nur auf dem ausländischen, sondern sogar auf dem heimischen Markte.«

Ich habe an anderer Stelle zu zeigen versucht, daß eine partielle Herabsetzung des Geldwertes, die sowohl landwirtschaftliche Produkte wie Fabrikate beeinflussen wird, unmöglich von Dauer sein kann. Wenn man sagt, daß Geld in diesem Sinne teilweise herabgesetzt sei, so heißt das, daß alle Güter hoch im Preise stehen. Solange man jedoch Gold und Silber nach Belieben auf dem billigsten Markte kaufen kann, wird man sie gegen die wohlfeileren Waren anderer Länder ausführen, und die Verminderung ihrer Menge wird ihren Wert daheim erhöhen. Die Güter werden ihren gewöhnlichen Stand wieder erreichen, und man wird diejenigen, welche sich für die ausländischen Märkte eignen, wie früher exportieren.

Daher läßt sich meines Erachtens gegen eine Prämie aus diesem Grunde nichts einwenden.

Wenn also eine Prämie den Preis des Getreides im Vergleich mit allen übrigen Dingen steigert, so wird der Landwirt daraus Nutzen ziehen, und mehr Boden wird bebaut werden; steigert jedoch die Prämie den Wert des Getreides im Verhältnis zu anderen Dingen nicht, dann wird keine andere Unannehmlichkeit damit verbunden sein, als die, die Prämie zu bezahlen.

Dr. Smith behauptet, »daß dadurch, daß die Landedelleute hohe Zölle auf die Einfuhr von Getreide legten und Prämien auf die Ausfuhr setzten, sie das Vorgehen der Fabrikanten nachgeahmt zu haben schienen.« Beide hätten den Wert ihrer Güter durch dieselben Mittel zu steigern versucht. »Sie beachteten wohl nicht den großen und wesentlichen Unterschied, den die Natur zwischen dem Getreide und fast jeder anderen Art von Waren begründet hat. Wenn man unsere Fabrikanten durch eines der beiden obigen Mittel in den Stand setzt, ihre Waren zu einem etwas besseren Preise zu verkaufen, als sie sonst dafür erlangen könnten, so erhöht man nicht nur den nominellen, sondern auch den wirklichen Preis jener Waren. Man vermehrt nicht nur den nominellen, sondern auch den wirklichen Profit, den wirklichen Reichtum und das wirkliche Einkommen jener Fabrikanten – man fördert wirklich jene Gewerbe. Wenn man aber durch die gleichen Einrichtungen den nominellen oder den Geldpreis des Getreides erhöht, so hebt man damit nicht seinen wirklichen Wert, man vermehrt nicht den wirklichen Wohlstand unserer Landwirte oder Landedelleute, man fördert nicht den Getreidebau. Die Natur der Dinge hat dem Getreide einen wirklichen Wert aufgeprägt, der nicht geändert werden kann, indem man nur seinen Geldpreis ändert. In der ganzen Welt ist dieser Wert allgemein der Arbeitsmenge gleich, welche es erhalten kann.«

Ich habe bereits zu zeigen versucht, daß der Marktpreis des Getreides bei einer durch die Wirkungen einer Prämie gesteigerten Nachfrage seinen natürlichen Preis übersteigen würde, bis das erforderliche Mehrangebot erzielt wäre, und daß es dann wieder auf seinen natürlichen Preis sinken würde. Allein, der natürliche Preis des Getreides steht nicht so fest wie der natürliche Preis von Gütern, weil mit jeder großen zusätzlichen Nachfrage nach Getreide Boden von geringerer Qualität in Anbau genommen werden muß, auf den man zur Gewinnung einer bestimmten Menge mehr Arbeit benötigen wird, und der natürliche Preis des Getreides wird erhöht werden. Durch eine ständige Prämie auf die Getreideausfuhr würde daher eine Tendenz zu einem dauernden Steigen des Getreidepreises erzeugt werden, was, wie ich anderwärts[3] gezeigt habe, unfehlbar die Rente steigert. Landedelleute haben demnach nicht nur ein vorübergehendes, sondern ein dauerndes Interesse an Getreideeinfuhrverboten und Prämien auf seine Ausfuhr; Fabrikanten dagegen haben kein dauerhaftes Interesse an der Errichtung hoher Einfuhrzölle und von Prämien auf die Ausfuhr von Gütern; ihr Interesse ist durchaus vorübergehend.

Eine Prämie auf die Ausfuhr von Fabrikaten wird, wie Dr. Smith behauptet, zweifellos zeitweilig den Marktpreis von Fabrikaten, aber nicht ihren natürlichen Preis steigern. Die Arbeit von 200 Mann wird

---

[3] Siehe das Kapitel über die Rente.

die doppelte Menge dieser Waren erzeugen, die vorher 100 produzieren konnten; und wenn daher die erforderliche Menge von Kapital zur Beschaffung der erforderlichen Menge von Fabrikaten verwendet würde, so würden sie wieder auf ihren natürlichen Preis sinken und aller Vorteil aus einem hohen Marktpreis wieder aufhören. Die Fabrikanten werden also nur während der Zwischenzeit, nach dem Steigen des Marktpreises der Güter bis zur Erlangung des zusätzlichen Angebots, hohe Profite genießen; denn sobald die Preise gesunken wären, würden ihre Profite wieder auf den allgemeinen Stand zurückgehen.

Statt also Adam Smith darin beizustimmen, daß die Landedelleute kein so großes Interesse daran hätten, die Getreideeinfuhr zu verbieten, wie der Fabrikant an der Verhinderung der Einfuhr von Fabrikaten hätte, behaupte ich, daß sie ein viel größeres Interesse daran haben; denn ihr Vorteil ist dauernder Natur, während der des Fabrikanten nur vorübergehend ist. Dr. Smith bemerkt, die Natur habe einen großen und wesentlichen Unterschied zwischen dem Getreide und anderen Waren begründet; allein, die richtige Folgerung aus diesem Umstande ist gerade das Gegenteil von dem, was er daraus schließt. Denn auf Grund dieses Unterschiedes entsteht die Rente und haben die Landedelleute ein Interesse am Steigen des natürlichen Getreidepreises. Statt das Interesse des Fabrikanten mit dem des Landedelmannes zu vergleichen, hätte es Dr. Smith mit dem des Landwirtes vergleichen sollen, welches sehr verschieden ist von dem Interesse seines Gutsherrn. Weder haben Fabrikanten ein Interesse am Steigen des natürlichen Preises ihrer Güter, noch haben die Landwirte ein Interesse am Steigen des natürlichen Preises des Getreides oder der anderen Rohprodukte, ob diese beiden Klassen im Vorteile sind, solange der Marktpreis ihrer Erzeugnisse deren natürlichen Preis übersteigt. Dagegen haben die Gutsherren ein ganz besonderes Interesse an dem Steigen des natürlichen Getreidepreises; denn das Steigen der Rente ist die unvermeidliche Folge der Schwierigkeit, Rohprodukte zu erzeugen, ohne welche deren natürlicher Preis nicht steigen könnte. Da nun Exportprämien und Einfuhrverbote auf Getreide die Nachfrage steigern und uns zur Bebauung ärmerer Böden zwingen, so verursachen sie notwendigerweise eine vermehrte Produktionserschwerung.

Die einzige Wirkung hoher Zölle auf die Einfuhr von Fabrikaten oder von Getreide oder einer Prämie auf ihre Ausfuhr ist die, einen Teil des Kapitals einer Verwendung zuzuführen, welche es natürlicherweise nicht suchen würde. Sie erzeugt eine verderbliche Verteilung des Vermögens der Gesellschaft, sie verführt einen Fabrikanten dazu, ein verhältnismäßig weniger gewinnbringendes Unternehmen anzufangen oder fortzuführen. Sie ist die schlechteste Art von Besteuerung; denn sie gibt dem Auslande nicht alles, was sie dem Inlande entzieht, wobei der Reinverlust durch die weniger vorteilhafte Verteilung des Gesamtkapitals bewirkt wird. Wenn demnach der Getreidepreis in England auf 4 £ und in Frankreich auf 3 £ 12 sh. steht, so wird ihn eine Prämie von 10 sh. schließlich auf 3 £ 10 sh. in Frankreich herabsetzen und ihn in England auf demselben Preise von 4 £ halten. Für jeden ausgeführten Quarter zahlt England eine Steuer von 10 sh. Für jeden nach Frankreich eingeführten Quarter gewinnt Frankreich nur 5 sh., so daß der Wert von 5 sh. pro Quarter für die Welt absolut verloren ist, infolge einer Verteilung ihrer Mittel, die eine Verringerung der Produktion bewirkt, wahrscheinlich nicht von Getreide, sondern von irgendeinem anderen Gegenstand des Bedarfes oder Genusses.

Buchanan scheint den trügerischen Charakter von Dr. Smith's Argumenten über Prämien erkannt zu haben und bemerkt zu der letzten Stelle, die ich zitiert habe, sehr treffend: »Wenn Dr. Smith behauptet, daß die Natur dem Getreide einen wirklichen Wert verliehen habe, der sich durch eine bloße Veränderung seines Geldpreises nicht ändern lasse, so verwechselt er seinen Gebrauchs- mit seinem Tauschwerte. Ein Scheffel Weizen wird in Zeiten der Knappheit nicht mehr Menschen ernähren als in Zeiten der Fülle; aber ein Scheffel Weizen läßt sich bei Knappheit gegen eine größere Menge von Luxusgegenständen und Annehmlichkeiten austauschen als bei Überfluß. Deshalb werden die Grundbesitzer, die über einen Überschuß an Nahrungsmitteln verfügen, in Zeiten der Knappheit reichere Leute sein; sie werden ihren Überschuß gegen einen größeren Wert an anderen Genüssen austauschen, als wenn Getreide in größerer Fülle vorhanden ist. Daher ist es verfehlt, zu argumentieren, daß, wenn die Prämie eine erzwungene Getreideausfuhr bewirkt, sie nicht auch eine wirkliche Preiserhöhung verursachen wird.« Buchanan's Ausführungen über diesen Teil der Prämienfrage scheinen mir vollkommen klar und erschöpfend zu sein.

Doch hat Buchanan, wie ich glaube, keine richtigeren Ansichten über den Einfluß einer Steigerung des Arbeitspreises auf fabrizierte Güter, als Dr. Smith oder der Schriftsteller in der »Edinburgh Review«. Infolge seiner eigenartigen Anschauungen, die ich anderswo erwähnt habe, meint er, daß der Preis der Arbeit zu dem des Getreides keine Beziehungen habe und infolgedessen der wirkliche Wert des Getreides steigen könnte und auch steigen würde, ohne den Preis der Arbeit zu beeinflussen. Wenn jedoch die Arbeit betroffen würde, so würde er mit Adam Smith und dem Schriftsteller in der »Edinburgh Review« behaupten, daß der Preis von Fabrikaten ebenfalls steigen würde; und dann sehe ich nicht ein, wie er ein solches Steigen des Getreides von einem Sinken des Geldwertes unterscheiden würde, oder wie er zu irgendeinem anderen Schluß als zu dem Dr. Smith's gelangen könnte. In einer Anmerkung zu Seite 276 des ersten Bandes des »Wealth of Nations« bemerkt Buchanan: »Aber der Getreidepreis reguliert nicht den Geldpreis von allen anderen Teilen des Rohproduktes des Bodens. Er reguliert weder den Preis der Metalle, noch den von verschiedenen anderen nützlichen Stoffen, wie Kohle, Holz, Steine usw.; *und da er nicht den Preis der Arbeit bestimmt, so bestimmt er auch nicht den der Fabrikate;* so daß die Prämie, insofern sie den Getreidepreis steigert, zweifellos ein wirklicher Vorteil für den Landwirt ist. Von diesem Standpunkt aus darf man daher ihre Anwendung nicht kritisieren. Man muß zugeben, daß sie die Landwirtschaft durch Erhöhung des Getreidepreises fördert; und es kommt dann auf die Frage an, ob die Landwirtschaft so gefördert werden sollte?« – Nach Buchanan ist sie also ein wirklicher Vorteil für den Landwirt, weil sie den Arbeitspreis nicht steigert; wenn sie dies aber täte, so würde sie den Preis aller Dinge im Verhältnis steigern, und sie würde dann der Landwirtschaft keine besondere Förderung gewähren.

Allerdings muß man zugestehen, daß die Tendenz einer Prämie auf die Ausfuhr irgendeines Gutes die ist, den Geldwert in einem geringen Grade herabzudrücken. Alles, was die Ausfuhr erleichtert, hat die Tendenz, Geld in einem Lande anzuhäufen; wogegen alles, was die Ausfuhr hindert, die hat, es zu vermindern. Die allgemeine Wirkung der Besteuerung tendiert dazu, durch Erhöhung der Preise der besteuerten Güter die Ausfuhr zu verringern und daher den Geldzufluß zu hemmen, während eine Prämie aus demselben Grunde den Geldzufluß fördert.

Die schädlichen Folgen des Merkantilismus sind von Dr. Smith erschöpfend dargelegt worden. Das ganze Streben dieses Systems lief darauf hinaus, den Güterpreis durch Verhinderung fremden Wettbewerbs auf dem inländischen Markte zu steigern; doch war dieses System den ackerbautreibenden Klassen nicht schädlicher, als irgendeinem anderen Teil des Gemeinwesens. Dadurch, daß es Kapital in Kanäle zwang, wohin dieses sonst nicht fließen wollte, verminderte es den Gesamtbetrag produzierter Güter. Obwohl der Preis dauernd höher stand, wurde er nicht durch Knappheit, sondern durch Produktionserschwerung hochgehalten; und obwohl die Verkäufer solcher Güter sie für einen höheren Preis verkauften, so verkauften sie dieselben deshalb doch nicht mit höherem Gewinn, nachdem die zu ihrer Produktion erforderliche Kapitalmenge aufgewendet war[4].

[4] Say glaubt, der Vorteil der heimischen Industriellen sei ein mehr als bloß vorübergehender. »Eine Regierung, welche die Einfuhr gewisser ausländischer Waren unbe-

Die Gewerbetreibenden selber hatten als Konsumenten einen Zusatzpreis für solche Güter zu bezahlen, und daher kann die Behauptung nicht richtig sein, daß »der durch beide (Zunftsatzungen und hohe Zölle auf die Einfuhr ausländischer Güter) verursachte Preisaufschlag überall zuletzt von den Grundherren, Landwirten und Arbeitern des Landes bezahlt wird«.

Es ist um so notwendiger, diese Bemerkung zu machen, als in unseren Tagen Adam Smith's Autorität von Landedelleuten zwecks Auferlegung ähnlich hoher Zölle auf den Import ausländischen Getreides angeführt wird. Weil die Produktionskosten und folglich auch die Preise verschiedener Fabrikate durch einen Irrtum in der Gesetzgebung für den Konsumenten gesteigert sind, hat man das Land unter dem Vorwande der Gerechtigkeit aufgefordert, sich neuen Zwangsleistungen zu unterwerfen. Weil wir alle für unser Leinen, Musselin und Baumwollzeug einen höheren Preis bezahlen, wird es als gerecht angesehen, daß wir auch für unser Getreide einen höheren Preis bezahlen. Weil wir bei der allgemeinen Verteilung der Arbeit der Welt uns die Erlangung der größtmöglichen Produktionsmenge mit unserem Anteil an jener Arbeit in Fabrikaten verscherzt haben, sollten wir uns noch weiter strafen, indem wir die produktiven Kräfte der Gesamtarbeit bei der Beschaffung von Rohprodukten vermindern. Viel klüger wäre es, die Irrtümer, in welche uns eine verkehrte Politik verstrickt hat, zu bekennen und sogleich mit einer allmählichen Rückkehr zu den gesunden Grundsätzen eines allgemeinen Freihandels den Anfang zu machen[5].

dingt verbietet, errichtet ein Monopol *zugunsten jener*, welche solche Güter im Inlande produzieren, jedoch *zum Schaden jener*, die sie verbrauchen. Mit anderen Worten, da diejenigen im Inlande, welche sie erzeugen, das ausschließliche Privileg ihres Verkaufes haben, so können sie ihren Preis über den natürlichen Preis hinaus erhöhen; und da die einheimischen Konsumenten sie anderwärts nicht erlangen können, sind sie gezwungen, sie zu einem höheren Preise zu kaufen« (a. a. O., Bd. I, S. 201). – Wie können sie aber den Marktpreis ihrer Waren dauernd über dem natürlichen Preise halten, wenn es jedem ihrer Mitbürger freisteht, in das Gewerbe einzutreten? Vor dem fremden Wettbewerb sind sie geschützt, aber nicht vor dem inländischen. Das wirkliche Übel, das dem Lande aus solchen Monopolen erwächst, wenn sie mit diesem Namen bezeichnet werden können, liegt nicht in einer Steigerung des Marktpreises solcher Waren, sondern in einer Steigerung ihres wirklichen und natürlichen Preises. Durch Vermehrung der Produktionskosten wird ein Teil der Arbeit des Landes weniger produktiv verwendet.

[5] »Ein Land wie Großbritannien, das mit all den verschiedenen Erzeugnissen des Gewerbes und mit allen den Bedürfnissen jeder Gesellschaft entsprechenden Handelsgütern versehen ist, bedarf allein der Handelsfreiheit, um es vor der Möglichkeit einer Teuerung zu schützen. Die Völker der Erde sind nicht verdammt zu würfeln, um zu entscheiden, welches von ihnen sich der Hungersnot unterwerfen soll. In der Welt ist stets eine Fülle von Nahrungsmitteln vorhanden. Um uns eines dauernden Überflusses zu erfreuen, brauchen wir nur unsere Verbote und Einschränkungen zu beseitigen und abzulassen, der gütigen Weisheit der Vorsehung zuwiderzuhandeln.«

»Ich habe bereits«, sagt Say, »als ich über das sprach, was man unpassend die Handelsbilanz nennt, Gelegenheit gehabt, zu bemerken, daß, wenn es einem Kaufmann besser paßt, Edelmetalle, als andere Waren nach einem fremden Lande zu exportieren, es auch das Interesse des Staates ist, daß er sie exportiert, weil der Staat nur durch den Kanal seiner Bürger gewinnt oder verliert; und daß, soweit es den auswärtigen Handel betrifft, alles, was dem einzelnen zum Wohl gereicht, auch dem Staate zum Wohle gereicht. Deshalb erreicht man, wenn man der Ausfuhr der Edelmetalle, die einzelne zu betreiben geneigt sein würden, Schwierigkeiten bereitet, nichts anderes, als daß man sie zwingt, als Ersatz zu irgendeinem anderen Gute zu greifen, das ihnen und dem Staate weniger einbringt. Indessen sage ich nur, *soweit es den auswärtigen Handel betrifft*; weil die Profite, welche die Kaufleute in den Geschäften mit ihren Landsleuten erzielen, ebenso wie diejenigen, welche im ausschließlichen Handel mit den Kolonien gemacht werden, nicht gänzlich Gewinne für den Staat sind. Im Verkehr zwischen einzelnen Personen desselben Landes gibt es keinen anderen Gewinn *que la valeur d'une utilité produite*[6].« (Bd. I S. 401.) Ich kann den hier zwischen den Gewinnen des inländischen und auswärtigen Handels gemachten Unterschied nicht einsehen. Bei jedem Handel kommt es auf die Vermehrung der Erzeugnisse an. Wenn ich es zwecks Ankaufs eines Fasses Wein in meiner Macht hätte, Barren zu exportieren, welche mit dem Werte des Produktes einer 100tägigen Arbeit erstanden wurden, die Regierung aber mich durch ein Ausfuhrverbot auf Barren zwingen sollte, meinen Wein mittels eines Gutes zu kaufen, das mit dem Werte des Produkts einer 105tägigen Arbeit erstanden wurde, so geht der Ertrag einer 5tägigen Arbeit für mich verloren und durch mich für den Staat. Fänden aber diese Umsätze zwischen Individuen in verschiedenen Provinzen eines und desselben Landes statt, so würde für den einzelnen, und durch ihn für das Land, der nämliche Vorteil erwachsen, wenn er in seiner Wahl der Güter, mit denen er seine Einkäufe machte, ungehindert wäre, und derselbe Nachteil, wenn

---

Artikel: »Getreidegesetze und Handel«, Ergänzungsband der »Encyclopaedia Britannica«.

[6] Stehen nicht die folgenden Stellen im Widerspruch zu der oben zitierten? »Abgesehen davon, daß der inländische Handel, obgleich er weniger beachtet wird (weil er in einer ganzen Reihe von Händen liegt), am bedeutendsten ist, ist er auch am vorteilhaftesten. Die bei diesem Handel ausgetauschten Güter sind notwendig Erzeugnisse desselben Landes« (a. a. O., Bd. I, S. 84). – »Die englische Regierung hat nicht bemerkt, daß die einträglichsten Verkäufe die sind, welche ein Land an sich selbst macht, weil sie nicht erfolgen können, ohne daß die Nation zwei Werte erzeugt: den Wert, der verkauft wird, und den, mit welchem der Kauf geschieht« (a. a. O., Bd. I, S. 221). – Ich werde im 26. Kapitel die Richtigkeit dieser Ansicht prüfen.

er durch die Regierung genötigt würde, mit dem am wenigsten einträglichen Gute zu kaufen. Könnte ein Fabrikant mit dem gleichen Kapital mehr Eisen da erzeugen, wo Kohlen reichlich vorhanden sind, als dort, wo Kohlen knapp sind, dann würde dem Lande durch die Differenz Vorteil erwachsen. Wenn sich jedoch Kohlen nirgends reichlich vorfänden und er Eisen importierte und diese zusätzliche Menge durch die Herstellung eines Gutes mit gleichem Kapitale und gleicher Arbeit erlangen könnte, so würde er in gleicher Weise sein Land um die zusätzliche Menge Eisen bereichern. Im 7. Kapitel dieses Werkes habe ich zu zeigen versucht, daß jeder Handel, ob auswärtiger oder inländischer, dadurch Nutzen bringt, daß er die Menge, nicht den Wert, der Erzeugnisse vermehrt. Ob wir nun den einträglichsten Binnen- und Außenhandel betreiben oder infolge davon, daß wir durch Prohibitivgesetze gefesselt sind, uns mit dem am wenigsten vorteilhaften begnügen müssen, wir werden keinen größeren Wert erlangen. Die Profitrate und der produzierte Wert werden dieselben bleiben. Der Vorteil läuft stets auf das hinaus, was Say auf den Binnenhandel zu beschränken scheint; in beiden Fällen ist kein anderer Gewinn vorhanden, als der des Wertes einer »*utilité produite*«.

KAPITEL XXIII

Über Produktionsprämien

Vielleicht ist es ganz lehrreich, die Wirkungen einer Prämie auf die *Produktion* von Rohprodukten und anderen Gütern zu betrachten, um die Anwendung der Grundsätze, welche ich aufzustellen versucht habe, in bezug auf den Kapitalprofit, die Verteilung des jährlichen Ertrages von Boden und Arbeit und die verhältnismäßigen Preise von Fabrikaten und Rohprodukten zu beobachten.

Zunächst wollen wir annehmen, daß eine Steuer auf alle Güter gelegt wäre, um einen Fonds anzusammeln, den die Regierung zur Gewährung einer Prämie auf die *Produktion* von Getreide verwenden sollte. Da von einer derartigen Steuer die Regierung keinen Teil für sich verausgaben würde und alles, was sie von der einen Klasse des Volkes empfinge, einer anderen zugeteilt würde, so würde die Nation insgesamt infolge einer solchen Steuer und Prämie weder reicher noch ärmer sein. Die Steuer auf Güter, durch welche der Fonds geschaffen wurde, würde den Preis der besteuerten Güter steigern, und folglich würden alle Konsumenten jener Güter zu diesem Fonds beitragen; mit anderen Worten, da sich ihr natürlicher oder notwendiger Preis erhöht hätte, so würde es auch ihr Marktpreis. Aber aus demselben Grunde, aus welchem der natürliche Preis dieser Güter steigen wird, würde der natürliche Preis des Getreides sinken. Ehe die Produktionsprämie gezahlt wurde, erhielten die Landwirte für ihr Getreide einen so hohen Preis, wie nötig war, um ihnen ihre Rente und ihre Unkosten zu zahlen und ihnen die allgemeine Profitrate abzuwerfen. Nach der Prämie würden sie mehr als diesen Satz bekommen, falls nicht der Getreidepreis um einen Betrag sänke, der zum wenigsten der Prämie gleich wäre. Die Wirkung der Steuer und der Prämie würde also sein, den Preis der Güter in einem der Steuer entsprechenden Grade zu steigern und den Preis des Getreides um eine Summe zu drücken, die mindestens der Prämie gleich wäre. Zudem wird man finden, daß keine dauernde Veränderung in der Kapitalverteilung zwischen Landwirtschaft und Industrie stattfinden könnte, weil genau dieselbe Nachfrage nach Brot und Fabrikaten bestehen würde, da in der Größe weder des Kapitals noch der Bevölkerung eine Veränderung eingetreten wäre. Nach dem Sinken des Getreidepreises würde sich der Profit des Landwirts nicht über den allgemeinen Stand erheben, noch würde der Profit des Fabrikanten nach dem

Steigen von Fabrikaten niedriger stehen; die Prämie würde also keine größere Verwendung von Kapital auf Grund und Boden für Getreidebau noch eine geringere für gewerbliche Zwecke verursachen. Wie aber würde das Interesse des Grundbesitzers davon berührt werden? Nach denselben Grundsätzen, nach welchen eine Rohproduktensteuer die Getreideernte des Bodens erniedrigen würde, indem sie die Geldrente unverändert ließe, würde eine Produktionsprämie, die das direkte Gegenteil einer Steuer ist, die Getreideernte erhöhen und die Geldrente unberührt lassen[1]. Bei gleicher Geldrente würde der Grundbesitzer für seine Fabrikate einen höheren und für sein Getreide einen niedrigeren Preis zu bezahlen haben, infolgedessen würde er wahrscheinlich weder reicher noch ärmer sein.

Ob nun eine solche Maßnahme irgendeine Wirkung auf den Arbeitslohn ausübte, hängt von der Frage ab, ob der Arbeiter beim Kauf von Gütern zur Steuer ebensoviel beitragen würde wie er infolge der Wirkungen der Prämie im niedrigen Preise seiner Lebensmittel empfangen würde. Wären diese beiden Quantitäten gleich, so würden die Löhne unverändert bleiben; gehörten die besteuerten Güter aber nicht zu den Konsumartikeln des Arbeiters, so würde sein Lohn sinken und sein Arbeitgeber um die Differenz bereichert werden. Das ist jedoch für seinen Arbeitgeber kein wirklicher Vorteil; zwar würde sich dadurch seine Profitrate erhöhen, wie dies jeder Lohnrückgang bewirken muß; aber in dem Maße, wie der Arbeiter weniger zu dem Fonds beisteuerte, aus welchem die Prämie bezahlt würde und der ja aufgebracht werden muß, muß sein Arbeitgeber mehr beisteuern. Mit anderen Worten, er würde infolge seiner Ausgaben ebensoviel zur Steuer beizutragen haben, wie er an den Wirkungen der Prämie und der höheren Profitrate gewinnen würde. Er bekommt, um ihn für seine Zahlung zu entschädigen, eine höhere Profitrate, und zwar nicht bloß für seine eigene Steuerquote, sondern auch für die seines Arbeiters. Die Entschädigung, welche er für die Quote seines Arbeiters empfängt, erscheint in verringerten Löhnen oder, was dasselbe ist, in vergrößertem Profit; die Vergütung für seine eigene erscheint in der Ermäßigung des Preises des von ihm konsumierten Getreides, die aus der Prämie entspringt.

Hier sei eine Bemerkung über die verschiedenen Wirkungen eingeflochten, welche durch eine Veränderung des wirklichen Arbeits- oder natürlichen Wertes des Getreides und durch eine infolge von Besteuerung oder Prämien entstehende Veränderung des verhältnismäßigen Getreidewertes auf den Profit ausgeübt werden. Wenn Getreide durch eine Veränderung seines Arbeitspreises einen Preisrückgang er-

---

[1] Siehe S. 129 f.

fährt, wird sich nicht nur die Rate des Kapitalprofits ändern, sondern auch die Lage des Kapitalisten verbessern. Bei höherem Profit wird er für die Dinge, für welche jener Profit verausgabt wird, nicht mehr zu bezahlen haben; was nicht geschieht, wie wir soeben gesehen haben, wenn das Sinken künstlich durch eine Prämie verursacht wird. Bei dem wirklichen Sinken des Getreidewertes, das aus einem geringeren Arbeitserfordernis zur Erzeugung eines der wichtigsten menschlichen Konsumartikel resultiert, wird die Arbeit produktiver gestaltet. Es wird mit demselben Kapital die nämliche Arbeit beschäftigt, und infolgedessen wächst die Produktion; nicht nur die Rate des Profits also wird erhöht, sondern auch die Lage desjenigen, der ihn einsteckt, wird sich verbessern; nicht allein wird jeder Kapitalist bei Verwendung desselben Geldkapitals ein größeres Einkommen an Geld haben, sondern, wenn das Geld ausgegeben ist, wird es ihm auch eine größere Summe von Gütern verschaffen; seine Genüsse werden sich vermehren. Im Falle der Prämie hat er, zum Ausgleich des Vorteils, der ihm aus dem Sinken des einen Gutes erwächst, den Nachteil, daß er für ein anderes einen überproportional hohen Preis bezahlen muß; um diesen höheren Preis bezahlen zu können, empfängt er eine größere Profitrate, so daß sich seine wirkliche Lage, wenn auch nicht verschlechtert, so doch keineswegs verbessert hat: obgleich er eine höhere Profitrate empfängt, besitzt er doch keine größere Verfügung über den Ertrag von Arbeit und Boden des Landes. Wenn das Sinken des Getreidewertes durch natürliche Ursachen herbeigeführt wird, wirkt demselben ein Steigen der anderen Güter nicht entgegen; im Gegenteil, sie sinken, weil das Rohmaterial, aus dem sie verfertigt werden, sinkt; wird jedoch das Sinken des Getreides künstlich hervorgerufen, so wirkt ihm stets ein tatsächliches Steigen des Wertes irgendeines anderen Gutes entgegen, so daß, wenn Getreide billiger gekauft wird, andere Güter teurer gekauft werden.

Dies also ist ein weiterer Beweis dafür, daß aus Steuern auf Bedarfsartikel wegen ihrer den Lohn steigernden und den Profit erniedrigenden Wirkung kein besonderer Nachteil entsteht. Allerdings wird der Profit herabgesetzt, aber nur im Betrage des Steueranteils des Arbeiters, der auf alle Fälle entweder von seinem Arbeitgeber oder von dem Konsumenten des Ertrages der Arbeitsleistung des Arbeiters bezahlt werden muß. Ob man vom Einkommen des Arbeitgebers im Jahr 50 £ abzieht oder zu den Preisen der Güter, die er konsumiert, 50 £ zufügt, kann für ihn oder für die Gesamtheit keine andere Folge haben, als wie sie gleichmäßig alle übrigen Klassen trifft. Werden sie auf die Preise des Gutes geschlagen, so kann sich ein Geizhals der Steuer durch Nichtverbrauch entziehen; werden sie aber vom Einkommen eines jeden indirekt in Abzug gebracht, so kann er der Bezahlung seines gerechten Anteils an den öffentlichen Lasten nicht entgehen.

Also würde eine Prämie auf die Produktion von Getreide keine tatsächliche Wirkung auf den jährlichen Ertrag der Arbeit und des Bodens des Landes ausüben, obschon sie das Getreide verhältnismäßig verbilligen und die Fabrikate verhältnismäßig verteuern würde. Aber nehmen wir einmal an, daß man eine entgegengesetzte Maßnahme träfe, daß man zu dem Zwecke, um einen Fonds für eine Prämie auf die Produktion von Gütern zu beschaffen, eine Steuer vom Getreide erhöbe.

In solchem Falle würden Getreide offenbar teuer und Güter billig sein; Arbeit würde denselben Preis behalten, wenn der Arbeiter durch die Wohlfeilheit von Gütern ebenso sehr begünstigt, wie er durch die Verteuerung von Getreide benachteiligt würde. Wenn dem aber nicht so wäre, würden die Löhne steigen und die Profite sinken, während die Geldrente dieselbe wie vorher bliebe; die Profite würden sinken, weil, wie soeben auseinandergesetzt, das die Methode wäre, in der der Steueranteil des Arbeiters von den Arbeitgebern bezahlt werden würde; durch die Lohnsteigerung würde der Arbeiter für die Steuer, die er in dem erhöhten Getreidepreis bezahlte, entschädigt werden; dadurch, daß er keinen Teil seines Lohnes für die Fabrikate verausgabte, würde er keinen Teil von der Prämie erhalten; die Prämie würde gänzlich von den Arbeitgebern eingesteckt werden, und die Steuer würde teilweise von den Arbeitnehmern bezahlt werden; den Arbeitern würde eine Entschädigung für diese ihnen auferlegte größere Last durch höhere Löhne erwachsen, und somit würde die Profitrate herabgesetzt. Auch in diesem Falle würde es sich um eine komplizierte Maßnahme handeln, von der die Nation keinerlei Wirkungen verspürte.

Bei der Erörterung dieser Frage haben wir die Wirkung einer solchen Maßnahme auf den auswärtigen Handel absichtlich außer acht gelassen; wir haben vielmehr den Fall eines isolierten Landes angenommen, das mit anderen Ländern keinerlei Handelsbeziehungen unterhält. Wir haben gesehen, daß, da die Nachfrage des Landes nach Getreide und Gütern dieselbe wäre, welche Richtung die Prämie auch nehmen möchte, keine Versuchung bestehen würde, das Kapital aus dem einen Gewerbezweig in einen anderen hinüberzuleiten; das würde jedoch nicht länger der Fall sein, wenn auswärtiger Handel bestände und dieser Handel frei wäre. Durch die Veränderung des verhältnismäßigen Wertes von Gütern und Getreide, durch die Erzeugung einer so mächtigen Wirkung auf ihre natürlichen Preise, würden wir der Ausfuhr derjenigen Güter, deren natürliche Preise gedrückt würden, einen mächtigen Anstoß verleihen, und einen gleichen Anreiz zur Einfuhr jener Güter, deren natürliche Preise erhöht würden; und auf diese Weise könnte eine derartige finanzielle Maßnahme die natürliche Verteilung der Gewerbe vollständig ändern – zweifellos zum Vorteil der fremden Länder, aber zum Schaden des Landes, in welchem eine so absurde Politik eingeleitet würde.

KAPITEL XXIV

Adam Smith's Grundrententheorie

»In der Regel können nur solche Teile des Bodenertrages zu Markte gebracht werden«, sagt Adam Smith, »deren ordentlicher Preis genügt, um das Kapital, welches, um sie dorthin zu bringen, aufgewandt werden muß, samt seinem ordentlichen Profit zu ersetzen. Steigt der ordentliche Preis darüber hinaus, so wird der Überschuß natürlich der Grundrente zufallen. *Beträgt er nicht mehr, so kann das Gut, obschon es sich zu Markte bringen läßt, dem Grundherrn keine Rente abwerfen.* Ob der Preis höher steht, oder nicht, hängt von der Nachfrage ab.«

Diese Stelle würde natürlich den Leser zu dem Schlusse führen, daß ihr Verfasser die Natur der Rente nicht mißverstanden haben könnte und daß er gesehen haben müßte, daß diejenige Bodenqualität, deren Anbau die Bedürfnisse der Gesellschaft etwa benötigen möchten, abhängen würde von »*dem ordentlichen Preis ihres Ertrages*«, ob dieser »*genügte, um das Kapital, welches auf ihren Anbau verwendet werden muß, samt seinem ordentlichen Profit zu ersetzen*«.

Allein er war zu der Überzeugung gelangt, daß »es einige Teile des Bodenertrages gäbe, nach denen die Nachfrage immer so stark sein muß, daß sie einen höheren Preis abwerfen als den, der genügt, um sie zu Markte zu bringen«, und er betrachtete die Nahrungsmittel als einen jener Teile.

Er sagt, daß »Land fast in jeder Lage eine größere Menge Nahrungsmittel hervorbringt, als genügt, um all die Arbeit, die nötig ist, um sie zu Markte zu bringen, in der freigebigsten Weise, in der jene Arbeit je unterhalten wird, zu unterhalten. Auch ist der Überschuß immer noch mehr als hinreichend, um das auf diese Arbeit verwendete Kapital samt seinem Profit wieder zu ersetzen. Daher bleibt stets etwas als Rente für den Grundherrn übrig.«

Aber welchen Beweis erbringt er dafür? – Keinen anderen als die Behauptung, daß »die ödesten Moore in Norwegen und Schottland eine Art Futter für das Vieh hervorbringen, von dem die Milch und der Nachwuchs stets mehr als hinreichend sind, nicht nur um die zur Wartung erforderliche Arbeit zu unterhalten und dem Landwirt oder dem Eigentümer der Herde oder Schar den ordentlichen Profit zu bezahlen, sondern dem Grundherrn eine kleine Rente abzuwerfen.« Nun, daran möge man mir einen Zweifel nicht verwehren; ich glaube, daß es bis jetzt in jedem Lande, vom rohesten bis zum zivilisiertesten, noch Boden von solcher Qualität gibt, daß er nicht einen Ertrag liefern kann, dessen Wert mehr als genügt, um das darauf verwendete Kapital samt dem in diesem Lande ordentlichen und üblichen Profit zu ersetzen. Wir alle wissen, daß dies in Amerika der Fall ist, und dennoch behauptet niemand, daß die Grundsätze, welche die Rente bestimmen, in diesem Lande andere als in Europa sind. Wäre es aber wahr, daß England im Ackerbau so weit fortgeschritten wäre, daß heutzutage keine Ländereien mehr übrig wären, die keine Rente abwürfen, so würde es ebenso wahr sein, daß es früher solche Ländereien gegeben haben muß und daß, ob es heute welche gibt oder nicht, für diese Frage von keinerlei Bedeutung ist; denn es kommt, wenn in Großbritannien Kapital auf Land verwendet wird, das nur das Stammkapital mit seinem ordentlichen Profit ersetzt, auf dasselbe hinaus, ob es auf altes oder neues Land verwendet wird. Wenn ein Landwirt einen Pachtvertrag auf 7 oder 14 Jahre über Land abschließt, kann er sich vornehmen, ein Kapital von 10 000 £ darauf zu verwenden, da er weiß, daß er bei dem bestehenden Getreide- und Rohproduktenpreise den Teil seines Stammkapitals, den er ausgeben muß, ersetzen, seine Rente bezahlen und die allgemeine Profitrate erzielen kann. Er wird keine 11 000 £ investieren, wenn sich die letzten 1000 £ nicht so produktiv verwenden lassen, um ihm den üblichen Kapitalprofit abzuwerfen. Bei seiner Berechnung, ob er sie aufwenden soll oder nicht, überlegt er nur, ob der Rohproduktenpreis hinreicht, um ihm seine Auslagen und seinen Profit einzubringen, da er weiß, daß er keine zusätzliche Rente zu bezahlen braucht. Selbst beim Ablauf seines Vertrages wird seine Rente nicht gesteigert werden; denn wenn der Grundbesitzer, weil diese zusätzlichen 1000 £ aufgewendet wurden, dafür eine Rente fordern sollte, würde er sie zurückziehen, da er durch ihre Aufwendung voraussetzungsgemäß bloß den üblichen Profit erhält, den er durch jede andere Kapitalanlage erzielen kann; und deshalb kann er sich nicht dazu verstehen, eine Rente dafür zu bezahlen, es sei denn, daß der Rohproduktenpreis weiter steigen oder, was dasselbe ist, die übliche und allgemeine Profitrate sinken sollte.

Wäre der umfassende Verstand Adam Smith's auf diese Tatsache hingelenkt worden, so würde er nicht behauptet haben, daß die Rente einen der integrierenden Bestandteile des Rohproduktenpreises bildet; denn der Preis wird überall durch den mit diesem letzten Kapitalteil erzielten Ertrag bestimmt, für den keine Rente bezahlt wird. Hätte er diesen Grundsatz beachtet, so würde er zwischen dem Gesetz, das die Bergwerksrente, und dem, das die Grundrente regelt, keinen Unterschied gemacht haben.

»Ob beispielsweise eine Kohlengrube«, sagt er, »irgendeine Rente abwerfen kann, hängt teilweise von ihrer Ergiebigkeit und teilweise von ihrer Lage ab. Ein Bergwerk irgendwelcher Art kann entweder ergiebig oder arm genannt werden, je nachdem die Menge von Mineral, die mit einer bestimmten Arbeitsmenge daraus gefördert werden kann, größer oder geringer als diejenige ist, welche sich mit einer gleichen Menge aus dem größeren Teile anderer Gruben der gleichen Art fördern läßt. Einige Kohlengruben, die vorteilhaft gelegen sind, können wegen ihrer geringen Ergiebigkeit nicht betrieben werden. Ihr Ertrag deckt die Kosten nicht. Sie können weder Profit noch Rente abwerfen. Es gibt etliche, deren Ertrag kaum genügt, um die Arbeit zu bezahlen und, zusammen mit seinem ordentlichen Profit, das auf ihren Betrieb verwendete Kapital zu ersetzen. Sie gewähren wohl dem Unternehmer des Werkes einigen Profit, dem Grundeigentümer aber keine Rente. Sie können mit Vorteil von niemandem als vom Grundeigentümer betrieben werden, welcher, da er selbst der Unternehmer des Werkes ist, den ordentlichen Profit des Kapitals, das er in ihm verwendet, erhält. Viele schottische Kohlengruben werden auf diese Weise in Gang gehalten und lassen sich anders nicht betreiben. Der Grundeigentümer wird niemandem anderen erlauben, sie in Betrieb zu setzen, ohne eine Rente zu bezahlen, und niemand kann sich dazu verstehen, eine zu bezahlen.«

»Andere Kohlengruben in demselben Lande, die ergiebig genug sind, lassen sich ihrer Lage wegen nicht ausbeuten. Zwar könnte genug Mineral zur Deckung der Betriebskosten mit der ordentlichen oder sogar mit weniger als der ordentlichen Arbeitsmenge gefördert werden; doch ließe sich diese Menge in einem dünn bevölkerten Binnenlande, das weder gute Wege noch Wasserstraßen besitzt, nicht verkaufen.« Das ganze Rentenprinzip wird hier bewunderungswürdig und scharfsinnig auseinandergesetzt; aber jedes Wort ist ebenso auf Boden anwendbar, wie auf Bergwerke, und doch behauptet Smith, »daß sich dies bei Liegenschaften auf der Erdoberfläche anders verhält. Das Verhältnis sowohl ihres Ertrages wie ihrer Rente bezieht sich auf ihre absolute, nicht ihre relative Ergiebigkeit.« Doch gesetzt, es gäbe keinen Boden, der keine Rente brächte; dann würde der Betrag der Rente auf dem schlechtesten Boden im Verhältnis zum Überschusse des Ertragswertes über die Kapitalauslage und den ordentlichen Kapitalprofit stehen. Derselbe Grundsatz würde die Rente einer etwas besser gearteten oder günstiger gelegenen Bodenqualität beherrschen, und deshalb würde die Rente dieses Bodens, der größeren Vorteile halber, die er besäße, die Rente des ihm gegenüber minderwertigen übersteigen. Das gleiche ließe sich von dem der dritten Qualität behaupten, und so fort, bis zur allerbesten. Ist es daher nicht ebenso gewiß, daß gerade die relative Fruchtbarkeit des Bodens die Ertragsquote bestimmt, die als Grundrente bezahlt werden muß, wie es die relative Ergiebigkeit der Gruben ist, die den Anteil ihres Ertrages bestimmt, der als Bergwerksrente bezahlt werden muß?

Nachdem Adam Smith erklärt hat, daß etliche Bergwerke nur von den Eigentümern betrieben werden können, da sie nur so viel einbringen werden, wie hinreicht, die Betriebskosten samt dem ordentlichen Profit des angelegten Kapitals zu decken, sollten wir erwarten, er würde zugeben, daß gerade diese besonderen Bergwerke den Preis der Produkte aller Bergwerke bestimmten. Wenn die alten Gruben ungenügend sind, um die erforderliche Kohlenmenge zu beschaffen, wird der Kohlenpreis steigen und wird so lange zu steigen fortfahren, bis der Eigentümer einer neuen und geringeren Grube findet, daß er den üblichen Kapitalprofit erlangen kann, indem er seine Grube in Betrieb setzt. Ist seine Grube leidlich ergiebig, so bedarf es keiner bedeutenden Preiserhöhung, bis es sein Interesse wird, sein Kapital so anzulegen; ist sie aber nicht leidlich ergiebig, so muß der Preis offenbar so lange steigen, bis er ihm die Mittel liefert, um seine Auslagen zu bezahlen und den ordentlichen Kapitalprofit zu erzielen. Daraus folgt also, daß stets die am wenigsten ergiebige Grube den Kohlenpreis bestimmt. Adam Smith jedoch ist anderer Meinung; er sagt, daß »die ergiebigste Grube auch den Kohlenpreis aller anderen Gruben in der Nachbarschaft bestimmt. Der Eigentümer sowohl als der Unternehmer des Werkes finden, daß, wenn sie ihre sämtlichen Nachbarn etwas unterbieten, jener eine höhere Rente, dieser einen größeren Profit erhalten kann. Bald sehen sich ihre Nachbarn gezwungen, zu demselben Preise zu verkaufen, obgleich sie sich das nicht so gut leisten können und obgleich das sowohl ihre Rente als auch ihren Profit verringert und bisweilen völlig aufzehrt. Manche Werke werden gänzlich aufgegeben; andere können keine Rente abwerfen und können nur vom Eigentümer betrieben werden.« Wenn sich die Nachfrage nach Kohle verringern oder wenn sich ihre Produktion durch neue Verfahren vergrößern sollte, würde der Preis sinken und manche Grube aufgegeben werden; aber auf jeden Fall müßte der Preis hinreichen, um die Kosten und den Profit derjenigen Grube zu decken, die ohne Rentenbelastung arbeitet. Daher ist es gerade die am wenigsten ergiebige Grube, die den Preis bestimmt. Tatsächlich bestätigt Adam Smith dies an einer anderen Stelle selbst; denn er sagt: »Der niedrigste Preis, zu welchem sich Kohlen auf eine längere Zeit verkaufen lassen, ist, wie der aller anderen Güter, derjenige Preis, der gerade hinreicht, um, neben seinem ordentlichen Profit, das Stammkapital zu ersetzen, das aufgewandt werden muß, um sie zu Markte zu bringen. Bei einer Kohlengrube, für welche der

Eigentümer keine Rente bekommen kann und die er entweder selbst betreiben oder ganz und gar aufgeben muß, muß der Kohlenpreis im allgemeinen etwa diesem Preise entsprechen.«

Allein, derselbe Umstand, nämlich der Überfluß und die daraus folgende Wohlfeilheit der Kohlen, gleichgültig, von welcher Ursache das herrühren möge, der es notwendig machen würde, diejenigen Gruben aufzugeben, welche keine oder nur eine mäßige Rente brächten, würde, wenn derselbe Überfluß und die daraus folgende Wohlfeilheit von Rohprodukten vorläge, es nötig machen, den Anbau solcher Böden einzustellen, für die entweder keine oder nur eine sehr kleine Rente bezahlt würde. Wenn beispielsweise Kartoffeln, wie in einigen Ländern der Reis, das allgemein gebräuchliche Nahrungsmittel des Volkes werden sollten, würde wahrscheinlich ein Viertel oder die Hälfte des jetzt angebauten Bodens sofort im Stiche gelassen werden. Denn wenn, wie Adam Smith sagt, »ein Morgen Kartoffeln 6000 Pfund guter Nahrung zu produzieren pflegt, dreimal soviel als ein Morgen Weizen«, so könnte es für eine beträchtliche Zeit nicht eine solche Bevölkerungszunahme geben, um die Menge zu verzehren, welche von dem Boden, der vorher für den Anbau von Weizen verwendet wurde, gewonnen werden könnte; viel Land würde infolgedessen brach gelassen werden, und die Rente würde sinken; erst nachdem sich die Bevölkerung verdoppelt oder verdreifacht hätte, könnte dieselbe Bodenmenge wieder in Anbau genommen und eine ebenso hohe Rente wie früher dafür bezahlt werden.

Auch würde kein größerer Teil vom Rohertrage dem Grundeigentümer bezahlt werden, ob er nun in Kartoffeln, die 300 Menschen, oder in Weizen bestände, der bloß 100 ernähren würde. Denn obgleich sich die Produktionskosten ganz erheblich verringern würden, wenn der Lohn des Arbeiters hauptsächlich nach dem Kartoffelpreise und nicht nach dem Weizenpreise bemessen wäre, und obgleich daher der nach Bezahlung der Arbeiter übrigbleibende Teil des ganzen Rohertrages bedeutend zugenommen haben würde, so würde doch nichts von diesem zusätzlichen Teile der Rente, sondern alles unabänderlich dem Profit zufallen, da der Profit zu allen Zeiten steigt, wenn der Lohn sinkt, und sinkt, wenn der Lohn steigt. Ob Weizen oder Kartoffeln angebaut wären, die Rente würde durch denselben Grundsatz beherrscht werden; sie würde stets gleich sein der Differenz zwischen den Ertragsmengen, die man mit gleichen Kapitalien entweder auf demselben Boden oder auf Böden von verschiedenen Qualitäten erntete, und daher würde, solange Böden von gleicher Qualität bebaut wären und keine Veränderung in ihrer relativen Fruchtbarkeit oder ihren relativen Vorzügen einträte, die Rente stets im selben Verhältnis zum Rohertrage stehen.

Adam Smith allerdings behauptet, daß sich der dem Grundeigentümer zufallende Anteil durch eine Verringerung der Produktionskosten vermehren und er infolgedessen von einem reichen Ertrag ebenso einen größeren Anteil wie auch eine größere Menge erhalten würde, als von einem kärglichen Ertrage. »Ein Reisfeld«, sagt er, »bringt eine weit größere Menge Nahrung hervor, als das fruchtbarste Getreidefeld. Zwei Ernten im Jahre, zu je 30 bis 60 Scheffeln jede, sollen der gewöhnliche Ertrag eines Morgens sein. Obgleich sein Anbau daher mehr Arbeit verlangt, so verbleibt, nachdem man alle jene Arbeit unterhalten hat, ein weit größerer Überschuß. Daher müßte in jenen Reisländern, wo der Reis die allgemein beliebte pflanzliche Nahrung des Volkes ist und die Landleute hauptsächlich damit unterhalten werden, *dem Grundeigentümer von diesem größeren Überschuß ein größerer Anteil als in Getreideländern gehören.*«

Wenn die Kartoffeln zum allgemeinen Volksnahrungsmittel werden sollten, so würden die Grundeigentümer lange Zeit hindurch unter einer gewaltigen Rentenverringerung zu leiden haben. Wahrscheinlich bekämen sie nicht annähernd so viel von dem Unterhalt eines Menschen, wie sie jetzt bekommen, während jener Unterhalt auf ein Drittel seines heutigen Wertes sinken würde. Doch würden alle Fabrikate, für die ein Teil der Rente des Grundeigentümers verausgabt wird, kein anderes Sinken erleiden als das, welches aus der Verringerung des zu ihrer Herstellung dienenden Rohstoffes entstände, und das nur von der größeren Fruchtbarkeit desjenigen Bodens herrühren würde, der nunmehr seiner Erzeugung gewidmet werden könnte.

Wenn infolge der Bevölkerungszunahme Boden von der gleichen Qualität wie zuvor in Anbau genommen werden sollte, so würde der Grundbesitzer nicht nur den früheren Anteil vom Ertrage beziehen, sondern dieser Anteil würde auch denselben Wert wie zuvor haben. Folglich würde die Rente dieselbe bleiben; der Profit jedoch würde bedeutend höher sein, weil die Nahrungsmittelpreise und daher die Löhne viel niedriger sein würden. Hohe Profite sind der Kapitalbildung günstig. Die Nachfrage nach Arbeit würde weiter zunehmen, und den Grundbesitzern würde die gesteigerte Nachfrage nach Boden dauernd zugute kommen.

Zweifellos könnten genau die nämlichen Ländereien bedeutend intensiver bewirtschaftet werden, wenn sich eine solche Fülle von Nahrungsmitteln auf ihnen hervorbringen ließe, und daher würden sie beim Fortschreiten der Gesellschaft weit höhere Renten zulassen und eine viel größere Bevölkerung als früher ernähren. Dies würde für die Grundbesitzer höchst vorteilhaft sein, und ist mit dem Grundsatze vereinbar, den diese Untersuchung festzulegen nicht verfehlen wird; nämlich, daß alle außerordentlichen Profite ihrer Natur nach nur von beschränkter Dauer sind, da der gesamte Mehrertrag des Bodens, nach Abzug nur so mäßiger Profite, wie sie zur Förderung der Kapitalbildung hinreichen, letzthin dem Grundbesitzer verbleiben muß.

Bei einem so niedrigen Arbeitspreise, wie ihn solch ein reicher Ertrag herbeiführen würde, würden die bereits in Anbau befindlichen Böden nicht nur eine viel größere Produktenmenge liefern, sondern sie würden auch gestatten, daß ein großes Zusatzkapital auf sie verwendet und ein größerer Wert aus ihnen gezogen würde; zugleich könnten auch Böden von einer weit geringeren Qualität mit hohem Profit bebaut werden, zum großen Vorteil der Grundbesitzer sowohl wie auch der ganzen Klasse der Konsumenten. Die Maschine, welche den wichtigsten Konsumartikel erzeugte, würde vervollkommnet werden und, je nachdem man ihre Dienste benötigte, sich sehr gut bezahlt machen. Alle Vorteile würden in erster Linie den Arbeitern, Kapitalisten und Konsumenten zugute kommen; aber mit dem Fortschreiten der Bevölkerung würden sie allmählich auf die Eigentümer des Bodens übertragen werden.

Abgesehen von diesen Verbesserungen, an denen die Gesamtheit ein unmittelbares, die Grundbesitzer ein entferntes Interesse haben, ist das Interesse des Grundbesitzers dem des Konsumenten und Gewerbetreibenden stets entgegengesetzt. Getreide kann ständig im Preise steigen, nur weil zu seiner Produktion zusätzliche Arbeit erforderlich ist, also seine Produktionskosten gestiegen sind. Die nämliche Ursache steigert unabänderlich die Rente. Daher liegt es im Interesse des Grundbesitzers, daß die mit der Getreideproduktion verbundenen Kosten steigen. Dies jedoch ist nicht das Interesse des Konsumenten; für ihn ist es wünschenswert, daß Getreide im Vergleich zu Geld und Gütern billig sei; denn Getreide wird immer mit Gütern oder Geld erstanden. Ebensowenig hat der Gewerbetreibende ein Interesse daran, daß Getreide hoch im Preise stehe; denn der hohe Getreidepreis wird hohe Löhne verursachen, aber wird nicht den Preis seines Gutes erhöhen. Nicht allein muß also mehr von seinem Gute oder, was auf dasselbe hinausläuft, der Wert von mehr von seinem Gute im Tausche für das von ihm selbst konsumierte Getreide hingegeben werden, sondern es muß auch mehr oder der Wert von mehr seinen Arbeitern als Lohn gegeben werden, wofür er keine Vergütung erhalten wird. Infolgedessen werden alle Klassen, mit Ausnahme der Grundbesitzer, durch eine Steigerung des Getreidepreises geschädigt werden. Die Beziehungen zwischen dem Grundbesitzer und der Gesamtheit sind nicht wie Handelsgeschäfte, an denen Käufer wie Verkäufer sozusagen in gleicher Weise verdienen können, sondern der

Verlust liegt hier gänzlich auf der einen Seite und der Gewinn gänzlich auf der anderen; und wenn Getreide durch Einfuhr billiger beschafft werden könnte, so ist der Schaden infolge davon, daß es nicht eingeführt wird, weit größer auf der einen Seite als der Gewinn auf der anderen.

Adam Smith macht niemals einen Unterschied zwischen einem niedrigen Geldwert und einem hohen Getreidewert und gelangt daher zu dem Schluß, daß das Interesse des Grundbesitzers dem des Restes des Gemeinwesens nicht entgegengesetzt ist. Im ersten Falle steht das Geld im Vergleich mit allen Gütern niedrig; im anderen steht Getreide im Vergleich zu allen hoch. Im ersten behalten Getreide und Güter dieselben verhältnismäßigen Werte; im zweiten steht Getreide im Verhältnis zu Gütern und Geld höher.

Die folgende Bemerkung Adam Smith's ist wohl auf einen niedrigen Geldwert anwendbar, aber sie ist vollkommen unanwendbar auf einen hohen Getreidewert: »Wenn der Import (von Getreide) zu allen Zeiten frei wäre, so würden unsere Landwirte und unsere Landedelleute wahrscheinlich ein Jahr ums andere für ihr Getreide weniger Geld erhalten als jetzt, wo die Einfuhr die meiste Zeit hindurch tatsächlich unterbunden ist; aber das Geld, welches sie erhielten, würde mehr Wert haben, *würde mehr Waren von allen übrigen Arten kaufen* und würde mehr Arbeitskräfte beschäftigen. Ihr wirklicher Wohlstand, ihr wirkliches Einkommen würde deshalb das gleiche wie heute bleiben, obgleich es in einer kleineren Menge Silber ausgedrückt sein könnte; und sie würden weder außerstande gesetzt noch abgeschreckt werden, ebensoviel Getreide zu bauen, wie sie jetzt tun. Im Gegenteil, da das Steigen des wirklichen Silberwertes infolge des niedrigeren Geldpreises des Getreides auch den Geldpreis aller übrigen Güter etwas verringert, so gewährt es dem Gewerbefleiß des Landes, wo es eintritt, einen gewissen Vorteil auf allen ausländischen Märkten und hat daher die Tendenz, jenen Gewerbefleiß anzuregen und zu vermehren. Die Ausdehnung des einheimischen Getreidemarktes aber muß mit dem allgemeinen Gewerbefleiß des Landes, wo es wächst, oder mit der Zahl derjenigen im Verhältnis stehen, die etwas anderes produzieren, um es gegen Getreide auszutauschen. Nun aber ist der inländische Markt in jedem Lande, da er der nächste und bequemste ist, auch der größte und wichtigste für Getreide. Daher hat jenes Steigen des wirklichen Silberwertes, welches die Wirkung einer Verringerung des durchschnittlichen Geldpreises des Getreides ist, die Tendenz, den größten und wichtigsten Markt für Getreide zu erweitern und folglich zu seinem Anbau anzuregen, anstatt davon abzuschrecken.«

Ein hoher oder niedriger Geldpreis des Getreides, der von dem

Überflusse und der Wohlfeilheit von Gold und Silber herrührt, hat für den Grundbesitzer keinerlei Bedeutung, weil jedwedes Erzeugnis, gerade so, wie es Adam Smith beschreibt, davon gleichmäßig betroffen werden würde. Aber ein verhältnismäßig hoher Getreidepreis ist dem Grundbesitzer zu jeder Zeit höchst vorteilhaft; denn erstens bringt er ihm an Rente eine größere Menge Getreide ein, und zweitens wird er für jedes gleiche Maß Getreide die Verfügung nicht nur über eine größere Menge Geldes, sondern über eine größere Menge jeglichen Gutes haben, das Geld erstehen kann.

KAPITEL XXV

Über Kolonialhandel

Adam Smith hat in seinen Betrachtungen über den Kolonialhandel die Vorteile eines freien Handels sehr gut dargelegt sowie die Ungerechtigkeit, unter welcher Kolonien dadurch zu leiden haben, daß sie von ihren Mutterländern daran gehindert werden, ihre Produkte auf dem teuersten Markte zu verkaufen und ihre Fabrikate und Vorräte auf dem billigsten einzukaufen. Er hat gezeigt, daß die beste Verteilung der Arbeit der Welt dadurch bewirkt und die größte Fülle an Bedarfsartikeln und Genüssen des menschlichen Lebens dadurch gesichert werden wird, daß man es jedem Lande erlaubt, die Erzeugnisse seines Fleißes, wann und wo es ihm beliebt, auszutauschen.

Auch hat er zu beweisen versucht, daß diese Handelsfreiheit, welche ohne Zweifel das Interesse der Gesamtheit fördert, auch das jedes einzelnen Landes fördert, und daß die enghertzige Politik, welche die europäischen Staaten hinsichtlich ihrer Kolonien befolgten, für die Mutterländer selbst nicht weniger schädlich ist, als für die Kolonien, deren Interessen geopfert werden.

»Das Monopol des Kolonialhandels«, sagt er, »bedrückt wie die übrigen kleinlichen und böswilligen Maßnahmen des Merkantilismus die wirtschaftliche Tätigkeit aller anderen Länder, hauptsächlich aber die der Kolonien, ohne sie auch nur im geringsten in dem Lande zu vermehren, zu dessen Gunsten es eingeführt ist; es vermindert sie im Gegenteil.«

Doch hat er diesen Teil seines Themas nicht so klar und überzeugend behandelt wie den, wo er uns die Ungerechtigkeit dieses Systems gegen die Kolonien zeigt.

Ich glaube, daß man darüber im Zweifel sein kann, ob ein Mutterland bisweilen nicht doch aus den Einschränkungen, welche es seinen Kolonialbesitzungen auferlegt, Vorteil haben könne. Wer kann es z. B. bezweifeln, daß Frankreich in dem Falle, wenn England eine französische Kolonie wäre, aus einer beträchtlichen Prämie, die England auf die Ausfuhr von Getreide, Tuch oder irgendwelchen anderen Gütern bezahlte, Nutzen ziehen würde? Bei der Untersuchung der Prämienfrage sahen wir, daß Getreide bei einem angenommenen Preise von 4 £ pro Quarter und einer englischen Exportprämie von 10 sh. pro Quarter, in Frankreich auf 3 £ 10 sh. herabgesetzt worden sein würde. Hätte nun das Getreide vorher in Frankreich auf 3 £ 15 sh. gestanden, so würden den französischen Konsumenten

5 sh. pro Quarter von allem importierten Getreide zugute gekommen sein; wäre der natürliche Preis des Getreides vorher 4 £ gewesen, so würden sie die ganze Prämie von 10 sh. pro Quarter gewonnen haben. Frankreich würde auf diese Weise durch den Verlust, den England erleidet, Nutzen haben: Es würde nicht bloß einen Teil, sondern das Ganze dessen gewinnen, was England einbüßte.

Allerdings kann man behaupten, daß eine Ausfuhrprämie eine innenpolitische Maßnahme ist und nicht leicht durch das Mutterland auferlegt werden könnte.

Wenn es den Interessen Jamaicas und Hollands förderlich wäre, diejenigen Güter, welche jedes einzelne produziert, ohne Vermittlung Englands auszutauschen, so ist es ganz sicher, daß die Interessen Hollands und Jamaicas, wenn sie daran verhindert wären, geschädigt würden. Ist aber Jamaica gezwungen, seine Waren nach England zu senden und sie dort gegen holländische Waren auszutauschen, so wird englisches Kapital oder eine englische Agentur bei einem Handel Verwendung finden, bei dem sie sonst nicht in Anspruch genommen würden. Es wird durch eine Prämie, die nicht England, sondern Holland und Jamaica bezahlen, angelockt.

Adam Smith selbst hat erklärt, daß der infolge einer unvorteilhaften Arbeitsverteilung in zwei Ländern erlittene Verlust dem einen von ihnen nützlich sein kann, während das andere mehr geschädigt wird als der von einer solchen Verteilung tatsächlich herrührende Verlust ausmacht, und folglich eine Maßnahme, welche einer Kolonie sehr schädlich sein mag, dem Mutterlande teilweise zum Vorteile gereichen kann.

Wo er von Handelsverträgen spricht, sagt er: »Wenn sich eine Nation durch Vertrag bindet, entweder die Einfuhr gewisser Waren aus einem fremden Lande zu gestatten, die sie aus allen übrigen verbietet, oder die Waren eines Landes von Zöllen auszunehmen, denen sie die aller anderen unterwirft, so muß dasjenige Land, oder wenigstens die Kaufleute und Fabrikanten des Landes, dessen Handel so begünstigt wird, notwendigerweise aus dem Vertrage großen Vorteil ziehen. Die Kaufleute und Fabrikanten genießen in dem Lande, welches ihnen gegenüber so nachsichtig ist, eine Art Monopol. Jenes Land wird ein umfangreicherer wie gewinnbringenderer Markt für ihre Waren; umfangreicher, weil es, da die Waren anderer Nationen entweder ausgeschlossen oder mit schweren Zöllen belastet sind, eine größere Menge davon abnimmt; gewinnbringender, weil die Kaufleute des begünstigten Landes, da sie dort eine Art Monopol genießen, in dem anderen Land ihre Waren oft zu einem besseren Preise verkaufen werden, als wenn sie dem freien Wettbewerb aller anderen Nationen ausgesetzt wären.«

Lassen wir einmal die beiden Nationen, zwischen denen der Handelsvertrag zustande gekommen ist, das Mutterland und seine Kolonie sein, und Adam Smith gibt offenbar zu, daß ein Mutterland aus der Bedrückung seiner Kolonie Vorteile ziehen kann. Dagegen läßt sich freilich wiederum einwenden, daß in dem Falle, wo sich das Monopol des ausländischen Marktes nicht in den Händen einer einzigen Gesellschaft befindet, von fremden Käufern nicht mehr für Güter bezahlt werden wird als von einheimischen Käufern; der Preis, den sie beide bezahlen werden, wird von dem natürlichen Preise in dem Lande, wo die betreffenden Güter erzeugt werden, nicht sehr abweichen. England z. B. wird unter gewöhnlichen Umständen stets imstande sein, französische Waren zum natürlichen Preise jener Waren in Frankreich zu kaufen, und Frankreich würde ein gleiches Privileg haben, englische Waren zu ihrem natürlichen Preise in England zu kaufen. Aber zu diesen Preisen würden Waren ohne einen Vertrag gekauft werden. Von welchem Vorteil oder Nachteil ist dann der Vertrag für beide Teile?

Der Nachteil des Vertrages würde für das einführende Land dieser sein: Er würde es verpflichten, ein Gut aus England z. B. zum natürlichen Preise jenes Gutes in England zu kaufen, während es dasselbe vielleicht zu einem bedeutend niedrigeren natürlichen Preise von irgendeinem anderen Lande hätte kaufen können. Er bewirkt also eine unvorteilhafte Verteilung des allgemeinen Kapitals, welche hauptsächlich das Land trifft, das durch seinen Vertrag verpflichtet ist, auf dem am wenigsten einträglichen Markte zu kaufen. Doch erwächst daraus dem Verkäufer kein Vorteil aufgrund eines vermeintlichen Monopols; denn er wird infolge des Wettbewerbes seiner eigenen Landsleute daran gehindert, seine Waren über ihrem natürlichen Preise zu verkaufen, zu welchem er sie verkaufen würde, ob er sie nun nach Frankreich, Spanien oder Westindien exportierte oder sie für den inländischen Verbrauch verkaufte.

Worin besteht dann der Vorteil der in dem Vertrage getroffenen Übereinkunft? Er besteht darin: Diese besonderen Waren hätten in England zu Exportzwecken nicht erzeugt werden können, wenn es nicht das alleinige Privileg besäße, diesen besonderen Markt zu versorgen; denn die Konkurrenz desjenigen Landes, wo der natürliche Preis niedriger wäre, würde es jeder Möglichkeit, jene Güter zu verkaufen, beraubt haben. Das jedoch würde von geringer Bedeutung gewesen sein, wenn England ganz sicher wäre, irgendwelche anderen Waren, die es fabrizieren könnte, im gleichen Betrage entweder auf dem französischen, oder mit gleichem Vorteile auf irgendeinem anderen Markte verkaufen zu können. Das Ziel, das England im Auge hat, ist z. B., eine Menge französischer Weine im Werte von 5000 £

zu kaufen; es möchte daher gern irgendwo Waren verkaufen, um dadurch die 5000 £ zu diesem Zwecke zu erlangen. Wenn ihm Frankreich ein Monopol auf dem Tuchmarkte einräumt, wird es zu diesem Zwecke sogleich Tuch exportieren; ist aber der Handel frei, so kann die Konkurrenz anderer Länder verhindern, daß der natürliche Tuchpreis in England niedrig genug ist, um es instand zu setzen, die 5000 £ durch den Tuchverkauf zu erlangen und den üblichen Profit bei einer derartigen Anlage seines Kapitals zu erzielen. Die Industrie Englands muß sich daher auf irgendein anderes Gut werfen; vielleicht aber gibt es unter seinen Produkten kein einziges, das es bei dem bestehenden Geldwerte zum natürlichen Preise anderer Länder zu verkaufen vermöchte. Was ist die Folge? Die englischen Weintrinker sind noch immer willens, 5000 £ für ihren Wein auszugeben, und folglich werden 5000 £ in Geld zu dem Zwecke nach Frankreich ausgeführt. Durch diese Ausfuhr von Geld wird sein Wert in England erhöht und in anderen Ländern gedrückt; und mit ihm wird der *natürliche* Preis aller Güter, die britischer Gewerbefleiß hervorgebracht hat, ebenfalls erniedrigt. Das Steigen des Geldwertes ist dasselbe wie das Sinken des Güterpreises. Um 5000 £ zu erlangen, können britische Güter jetzt ausgeführt werden; denn sie können zu ihrem herabgesetzten natürlichen Preise mit den Waren anderer Länder in Wettbewerb treten. Jedoch werden mehr Waren zu den niedrigen Preisen verkauft, um die erforderlichen 5000 £ zu erlangen, mit welchem Erlöse man sich nicht dieselbe Menge Wein verschaffen wird; denn, während die Geldverminderung in England den natürlichen Warenpreis gedrückt hat, hat die Geldvermehrung in Frankreich den natürlichen Preis der Waren und Weine gesteigert. Infolgedessen wird nach England, bei völliger Handelsfreiheit, im Tausch gegen seine Güter weniger Wein eingeführt werden, als wenn es durch Handelsverträge besondere Vergünstigungen genießt. Doch wird sich die Profit*rate* nicht verändert haben; das Geld wird sich in den beiden Ländern in seinem verhältnismäßigen Werte verändert haben, und der von Frankreich erzielte Gewinn wird der sein, daß es im Tausch gegen eine bestimmte Menge französischer Waren eine größere englischer erhält, während der Verlust Englands darin bestehen wird, daß es im Tausch gegen eine bestimmte Menge englischer Waren eine kleinere französischer erhält.

Der auswärtige Handel also, gefesselt, begünstigt oder frei, wird stets fortbestehen, wie sich die verhältnismäßige Produktionsschwierigkeit in verschiedenen Ländern auch gestalten möge; er kann aber nur durch Veränderung des natürlichen Preises, nicht des natürlichen Wertes, zu welchem sich die Güter in jenen Ländern produzieren lassen, reguliert werden, und das geschieht durch eine Veränderung in der Verteilung der Edelmetalle. Diese Ausführung bestätigt die Meinung, die ich anderwärts vertreten habe, nämlich, daß es in bezug auf die Ein- oder Ausfuhr von Gütern nicht eine Steuer, eine Prämie oder ein Verbot gibt, wodurch nicht eine andere Verteilung der Edelmetalle verursacht und daher überall auch eine Veränderung des natürlichen wie des Marktpreises der Güter bewirkt wird.

Demnach ist es klar, daß sich der Handel mit einer Kolonie so regeln läßt, daß er zu gleicher Zeit weniger günstig für die Kolonie und günstiger für das Mutterland wird, als ein vollkommener Freihandel. Wie es für einen einzelnen Konsumenten nachteilig ist, wenn er bei seinen Kaufgeschäften auf einen einzelnen Laden angewiesen ist, so gereicht es einer Nation von Konsumenten zum Nachteil, wenn sie gezwungen ist, von einem einzelnen Lande zu kaufen. Wenn der Laden oder das Land die gewünschten Waren am billigsten lieferte, so würden diese sie sicher auch ohne ein solches ausschließliches Privileg verkaufen können, und wenn sie nicht wohlfeiler verkauften, so würde das allgemeine Interesse fordern, daß man sie nicht zur Fortführung eines Handels ermunterte, den sie anderen gegenüber nicht mit gleichem Vorteile betreiben könnten. Möglicherweise würde der Laden oder das verkaufende Land durch den Wechsel der Beschäftigungen verlieren, aber das Gemeinwohl ist niemals so völlig gesichert, wie durch die produktivste Verteilung des allgemeinen Kapitals, d. h. durch einen universellen Freihandel.

Eine Steigerung der Produktionskosten eines Gutes wird, wenn es zu den unentbehrlichsten Dingen gehört, nicht notwendigerweise seinen Verbrauch verringern; denn obgleich die allgemeine Konsumtionsfähigkeit der Käufer durch das Steigen jedes einzelnen Gutes verringert wird, so können sie doch dem Verbrauch eines anderen Gutes entsagen, dessen Produktionskosten nicht gestiegen sind. In jenem Falle wird die angebotene und nachgefragte Menge dieselbe sein wie zuvor; es werden sich nur die Produktionskosten erhöht haben, und dennoch wird der Preis steigen und muß steigen, um den Profit des Produzenten des verteuerten Gutes mit den aus anderen Gewerben erzielten Profiten auf eine Stufe zu stellen.

Say erkennt die Produktionskosten als Grundlage des Preises an, und doch behauptet er in verschiedenen Teilen seines Buches, daß der Preis durch das Verhältnis bestimmt werde, in dem die Nachfrage zum Angebot steht. Der wirkliche und letzte Regulator des verhältnismäßigen Wertes von irgendwelchen zwei Gütern sind ihre Produktionskosten, nicht die betreffenden Mengen, welche erzeugt werden mögen, noch der Wettbewerb unter den Käufern.

Nach Adam Smith hat der Kolonialhandel, weil in ihm nur britisches Kapital verwendet werden kann, die Profitrate aller anderen

Handelszweige erhöht, und da seiner Meinung nach hohe Profite wie hohe Löhne den Güterpreis steigern, so glaubt er, daß die Monopolisierung des Kolonialhandels dem Mutterlande nachteilig gewesen ist, da sie dessen Fähigkeit, Fabrikate ebenso billig wie andere Länder zu verkaufen, verringert hat. Er sagt, daß »infolge des Monopols die Zunahme des Kolonialhandels nicht so sehr den Handel, den Großbritannien vorher besaß, vermehrt, als seine Richtung vollständig verändert hat. Zweitens hat dieses Monopol notwendigerweise dazu beigetragen, die Profitrate in all den verschiedenen Zweigen des britischen Handels höher zu halten, als es natürlicherweise geschehen sein würde, wenn allen Nationen ein freier Handel mit den britischen Kolonien offengestanden hätte.« »Aber alles, was die ordentliche Profitrate in einem Lande höher treibt, als sie sonst stehen würde, bringt für jenes Land notwendigerweise in jedem Handelszweige, für den es nicht das Monopol hat, einen absoluten wie einen relativen Nachteil. Es bringt ihm einen absoluten Nachteil, weil seine Kaufleute in solchen Handelszweigen diesen höheren Profit nicht erzielen können, ohne sowohl die Waren fremder Länder, welche sie in ihr eigenes einführen, als die ihres Heimatlandes, welche sie ins Ausland ausführen, teurer, als sie es sonst tun würden, zu verkaufen. Ihr Heimatland muß teurer kaufen und teurer verkaufen; muß weniger kaufen und weniger verkaufen; muß weniger konsumieren und weniger produzieren, als es sonst tun würde.«

»Unsere Kaufleute geben bei ihren Klagen häufig den hohen Löhnen britischer Arbeit die Schuld, daß ihre Fabrikate auf fremden Märkten unterboten werden; aber über den hohen Kapitalprofit schweigen sie sich aus. Sie klagen über den übermäßigen Verdienst anderer Leute, lassen aber von dem ihrigen nichts verlauten. Indessen können die hohen Profite britischen Kapitals in vielen Fällen zur Erhöhung des Preises britischer Fabrikate ebensosehr beitragen, und in einigen vielleicht noch viel mehr, als die hohen Löhne britischer Arbeit.«

Ich gebe zu, daß die Monopolisierung des Kolonialhandels die Richtung des Kapitals ändern wird, und oft sogar in nachteiliger Weise. Allein, man wird aus dem, was ich bereits über den Profit gesagt habe, ersehen, daß jeder Übergang von einem auswärtigen Handel zu einem anderen, oder vom inländischen zum auswärtigen Handel, die Profitrate nicht beeinflussen kann. Der erlittene Schaden wird sich als der eben beschriebene darstellen; es wird eine schlechtere Verteilung des allgemeinen Kapitals und Gewerbefleißes eintreten und daher wird weniger produziert werden. Der natürliche Güterpreis wird sich erhöhen und der Konsument infolgedessen eine geringere Gütermenge erhalten, obgleich er zum selben Geldwerte zu kaufen imstande sein wird. Außerdem wird man sehen, daß, selbst wenn jenes Monopol die Profite erhöht, es doch nicht die geringste Veränderung in den Preisen verursachen würde, da Preise weder durch Löhne noch Profite geregelt werden.

Und stimmt Adam Smith nicht dieser Ansicht bei, wenn er sagt, daß »die Güterpreise oder der Wert von Gold und Silber im Vergleich mit Gütern, von dem Verhältnis zwischen der *Menge von Arbeit* abhängt, welche erforderlich ist, um eine gewisse Menge von Gold und Silber zu Markte zu bringen, und dem, was erforderlich ist, um eine gewisse Menge irgendeiner anderen Art von Waren dorthin zu bringen?« Jene Menge wird nicht beeinflußt werden, ob die Profite hoch oder niedrig oder die Löhne niedrig oder hoch stehen. Wie also können die Preise durch hohe Profite gesteigert werden?

KAPITEL XXVI

Über Roh- und Reineinkommen

Adam Smith preist ständig die Vorteile, welche ein Land eher von einem großen Roh-, als von einem großen Reineinkommen bezieht. »Ein je größerer Teil des Kapitals eines Landes im Ackerbau Verwendung findet«, sagt er, »desto größer wird die Menge produktiver Arbeit sein, welche es innerhalb des Landes in Bewegung setzt, und desto größer wird sich auch der Wert gestalten, welchen seine Verwendung dem jährlichen Ertrage des Bodens und der Arbeit der Gesellschaft hinzufügt. Nach der Landwirtschaft setzt das in den Gewerben verwendete Kapital die größte Menge produktiver Arbeit in Bewegung und fügt dem Sozialprodukt den größten Wert hinzu. Das im Exporthandel verwendete übt die geringste Wirkung jedes von den dreien aus.«[1]

Geben wir für einen Augenblick zu, daß dies wahr wäre; worin würde der Vorteil bestehen, der einem Lande infolge der Verwendung einer großen Menge produktiver Arbeit zuflösse, wenn, gleichgültig, ob es jene oder eine kleinere Menge aufwendete, seine Nettorente und sein Nettoprofit zusammen gleichbleiben würden? Der Gesamtertrag des Bodens und der Arbeit eines jeden Landes zerfällt in drei Teile, von denen ein Teil dem Lohn, ein anderer dem Profit und ein weiterer der Rente zufließt. Nur von den beiden letzten Teilen können irgendwelche Abzüge für Steuern oder für Ersparnisse vorgenommen werden; während der erstere, wenn er mäßig ist, stets den notwendigen Produktionsaufwand bildet[2]. Für ein Individuum mit einem Kapital von 20 000 £, dessen Profit sich im Jahre auf 2000 £ beliefe, würde es völlig gleichgültig sein, ob sein Kapital 100 oder 1000

---

[1] Say ist derselben Ansicht wie Adam Smith: »Die für das Land im allgemeinen produktivste Kapitalverwendung ist nächst der auf den Boden die auf Gewerbe und Binnenhandel, weil sie einen Fleiß in Tätigkeit setzt, dessen Gewinne im Lande erzielt werden, während jene Kapitalien, welche im auswärtigen Handel Verwendung finden, den Fleiß und die Bodenflächen aller Länder ohne Unterschied produktiv gestalten. Die einer Nation am wenigsten günstige Kapitalanlage ist die, welche dazu dient, die Produkte des einen Landes nach einem anderen zu schaffen« (Say, a. a. O., Bd. II, S. 120).

[2] Dies ist vielleicht etwas zu stark ausgedrückt, da dem Arbeiter unter dem Namen Lohn im allgemeinen mehr zugeteilt wird, als der absolut notwendige Produktionsaufwand. In jenem Falle erhält der Arbeiter einen Teil vom Reinertrage des Landes, den er sparen oder ausgeben kann; oder er mag es ihm ermöglichen, zur Verteidigung des Landes beizutragen.

Menschen beschäftigte, ob sich das produzierte Gut zu 10 000 £ oder zu 20 000 £ verkaufte, vorausgesetzt, daß in allen Fällen sein Profit nicht unter 2000 £ fallen würde. Ist das wirkliche Interesse der Nation nicht ähnlich? Gesetzt, ihr wirkliches Reineinkommen, ihre Rente und ihr Profit, seien dieselben, so ist es ohne Belang, ob das Volk aus zehn, oder aus zwölf Millionen Einwohnern besteht. Seine Fähigkeit, Flotten und Heere sowie alle Arten unproduktiver Arbeitskräfte zu erhalten, muß im Verhältnis zu seinem Reineinkommen und nicht im Verhältnis zu seinem Roheinkommen stehen. Könnten fünf Millionen Menschen soviel Nahrung und Kleidung produzieren wie zehn Millionen brauchten, dann würden Nahrung und Kleidung für fünf Millionen das Reineinkommen bilden. Würde es dem Lande irgendwie zum Vorteile gereichen, wenn zur Erzeugung desselben Reineinkommens sieben Millionen Menschen erforderlich wären, d. h. wenn man zur Erzeugung von Nahrung und Kleidung für zwölf Millionen sieben Millionen verwendete? Die Nahrung und Kleidung von fünf Millionen würden noch immer das Reineinkommen bilden. Die Verwendung einer größeren Anzahl Menschen würde uns weder in den Stand setzen, einen Mann unserer Armee oder Marine hinzuzufügen, noch eine Guinee mehr an Steuern aufzubringen.

Adam Smith gründet den Vorzug jener Kapitalverwendung, welche die größte Menge wirtschaftlicher Energie in Bewegung setzt, nicht auf irgendeinen vermeintlichen Vorteil, der von einer großen Bevölkerung herrührt, oder auf das Glück, dessen sich eine größere Anzahl Menschen erfreuen mag, sondern ausdrücklich auf ihre Befähigung, die Macht des Landes zu vermehren[3]; denn er sagt, daß »der Reichtum und, soweit Macht von Reichtum abhängt, die Macht jedes Landes stets im Verhältnis zum Werte seines jährlichen Ertrages stehen muß, des Fonds, aus welchem alle Steuern letztlich bezahlt werden«. Indessen dürfte es ersichtlich sein, daß die Fähigkeit, Steuern zu bezahlen, im Verhältnis zum Rein- und nicht zum Roheinkommen steht.

Bei der internationalen Verteilung der Wirtschaftstätigkeiten wird das Kapital ärmerer Nationen naturgemäß in solchen Zweigen verwendet werden, in welchen eine große Zahl von Arbeitskräften daheim unterhalten wird, weil sich in solchen Ländern die Nahrungs- und Bedarfsartikel für eine wachsende Bevölkerung am leichtesten beschaffen lassen. Dagegen wird in reichen Ländern, wo die Lebens-

---

[3] Say hat mich vollständig mißverstanden, wenn er meint, ich habe das Glück so vieler Menschen für nichts erachtet. Ich glaube, der Text zeigt zur Genüge, daß ich meine Bemerkungen auf die besonderen Gründe beschränkte, auf die Adam Smith sich gestützt hatte.

mittel teuer sind, das Kapital, wenn der Handel frei ist, naturgemäß solchen Beschäftigungen zufließen, wo das geringste Arbeitsvolumen daheim erhalten werden muß, wie z. B. im Zwischenhandel, dem Handel nach fernen Ländern und Gewerben, in denen kostspielige Maschinen erforderlich sind; Gewerben, wo der Profit im Verhältnis zum Kapital und nicht im Verhältnis zur verwendeten Arbeitsmenge steht[4].

Obgleich ich zugebe, daß der Natur der Rente zufolge ein bestimmtes Kapital, das in der Landwirtschaft auf irgendeinen Boden, mit Ausnahme des zuletzt bebauten, verwendet wird, eine größere Arbeitsmenge in Bewegung setzt als ein gleich großes in Gewerben und Handel angelegtes, so kann ich doch nicht zugeben, daß zwischen der Arbeitsmenge, welche von einem im Binnenhandel tätigen, und der, welche von einem gleichen im auswärtigen Handel tätigen Kapital beschäftigt wird, irgendein Unterschied besteht.

»Das Kapital, welches schottische Fabrikate nach London sendet und englisches Getreide und Fabrikate nach Edinburgh zurückbringt«, sagt Adam Smith, »ersetzt durch jede solche Operation notwendigerweise zwei britische Kapitalien, die beide im Ackerbau oder in den Gewerben Großbritanniens Verwendung gefunden hatten.«

»Das Kapital, welches dazu verwendet wird, fremde Waren für den inländischen Konsum zu erwerben, ersetzt durch jede derartige Operation, wenn dieser Kauf mit Erzeugnissen heimischen Gewerbefleißes bewirkt wird, ebenfalls zwei verschiedene Kapitalien; aber nur das eine von ihnen ist damit beschäftigt, heimischen Gewerbefleiß zu unterhalten. Das Kapital, welches britische Waren nach Portugal sendet und portugiesische nach Großbritannien zurückbringt, ersetzt durch jede derartige Operation bloß ein britisches Kapital, während das andere ein portugiesisches ist. Wenn daher die Umschläge im auswärtigen Handel mit Konsumartikeln auch ebenso schnell erfolgen sollten wie im inländischen, so wird das in ihm verwendete Kapital dem Gewerbefleiß oder der produktiven Arbeit des Landes doch nur die halbe Förderung zuteil werden lassen.«

Dieses Argument scheint mir trügerisch zu sein; denn obgleich zwei Kapitalien, ein portugiesisches und ein englisches, wie Dr. Smith annimmt, verwendet werden, so wird im auswärtigen Handel

---

[4] »Zum Glück wird das Kapital im natürlichen Lauf der Dinge nicht zu solchen Beschäftigungen hingezogen, wo die größten Gewinne erzielt werden, sondern zu denen, wo sich seine Wirkung für die Gesamtheit am vorteilhaftesten gestaltet« (Bd. II, S. 122). Say hat uns nicht mitgeteilt, welches jene Beschäftigungen sind, die, während sie für das Individuum am gewinnbringendsten, nicht am gewinnbringendsten für den Staat sind. Wenn sich Länder mit beschränkten Kapitalien, aber mit einer Fülle von fruchtbarem Land nicht früh dem auswärtigen Handel zuwenden, so liegt der Grund darin, daß er für die Individuen und folglich auch für den Staat weniger gewinnbringend ist.

immer noch ein Kapital verwendet werden, das doppelt so groß ist wie das, das im Binnenhandel verwendet würde. Gesetzt, Schottland verwende ein Kapital von 1000 £ zur Herstellung von Leinen, das es gegen das Produkt eines gleichen Kapitals austauscht, welches in England zur Seidenfabrikation verwendet wird, so werden 2000 £ und eine entsprechende Arbeitsmenge von den beiden Ländern verwendet werden. Nehmen wir nun an, England entdecke, daß es für die Seidenwaren, die es vorher nach Schottland ausführte, aus Deutschland mehr Leinen importieren kann, und Schottland entdecke, daß es als Entgelt für sein Leinen von Frankreich mehr Seidenstoffe erhalten kann, als es bisher von England bekam – werden nicht England und Schottland sofort aufhören, miteinander Handel zu treiben, und wird dann nicht der Binnenhandel von Konsumartikeln gegen einen Außenhandel mit Konsumartikeln vertauscht werden? Wird aber, obschon zwei weitere Kapitalien in diesen Handel eintreten werden, das deutsche und das französische, nicht derselbe Betrag schottischen und englischen Kapitals auch ferner Verwendung finden, und wird er nicht die gleiche Menge wirtschaftlicher Energie in Bewegung setzen, als wie es sich im Binnenhandel betätigte?

KAPITEL XXVII

Über Geldumlauf und Banken

Wie alle anderen Güter, sind auch Gold und Silber wertvoll nur im Verhältnis zu der Arbeitsmenge, die erforderlich ist, um sie zu produzieren und zu Markte zu bringen. Gold ist ungefähr fünfzehnmal teurer als Silber, nicht weil eine größere Nachfrage nach ihm besteht, noch deshalb, weil das Angebot von Silber fünfzehnmal größer ist als das des Goldes, sondern einzig und allein, weil zur Produktion einer bestimmten Menge davon die fünfzehnfache Arbeitsmenge notwendig ist.

Die Menge Geldes, welche in einem Lande Verwendung finden kann, muß von seinem Werte abhängen. Würde Gold allein für den Güterumschlag verwendet, so würde eine Menge erforderlich sein, die nur ein Fünfzehntel von dem ausmachte, was nötig sein würde, wenn man Silber zum nämlichen Zwecke benutzte.

Ein Geldumlauf kann niemals so reichlich sein, daß er überfließt; denn in dem Maße, wie man seinen Wert verringert, wird man seine Menge vermehren, und indem man seinen Wert vermehrt, seine Menge verringern.

Solange der Staat Münzen prägt und keinen Schlagschatz erhebt, wird Geld den nämlichen Wert haben, wie jedes andere Stück desselben Metalles von gleichem Gewicht und Feingehalt; wenn aber der Staat einen Schlagschatz für die Prägung erhebt, wird das gemünzte Geldstück im allgemeinen den Wert des ungemünzten Metallstückes um den gesamten erhobenen Schlagschatz übersteigen, weil seine Beschaffung eine größere Arbeitsmenge oder, was dasselbe ist, den Wert des Ertrages einer größeren Arbeitsmenge erfordern wird.

Solange der Staat allein prägt, kann es keine Grenze für diese Münzgebühr geben; denn durch Beschränkung der Münzmenge kann sie auf jeden denkbaren Wert gesteigert werden.

Auf diesem Grundsatz beruht der Umlauf von Papiergeld: Die gesamten Kosten für Papiergeld können als Schlagschatz betrachtet werden. Obgleich es keinen inneren Wert besitzt, ist sein Tauschwert durch die Beschränkung seiner Menge ebenso groß, wie ein gleicher Nennwert in Münze oder in Barren in jener Münze. Nach demselben Grundsatze, nämlich durch Beschränkung ihrer Menge, würde auch eine verschlechterte Münze zu dem Werte umlaufen, den sie haben müßte, wenn sie dem gesetzlichen Gewicht und Feingehalt entspräche, und nicht zu dem Werte der Metallmenge, die sie tatsächlich enthielte. In der Geschichte des englischen Münzwesens finden wir dementsprechend, daß die Umlaufsmittel niemals im selben Verhältnis entwertet wie sie verschlechtert waren; der Grund dafür lag darin, daß ihre Menge nie im Verhältnis zu ihrem verminderten inneren Werte vermehrt wurde.

Bei der Ausgabe von Papiergeld ist nichts bedeutsamer, als daß man sich der Wirkungen völlig bewußt ist, die aus dem Grundsatze der Quantitätsbegrenzung folgen. Man wird es nach 50 Jahren kaum glauben wollen, daß Bankdirektoren und Minister zu unseren Zeiten sowohl im Parlament als auch vor Parlamentskommissionen allen Ernstes behauptet haben, daß die Ausgabe von Noten durch die Bank von England, ungeachtet des Rechts der Inhaber solcher Noten, entweder Bargeld oder Barren im Austausch für diese zu verlangen, auf die Preise von Gütern, Barren oder Devisen keinen Einfluß hätte noch haben könnte.

Nach der Errichtung von Banken hat der Staat nicht mehr das alleinige Recht, Geld zu prägen oder in Umlauf zu setzen. Der Geldumlauf kann ebenso wirksam durch Papiergeld wie durch Münzen vermehrt werden, so daß, wenn ein Staat sein Geld verschlechtern und dessen Menge einschränken sollte, sein Wert nicht aufrechterhalten werden könnte, weil die Banken eine gleiche Macht hätten, die Gesamtmenge des Umlaufs zu vermehren.

Aus diesen Grundsätzen wird man ersehen, daß es nicht nötig ist, daß Papiergeld in bar einlöslich sei, um seinen Wert zu behalten; nötig ist nur, daß seine Menge nach dem Werte des Metalls, das zur Währung erklärt worden ist, reguliert wird. Wäre Gold von bestimmtem Gewicht und Feingehalt die Währung, könnte Papiergeld mit jedem Sinken des Goldwertes vermehrt werden oder, was der Wirkung nach dasselbe ist, mit jedem Steigen der Warenpreise.

»Infolge der Ausgabe einer zu großen Menge Papiergeldes«, sagt Dr. Smith, »dessen Überschuß beständig zurückfloß, um gegen Gold und Silber ausgetauscht zu werden, war die Bank von England viele Jahre hindurch gezwungen, Gold in der Höhe zwischen 800 000 £ und 1 Million im Jahre, oder etwa 850 000 £ im Durchschnitt zu prägen. Für diese große Prägung sah sich die Bank infolge des abgenutzten und verschlechterten Zustandes, in welchen die Goldmünzen geraten waren, häufig genötigt, Barren zu dem hohen Preise von 4 £ pro Unze anzukaufen, die sie bald darauf zu 3 £ 17 sh. 10½ d. pro Unze gemünzt ausgab, so daß sie auf diese Weise bei der Prägung einer so außerordentlich großen Summe 2½ bis 3 Prozent verlor. Obgleich die Bank infolgedessen keinen Schlagschatz bezahlte, obgleich eigentlich die Regierung die Kosten der Prägung trug, so vermochte diese Freigebigkeit der Regierung Ausgaben der Bank nicht ganz zu verhüten.«

Nach dem oben festgestellten Grundsatze scheint es mir vollkommen klar zu sein, daß durch Einbehaltung des derart zurückgeflossenen Papiergeldes der Wert der gesamten Umlaufsmittel, der verschlechterten wie der neuen Goldmünzen, erhöht worden wäre, worauf alle Anforderungen an die Bank geendet haben würden.

Buchanan allerdings ist anderer Meinung; denn er sagt, »daß die großen Unkosten, denen die Bank damals ausgesetzt war, nicht, wie Dr. Smith zu glauben scheint, durch eine unvorsichtige Ausgabe von Papiergeld verursacht wurden, sondern durch den schlechten Zustand der Umlaufsmittel und dem daraus folgenden hohen Preis von Barren. Da, wie bemerkt, der Bank zur Beschaffung von Guineen kein anderer Weg offenstand als der Münze Barren zur Prägung zu übersenden, war sie stets gezwungen, neugeprägte Guineen für ihre wieder eingegangenen Noten auszugeben; und als die Umlaufsmittel allgemein an Gewicht verloren hatten, und der Barrenpreis verhältnismäßig hoch stand, erwies es sich vorteilhaft, diese vollwichtigen Guineen der Bank im Austausch für ihr Papiergeld zu entziehen, sie in Barren zu verwandeln und sie mit einem Gewinn gegen Bankpapier zu veräußern, um es abermals der Bank gegen eine neue Zufuhr von Guineen zurückzugeben, welche man wieder einschmolz und verkaufte. Diesen Abfluß von Bargeld muß sich die Bank stets gefallen lassen, solange die Umlaufsmittel nicht vollwichtig sind, da sich dann aus dem beständigen Umtausch von Papier gegen Bargeld ein leichter und sicherer Gewinn ergibt. Allerdings soll nicht unerwähnt bleiben, daß, welchen Unannehmlichkeiten und Ausgaben die Bank infolge des Abflusses ihres Bargeldes damals auch ausgesetzt war, es doch niemals für notwendig gehalten wurde, die Einlösungspflicht ihren Noten gegenüber aufzuheben.«

Offenbar glaubt Buchanan, daß der gesamte Geldumlauf notwendigerweise auf den Wertstand der verschlechterten Geldstücke herabgesetzt werden muß; sicherlich kann jedoch durch eine Verringerung der Menge der Umlaufsmittel der ganze übrigbleibende Teil auf den Wert der besten Stücke gehoben werden.

Dr. Smith scheint bei seiner Beurteilung kolonialer Umlaufsmittel sein eigenes Prinzip vergessen zu haben. Anstatt die Entwertung jenes Papiergeldes seinem allzu großen Überfluß zuzuschreiben, wirft er die Frage auf, ob, völlige Sicherheit des kolonialen Wertpapieres vorausgesetzt, 100 Pfund, zahlbar nach 15 Jahren von jetzt ab, denselben Wert wie 100 sofort zahlbare Pfund haben würden? Ich antworte ja, wenn es nicht zu reichlich vorhanden ist.

Indessen lehrt die Erfahrung, daß weder ein Staat noch eine Bank jemals die uneingeschränkte Macht der Papiergeldausgabe besessen hat, ohne diese Macht zu mißbrauchen. Die Ausgabe von Papiergeld sollte daher in allen Staaten einer gewissen Beschränkung und Kontrolle unterliegen, und für jenen Zweck erscheint nichts besser geeignet, als die Ausgeber von Papiergeld der Verpflichtung zu unterwerfen, ihre Noten in Goldmünzen oder -barren zu bezahlen.

[»Das Publikum[1] vor allen anderen Veränderungen im Werte der Umlaufsmittel zu schützen, außer denjenigen, welchen der Münzwert selbst unterworfen ist, und den Umlauf gleichzeitig mit einem möglichst wenig kostspieligen Mittel zu bewerkstelligen, heißt den vollkommensten Zustand erreichen, auf welchen sich ein Geldumlauf überhaupt bringen läßt, und wir würden alle diese Vorteile besitzen, indem wir die Bank, im Austausch für ihre Noten, zur Auslieferung ungemünzten Goldes oder Silbers zum Münzfeingehalt und -preis statt der Auslieferung von Guineen verpflichteten. Dadurch würde das Papiergeld niemals unter den Barrenwert sinken, ohne daß dem eine Verminderung seiner Menge folgte. Um dem Steigen des Papiergeldes über den Barrenwert vorzubeugen, müßte die Bank auch gezwungen werden, ihr Papier im Austausch gegen Währungsgold zum Preise von 3 £ 17 sh. pro Unze auszugeben. Um der Bank nicht zuviel Mühe zu machen, dürfte die im Austausch für Papiergeld zum Münzpreise von 3 £ 17 sh. 10½ d. verlangte Menge Gold oder die der Bank zu 3 £ 17 sh. verkaufte Menge niemals weniger als 20 Unzen betragen. Mit anderen Worten, die Bank müßte verpflichtet sein, jede ihr angebotene Menge Gold, jedoch nicht unter 20 Unzen, zu 3 £ 17 sh[2] pro Unze zu kaufen und jede etwa verlangte Menge für 3 £ 17 sh. 10½ d. zu verkaufen. Solange die Bank die Macht hat, die Menge ihres Papiergeldes zu regulieren, könnte ihr aus einer solchen Bestimmung unmöglich ein Nachteil erwachsen.

Zu gleicher Zeit sollte die vollkommenste Freiheit gewährt werden, jede Art Barren aus- oder einzuführen. Diese Geschäfte in Barren würden an Zahl sehr gering sein, wenn die Bank ihre Kreditgeschäfte und Notenemissionen nach dem Kriterium einrichtete, das ich so oft erwähnt habe, nämlich dem Preise von Edelmetallbarren,

---

[1] Dieser und die folgenden Absätze, die in Klammern stehen, sind einer Gelegenheitsschrift entnommen, betitelt: »Vorschläge zu einem ökonomischen und sicheren Umlaufsmittel«, welche der Autor im Jahre 1816 veröffentlicht hat.
[2] Der hier erwähnte Preis von 3 £ 17 sh. ist natürlich nur ein willkürlicher Preis. Es könnten vielleicht gute Gründe vorliegen, ihn entweder ein wenig darüber, oder ein wenig darunter festzusetzen. Der Preis sollte so festgesetzt sein, daß es im Interesse des Verkäufers liegt, das Gold lieber an die Bank zu verkaufen, als es zur Prägung in die Münze zu bringen. Dieselbe Bemerkung bezieht sich auch auf die spezifizierte Menge von 20 Unzen. Es könnten gute Gründe vorliegen, sie auf 10 oder 30 festzusetzen.

ohne Rücksicht auf die absolute Menge des im Umlauf befindlichen Papiergeldes.

Das Ziel, das ich im Auge habe, würde sich zum guten Teile erreichen lassen, wenn die Bank verpflichtet wäre, im Austausch für ihre Noten ungeprägte Barren zum Münzpreis und -feingehalt auszuliefern, auch wenn sie nicht unter dem Zwange stände, jede ihr zu den festzusetzenden Preisen angebotene Barrenmenge zu kaufen, besonders wenn die Münze dem Publikum auch ferner zur Prägung von Gold offen stände. Denn jene Regelung ist bloß in Vorschlag gebracht, um zu verhindern, daß der Geldwert vom Barrenwerte mehr abweiche als um den geringen Unterschied zwischen den Preisen, zu welchen die Bank kaufen und verkaufen sollte, und welche eine Annäherung an jene Gleichförmigkeit seines Wertes sein würde, welche anerkanntermaßen so wünschenswert ist.

Wenn die Bank die Menge ihres Papiergeldes nach ihrem Ermessen einschränkte, würde sie seinen Wert erhöhen und Gold könnte scheinbar unter die Grenzen sinken, innerhalb deren die Bank nach meinem Vorschlage kaufen sollte. In diesem Falle könnte Gold der Münze zugeführt werden, und das von dort zurückströmende Geld, das in den Umlauf flösse, würde dann seinen Wert herabmindern, und es dem Münzwert wieder anpassen. Aber das würde weder so sicher, noch so ökonomisch, noch so schnell geschehen, wie durch die von mir anempfohlenen Mittel, gegen welche die Bank keine Einwendung machen kann, da es in ihrem Interesse liegt, den Umlauf lieber mit Papiergeld zu versorgen, als andere zu nötigen, ihn mit Münze zu versorgen.

Unter einem solchen Systeme und bei einem so regulierten Geldumlauf würde die Bank keinen wie immer gearteten Verlegenheiten ausgesetzt sein, außer bei jenen ungewöhnlichen Gelegenheiten, wo eine allgemeine Panik das Land ergreift und jedermann Edelmetalle besitzen möchte, als die bequemste Form, sein Vermögen zu realisieren und zu verbergen. Vor solchen Paniken sind die Banken *bei keinem Systeme* sicher; sie sind ihnen ihrer eigensten Natur zufolge unterworfen, da in einer Bank oder in einem Lande zu keiner Zeit soviel Bargeld oder Barren vorhanden sein können, wie Leute mit Geld eines solchen Landes ein Recht haben, zu fordern. Sollte jedermann sein Guthaben bei seinem Bankier am selben Tage zurückziehen wollen, so würde selbst eine erhebliche Vervielfachung der jetzt im Umlauf befindlichen Banknotenmenge unzulänglich sein, um solcher Nachfrage zu entsprechen. Eine derartige Panik war die Ursache der Krisis im Jahre 1797, und nicht, wie man angenommen hat, die großen Vorschüsse, die die Bank der Regierung gemacht hatte. Weder die Bank noch die Regierung waren damals zu tadeln. Die anstekkende Verbreitung unbegründeter Befürchtungen im ängstlichen Teile des Gemeinwesens war es, die den Ansturm auf die Bank herbeiführte, und er würde in gleicher Weise stattgefunden haben, wenn die Bank der Regierung überhaupt keine Vorschüsse bewilligt und das Doppelte ihres gegenwärtigen Kapitals besessen hätte. Hätte die Bank weiter in bar gezahlt, so würde sich die Panik wahrscheinlich gelegt haben, ehe sich ihr Münzbestand erschöpft hätte.

Bei der bekannten Ansicht der Bankdirektoren hinsichtlich der Regel für die Ausgabe von Papiergeld kann man von ihnen sagen, daß sie ihre Machtbefugnisse ohne jede größere Unbedachtsamkeit ausgeübt haben. Offenbar haben sie ihr Prinzip mit äußerster Vorsicht befolgt. Bei dem heutigen Stande des Gesetzes haben sie die Macht, den Geldumlauf ohne irgendwelche Kontrolle nach eigenem Gutdünken in jedem ihnen angemessen erscheinenden Maße zu vermehren oder zu vermindern – eine Macht, die man weder dem Staate selbst, noch irgendeiner Körperschaft in ihm einräumen sollte, da es für die Stabilität des Wertes der Umlaufsmittel keine Sicherheit geben kann, wenn ihre Vermehrung oder Verminderung einzig und allein vom Willen der Emittenten abhängt. Daß die Bank die Macht haben solle, den Geldumlauf auf die allerengsten Grenzen zu beschränken, wird nicht einmal von denen in Abrede gestellt werden, welche mit den Direktoren einer Ansicht sind, daß sie nicht die Macht besitzen, seine Menge unbegrenzt zu vermehren. Obgleich ich völlig davon überzeugt bin, daß es sowohl dem Interesse wie dem Wunsche der Bank zuwider ist, diese Macht zum Nachteil des Publikums auszuüben, kann ich, wenn ich die üblen Folgen betrachte, welche aus einer plötzlichen und bedeutenden Einschränkung, wie auch aus einer starken Vermehrung des Geldumlaufs entstehen könnten, nur die Leichtfertigkeit bedauern, mit welcher der Staat die Bank mit einem so ungeheuerlichen Vorrecht ausgestattet hat.

Die Unannehmlichkeit, welcher Landbanken vor der Einschränkung der Barzahlungen ausgesetzt waren, muß bisweilen sehr groß gewesen sein. In allen unruhigen Zeiten oder solchen erwarteter Beunruhigung müssen sie unter dem Zwange gestanden haben, sich mit Guineen zu versorgen, um für jeden Notfall, der eintreten könnte, gerüstet zu sein. Guineen wurden bei diesen Gelegenheiten im Austausch gegen die höheren Noten bei der Bank bezogen und den Landbanken auf eigene Rechnung und Gefahr durch Vertrauensmänner überbracht. Nachdem sie die Dienste, für die sie bestimmt waren, erfüllt hatten, fanden sie ihren Weg wieder nach London zurück und wurden aller Wahrscheinlichkeit nach wieder in der Bank deponiert, falls sie nicht einen solchen Gewichtsverlust erlitten hatten, daß sie unter dem gesetzlichen Münzfuß standen.

Würde der hier vorgeschlagene Plan, die Banknoten in Barren einzulösen, befolgt, so würde es nötig sein, entweder das gleiche Privileg auf Landbanken auszudehnen, oder aber die Banknoten zum gesetzlichen Zahlungsmittel zu erheben; in letzterem Falle würde in dem Landbanken betreffenden Gesetze keine Änderung eintreten, da sie genau wie heute genötigt wären, ihre Noten auf Verlangen in Noten der Bank von England einzutauschen.

Die Ersparnis, welche eintreten würde, wenn man die Guineen nicht dem Gewichtsverlust infolge der bei ihren wiederholten Transporten unvermeidlichen Abnutzung aussetzte, sowie auch an Verschickungskosten, würde ziemlich erheblich sein. Der bei weitem größte Vorteil jedoch würde daraus hervorgehen, daß man den dauernden Bedarf an Umlaufsmitteln der Provinz und Londons, soweit kleinere Zahlungen in Betracht kommen, mit dem sehr billigen Mittel Papier statt mit dem sehr wertvollen Mittel Gold befriedigte und dadurch das Land in den Stand setzte, sich allen Gewinn, der durch die produktive Anlage eines Kapitals in diesem Betrage erzielt werden kann, zunutze zu machen. Wir wären gewiß nicht berechtigt, einen so entschiedenen Vorteil von uns zu weisen, falls man nicht einen besonderen Übelstand nachweisen könnte, der sich voraussichtlich aus der Wahl des billigeren Mittels ergeben würde.«]

Ein Geldumlauf ist am vollkommensten, wenn er gänzlich aus Papiergeld besteht, aber Papiergeld von einem gleichen Werte wie das Gold, das es zu vertreten beansprucht. Der Gebrauch von Papiergeld anstatt von Gold ersetzt das kostspieligste durch das billigste Mittel und befähigt das Land, ohne irgend jemanden zu benachteiligen, alles Gold, das es vorher zu diesem Zwecke benutzte, gegen Rohstoffe, Werkzeuge und Nahrungsmittel einzutauschen, durch deren Gebrauch sein Wohlstand wie seine Genüsse vermehrt werden.

Von einem nationalen Standpunkte aus betrachtet, ist es ohne Belang, ob Emittent eines wohlgeregelten Papiergeldes die Regierung oder eine Bank ist; es wird, im ganzen genommen, gleichmäßig Reichtum erzeugen, ob es nun von der einen oder von der anderen ausgegeben ist; aber das gilt nicht bezüglich des Interesses der Individuen. In einem Lande, wo die Marktrate des Zinses 7 Prozent beträgt, und wo der Staat für eine bestimmte Ausgabe jährlich 70 000 £ benötigt, ist es für die Individuen eine wichtige Frage, ob sie besteuert werden müssen, um diese 70 000 £ im Jahr zu bezahlen, oder ob sie diese ohne Steuern aufbringen könnten. Angenommen, daß zur Ausrüstung einer Expedition Geld in Höhe von einer Million erforderlich wäre. Wenn der Staat eine Million Papiergeld ausgäbe und eine Million Münzen ausschaltete, würde die Expedition ohne jede Belastung des Volkes ausgerüstet werden. Gäbe aber eine Bank eine

Million Papiergeld aus und liehe sie diese Summe der Regierung zu 7 Prozent, indem sie dadurch eine Million Münzen ausschaltete, so würde das Land mit einer laufenden Steuer von 70 000 £ im Jahr belastet. Das Volk würde die Steuer bezahlen, die Bank würde sie in Empfang nehmen, und die Gesellschaft würde in beiden Fällen so reich wie zuvor sein; die Expedition würde in Wirklichkeit durch die Verbesserung unseres Systems ausgerüstet worden sein, dadurch, daß man Kapital im Werte von einer Million in der Form von Gütern produktiv gestaltet hätte, anstatt es in der Form von Münzen unproduktiv zu belassen; der Vorteil jedoch würde stets den Emittenten von Papier zugute kommen, und da der Staat das Volk darstellt, würde das Volk die Steuer gespart haben, wenn er, und nicht die Bank, diese Million ausgegeben hätte.

Ich habe bereits bemerkt, daß, wenn vollständige Sicherheit bestände, daß die Befugnis, Papiergeld auszugeben, nicht mißbraucht würde, es für den Reichtum des Landes im ganzen nicht von Bedeutung wäre, von wem es ausgegeben würde; und ich habe jetzt gezeigt, daß das Publikum ein direktes Interesse daran hätte, daß der Emittent der Staat, und nicht eine Gesellschaft von Kaufleuten oder Bankiers ist. Indessen besteht die Gefahr, daß diese Befugnis viel eher mißbraucht würde, wenn sie sich in den Händen der Regierung als in denen einer Bankgesellschaft befände. Eine solche, so sagt man, würde mehr unter der Aufsicht des Gesetzes stehen, und wenn es auch in ihrem Interesse liegen könnte, ihre Emissionen über die Grenzen des Erlaubten auszudehnen, so würde sie doch durch die Befugnis von Einzelpersonen, Barren oder Bargeld zu verlangen, eingeschränkt und gehemmt werden. Man hat geltend gemacht, daß dasselbe Hemmnis nicht lange beachtet werden würde, wenn die Regierung das Privileg der Geldemission besäße, daß sie allzusehr geneigt sein würde, eher augenblicklichen Vorteil als künftige Sicherheit in Betracht zu ziehen, und infolgedessen, angeblich aus Zweckmäßigkeitsgründen, nur zu sehr bereit sein könnte, die Hemmnisse zu beseitigen, durch welche die Höhe ihrer Emissionen eingeschränkt wurde.

Unter einer willkürlich handelnden Regierung würde dieser Einwand von großem Gewichte sein; aber in einem freien Lande, mit einer aufgeklärten Gesetzgebung, könnte die Befugnis zur Papiergeldausgabe, unter Wahrung der notwendigen Beschränkung der Einlösbarkeit auf Wunsch des Inhabers, ruhig in die Hände von zu diesem besonderen Zwecke angestellten Kommissaren gelegt werden, und sie könnten von der ministeriellen Aufsicht gänzlich unabhängig gemacht werden.

Der Tilgungsfonds wird von Kommissaren verwaltet, die nur dem Parlament verantwortlich sind, und die Investierung des ihrer Obhut anvertrauten Geldes geht mit größter Ordnung vor sich; wie kann man bezweifeln, daß die Ausgabe von Papiergeld mit gleicher Gewissenhaftigkeit geregelt werden könnte, wenn sie einer ähnlichen Verwaltung unterstellt würde?

Man kann sagen, daß, obwohl der aus der Ausgabe von Papiergeld dem Staate und folglich auch dem Volke erwachsende Vorteil hinreichend offenbar ist, weil sie einen Teil der Staatsschuld, deren Zinsen das Publikum zu bezahlen hat, in eine unverzinsliche Schuld umwandeln würde, sie dem Handel dennoch zum Schaden gereichen würde, da sie es den Kaufleuten verwehren würde, Geld zu leihen und ihre Wechsel diskontieren zu lassen, die Methode, mittels derer Banknoten zum Teil ausgegeben werden.

Das heißt jedoch annehmen, daß man kein Geld borgen könnte, wenn es die Bank nicht liehe, und daß die Marktrate von Zins und Profit von der Höhe der Geldemissionen und von dem Kanal, durch den es ausgegeben wird, abhängt. Wie aber ein Land keinen Mangel an Tuch, Wein oder irgendeinem anderen Gute leiden würde, wenn es die Mittel hätte, dafür zu bezahlen, so würde in derselben Weise auch kein Mangel an Bargeld bestehen, wenn die Schuldner gute Sicherheit böten und bereit wären, den Marktzins zu zahlen.

In einem anderen Teile dieses Werkes habe ich zu zeigen versucht, daß der wirkliche Wert eines Gutes bestimmt wird nicht durch die zufälligen Vorteile, die einigen seiner Produzenten etwa erwachsen, sondern durch die tatsächlichen Schwierigkeiten, denen der am wenigsten begünstigte Produzent begegnet. So verhält es sich auch mit dem Geldzins; er richtet sich nicht nach dem Satze, zu dem die Bank ausleihen wird, mag er nun 5, 4 oder 3 Prozent betragen, sondern nach der Profitrate, welche sich aus der Anlage von Kapital erzielen läßt und die von der Menge oder von dem Werte des Geldes gänzlich unabhängig ist. Ob eine Bank 1 Million, 10 oder 100 Millionen ausliehe, sie würde den Marktzinsfuß nicht auf die Dauer ändern, sondern nur den Wert des Geldes, welches sie auf diese Weise ausgäbe. Um ein und dasselbe Geschäft zu betreiben, könnte in einem Falle zehn- oder zwanzigmal mehr Geld erforderlich sein, als vielleicht in einem anderen nötig wäre. Die Kreditgesuche bei der Bank hängen dann von dem Vergleich zwischen der Profitrate ab, welche sich bei der Anlage des Geldes erzielen läßt, und der Rate, zu welcher sie es zu leihen bereit ist. Fordert sie weniger als die Marktrate des Zinses, so gibt es keinen Geldbetrag, den sie nicht ausleihen könnte; wenn sie mehr als jene Rate verlangt, so würden sich nur Prasser und Verschwender bereit finden, von ihr zu borgen. Wir sehen daher, daß, wenn die Marktrate des Zinses den Satz von 5 Prozent übersteigt, zu welchem die Bank durchweg leiht, die Diskontabteilung von Darlehensuchenden belagert ist, wogegen, wenn die Marktrate auch nur vorübergehend unter 5 Prozent steht, die Beamten jener Abteilung nichts zu tun haben.

Der Grund also, warum in den letzten zwanzig Jahren die Bank angeblich den Handel dadurch so sehr unterstützte, daß sie den Kaufleuten mit Geld aushalf, ist der, daß sie während dieser ganzen Zeit ihr Geld unter der Marktrate des Zinses auslieh, d. h. unter dem Satze, zu dem die Kaufleute anderwärts hätten borgen können. Aber ich gestehe, daß mir dies mehr ein Vorwurf gegen ihr Institut als ein Argument zu seinen Gunsten zu sein scheint.

Was würden wir wohl von einem Institute sagen, das regelmäßig die Hälfte der Tuchfabrikanten unter dem Marktpreise mit Wolle versorgte? Was für einen Vorteil brächte das dem Gemeinwesen? Es würde unseren Handel nicht erweitern, weil man die Wolle ebensogut gekauft hätte, wenn der Marktpreis dafür gefordert worden wäre. Es würde den Preis des Tuches für den Konsumenten nicht ermäßigen, weil der Preis, wie bereits bemerkt, durch die Produktionskosten derjenigen bestimmt werden würde, die am wenigsten begünstigt wären. Seine einzige Wirkung wäre also die, den Profit eines Teiles der Tuchmacher über die allgemeine und gewöhnliche Profitrate hinaus anschwellen zu lassen. Das Institut würde um seinen angemessenen Profit gebracht, und ein anderer Teil des Gemeinwesens würde in demselben Grade bevorzugt. Nun, dies ist genau die Wirkung unserer Bankinstitute; ein Zinsfuß wird durch das Gesetz festgesetzt, der unter demjenigen steht, zu welchem man auf dem Markte borgen kann, und zu diesem Satze hat die Bank zu leihen, oder überhaupt nicht zu leihen. Nach ihrer Natur besitzt sie bedeutende Mittel, über welche sie nur auf diese Weise verfügen kann, und ein Teil der Gewerbetreibenden des Landes wird ungerecht und ohne Nutzen für das Land bevorzugt, indem er in den Stand gesetzt wird, sich mit Produktionsmitteln zu geringeren Kosten zu versorgen als diejenigen, welche nur unter dem Einfluß des Marktpreises stehen.

Die gesamte geschäftliche Tätigkeit, welche das Gemeinwesen entfalten kann, hängt von der Menge seines Kapitals ab, d. h. von seinen Rohstoffen, Maschinen, Nahrungsmitteln, Schiffen usw., die bei der Produktion verwendet werden. Nachdem ein gut geregeltes Papiergeld eingeführt ist, lassen sich diese durch die Bankoperationen weder vermehren noch vermindern. Wenn also der Staat das Papiergeld des Landes ausgeben sollte, so würde, auch wenn er niemals einen Wechsel diskontieren oder dem Publikum einen Schilling leihen sollte, im Umfange des Geschäftslebens keine Änderung eintreten, denn wir würden dieselbe Menge an Rohstoffen, Maschinen, Nahrungsmitteln und Schiffen besitzen. Auch ist es wahrscheinlich, daß derselbe Geldbetrag ausgeliehen werden würde, zwar nicht zu 5 Prozent, dem gesetzlichen Zinsfuße, wenn dieser unter der Marktrate stehen sollte, wohl aber zu 6, 7 oder 8 Prozent, dem Ergebnis des redlichen Wettbewerbs zwischen Gläubigern und Schuldnern.

Adam Smith spricht von den Vorteilen, welche den Kaufleuten aus der Überlegenheit der schottischen Methode, dem Geschäftsleben durch die Einrichtung von Barkonten (»cash accounts«) zu Hilfe zu kommen, über die englische Methode erwachsen. Diese Barkonten sind Kredite, die der schottische Bankier seinen Kunden über die Wechsel hinaus gewährt, welche er für sie diskontiert. Da jedoch der Bankier in dem Maße, wie er auf die eine Art Geld vorschießt und in Umlauf setzt, verhindert ist, soviel auf die andere auszugeben, läßt es sich schwer begreifen, worin der Vorteil besteht. Wenn der gesamte Geldumlauf nur eine Million Papiergeld verträgt, wird nur eine Million zirkulieren, und es kann weder für den Bankier noch den Kaufmann von wirklicher Bedeutung sein, ob der Gesamtbetrag durch Wechseldiskontierung oder nur ein Teil so und der Rest vermittels dieser Barkontenkredite ausgegeben wird.

Es ist vielleicht notwendig, einige wenige Worte über die beiden Metalle, Gold und Silber, zu sagen, die beim Geldumlauf verwendet werden, zumal diese Frage die klaren und einfachen Grundsätze des Geldumlaufs in mancher Leute Köpfen zu verwirren scheint. »In England«, sagt Dr. Smith, »wurde Gold, nachdem es zu Geld ausgeprägt war, lange Zeit hindurch nicht als gesetzliches Zahlungsmittel angesehen. Das Wertverhältnis zwischen Gold- und Silbergeld war durch keine öffentliche Satzung oder Verordnung festgelegt, sondern seine Feststellung wurde dem Markte überlassen. Wenn ein Schuldner Zahlung in Gold anbot, konnte der Gläubiger solche Zahlung entweder gänzlich zurückweisen oder sie zu einer Bewertung des Goldes annehmen, über die er und sein Schuldner sich verständigten.«

Bei diesem Stand der Dinge ist es klar, daß eine Guinee zuweilen 22 sh. oder mehr gelten konnte, bisweilen nur 18 sh. oder weniger, was gänzlich von dem Wechsel des verhältnismäßigen Marktwertes von Gold und Silber abhing. Auch wurden die Veränderungen im Gold- wie im Silberwerte in Goldmünzen geschätzt, es mußte scheinen, als ob Silber unveränderlich wäre, und als ob nur Gold einem Steigen und Sinken unterworfen wäre. Dennoch mochte sich Gold, obwohl eine Guinee 22 sh. statt 18 sh. galt, im Werte nicht verändert haben; die Veränderung konnte sich gänzlich auf das Silber beschränkt haben, weshalb 22 sh. nicht mehr als vorher 18 sh. wert sein konnten. Und andererseits mochte die ganze Veränderung beim Golde stattgefunden haben; eine Guinee, die 18 sh. wert war, konnte auf den Wert von 22 sh. gestiegen sein.

Nehmen wir nun an, dieses Silberkurantgeld wäre durch Beschneiden verschlechtert und zudem an Menge vermehrt worden, dann könnte eine Guinee 30 sh. gelten; denn das in 30 sh. eines solchen Geldes enthaltene Silber hätte möglicherweise nicht mehr Wert, als das Gold in einer Guinee. Führte man das Silberkurantgeld auf seinen Münzwert zurück, so mußte das Silbergeld steigen; aber es mußte den Anschein haben, als ob Gold fiele, denn eine Guinee würde wahrscheinlich nicht mehr wert sein als 21 solcher guten Schillinge.

Wenn jetzt auch das Gold zum gesetzlichen Zahlungsmittel gemacht und es jedem Schuldner freigestellt wird, eine Schuld durch Zahlung von 420 sh. oder 20 Guineen für jede 21 £, die er schuldet, zu begleichen, dann wird er in dem einen oder dem anderen bezahlen, je nachdem, wie er seine Schuld am billigsten tilgen kann. Wenn er sich mit 5 Quarter Weizen ebensoviel Goldbarren verschaffen kann, wie die Münze in 20 Guineen, und für denselben Weizen ebensoviel Barrensilber, wie die Münze in 430 sh. ausprägen wird, dann wird er seine Schuld lieber mit Silber bezahlen, weil er 10 sh. gewinnen würde, indem er seine Schuld so bezahlte. Könnte er dagegen mit diesem Weizen ebensoviel Gold erhalten, wie in 20½ Guineen, und nur so viel Silber, wie in 420 sh. ausgeprägt wären, würde er natürlich seine Schuld lieber in Gold bezahlen. Wenn sich die Menge Gold, die er sich beschaffen könnte, nur in 20 Guineen ausprägen ließe und die Menge Silber in 420 sh., würde es ihm vollkommen gleichgültig sein, in welchem Gelde, Silber oder Gold, er seine Schuld bezahlte. Das alles geschieht also nicht von ungefähr; nicht deshalb bezahlt man seine Schulden stets lieber in Gold, weil Gold sich besser zum Umlaufmittel eines reichen Landes eignet, sondern einfach, weil es im Interesse des Schuldners liegt, sie so zu bezahlen.

Während einer langen Periode vor 1797, dem Jahre der Suspendierung der Edelmetalleinlösungspflicht für Banknoten, war Gold im Vergleich zu Silber so billig, daß es der Bank von England und allen übrigen Schuldnern paßte, nicht Silber, sondern Gold auf dem Markte zu kaufen, um es zur Prägung in die Münze zu schaffen, da man mit diesem gemünzten Metall seine Schulden billiger tilgen konnte. Das Silbergeld war während eines großen Teiles dieser Periode sehr verschlechtert; allein, es war ziemlich knapp, weshalb es, nach dem Grundsatze, den ich vorher auseinandergesetzt habe, niemals in seinem Kurantwerte fiel. Obgleich es so verschlechtert war, lag es immer noch im Interesse der Schuldner, in Goldmünze zu bezahlen. Wenn allerdings die Menge dieser entwerteten Silbermünze sehr groß gewesen wäre oder wenn die Münzprägeanstalt solche schlechten Stücke ausgegeben hätte, dann hätte es im Interesse der Schuldner liegen können, in diesem verschlechterten

Gelde zu bezahlen; allein, seine Menge war beschränkt, und es behielt seinen Wert, und folglich war Gold in der Praxis der wirkliche Währungsstandard.

Daß es sich so verhielt, wird nirgends bestritten; doch hat man behauptet, daß dies infolge des Gesetzes geschah, welches erklärte, daß Silber für jede Schuld über 25 £ nicht als gesetzliches Zahlungsmittel zu gelten hätte, es sei denn nach Gewicht, dem Münzfuß entsprechend. Dieses Gesetz hinderte jedoch keinen Schuldner daran, seine Schuld, wie hoch auch ihr Betrag war, in Silberkurantgeld, frisch von der Prägeanstalt, zu bezahlen. Daß der Schuldner nicht in diesem Metalle bezahlte, geschah nicht aus Zufall, auch nicht aus Zwang, sondern gänzlich aus freier Wahl; es paßte ihm nicht, Silber zur Münze zu tragen; es paßte ihm, Gold dorthin zu tragen. Wahrscheinlich würde, wenn die Menge dieses verschlechterten Silbers im Umlauf gewaltig groß und auch gesetzliches Zahlungsmittel gewesen wäre, eine Guinee wieder 30 sh. wert gewesen sein; es würde aber der verschlechterte Schilling gewesen sein, der im Werte gesunken, und nicht die Guinee, die gestiegen wäre.

Es scheint demnach, daß wir einem fortwährenden Wechsel in dem hauptsächlichen Wertmaßstab ausgesetzt waren, solange jedes der beiden Metalle gleichmäßig als gesetzliches Zahlungsmittel für Schulden in jeder Höhe galt. Bisweilen mochte es Gold, bisweilen Silber sein, je nachdem sich Veränderungen in dem verhältnismäßigen Werte der beiden Metalle vollzogen hatten; und in solchen Zeiten wurde das Metall, welches nicht der Maßstab war, eingeschmolzen und aus dem Verkehr gezogen, da es in Barren einen größeren Wert als in Münzform hatte. Das war ein Übelstand, dessen Abstellung sehnlichst herbeigewünscht wurde; so langsam aber vollzieht sich der Fortschritt zur Besserung, daß ein besseres System erst in der Parlamentssession des Jahres 1816 angenommen wurde, als gesetzlich bestimmt wurde, daß Gold allein als gesetzliches Zahlungsmittel für jede Summe über 40 sh. zu gelten hätte.

Dr. Smith scheint sich nicht ganz der Wirkung bewußt gewesen zu sein, welche aus der Verwendung zweier Metalle als Umlaufsmittel sowie als gesetzliches Zahlungsmittel für Schulden in jeder Höhe folgen; denn er sagt, daß »während des Fortbestehens irgendeines geregelten Verhältnisses zwischen den verhältnismäßigen Werten der verschiedenen Metalle in Münze der Wert des kostbarsten Metalles tatsächlich den Wert aller Münzen bestimmt«. Weil Gold zu seiner Zeit das Mittel war, in welchem Schuldner ihre Schulden zu bezahlen liebten, dachte er, daß es irgendeine ihm innewohnende Eigenschaft besäße, vermittelst welcher es damals und immer den Wert von Silbermünzen regeln würde.

Bei der Reform der Goldmünze im Jahre 1774 tauschte sich eine neue, frisch von der Prägeanstalt ausgegebene Guinee, gegen nur 21 verschlechterte Schillinge, aber unter der Regierung König Wilhelms, als sich das Silbergeld in genau demselben Zustande befand, eine Guinee, ebenso neu und frisch von der Münze, gegen 30 sh. Dazu bemerkt Buchanan: »Hier also haben wir eine höchst eigentümliche Tatsache vor uns, über welche die gewöhnlichen Geldtheorien nichts verlauten lassen; einmal wird die Guinee für 30 sh., ihren eigentlichen Wert, in einem verschlechterten Silbergeld, eingetauscht, und nachher ließ sich dieselbe Guinee für nur 21 jener verschlechterten Schillinge eintauschen. Sicherlich muß zwischen diesen zwei verschiedenen Perioden eine bedeutende Veränderung in dem Zustande des Geldumlaufs vor sich gegangen sein, über welche uns Dr. Smith's Hypothese keine Aufklärung bietet.«

Mir scheint, daß sich die Schwierigkeit sehr einfach dadurch beheben läßt, daß man diesen verschiedenen Stand des Wertes der Guinee während der beiden erwähnten Perioden zu den verschiedenen *Mengen* in Umlauf befindlichen, verschlechterten Silberkurantgeldes in Beziehung setzt. Unter König Wilhelms Regierung war Gold nicht ein gesetzliches Zahlungsmittel; es lief nur zu einem konventionellen Werte um. Alle großen Zahlungen wurden wahrscheinlich in Silber geleistet, zumal Papiergeld und die Bankoperationen damals noch wenig verstanden wurden. Die Menge dieses verschlechterten Silbergeldes überstieg die Menge von Silbergeld, welche sich im Umlauf behauptet haben würde, wenn nichts als vollwichtiges Geld im Gebrauch gewesen wäre; und daher war es sowohl entwertet als verschlechtert. Aber in der folgenden Periode, als Gold gesetzliches Zahlungsmittel war, als auch Banknoten zur Leistung von Zahlungen benutzt wurden, überstieg die Menge des verschlechterten Silbergeldes nicht die Menge der frisch aus der Münze kommenden Silbermünzen, welche umgelaufen wäre, wenn kein verschlechtertes Silbergeld vorhanden gewesen wäre; infolgedessen war das Geld, obwohl verschlechtert, nicht entwertet. Buchanans Erklärung ist etwas anders; er glaubt, daß ein subsidiäres Umlaufsmittel keiner Entwertung fähig ist, wohl aber das Hauptumlaufsmittel. Unter König Wilhelms Regierung war Silber das Hauptumlaufsmittel und war daher der Entwertung fähig. Im Jahre 1774 war es ein subsidiäres Umlaufsmittel und behauptete deshalb seinen Wert. Indessen hängt Entwertung nicht davon ab, ob ein Umlaufsmittel das subsidiäre oder das Hauptumlaufsmittel ist, sondern einzig und allein davon, ob es im Übermaße vorhanden ist[3].

[3] Jüngst ist im Parlamente von Lord Lauderdale behauptet worden, daß die Bank bei der bestehenden Münzordnung ihre Noten nicht in bar bezahlen könnte, weil der

Gegen einen mäßigen Schlagschatz auf die Ausprägung von Geld läßt sich nicht viel einwenden, besonders wenn er das Umlaufmittel trifft, welches die kleineren Zahlungen durchzuführen hat. Geld wird im allgemeinen um den vollen Betrag des Schlagschatzes im Werte erhöht, weshalb dieser eine Steuer ist, die in keiner Weise diejenigen trifft, welche sie bezahlen, solange die Geldmenge nicht übermäßig groß ist. Allerdings muß bemerkt werden, daß in einem Lande mit Papiergeldumlauf auch dann, wenn die Emittenten verpflichtet sein sollten, es auf Verlangen des Inhabers in bar einzulösen, sowohl die Noten als auch die Münzen um den vollen Betrag des Schlagschatzes derjenigen Münze entwertet werden könnten, die allein das gesetzliche Zahlungsmittel ist, bevor das Hemmnis, welches den Umlauf von Papiergeld beschränkt, wirken würde. Wenn z. B. der Schlagschatz auf Goldmünze 5 Prozent wäre, könnten die Umlaufmittel durch eine übermäßige Ausgabe von Banknoten tatsächlich um 5 Prozent entwertet werden, ehe es im Interesse der Inhaber liegen würde, Münze zu verlangen, um sie in Barren einzuschmelzen, eine Entwertung, der wir niemals ausgesetzt sein würden, wenn entweder kein Schlagschatz auf die Goldmünze bestände oder, falls ein Schlagschatz zugelassen wäre, die Inhaber von Banknoten im Austausch für diese Barren, nicht Münzen, verlangen könnten, und zwar zum Münzpreise von 3 £ 17 sh. 10½ d. Wenn also die Bank nicht verpflichtet sein sollte, auf Verlangen des Inhabers ihre Noten in Barren oder Münze einzulösen, dann ist das kürzlich erlassene Gesetz, das einen Schlagschatz von 6 Prozent oder 4 Pence

verhältnismäßige Wert der beiden Metalle derartig sei, daß es im Interesse aller Schuldner liegen würde, ihre Schulden in Silber und nicht in Gold zu bezahlen, während das Gesetz allen Gläubigern der Bank das Recht gibt, im Austausch für Banknoten Gold zu verlangen. Dieses Gold, denkt seine Lordschaft, könnte mit Gewinn exportiert werden, und für diesen Fall behauptet er, daß die Bank, um einen Vorrat zu halten, genötigt sein wird, beständig Gold mit einer Prämie zu kaufen und es al pari zu verkaufen. Wenn jeder andere Schuldner in Silber bezahlen könnte, würde Lord Lauderdale recht haben; doch er kann das nicht, falls seine Schuld 40 sh. übersteigt. Dies würde aber den Betrag der im Umlauf befindlichen Silbermenge beschränken (wenn die Regierung sich nicht selbst das Recht vorbehalten hätte, die Ausprägung jenes Metalls einzustellen, wann immer sie es für angebracht hält), weil, wenn zuviel Silber ausgeprägt wäre, es im Werte relativ zu Gold sinken und niemand es bei Zahlung einer Schuld von über 40 sh. annehmen würde, falls nicht eine Entschädigung für seinen niedrigeren Wert zugebilligt würde. Um eine Schuld von 100 £ zu bezahlen, würden 100 Sovereigns oder Banknoten im Betrage von 100 £ erforderlich sein; doch würden 105 £ in Silbermünze erforderlich sein, wenn zuviel Silber im Umlauf wäre. Es gibt also zwei Hemmnisse gegen eine übergroße Menge an Silbermünzen: erstens das direkte Hemmnis, das die Regierung zu jeder Zeit in den Weg legen kann, um zu verhindern, daß mehr ausgeprägt wird; zweitens würde niemand ein Interesse daran haben, Silber zur Münzprägeanstalt zu tragen, wenn er das könnte; denn, wäre es ausgeprägt, so würde es nicht zu seinem Münz-, sondern nur zu seinem Marktwerte umlaufen.

pro Unze für Silbermünzen gestattet, das aber bestimmt, daß Gold von der Münze ohne jedweden Aufschlag ausgeprägt werden soll, vielleicht das bestgeeignete, da es jeder unnötigen Veränderung des Geldumlaufs höchst wirksam vorbeugen wird.

KAPITEL XXVIII

Über den verhältnismäßigen Wert von Gold, Getreide und Arbeit in reichen und armen Ländern

»Gold und Silber«, sagt Adam Smith, »suchen, wie alle anderen Güter, naturgemäß den Markt auf, wo für sie der beste Preis bezahlt wird; und der beste Preis wird gewöhnlich für jedes Ding in dem Lande bezahlt, welches ihn am besten geben kann. Die Arbeit ist der letzte Preis, der für jedes Ding bezahlt wird, und in Ländern, wo die Arbeit gleich gut entgolten wird, wird der Geldpreis der Arbeit im Verhältnis zu dem der Subsistenzmittel des Arbeiters stehen. Aber Gold und Silber werden natürlich in einem reichen Lande gegen eine größere Menge an Subsistenzmitteln als in einem armen Lande ausgetauscht werden; in einem Lande, welches Subsistenzmittel im Überfluß hat, für mehr, als in einem, das nur leidlich damit versehen ist.«

Getreide ist jedoch ein Gut, wie Gold, Silber und andere Dinge; wenn daher alle Güter in einem reichen Lande einen hohen Tauschwert haben, so darf das Getreide keine Ausnahme bilden, und daher könnten wir mit Recht sagen, daß Getreide für eine große Menge Geldes ausgetauscht würde, weil es teuer wäre, und daß Geld für eine große Menge Getreide ausgetauscht würde, weil das ebenfalls teuer wäre; was soviel heißt, als daß Getreide zu gleicher Zeit teuer und billig ist. Nichts läßt sich in der Volkswirtschaftslehre besser beweisen, als daß durch die fortschreitende Erschwerung in der Beschaffung von Nahrungsmitteln ein reiches Land in demselben Verhältnis wie ein armes Land in der Bevölkerungszunahme behindert ist. Jene Erschwerung muß notwendigerweise den verhältnismäßigen Preis der Lebensmittel erhöhen und zu deren Einfuhr anreizen. Wie kann also Geld, oder Gold und Silber, in reichen Ländern für mehr Getreide ausgetauscht werden als in armen? Nur in reichen Ländern, wo das Getreide teuer ist, verleiten die Grundbesitzer die Gesetzgebung zum Verbot der Getreideeinfuhr. Wer hätte jemals von einem Gesetze zur Verhinderung der Einfuhr von Rohprodukten in Amerika oder Polen gehört? Die Natur hat in jenen Ländern seine Einfuhr durch die verhältnismäßige Leichtigkeit seiner Produktion wirksam unterbunden.

Wie also kann es wahr sein, daß, »wenn man Getreide und solche anderen Vegetabilien, wie sie sämtlich durch menschlichen Fleiß geerntet werden, ausnimmt, alle übrigen Arten von Rohprodukten –

Vieh, Geflügel, Wild aller Art, die nützlichen Fossilien und Mineralien der Erde usw., mit dem Fortschreiten der Gesellschaft naturgemäß teurer werden«? Warum sollten Getreide und pflanzliche Erzeugnisse allein ausgenommen sein? Dr. Smith's Irrtum, der sein ganzes Werk durchzieht, liegt in der Annahme, daß der Wert des Getreides konstant ist; daß wohl der Wert aller anderen Dinge, niemals aber der des Getreides erhöht werden kann. Getreide hat nach ihm immer denselben Wert, weil es stets die gleiche Anzahl Menschen ernähren wird. Auf dieselbe Weise könnte man sagen, daß Tuch stets denselben Wert hat, weil sich stets die nämliche Zahl Röcke daraus machen läßt. Was kann Wert mit der Fähigkeit, zu ernähren und zu kleiden, zu tun haben?

Getreide, wie jedes andere Gut, hat in jedem Lande seinen natürlichen Preis, d. h. den Preis, der zu seiner Produktion erforderlich ist und ohne den es nicht angebaut werden könnte: dieser Preis ist es, der seinen Marktpreis bestimmt und der über die Zweckmäßigkeit entscheidet, es nach fremden Ländern zu exportieren. Wenn die Einfuhr von Getreide in England verboten wäre, könnte sein natürlicher Preis in England auf 6 £ pro Quarter steigen, während er in Frankreich bloß halb so hoch wäre. Beseitigte man jetzt das Einfuhrverbot, so würde Getreide auf dem englischen Markte nicht auf einen Preis zwischen 6 £ und 3 £, sondern schließlich und dauernd auf den natürlichen Preis von Frankreich sinken, den Preis, zu welchem es dem englischen Markte geliefert werden und den üblichen Kapitalprofit in Frankreich abwerfen könnte; und bei diesem Preise würde es stehen bleiben, ob England nun 100 000 oder eine Million Quarter konsumierte. Wenn die Nachfrage Englands der letzteren Menge entspräche, dann würde wahrscheinlich, in Anbetracht des Zwanges, unter dem sich Frankreich befände, zur Deckung dieses großen Bedarfes zu einer geringeren Bodenqualität seine Zuflucht zu nehmen, der natürliche Preis in Frankreich steigen; und das würde natürlich auch den Getreidepreis in England beeinflussen. Alle meine Behauptungen laufen darauf hinaus, daß es der natürliche Preis der Güter im exportierenden Lande ist, der letztlich die Preise bestimmt, zu welchen sie, falls sie keine Monopolgüter sind, im importierenden Lande verkauft werden müssen.

Allein, Dr. Smith, der so geschickt die Lehre vertreten hat, daß der natürliche Preis der Güter letztlich ihren Marktpreis bestimmt, hat einen Fall angenommen, in welchem seiner Meinung nach der Marktpreis durch den natürlichen Preis weder des ausführenden noch des einführenden Landes bestimmt werden würde. »Man vermindere den wirklichen Reichtum Hollands oder des genuesischen Territoriums«, sagt er, »während die Zahl ihrer Einwohner dieselbe bleibt; man verringere ihre Fähigkeit, ihren Bedarf aus fernen Ländern zu decken, und der Getreidepreis, anstatt mit jener Verminderung der Menge ihres Silbers zu sinken, die diesen Niedergang notwendigerweise entweder als seine Ursache oder als seine Wirkung begleiten muß, wird auf ein Hungersnotniveau steigen.«

Mir scheint, daß gerade das Umgekehrte eintreten würde: Die im allgemeinen verminderte Kaufkraft der Holländer oder Genuesen könnte zwar den Preis von Getreide zeitweilig unter seinen natürlichen Preis in dem Lande, aus dem es ausgeführt, wie in den Ländern, in die es eingeführt würde, herabdrücken; aber es ist ganz unmöglich, daß sie es jemals über diesen Preis hinaus steigern könnte. Nur durch eine Vermehrung des holländischen oder genuesischen Reichtums ließe sich die Nachfrage vermehren und der Getreidepreis über seinen früheren Preis hinaus erhöhen, und das würde bloß auf eine sehr kurze Zeit stattfinden, falls nicht neue Schwierigkeiten in der Gewinnung der Zufuhr entständen.

Dr. Smith bemerkt ferner über diesen Gegenstand: »Wenn wir an notwendigen Gütern Mangel leiden, müssen wir von allem Überflüssigen lassen, dessen Wert in Zeiten der Armut und des Elends sinkt, wie er in Zeiten des Reichtums und der Wohlfahrt steigt.« Das ist zweifellos richtig; allein er fährt fort: »Anders steht es mit notwendigen Gütern. Ihr wirklicher Preis, die Arbeitsmenge, welche sie erlangen oder über die sie verfügen können, steigt in Zeiten der Armut und des Elends und sinkt in Zeiten des Reichtums und der Wohlfahrt, welche stets Zeiten großer Fülle sind, weil sie sonst nicht Zeiten des Reichtums und der Wohlfahrt sein könnten. Getreide ist ein notwendiges, Silber ist nur ein überflüssiges Gut.«

Hier werden zwei Behauptungen aufgestellt, die keinerlei Beziehung zueinander haben. Die eine, daß unter den angenommenen Umständen Getreide über mehr Arbeit verfügen würde, was nicht bestritten wird, die andere, daß Getreide zu einem höheren Geldpreise verkauft, daß es für mehr Silber ausgetauscht werden würde; das, behaupte ich, ist irrig. Es könnte zutreffen, wenn Getreide zur selben Zeit knapp wäre, wenn die gewöhnliche Zufuhr nicht geliefert worden wäre. Aber in diesem Falle ist es im Überfluß vorhanden; es wird nicht behauptet, daß eine kleinere Menge als gewöhnlich eingeführt, oder daß mehr erfordert wird. Um Getreide zu kaufen, brauchen die Holländer und Genuesen Geld, und um dieses Geld zu erlangen, sind sie genötigt, ihre überflüssigen Güter zu verkaufen. Der Marktwert und Preis dieser überflüssigen Dinge ist es, welcher sinkt, und Geld scheint im Vergleich mit ihnen zu steigen. Allein, das wird die Nachfrage nach Getreide nicht zu vermehren noch den Geldwert zu senken tendieren, die beiden einzigen Ursachen, die den

Getreidepreis erhöhen können. Geld kann infolge von Mangel an Kredit und aus anderen Gründen sehr gesucht und folglich im Vergleich mit Getreide teuer sein; aber auf kein richtiges Prinzip läßt sich die Behauptung gründen, daß Geld unter solchen Umständen billig sein und infolgedessen der Getreidepreis steigen würde.

Wenn wir von dem hohen oder niedrigen Wert von Gold, Silber oder irgendeinem anderen Gute in verschiedenen Ländern sprechen, sollten wir stets ein Maßgut erwähnen, nach dem wir sie schätzen, sonst kann man sich von dem Gesagten keinen Begriff machen. Wenn es also heißt, Gold sei in England teurer als in Spanien, und es wird dabei kein Gut erwähnt, welche Vorstellung vermittelt dann diese Behauptung? Sind Getreide, Oliven, Öl, Wein und Wolle in Spanien billiger als in England, dann ist Gold, in diesen Gütern geschätzt, teurer in Spanien. Haben dagegen Metallwaren, Zucker, Tuch usw. in England einen niedrigeren Preis als in Spanien, dann ist Gold, nach diesen Gütern geschätzt, teurer in England. So erscheint Gold in Spanien teurer oder billiger, je nachdem die Einbildungskraft des Beobachters sich auf das Maßgut richten mag, nach dem er seinen Wert schätzt. Adam Smith, der Getreide und Arbeit zu einem universellen Wertmesser gestempelt hat, würde natürlich den verhältnismäßigen Wert des Goldes nach derjenigen Menge dieser beiden Dinge schätzen, für welche es sich austauschen ließe; und wenn er demgemäß von dem verhältnismäßigen Wert von Gold in zwei Ländern spricht, so verstehe ich ihn dahin, daß er den im Getreide und Arbeit geschätzten Wert desselben meint.

Aber wir haben gesehen, daß, in Getreide geschätzt, Gold in zwei Ländern von sehr verschiedenem Wert sein kann. Ich habe bereits zu zeigen versucht, daß es niedrig in reichen Ländern und hoch in armen stehen wird. Adam Smith ist anderer Ansicht; er glaubt, daß der Goldwert, in Getreide geschätzt, in reichen Ländern am höchsten steht. Aber ohne daß man weiter untersucht, welche von diesen beiden Ansichten richtig ist, zeigt jede zur Genüge, daß Gold in jenen Ländern, welche sich im Besitze der Minen befinden, nicht notwendig niedriger stehen wird, obgleich dies eine von Adam Smith aufgestellte Behauptung ist. Gesetzt, England besäße die Minen und Adam Smiths Ansicht, daß Gold in reichen Ländern den größten Wert hat, wäre richtig, so würde, obwohl naturgemäß Gold aus England nach allen übrigen Ländern im Austausch gegen ihre *Waren* fließen würde, doch nicht daraus folgen, daß Gold im Vergleich mit Getreide und Arbeit in England notwendig niedriger als in jenen Ländern stände. An einer anderen Stelle freilich spricht Adam Smith davon, daß die Edelmetalle in Spanien und Portugal notwendig niedriger stehen, als in den anderen Teilen Europas, weil jene Länder zufällig die fast ausschließlichen Besitzer der Minen sind, die sie hervorbringen. »Polen, wo sich das Feudalsystem noch immer behauptet, ist heutzutage noch ein ebenso bettelarmes Land, wie es vor der Entdeckung Amerikas war. *Dennoch ist der Geldpreis des Getreides gestiegen; der wirkliche Wert der Edelmetalle ist gesunken*, in Polen ebenso wie in anderen Teilen von Europa. Ihre Menge muß also dort wie anderswo zugenommen haben, *und zwar fast im selben Verhältnis zum Jahresertrage von Boden und Arbeit*. Doch hat diese Vermehrung der Menge jener Metalle anscheinend nicht jenen Jahresertrag vermehrt, hat weder Gewerbe und Landwirtschaft des Landes gehoben, noch die Lage seiner Einwohner verbessert. Spanien und Portugal, die Länder, welche die Minen besitzen, sind nächst Polen vielleicht die beiden ärmsten Länder Europas. Indessen muß der Wert der Edelmetalle *in Spanien und Portugal niedriger sein* als in irgendwelchen anderen Teilen von Europa, belastet nicht nur mit den Kosten von Fracht und Versicherung, sondern mit den schmuggelverbundenen Aufwendungen, weil ihre Ausfuhr entweder verboten oder einem Zoll unterworfen ist. *Im Verhältnis zum Jahresertrage des Bodens und der Arbeit muß ihre Menge daher größer sein* in jenen Ländern als in irgendeinem anderen Teile Europas; und doch sind jene Länder ärmer als der größte Teil Europas. Obgleich das Feudalsystem in Spanien und Portugal abgeschafft worden, ist kein viel besseres darauf gefolgt.«

KAPITEL XXIX

Steuern, die vom Produzenten bezahlt werden

Say übertreibt stark die Nachteile, welche entstehen, wenn eine Steuer auf ein Fabrikat eher in einer früheren als in einer späteren Phase seiner Fabrikation erhoben wird. Die Fabrikanten, bemerkt er, durch deren Hände das Gut nacheinander laufen mag, müssen, um die Steuer vorschießen zu können, größere Mittel aufwenden, was für einen Fabrikanten von sehr beschränktem Kapital und Kredit oftmals mit erheblicher Schwierigkeit verbunden ist. Gegen diese Bemerkung kann keine Einwendung erhoben werden.

Ein anderer Nachteil, den er betont, ist der, daß infolge des Steuervorschusses der Konsument auch mit dem Profit auf den Vorschuß belastet werden muß und daß der Fiskus von diesem Steuerzuschlag keinen Vorteil hat.

In diesem letzteren Einwand kann ich Say nicht beistimmen. Der Staat, wollen wir annehmen, braucht *augenblicklich* 1000 £ und erhebt sie von einem Fabrikanten, der sie nicht vor zwölf Monaten auf den Konsumenten seines fertigen Gutes abzuwälzen vermag. Infolge solchen Verzuges sieht er sich genötigt, einen höheren Preis für sein Gut zu fordern, nicht bloß von 1000 £, dem Steuerbetrag, sondern wahrscheinlich von 1100 £, wobei 100 £ auf Zinsen für die vorgeschossenen 1000 £ zu verrechnen sind. Aber als Entgelt für diese weiteren, vom Konsumenten bezahlten 100 £ hat dieser einen tatsächlichen Vorteil insofern, als seine Bezahlung der Steuer, die die Regierung sogleich verlangte und die er schließlich bezahlen muß, auf ein Jahr verschoben worden ist. Infolgedessen hat sich ihm eine Gelegenheit geboten, dem Fabrikanten die erforderlichen 1000 £ zu 10 Prozent oder zu irgendeinem anderen Zinsfuße zu leihen, auf den man sich einigen konnte. Elfhundert Pfund, zahlbar am Ende eines Jahres, sind, wenn der Geldzins 10 Prozent beträgt, nicht mehr wert als 1000 £, die sofort zu bezahlen sind. Schöbe die Regierung die Steuerzahlung um ein Jahr hinaus, bis das Fabrikat fertiggestellt ist, so würde sie vielleicht einen verzinslichen Schatzschein ausgeben und ebensoviel an Zinsen bezahlen müssen, wie der Konsument am Preise sparen würde, allerdings mit Ausnahme desjenigen Teiles des Preises, den der Fabrikant infolge der Steuer vielleicht seinen eigenen wirklichen Gewinnen zuzuschlagen vermöchte. Würde die Regierung als Zins für den Schatzschein 5 Prozent bezahlt haben, wird durch Nichtemission desselben eine Steuer von 50 £ erspart. Wenn der Fabrikant das Zusatzkapital zu 5 Prozent borgte und den Konsumenten mit 10 Prozent belastete, wird auch er auf seine Auslage 5 Prozent über seinen üblichen Profit hinaus gewonnen haben, so daß also der Fabrikant und die Regierung zusammen genau die Summe verdienen oder sparen, welche der Konsument bezahlt.

Simonde, der in seinem ausgezeichneten Werke »*De la Richesse Commerciale*« dieselbe Linie der Beweisführung wie Say einhält, hat berechnet, daß eine ursprünglich vom Fabrikanten, dessen Profit auf dem mäßigen Satze von 10 Prozent stände, bezahlte Steuer von 4000 Fr. sich für den Konsumenten auf 6734 Fr. erhöhen würde, wenn das Fabrikat nur durch die Hände von fünf verschiedenen Personen liefe. Diese Berechnung geht von der Annahme aus, daß derjenige, welcher zuerst die Steuer vorschösse, von dem folgenden Fabrikanten 4400 Fr. erhalten würde, und dieser wieder vom nächsten 4840 Fr.; so daß bei jedem Schritt 10 Prozent auf ihren Wert ihr zugesetzt würden. Dies heißt annehmen, daß der Wert der Steuer sich nach dem Zinseszinsprinzip erhöht, nicht zu einem Satze von 10 Prozent im Jahre, sondern zu einem absoluten Satze von 10 Prozent bei jedem Schritt seines Fortschreitens. Diese Ansicht von de Simonde würde richtig sein, wenn zwischen dem ersten Steuervorschuß und dem Verkauf des besteuerten Gutes an den Konsumenten fünf Jahre verstrichen; verstriche aber bloß ein Jahr, so würde eine Entschädigung von 400 Fr., anstatt von 2734 Fr., einen Profit zum Satze von 10 Prozent im Jahre für alle diejenigen ergeben, die zu dem Vorschießen der Steuer beigetragen hätten, gleichviel ob nun das Gut durch die Hände von fünf oder von fünfzig Fabrikanten gelaufen ist.

KAPITEL XXX

Über den Einfluß von Nachfrage und Angebot auf die Preise

Die Produktionskosten sind es, welche den Preis der Güter letztlich bestimmen müssen, und nicht, wie oftmals behauptet worden ist, das Verhältnis von Angebot und Nachfrage. Dieses Verhältnis kann zwar den Marktwert eines Gutes eine Zeitlang beeinflussen, bis es in größerer oder geringerer Fülle beschafft ist, je nachdem sich die Nachfrage vermehrt oder vermindert haben mag; aber diese Wirkung wird nur vorübergehend sein.

Man verringere die Produktionskosten von Hüten, und ihr Preis wird schließlich auf ihren neuen natürlichen Preis sinken, auch wenn sich die Nachfrage verdoppelt, verdreifacht oder vervierfacht haben sollte. Man verringere die Kosten für den Lebensunterhalt der Menschen durch Verringerung des natürlichen Preises von Nahrung und Kleidung, durch welche das Leben erhalten wird, und die Löhne werden schließlich sinken, obwohl die Nachfrage nach Arbeitskräften sehr erheblich zunehmen mag.

Die Ansicht, daß der Güterpreis einzig und allein von dem Verhältnis des Angebotes zur Nachfrage oder der Nachfrage zum Angebot abhängt, ist in der Volkswirtschaftslehre fast zu einem Axiom geworden und in dieser Wissenschaft die Quelle vieler Irrtümer gewesen. Es ist diese Ansicht, die Buchanan hat behaupten lassen, daß die Löhne von einem Steigen oder einem Sinken der Lebensmittelpreise nicht beeinflußt werden, sondern lediglich durch das Angebot von und die Nachfrage nach Arbeit, und daß eine Steuer auf den Arbeitslohn die Löhne nicht erhöhen würde, weil sie das Verhältnis der Nachfrage nach Arbeitern zum Angebot nicht ändert.

Man kann nicht behaupten, daß die Nachfrage nach einem Gute zunimmt, wenn keine zusätzliche Menge davon gekauft oder verbraucht wird; und doch kann unter solchen Umständen sein Geldwert steigen. So würde, wenn der Geldwert sinken sollte, der Preis jedes Gutes steigen; denn jeder der Konkurrenten würde bereit sein, mehr Geld als vorher für seinen Kauf auszugeben. Aber obwohl der Preis um 10 oder 20 Prozent stiege, so würde, wenn nicht mehr als früher davon gekauft würde, es meines Erachtens nicht zulässig sein, zu sagen, daß die Veränderung im Preise des Gutes durch die stärkere Nachfrage nach ihm hervorgerufen wurde. Sein natürlicher Preis, seine Produktionskosten in Geld, würden durch den veränderten

Geldwert tatsächlich verändert worden sein, und ohne jede Zunahme der Nachfrage würde der Preis des Gutes natürlich jenem neuen Werte angepaßt werden.

»Wir haben gesehen«, sagt Say, »daß die Produktionskosten den niedrigsten Preis bestimmen, auf den Dinge sinken können: den Preis, unter welchem sie längere Zeit nicht verharren können, weil sonst die Produktion entweder gänzlich eingestellt oder verringert werden würde« (a. a. O., Bd. II., S. 26).

Später bemerkt er, daß, da die Nachfrage nach Gold seit der Entdeckung der neuen Minen in einem noch größeren Verhältnis als das Angebot zugenommen hatte, »sein Preis in Waren, statt im Verhältnis von 10:1, nur im Verhältnis von 4:1 fiel«, das heißt, anstatt im Verhältnis, wie sein natürlicher Preis gesunken war, zu fallen, sank es im Verhältnis, wie das Angebot die Nachfrage überstieg[1]. »*Der Wert jedes Gutes steigt immer in einem geraden Verhältnis zur Nachfrage und in einem umgekehrten zum Angebot.*«

In demselben Sinne hat sich Lauderdale geäußert.

»Wenn wir mit Rücksicht auf die Wertveränderungen, denen jedes wertvolle Ding ausgesetzt ist, für einen Augenblick annehmen könnten, daß irgendein Stoff inneren und feststehenden Wert besäße, so daß eine angenommene Menge davon unter allen Umständen beständig von gleichem Werte wäre, dann würde der Wertgrad aller Dinge, durch einen solchen feststehenden Maßstab ermittelt, im Verhältnis *zwischen ihrer Menge* und der Nachfrage nach ihnen schwanken, und jedes Gut würde natürlich einer Veränderung seines Wertes infolge von vier verschiedenen Umständen ausgesetzt sein:

1. Es würde einer Zunahme seines Wertes infolge einer Verminderung seiner Menge unterworfen sein;

2. einer Verminderung seines Wertes infolge einer Vermehrung seiner Menge;

3. es könnte eine Vermehrung seines Wertes infolge einer vermehrten Nachfrage erfahren;

4. sein Wert könnte sich aus Mangel an Nachfrage verringern.

---

[1] »Wenn die Mengen Gold und Silber, welche jeweils verfügbar sind, nur zur Verfertigung von Geräten und Schmucksachen dienten, würden sie reichlich und bedeutend billiger sein, als sie heutzutage sind. Mit anderen Worten, wir würden bei einem Austausch derselben gegen irgendwelche andere Art von Waren genötigt sein, eine verhältnismäßig größere Menge von ihnen hinzugeben. Da jedoch eine bedeutende Menge dieser Metalle als Geld benutzt wird, und da dieser Teil keinem anderen Zwecke dient, so bleibt für die Verwendung für Geräte und Geschmeide weniger übrig; diese Knappheit nun erhöht ihren Wert« (Say, a. a. O., Bd. II, S. 316; siehe auch Anmerkung zu S. 78).

Da es sich jedoch klar herausstellen wird, daß kein Gut feststehenden und inneren Wert besitzen kann, um es zu einem Maßstabe des Wertes anderer Güter zu qualifizieren, wird der Mensch dazu geführt, als einen praktischen Wertmesser das zu wählen, was jeder dieser vier Quellen von Veränderungen, *welche die einzigen Ursachen einer Wertveränderung sind*, am wenigsten unterliegt.

Wenn wir daher in gewöhnlichen Worten den *Wert* irgendeines Gutes ausdrücken, so kann er zu einer bestimmten Zeit von dem, was er zu einer anderen ist, infolge von acht verschiedenen Umständen abweichen:

1. Infolge der oben erwähnten vier Umstände im Verhältnis zu dem Gute, dessen Wert wir ausdrücken wollen;
2. infolge derselben vier Umstände im Verhältnis zu dem Gute, das wir als Wertmesser gewählt haben[2].«

Das trifft auf Monopolgüter und tatsächlich auch auf den Marktpreis aller übrigen Güter für eine beschränkte Zeitspanne zu. Wenn sich die Nachfrage nach Hüten verdoppeln sollte, würde der Preis sofort steigen; doch wäre dieses Steigen bloß vorübergehend, falls sich nicht die Produktionskosten von Hüten oder ihr natürlicher Preis erhöht hätten. Sollte der natürliche Preis von Brot infolge einer großen Erfindung in der Agrarwissenschaft um 50 Prozent sinken, so würde die Nachfrage nicht bedeutend wachsen, weil niemand mehr begehren würde, als seinen Bedarf befriedigte, und da sich die Nachfrage nicht vermehren würde, würde es auch das Angebot nicht; denn ein Gut wird nicht angeboten, bloß weil es produziert werden kann, sondern weil eine Nachfrage danach besteht. Hier haben wir also einen Fall vor uns, wo sich das Angebot und die Nachfrage kaum verändert haben, oder wenn sie gestiegen sind, so sind sie im selben Verhältnis gestiegen, und dennoch wird der Brotpreis um 50 Prozent gesunken sein, und noch dazu zu einer Zeit, wo der Geldwert unverändert blieb.

Güter, welche entweder von einem einzelnen oder von einer Gesellschaft monopolisiert sind, schwanken nach dem von Lord Lauderdale aufgestellten Gesetz: Sie sinken in dem Verhältnis, wie die Verkäufer ihre Menge vermehren, und steigen im Verhältnis zur Neigung der Käufer, sie zu erstehen; ihr Preis hat keine notwendige Beziehung zu ihrem natürlichen Werte. Allein, die Preise von Gütern, welche dem Wettbewerb unterworfen sind und deren Menge sich in auch nur mäßigem Umfange vermehren läßt, werden letzthin nicht vom Stande von Nachfrage und Angebot abhängen, sondern von den vermehrten oder verringerten Kosten ihrer Produktion.

[2] Lauderdale, Eine Untersuchung über die Natur und den Ursprung des Nationalwohlstandes, S. 13.

KAPITEL XXXI

Über Maschinenwesen

In dem vorliegenden Kapitel werde ich den Einfluß des Maschinenwesens auf die Interessen der verschiedenen Gesellschaftsklassen untersuchen, ein Gegenstand von großer Bedeutung, der aber nie in einer zu befriedigenden Ergebnissen führenden Weise erforscht worden ist. Es ist um so mehr meine Pflicht, meine Ansichten über diese Frage auseinanderzusetzen, als sie bei weiterem Nachdenken einen wesentlichen Wandel erfahren haben; und obgleich ich mir nicht bewußt bin, daß ich jemals etwas über Maschinenwesen veröffentlicht habe, was ich zurücknehmen müßte, so habe ich doch auf andere Weise Lehren, welche ich jetzt für irrig halte, meine Unterstützung gewährt. Ich fühle mich daher innerlich verpflichtet, meine gegenwärtigen Ansichten und meine Gründe für diese meine Stellungnahme der Kritik zu unterbreiten.

Seitdem ich meine Aufmerksamkeit zuerst volkswirtschaftlichen Fragen zuwandte, bin ich stets der Meinung gewesen, daß eine Anwendung von Maschinen in irgendeinem Produktionszweige, die zu einer Arbeitsersparnis führt, eine allgemeine Wohltat ist, begleitet nur von so vielen Schwierigkeiten, wie das in den meisten Fällen mit der Überführung von Kapital und Arbeit von einem Gewerbezweig in einen anderen verbunden ist. Mir schien es, als ob den Grundeigentümern, vorausgesetzt, daß sie dieselben Geldrenten bezögen, die Ermäßigung in den Preisen einiger der Güter zugute käme, für welche jene Renten verausgabt würden, eine Preissenkung, wie sie unfehlbar die Folge der Anwendung von Maschinen sein müßte. Der Kapitalist, glaubte ich, hätte gegebenenfalls genau in derselben Weise seinen Nutzen. Der, welcher die Erfindung der Maschine machte oder welcher sie zuerst nutzbringend anwandte, würde sich zwar eines besonderen Vorteils dadurch erfreuen, daß er eine Zeitlang große Gewinne erzielte; aber in dem Maße, wie die Maschine in allgemeinen Gebrauch käme, würde der Preis des erzeugten Gutes infolge der Wirkungen der Konkurrenz auf seine Produktionskosten sinken; woraufhin der Kapitalist dieselben Geldprofite wie früher beziehen und an dem allgemeinen Vorteil nur als ein Konsument dadurch teilhaben würde, daß er imstande wäre, mit demselben Geldeinkommen über eine größere Menge von Annehmlichkeiten und Genüssen zu verfügen. Auch für die Klasse der Arbeiter, glaubte ich, wäre der Gebrauch von Maschinen in gleicher Weise vorteilhaft, da sie die Mittel haben würden, mit denselben Geldlöhnen mehr Güter zu kaufen; und ich dachte, es würde keine Lohnverkürzung eintreten, weil der Kapitalist die Macht hätte, dieselbe Menge von Arbeit wie vorher nachzufragen und zu verwenden, obwohl er sich in die Zwangslage versetzt sehen könnte, sie zur Produktion eines neuen oder auf jeden Fall eines anderen Gutes zu verwenden. Wenn man mit Hilfe verbesserter Maschinen, bei der Verwendung derselben Arbeitsmenge, die Menge von Strümpfen vervierfachen könnte und die Nachfrage nach Strümpfen sich nur verdoppelt hätte, so würden notwendigerweise einige Arbeiter aus der Strumpfwirkerei entlassen werden; da jedoch das Kapital, welches sie beschäftigte, noch fortbestände und es im Interesse derjenigen, die es hätten, läge, es produktiv zu verwenden, so schien es mir, daß man es zur Herstellung irgendeines anderen Gutes verwenden würde, das der Gesellschaft von Nutzen wäre, und für das es an Nachfrage nicht fehlen könnte. Denn ich war und bin von der Richtigkeit der Bemerkung Adam Smith's tief durchdrungen, daß »das Verlangen nach Nahrung in einem jeden Menschen durch das enge Aufnahmevermögen des menschlichen Magens begrenzt ist, wogegen das Verlangen nach Annehmlichkeiten und Ausschmückung von Gebäuden, Kleidung, Wagen und Hausrat anscheinend keine Grenze oder bestimmte Schranke hat«. Da es mir demnach schien, daß dieselbe Nachfrage nach Arbeit wie früher vorhanden und daß der Lohn kein niedrigerer sein würde, glaubte ich, daß die arbeitende Klasse in gleicher Weise wie die anderen Klassen an dem Vorteile der allgemeinen, aus dem Gebrauch von Maschinen entspringenden Wohlfeilheit von Gütern teilhaben würde.

Das waren meine Ansichten, und ich behalte sie, soweit es den Grundeigentümer und den Kapitalisten betrifft, auch jetzt noch unverändert bei; doch bin ich davon überzeugt, daß die Ersetzung von menschlicher Arbeit durch Maschinen den Interessen der Arbeiterklasse oft sehr schädlich ist.

Mein Irrtum entsprang der Annahme, daß sich mit jedweder Zunahme des Reineinkommens einer Gesellschaft auch ihr Roheinkommen vermehren würde; jetzt aber bin ich überzeugt, daß der eine Fonds, aus dem die Grundeigentümer und Kapitalisten ihr Einkommen beziehen, größer werden kann, während sich der andere, der, von welchem die arbeitende Klasse hauptsächlich abhängt, sich vermindern kann; und daraus folgt, wenn ich recht habe, daß dieselbe Ursache, die das Reineinkommen des Landes vermehrt, gleichzeitig eine Übervölkerung herbeiführen und die Lage des Arbeiters verschlechtern kann.

Wir wollen annehmen, ein Kapitalist verwende ein Kapital im

Werte von 20 000 £ und liege damit den vereinten Tätigkeiten eines Landwirtes und eines Fabrikanten ob. Ferner wollen wir annehmen, daß 7000 £ von diesem Kapitale in stehendem Kapital angelegt seien, nämlich in Gebäuden, Geräten usw., und daß die übrigbleibenden 13 000 £ als umlaufendes Kapital für den Unterhalt von Arbeit Verwendung finden. Außerdem wollen wir annehmen, daß der Profit 10 Prozent betrage und infolgedessen das Kapital des Kapitalisten in jedem Jahre auf seine ursprüngliche Leistungsfähigkeit zurückgebracht werde und einen Profit von 2000 £ abwerfe.

Jedes Jahr beginnt der Kapitalist seine Operationen mit einem Bestande an Nahrungsmitteln und Bedarfsartikeln im Werte von 13 000 £, die er im Laufe des Jahres sämtlich an seine eigenen Arbeiter für diese Summe Geldes verkauft, und in derselben Zeit bezahlt er ihnen den gleichen Geldbetrag als Lohn: Am Ende des Jahres bringen sie in seinen Besitz Nahrungsmittel und Bedarfsartikel im Werte von 15 000 £ zurück, von denen er 2000 £ selbst verbraucht oder zu seinem Vergnügen und Genuß beliebig verwendet. In bezug auf diese Produkte beträgt der Rohertrag für jenes Jahr 15 000 £ und der Reinertrag 2000 £. Nehmen wir nun an, der Kapitalist beschäftige im folgenden Jahre die Hälfte seiner Leute mit dem Bau einer Maschine und die andere Hälfte mit der Produktion von Nahrungsmitteln und Bedarfsartikeln. Während jenes Jahres würde er die Summe von 13 000 £ an Lohn zahlen, wie gewöhnlich, und an seine Arbeiter Nahrungsmittel und Bedarfsartikel im selben Betrage verkaufen; aber was würde im folgenden Jahre der Fall sein?

Während sich die Maschine im Bau befände, würde nur die Hälfte der gewöhnlichen Menge von Nahrungsmitteln und Bedarfsartikeln erzeugt werden, und sie hätten nur den halben Wert der vorher erzeugten Menge. Die Maschine würde 7500 £, die Nahrungsmittel und Bedarfsartikel 7500 £ wert sein, weshalb das Kapital des Kapitalisten ebenso groß wie früher wäre, denn er würde außer diesen beiden Werten ein stehendes Kapital im Werte 7000 £ haben, was im ganzen 20 000 £ an Kapital und 2000 £ an Profit ausmachte. Nach Abzug dieser letzteren Summe für seine eigenen Ausgaben hätte er kein größeres umlaufendes Kapital als 5500 £, mit dem er seine weiteren Operationen ausführen könnte; infolgedessen würden seine Mittel für den Unterhalt der Arbeitskräfte im Verhältnis von 13 000 £ zu 5500 £ verringert sein, und folglich die gesamte Arbeit, welche vorher mittels 7500 £ beschäftigt wurde, überflüssig werden.

Die verringerte Arbeitsmenge, welche der Kapitalist verwenden kann, muß allerdings mit Hilfe der Maschine und nach Abzug ihrer Reparaturkosten einen Wert von 7500 £ erzeugen; sie muß das umlaufende Kapital nebst einem Profit von 2000 £ auf das Gesamtkapital ersetzen. Wenn das aber geschehen ist, von welcher Bedeutung ist es, wenn das Reineinkommen nicht vermindert wird, für den Kapitalisten, ob das Roheinkommen einen Wert von 3000 £, von 10 000 £ oder von 15 000 £ besitzt?

Obgleich sich also der Reinertrag im Werte nicht vermindert haben wird, obgleich seine Kraft, Güter zu erstehen, erheblich zugenommen haben kann, wird der Rohertrag in diesem Falle von einem Werte von 15 000 £ auf einen Wert von 7500 £ gesunken sein, und da die Fähigkeit, eine Bevölkerung zu unterhalten und Arbeit zu verwenden, stets vom Rohertrage einer Nation abhängt, nicht von ihrem Reinertrag, so wird notwendigerweise eine Verminderung in der Nachfrage nach Arbeit und eine Übervölkerung eintreten, und die Lage der arbeitenden Klassen wird elend und armselig sein.

Da jedoch die Kraft, vom Einkommen Ersparnisse zu machen, um sie zum Kapital zu schlagen, von der Fähigkeit des Reineinkommens abhängen muß, die Bedürfnisse des Kapitalisten zu befriedigen, so müßte aus der durch die Einführung von Maschinen bewirkten Ermäßigung der Güterpreise unfehlbar folgen, daß er bei den gleichen Bedürfnissen größere Mittel zum Sparen, größere Leichtigkeit zur Kapitalbildung aus Einkommen hätte. Aber mit jeder Kapitalzunahme würde er mehr Arbeiter anstellen, und deshalb würde ein Teil der zuerst außer Arbeit gesetzten Leute nachher wieder beschäftigt werden; und wenn die Zunahme der Produktion infolge der Anwendung von Maschinen so groß wäre, daß sie in Gestalt von Reineinkommen eine ebenso große Menge von Nahrungsmitteln und Bedarfsartikeln lieferte, wie vorher in der Form von Roheinkommen vorhanden war, dann würde die gleiche Fähigkeit vorhanden sein, die gesamte Bevölkerung zu beschäftigen und daher auch nicht notwendigerweise ein Überschuß an Menschen bestehen.

Alles, was ich beweisen möchte, läuft darauf hinaus, daß die Erfindung und der Gebrauch von Maschinen mit einer Verminderung des Rohertrages verbunden sein können; und so oft dies der Fall ist, wird es der arbeitenden Klasse zum Schaden gereichen, da ein gewisser Teil derselben arbeitslos und die Bevölkerung im Vergleich zu den zu ihrer Beschäftigung bestimmten Mitteln übergroß werden wird.

Der von mir angenommene Fall ist der denkbar einfachste. Es würde aber im Ergebnis keinen Unterschied ausmachen, wenn wir annähmen, daß die Maschinen in dem Gewerbe irgendeines Fabrikanten, z. B. dem eines Tuchwebers oder eines Baumwollspinners, Verwendung fänden. Wenn in dem Gewerbe eines Tuchwebers, so würde nach der Einführung von Maschinen weniger Tuch produziert werden; denn ein Teil derjenigen Menge, welche zur Bezahlung einer großen Masse von Arbeitern bereitgestellt ist, würde von ihrem Arbeitgeber nicht gebraucht werden. Infolge der Benutzung der Maschine würde es für ihn notwendig sein, einen Wert zu reproduzieren, der nur dem konsumierten Werte nebst dem Profit auf das gesamte Kapital gleich wäre. Das könnten aber 7500 £ ebenso erfolgreich leisten wie 15 000 £ vorher, so daß sich dieser Fall in keiner Hinsicht von dem früheren Beispiel unterschiede. Man kann jedoch behaupten, daß die Nachfrage nach Tuch ebenso groß wie früher sein würde, und man kann die Frage aufwerfen, woher dieses Angebot kommen würde. Aber von wem würde das Tuch verlangt werden? Von den Landwirten und den anderen Produzenten von Bedarfsartikeln, welche ihre Kapitalien zur Erzeugung dieser Bedarfsartikel verwandten, um damit Tuch zu erlangen: Sie gaben dem Tuchweber für sein Tuch Getreide und Bedarfsartikel, und dieser überließ beides seinen Arbeitern für das Tuch, das ihm ihre Arbeit lieferte. Dieses Geschäft würde nun aufhören; der Tuchweber brauchte die Nahrungsmittel und die Kleidung nicht, da er weniger Leute zu beschäftigen und weniger Tuch zu vergeben hätte. Die Landwirte und andere, welche die Bedarfsartikel bloß als Mittel zum Zweck produzierten, könnten durch eine derartige Verwendung ihrer Kapitalien nicht länger Tuch bekommen, und sie würden daher ihre Kapitalien entweder selbst zur Erzeugung von Tuch verwenden oder sie an andere ausleihen, damit das wirklich benötigte Gut geliefert und die Produktion desjenigen Gutes, welches zu bezahlen niemand die Mittel hätte oder nach dem keine Nachfrage bestünde, eingestellt werden könnte. Dies führt uns also zu demselben Resultat; die Nachfrage nach Arbeit würde sich verringern, und die zum Unterhalt der Arbeit erforderlichen Güter würden nicht mehr im gleichen Umfang erzeugt werden. Wenn diese Ansichten richtig sind, so folgt daraus:

1. daß die Erfindung und nützliche Verwendung von Maschinen stets zur Vergrößerung des Reinertrages des Landes führt, obschon sie den Wert jenes Reinertrages, nach einer unerheblichen Zwischenzeit, nicht vermehren kann und wird;

2. daß eine Zunahme des Reinertrages eines Landes mit einer Abnahme des Rohertrages vereinbar ist, und daß die Gründe für den Gebrauch von Maschinen immer genügen, um ihre Verwendung zu sichern, wenn sie den Reinertrag vermehrt, obschon sie die Menge des Rohertrages und seinen Wert verringern kann und häufig muß;

3. daß die bei der arbeitenden Klasse herrschende Meinung, die Anwendung von Maschinen schädige häufig ihre Interessen, nicht auf Vorurteil und Irrtum beruht, sondern mit den richtigen Grundsätzen der Volkswirtschaftslehre übereinstimmt;

4. daß, wenn die verbesserten Produktionsmittel infolge der Anwendung von Maschinen den Reinertrag eines Landes in einem solchen Grade vermehren sollten, daß sie den Rohertrag nicht vermindern (ich meine stets die Menge von Gütern, nicht ihren Wert), dann wird sich die Lage aller Klassen verbessern. Der Grundbesitzer und der Kapitalist werden Nutzen ziehen nicht aus einer Vergrößerung von Rente und Profit, sondern aus den Vorteilen, welche aus der Verausgabung derselben Rente und desselben Profits für Güter entstehen, die sehr erheblich im Werte herabgesetzt sind, während sich auch die Lage der arbeitenden Klassen bedeutend verbessert haben wird: erstens, infolge der größeren Nachfrage nach Hausgesinde; zweitens, infolge des Anreizes zum Ersparen von Teilen des Einkommens, das ein so reichlicher Reinertrag ermöglichen wird; und drittens, infolge des niedrigen Preises aller Konsumartikel, für welche ihr Lohn verausgabt werden wird.

Unabhängig von dieser Betrachtung über Erfindung und Anwendung von Maschinen hat die arbeitende Klasse kein geringes Interesse an der Art und Weise, in welcher das Reineinkommen des Landes ausgegeben wird, wenn es auch in allen Fällen zur Befriedigung und für die Genüsse derjenigen verausgabt werden sollte, welche einen gerechten Anspruch darauf haben.

Wenn ein Grundbesitzer oder ein Kapitalist sein Einkommen nach Art eines Barons der Vergangenheit zum Unterhalt einer großen Zahl von persönlichen Anhängern oder Hausgesinde verausgabt, wird er zur Beschäftigung von weit mehr Arbeit beitragen, als wenn er es zu schönen Kleidern oder kostbarer Einrichtung, zu Wagen, zu Pferden oder zum Kauf irgendwelcher anderen Luxusgegenstände verausgabte.

In beiden Fällen würde das Reineinkommen dasselbe sein, und ebenso das Roheinkommen, aber ersteres würde in verschiedenen Gütern realisiert werden. Wenn sich mein Einkommen auf 10 000 £ beliefe, würde nahezu dieselbe Menge produktiver Arbeit Verwendung finden, ob ich es nun in schönen Kleidern und kostbarer Einrichtung usw. usw. oder in einer Menge von Nahrung und Kleidung von gleichem Werte anlegte. Realisierte ich jedoch mein Einkommen in der ersten Gütergruppe, so würde *in der Folge* keine Arbeit mehr beschäftigt werden: Ich würde mich meiner Einrichtung und meiner Kleider erfreuen, und damit hätten diese ihren Zweck erfüllt. Wenn ich aber mein Einkommen in Nahrung und Kleidung realisierte und Hausgesinde zu halten wünschte, so würden alle diejenigen, welche ich auf diese Weise mit meinem Einkommen von 10 000 £ oder mit der für diese Summe zu erstehenden Nahrung und Kleidung beschäftigen könnte, zu der früheren Nachfrage nach Arbeit hinzuzufügen sein, und dieser Zuwachs würde nur stattfinden, weil ich diese Form, mein Einkommen auszugeben, wählte. Da die Arbeiter demnach an der Nachfrage nach Arbeit interessiert sind, so müssen sie natürlich wünschen, daß so viel als möglich vom Einkommen von der Verausgabung für Luxusgegenstände abgelenkt und zum Unterhalt von Hausgesinde verwendet werde.

Auf dieselbe Weise beschäftigt ein in einen Krieg verwickeltes Land, welches sich gezwungen sieht, große Flotten und Heere zu halten, eine bedeutend größere Anzahl von Menschen, als beschäftigt werden, wenn der Krieg zu Ende geht und die Ausgaben, welche er mit sich bringt, aufhören.

Wenn ich während des Krieges nicht zu einer Steuer von 500 £ herangezogen würde, die für Soldaten und Matrosen verausgabt wird, könnte ich wahrscheinlich jenen Teil meines Einkommens für Hausrat, Kleidung, Bücher usw. usw. verausgaben; und ob er nun in der einen oder in der anderen Weise verausgabt würde, es würde dieselbe Menge von Arbeit in der Produktion verwendet werden, denn die Nahrung und Kleidung des Soldaten und Matrosen würden zu ihrer Erzeugung denselben Betrag von Fleiß erfordern, wie die aufwendigeren Güter; aber im Falle des Krieges wäre die zusätzliche Nachfrage nach Leuten wie Soldaten und Matrosen vorhanden, und deshalb begünstigt ein Krieg, welcher aus dem Einkommen und nicht aus dem Kapital des Landes finanziert wird, die Bevölkerungszunahme.

Am Ende des Krieges, wenn ein Teil meines Einkommens wieder zu mir zurückkehrt und wie früher zum Kauf von Wein, Hausrat oder anderen Luxusgegenständen verwendet wird, wird die Bevölkerung, welche er zuvor unterhielt und die der Krieg ins Leben rief, überzählig werden und durch ihre Einwirkung auf den Rest der Bevölkerung und ihren Wettbewerb mit ihr um Beschäftigung den Lohn senken und die Lage der arbeitenden Klassen ganz erheblich verschlechtern.

Es ist noch ein anderer Fall der Möglichkeit einer Vermehrung im Betrage des Reineinkommens eines Landes und sogar seines Roheinkommens bei einer Verringerung der Nachfrage nach Arbeit zu beachten, und das ist der Fall, daß die Arbeit von Menschen durch die von Pferden ersetzt wird. Beschäftigte ich auf meinem Gute 100 Mann und fände ich, daß sich die auf 50 dieser Leute verwendete Nahrung auf die Haltung von Pferden übertragen ließe, die mir nach Abzug des Zinses für das durch den Kauf von Pferden in Anspruch genommene Kapital einen größeren Ertrag an Rohprodukten verschaffte, so würde es für mich vorteilhaft sein, die Menschen durch die Pferde zu ersetzen, was ich demgemäß tun würde; aber das würde nicht im Interesse der Menschen sein, und wenn das von mir bezogene Einkommen sich nicht so sehr vergrößert hätte, um mich instand zu setzen, die Menschen wie die Pferde zu beschäftigen, dann ist es klar, daß die Bevölkerung überzählig werden und die Lage des Arbeiters in der allgemeinen Skala sich verschlechtern würde. Offenbar könnte er unter keinen Umständen beim Ackerbau Verwendung finden; hätte sich jedoch der Ertrag des Bodens infolge des Ersatzes von Menschen durch Pferde vermehrt, dann könnte man ihn in Gewerben oder als Hausangestellten verwenden.

Die Feststellungen, welche ich gemacht habe, werden hoffentlich nicht zu dem Schlusse führen, daß das Maschinenwesen nicht gefördert werden sollte. Um das Prinzip zu erläutern, habe ich angenommen, daß die verbesserte Maschinerie *plötzlich* erfunden und ausgedehnt benutzt wird. Allein in Wirklichkeit gehen diese Erfindungen allmählich vonstatten und wirken eher dahin, die Verwendung des Kapitals zu beeinflussen, das erspart und angesammelt wird, als Kapital von seiner gegenwärtigen Anlage abzulenken.

Mit jeder Kapitals- und Bevölkerungszunahme werden die Preise der Nahrungsmittel allgemein steigen, weil es schwieriger ist, diese zu erzeugen. Die Folge eines Steigens der Lebensmittel wird ein Steigen des Lohnes sein, und jede Lohnsteigerung wird eine Tendenz haben, das ersparte Kapital in größerem Verhältnis als vorher zur Anwendung von Maschinen zu drängen. Maschinerie und Arbeit befinden sich in ständigem Wettbewerb, und die erstere kann häufig nicht eher Verwendung finden, als bis die Arbeit steigt.

In Amerika und vielen anderen Ländern, wo sich die menschlichen Nahrungsmittel leicht beschaffen lassen, ist die Versuchung zur Anwendung von Maschinen nicht annähernd so groß wie in England, wo die Nahrungsmittel teuer sind und ihre Erzeugung viel Arbeit kostet. Dieselbe Ursache, welche die Arbeit steigert, steigert nicht den Wert von Maschinen, und deshalb wird mit jeder Vermehrung von Kapital ein größerer Anteil desselben in Maschinerie angelegt. Die Nachfrage nach Arbeit wird mit einer Vermehrung von Kapital weiter zunehmen, aber nicht im Verhältnis zu dessen Vermehrung; das Verhältnis wird notwendigerweise immer kleiner werden[1].

[1] »Die Nachfrage nach Arbeit hängt von der Zunahme umlaufenden, nicht des stehenden Kapitals ab. Wenn es wahr wäre, daß das Verhältnis zwischen diesen beiden Kapitalarten zu allen Zeiten und in allen Ländern dasselbe ist, dann folgte daraus in der Tat, daß die Zahl beschäftigter Arbeiter im Verhältnis zum Wohlstand des Staates steht. Aber eine solche Behauptung hat nicht den Anschein von Wahrscheinlichkeit für sich. In dem Maße, wie die Künste gepflegt werden und die Zivilisation sich ausbreitet, wird das stehende Kapital immer größer im Verhältnis zum um-

Ich habe vorhin bemerkt, daß die in Gütern geschätzte Zunahme von Reineinkommen, welche stets die Folge verbesserter Maschinerie ist, zu neuen Ersparnissen und Kapitalansammlungen führen wird. Man muß bedenken, daß diese Ersparnisse jährliche sind, und daß sie bald einen Fonds schaffen, der bedeutend größer ist, als das ursprünglich durch die Erfindung der Maschine verlorene Roheinkommen, worauf die Nachfrage nach Arbeit ebenso groß wie zuvor und die Lage des Volkes noch weiter durch die vermehrten Ersparnisse verbessert sein wird, welche das größere Reineinkommen es weiter zu machen befähigen wird.

Von der Anwendung von Maschinen könnte man in einem Staate niemals ohne Gefahr abschrecken; denn, wenn es einem Kapitale nicht erlaubt wird, das größte Reineinkommen zu erzielen, welches die Benutzung von Maschinen hier liefern wird, dann wird es ins Ausland gebracht werden, und das muß von der Nachfrage nach Arbeit viel stärker abschrecken als die ausgedehnteste Anwendung von Maschinerie. Solange nämlich ein Kapital in diesem Lande beschäftigt wird, muß es eine Nachfrage nach einiger Arbeit schaffen; Maschinen können ohne die Mitwirkung von Menschen nicht betrieben, sie können nur mit Hilfe ihrer Arbeit hergestellt werden. Durch die Anlage eines Kapitalteiles in verbesserter Maschinerie wird eine Abnahme in der fortschreitenden Nachfrage nach Arbeit entstehen; durch seine Ausfuhr in ein anderes Land wird die Nachfrage gänzlich vernichtet werden.

Zudem werden die Preise von Gütern durch ihre Produktionskosten bestimmt. Durch die Anwendung verbesserter Maschinen werden die Produktionskosten von Gütern herabgesetzt, und folglich kann man diese auf fremden Märkten zu einem niedrigeren Preise verkaufen. Wenn man jedoch den Gebrauch von Maschinen verwerfen sollte, während ihn alle übrigen Länder förderten, so würde man

laufenden Kapital. Der Betrag stehenden Kapitals, welcher bei der Herstellung eines Stückes britischen Musselins Verwendung findet, ist wenigstens hundertmal, wahrscheinlich tausendmal größer als der zur Herstellung eines ähnlichen Stückes von indischem Musselin verwendete. Und das Verhältnis des angewandten umlaufenden Kapitals ist hundert- oder tausendmal kleiner. Es ist leicht zu begreifen, daß unter gewissen Umständen die gesamten jährlichen Ersparnisse eines fleißigen Volkes zum stehenden Kapitale hinzugefügt werden könnten, in welchem Falle sie auf die Vermehrung der Nachfrage nach Arbeit keine Wirkung ausüben würden« (Barton, Über die Lage der arbeitenden Klassen der Gesellschaft, S. 16). Ich glaube, es ist nicht leicht zu begreifen, daß unter irgendwelchen Umständen eine Kapitalzunahme keine größere Nachfrage nach Arbeit zur Folge haben sollte; allenfalls kann man sagen, daß die Nachfrage verhältnismäßig abnehmen wird. – Barton hat meines Erachtens in der obigen Publikation einige der Wirkungen eines zunehmenden Betrages an stehendem Kapital auf die Lage der arbeitenden Klassen richtig erkannt. Seine Untersuchung enthält viele wertvolle Aufschlüsse.

sich genötigt sehen, sein Geld im Austausch gegen fremde Waren auszuführen, bis man die natürlichen Preise seiner Waren auf die Preise anderer Länder herabgedrückt hätte. Dadurch, daß man mit diesen Ländern Tauschgeschäfte macht, könnte man vielleicht ein Gut, das hier eine zweitägige Arbeit kostet, für ein Gut hingeben, das im Ausland eine eintägige kostet, und dieser unvorteilhafte Tausch wäre die Folge eigenen Verschuldens; denn das Gut, welches man ausführt und das eine zweitägige Arbeit kostet, würde einen bloß eine eintägige gekostet haben, wenn man nicht den Gebrauch von Maschinen verworfen hätte, deren Dienste sich die Nachbarn klüger zunutze gemacht haben.

KAPITEL XXXII

Malthus' Ansichten über die Rente

Obschon die Natur der Rente auf den früheren Seiten dieses Werkes des längeren behandelt worden ist, halte ich mich doch für verpflichtet, auf einige Ansichten über den Gegenstand hinzuweisen, die mir irrig erscheinen und um so wichtiger sind, als sie sich in den Schriften jemandes finden, dem von allen heute Lebenden einige Zweige der Volkswirtschaftslehre am meisten zu verdanken haben. Ich bin glücklich über die Gelegenheit, die sich mir hier bietet, meine Bewunderung über Malthus' Abhandlung über die Bevölkerung auszudrücken. Die Angriffe der Gegner dieses großen Werkes haben nur dazu gedient, seine Stärke zu beweisen; und ich bin fest davon überzeugt, daß sich sein wohlverdienter Ruf mit der Pflege jener Wissenschaft, für die es eine so hervorragende Zierde bildet, weiter verbreiten wird. Malthus hat auch die Grundsätze der Rente befriedigend klargelegt und gezeigt, daß sie im Verhältnis zu den relativen Vorzügen entweder der Fruchtbarkeit oder der Lage der verschiedenen im Anbau befindlichen Ländereien steigt oder fällt, und hat dadurch auf viele schwierige Punkte, die mit der Rentenfrage zusammenhängen und vorher teils unbekannt waren, teils sehr unvollkommen verstanden wurden, viel Licht geworfen. Dennoch scheint er in einige Irrtümer verfallen zu sein. Einer von diesen Irrtümern liegt in der Annahme, daß die Rente ein reiner Gewinn und eine Neuschöpfung von Vermögen sei.

Ich billige nicht alle Ansichten Buchanans über die Rente; aber mit den in der folgenden Stelle ausgesprochenen, welche Malthus seinem Werke entnommen hat, stimme ich vollständig überein; und daher muß ich auch von Malthus' Kommentar zu ihnen abweichen.

»In dieser Hinsicht kann sie (die Rente) für das Vermögen des Gemeinwesens keinen allgemeinen Zuwachs bilden, da der hierbei in Frage kommende reine Überschuß nichts anderes ist, als ein von der einen Klasse auf die andere übertragenes Einkommen, und es ist klar, daß aus dem bloßen Umstande eines derartigen Besitzwechsels kein Fonds entstehen kann, aus dem sich Steuern bezahlen lassen. Das Einkommen, welches für den Bodenertrag bezahlt wird, existiert bereits in den Händen derjenigen, welche diesen Ertrag erstehen; und wenn der Preis der Subsistenzmittel niedriger wäre, würde es weiter in ihren Händen verbleiben, wo es für Besteuerungszwecke gerade so gut verfügbar sein würde, als wenn es infolge eines höheren Preises auf den Grundeigentümer übertragen ist.«

Nach verschiedenen Bemerkungen über den Unterschied zwischen Rohprodukten und Fabrikaten fragt Malthus: »Ist es also möglich, mit Sismondi die Rente als den einzigen Arbeitsertrag zu betrachten, der einen rein nominellen Wert hat, und der bloß das Resultat jener Preissteigerung ist, welche ein Verkäufer infolge eines besonderen Privilegs erzielt; oder sie mit Buchanan nicht als einen Zuwachs zum Nationalvermögen, sondern als eine bloße Wertübertragung zu betrachten, welche nur für die Grundbesitzer vorteilhaft, für die Konsumenten dagegen verhältnismäßig *nachteilig* ist[1]?«

Ich habe meine Meinung über diesen Gegenstand bereits bei der Behandlung der Rente ausgesprochen und jetzt nur noch hinzuzufügen, daß die Rente wohl eine Wertschöpfung ist, nicht aber eine Vermögensschöpfung. Wenn der Preis des Getreides infolge der Schwierigkeit, einen Teil davon zu produzieren, von 4 £ auf 5 £ pro Quarter steigen sollte, wird eine Million Quarter statt einen Wert von 4 000 000 £ einen solchen von 5 000 000 £ haben, und da dieses Getreide nicht nur für mehr Geld, sondern für mehr von jedem anderen Gute ausgetauscht werden wird, so werden die Besitzer einen größeren Betrag an Wert haben; da niemand sonst einen geringeren haben wird, so wird sich die Gesellschaft insgesamt im Besitze eines größeren Wertes befinden, und in diesem Sinne ist die Rente eine Wertschöpfung. Allein, dieser Wert ist insofern nur ein nomineller, als er dem Vermögen, d. h. den Bedarfsartikeln, Annehmlichkeiten und Genüssen der Gesellschaft, nichts hinzufügt. Wir würden genau dieselbe Menge, und nicht mehr, von Gütern haben und die nämliche Million Quarter Getreide wie vorher; aber die Wirkung seiner Bewertung zu 5 £ pro Quarter statt zu 4 £ würde sein, daß ein Teil des Wertes des Getreides und der Güter von ihren früheren Besitzern auf die Grundeigentümer übertragen wird. Rente ist also eine Wertschöpfung, aber nicht eine Vermögensschöpfung; sie fügt den Hilfsquellen des Landes nichts hinzu, sie setzt es nicht in den Stand, Flotten und Heere zu unterhalten, denn das Land würde einen größeren verfügbaren Fonds besitzen, wenn sein Boden von besserer Qualität wäre und es dasselbe Kapital verwenden könnte, ohne eine Rente zu erzeugen.

Man muß also zugeben, daß Sismondi und Buchanan – denn die Ansichten beider sind im wesentlichen dieselben – recht hatten, wenn sie die Rente als einen rein nominellen Wert auffaßten, der keinen Zusatz zum Nationalvermögen bildet, sondern bloß als eine Wert-

---

[1] Eine Untersuchung über die Natur und Entwicklung der Rente, S. 15.

übertragung, welche nur für die Grundbesitzer vorteilhaft und verhältnismäßig nachteilig für den Konsumenten ist.

In einem anderen Teil seiner »Untersuchung« bemerkt Malthus, »daß die unmittelbare Ursache der Rente offenbar der Überschuß des Preises, zu welchem sich Rohprodukte auf dem Markt verkaufen lassen, über die Produktionskosten ist«; und an einer weiteren Stelle sagt er, »daß sich als die Gründe des hohen Preises von Rohprodukten drei feststellen lassen:

Erstens, und zwar hauptsächlich, jene Eigenschaft der Erde, durch welche sie dahin gebracht werden kann, eine größere Menge von Lebensmitteln zu erzeugen, als zum Unterhalt der auf dem Lande beschäftigten Leute erforderlich ist. Zweitens, jene den Lebensmitteln eigentümliche Eigenschaft, sich ihre eigene Nachfrage schaffen oder eine im Verhältnis zur Menge der produzierten Lebensmittel stehende Zahl von Nachfragenden aufziehen zu können. Und drittens, die verhältnismäßige Knappheit des fruchtbarsten Bodens.«

Wenn Malthus vom hohen Getreidepreise spricht, meint er offenbar damit nicht den Preis pro Quarter oder Scheffel, sondern den Überschuß des Preises, zu dem sich der Gesamtertrag verkaufen lassen wird, über die Kosten seiner Produktion hinaus, wobei er in den Ausdruck »Kosten seiner Produktion« stets Profit wie Lohn einbegriffen. 150 Quarter Getreide zu 3 £ 10 sh. pro Quarter würden dem Grundbesitzer eine größere Rente einbringen als 100 Quarter zu 4 £, vorausgesetzt, daß die Produktionskosten in beiden Fällen dieselben wären.

Ein hoher Preis, wenn der Ausdruck in diesem Sinne gebraucht wird, kann also nicht als eine *Ursache* der Rente bezeichnet werden; man kann nicht sagen, »daß die unmittelbare Ursache der Rente offenbar der Überschuß des Preises, zu dem sich Rohprodukte auf dem Markte verkaufen lassen, über die Produktionskosten hinaus ist«, da jener Überschuß selbst die Rente ist. Rente hat Malthus definiert als »den Teil vom Werte des Gesamtertrages, welcher dem Eigentümer des Landes übrigbleibt, nachdem alle zu dessen Anbau gehörenden Ausgaben jeglicher Art gedeckt worden sind, einschließlich des Profits des verwendeten Kapitals, und zwar bemessen nach der üblichen und ordentlichen, derzeitigen Profitrate landwirtschaftlichen Kapitals.« Die Summe nun, für welche immer sich dieser Überschuß verkaufen läßt, ist die Geldrente; sie ist, was Malthus mit »dem Überschuß des Preises, zu dem sich Rohprodukte auf dem Markte verkaufen lassen, über die Produktionskosten hinaus«, meint, und daher untersuchen wir in einer Abhandlung über die Ursachen, welche den Preis von Rohprodukten im Vergleich mit den Produktionskosten heben können, zugleich auch die Ursachen, welche die Rente heben können.

In bezug auf die erste Ursache, welche Malthus für das Steigen der Rente angegeben hat, nämlich, »jene Eigenschaft der Erde, durch welche sie dahin gebracht werden kann, eine größere Menge von Lebensmitteln zu erzeugen, als zum Unterhalt der auf dem Lande beschäftigten Leute erforderlich ist«, macht er die folgenden Bemerkungen: »Wir wollen immer noch wissen, warum der Verbrauch und das Angebot derart sind, daß sie den Preis die Produktionskosten so bedeutend übersteigen lassen; die Hauptursache ist offenbar die *Fruchtbarkeit* der Erde in der Erzeugung der Lebensmittel. Man vermindere diese Fülle, man vermindere die Fruchtbarkeit des Bodens, und der Überschuß wird abnehmen; man vermindere sie noch weiter, und er wird verschwinden.« Richtig, der Lebensmittelüberschuß wird abnehmen und verschwinden, aber das ist nicht die Frage, sondern die, ob der Überschuß des Preises der Lebensmittel über ihre Produktionskosten hinaus abnehmen und verschwinden wird; denn gerade davon hängt die Geldrente ab. Ist Malthus mit seiner Folgerung im Recht, daß, weil der Quantitätsüberschuß abnehmen und verschwinden wird, deshalb »die Ursache des *hohen Preises* der Lebensmittel über die Produktionskosten hinaus mehr in ihrer Fülle als in ihrer Knappheit liegt, und nicht nur von dem durch künstliche Monopole hervorgerufenen hohen Preise, sondern von dem hohen Preise jener besonderen, nicht mit der Nahrung in Verbindung stehenden Produkte der Erde, welche man natürliche und notwendige Monopolgüter nennen kann, wesentlich verschieden ist?«

Gibt es keine Umstände, unter denen die Fruchtbarkeit des Landes und die Fülle seiner Produkte verringert werden können, ohne daß dadurch ein verminderter Überschuß ihres Preises über die Produktionskosten hinaus erzeugt würde, d. h. eine verminderte Rente? Gibt es aber solche, dann ist Malthus' Behauptung viel zu umfassend; denn er scheint es mir als einen unter allen Umständen wahren, allgemeinen Grundsatz hinzustellen, daß die Rente mit der zunehmenden Fruchtbarkeit des Bodens steigen und mit seiner abnehmenden Fruchtbarkeit sinken wird.

Malthus würde zweifellos recht haben, wenn in dem Maße, wie das Land reiche Ernten brächte, ein größerer Teil vom Gesamtertrage irgendeines beliebigen Gutes dem Grundbesitzer bezahlt würde; allein, das Gegenteil ist der Fall: Wenn sich kein anderes als das fruchtbarste Land im Anbau befindet, hat der Grundbesitzer den kleinsten Anteil vom Gesamtertrage und den kleinsten Wert, und nur wenn geringere Böden benötigt werden, um eine zunehmende Bevölkerung zu ernähren, nimmt sowohl der Anteil des Grundbesitzers am Gesamtertrage, als der Wert, den er empfängt, fortschreitend zu.

Gesetzt, es gäbe Nachfrage nach einer Million Quarter Getreide, und sie seien der Ertrag des augenblicklich im Anbau befindlichen Bodens. Nehmen wir nun an, die Fruchtbarkeit alles Landes sei derartig vermindert, daß genau die nämlichen Flächen nur 900 000 Quarter tragen. Da nach einer Million Quarter Nachfrage vorhanden wäre, würde der Getreidepreis steigen, und man müßte notgedrungen eher zu Boden von einer geringeren Qualität seine Zuflucht nehmen, als wenn das bessere Land fortgesetzt eine Million Quarter erzeugt hätte. Aber gerade diese Notwendigkeit, schlechteren Boden in Anbau zu nehmen, ist die Ursache des Steigens der Rente und wird sie heben, auch wenn die Getreidemenge, welche der Grundbesitzer erhält, quantitativ geringer werden sollte. Die Rente steht nicht im Verhältnis zur absoluten Fruchtbarkeit des im Anbau befindlichen Bodens, sondern im Verhältnis zu seiner relativen Fruchtbarkeit. Jede Ursache, welche Kapital in geringerwertigen Boden investieren läßt, muß die Rente auf dem besseren Boden heben, da die Ursache der Rente, wie Malthus in seinem dritten Satze erklärt, »die verhältnismäßige Knappheit des fruchtbarsten Bodens« ist. Der Getreidepreis wird mit der Schwierigkeit, die letzten Anteile davon zu erzeugen, naturgemäß steigen, und der Wert der auf einem bestimmten Gute produzierten Gesamtmenge wird sich vermehren, wenn sie sich auch quantitativ verringert haben sollte. Da aber die Produktionskosten auf dem fruchtbareren Boden nicht zunehmen werden, weil Lohn und Profit, zusammengenommen, stets denselben Wert behalten werden[2], so ist klar, daß der Preisüberschuß über die Produktionskosten oder, mit anderen Worten, die Rente mit der verringerten Fruchtbarkeit des Bodens steigen muß, falls dem nicht eine bedeutende Abnahme von Kapital, Bevölkerung und Nachfrage entgegenwirkt. Malthus' Behauptung scheint also nicht richtig zu sein: Die Rente steigt oder sinkt nicht unmittelbar und notwendigerweise mit der vermehrten oder verringerten Fruchtbarkeit des Bodens, sondern dessen vermehrte Fruchtbarkeit befähigt ihn, in Zukunft eine erhöhte Rente abzuwerfen. Boden von sehr geringer Fruchtbarkeit kann niemals eine Rente abwerfen; Boden von mäßiger Fruchtbarkeit kann bei wachsender Bevölkerung dazu gebracht werden, eine mäßige Rente zu tragen, und Boden von großer Fruchtbarkeit eine hohe Rente; aber es ist zweierlei, imstande zu sein, eine hohe Rente abzuwerfen, und sie wirklich zu bezahlen. Die Rente kann in einem Lande, wo die Böden ungemein fruchtbar sind, niedriger sein als in einem solchen, wo sie einen mäßigen Ertrag liefern, da sie eher im Verhältnis zur relativen als zur absoluten Fruchtbarkeit steht, zum Werte des Ertrages, und nicht zu seiner Menge[3].

---

[2] Vgl. S. 100 f.
[3] Malthus hat vor kurzem bemerkt, daß ich ihn an dieser Stelle mißverstanden habe,

Malthus nimmt an, daß die Rente auf Boden, der jene besonderen Erzeugnisse der Erde liefert, welche natürliche und notwendige Monopolgüter genannt werden können, durch ein Prinzip geregelt wird, das sich wesentlich von dem unterscheidet, welches die Rente von Boden bestimmt, der die Lebensmittel liefert. Er glaubt, daß es die Knappheit der Produkte des ersteren ist, welche die Ursache einer hohen Rente ist, daß es aber die Ergiebigkeit des letzteren ist, welche dieselbe Wirkung erzeugt.

Diese Unterscheidung scheint mir nicht stichhaltig zu sein; denn man würde durch Vermehrung seiner Ertragsmenge die Rente von Boden, der seltene Weine liefert, ebenso sicher steigern, wie die Rente von Getreideland, wenn gleichzeitig die Nachfrage nach diesem bestimmten Gute zunähme, und ohne eine gleiche Vermehrung der Nachfrage würde ein reichliches Angebot von Getreide die Rente von Getreideland erniedrigen, statt erhöhen. Welches auch immer die Natur des Bodens sein mag, eine hohe Rente muß von dem hohen Preise des Ertrages abhängen; aber den hohen Preis vorausgesetzt, muß die Rente im Verhältnis zur Fülle, und nicht zur Knappheit, hoch sein.

Wir haben es nicht nötig, fortwährend eine größere Menge von einem Gute zu produzieren, als verlangt wird. Wenn zufällig eine größere Menge erzeugt wäre, würde das Gut unter seinen natürlichen Preis sinken und würde deshalb nicht die Produktionskosten, einschließlich des üblichen und ordentlichen Kapitalprofits, decken. Auf diese Weise würde das Angebot gehemmt werden, bis es mit der Nachfrage übereinstimmte und der Marktpreis auf den natürlichen Preis stiege.

Malthus scheint mir allzusehr der Ansicht zuzuneigen, daß die Bevölkerung nur infolge der vorherigen Versorgung mit Nahrungsmitteln wächst – »daß sich die Nahrungsmittel ihre eigene Nachfrage schaffen« –, daß es die vorangehende Versorgung mit Nahrungsmitteln ist, welche zur Ehe ermuntert, anstatt zu bedenken, daß die allgemeine Bevölkerungszunahme durch die Kapitalvermehrung, die daraus folgende Nachfrage nach Arbeit und die Lohnsteigerung beeinflußt wird und die Erzeugung von Nahrungsmitteln nur die Folge jener Nachfrage ist.

da er nicht sagen wollte, daß die Rente unmittelbar und notwendigerweise mit der vermehrten oder verminderten Fruchtbarkeit des Bodens steige oder sinke. Wenn dem so ist, habe ich ihn allerdings mißverstanden. Malthus' Worte lauten: »Man vermindere diese Fülle, man vermindere die Fruchtbarkeit des Bodens, und der Überschuß (die Rente) wird kleiner werden; man vermindere sie noch weiter, und er wird verschwinden.« Malthus stellt seine Behauptung nicht bedingungsweise, sondern absolut auf. Ich bestritt, was ich aus seinen Worten herauslese, daß eine Verringerung der Fruchtbarkeit des Bodens mit einer Zunahme der Rente unvereinbar sei.

Die Lage der Arbeiter verbessert sich dadurch, daß man ihnen mehr Geld oder von irgendeinem anderen Gute gibt, in welchem der Lohn bezahlt wird und das im Werte nicht gesunken ist. Im allgemeinen werden die Vermehrung der Bevölkerung und die der Nahrungsmittel die Wirkung, aber nicht die notwendige Wirkung hoher Löhne sein. Die Verbesserung der Lage des Arbeiters infolge des größeren Wertes, welcher ihm bezahlt wird, zwingt ihn nicht unbedingt zu heiraten und die Last einer Familie auf sich zu nehmen. Aller Wahrscheinlichkeit nach wird er einen Teil seines höheren Lohnes dazu verwenden, sich reichlicher mit Nahrungsmitteln und Bedarfsartikeln zu versehen; aber mit dem Rest kann er nach Belieben irgendwelche anderen Genußgüter kaufen, wie Stühle, Tische und Metallwaren oder bessere Kleidung, Zucker und Tabak. Sein höherer Lohn wird dann von keiner anderen Wirkung begleitet sein als von einer stärkeren Nachfrage nach solchen Gütern, und da sich die Zahl der Arbeitskräfte nicht bedeutend vermehrt haben wird, wird sein Lohn beständig hoch bleiben. Wenn dies aber auch die Folge hoher Löhne sein könnte, so sind doch die Freuden des häuslichen Zusammenlebens so groß, daß man in Wirklichkeit als Folge der Verbesserung der Lage des Arbeiters unveränderlich eine Bevölkerungszunahme finden wird, und nur weil dem so ist, entsteht mit der bereits erwähnten geringfügigen Ausnahme eine vermehrte Nachfrage nach Nahrungsmitteln. Diese Nachfrage ist also die Wirkung, aber nicht die Ursache, einer Vermehrung von Kapital und Bevölkerung; nur weil die Ausgaben des Volkes diese Richtung nehmen, übersteigt der Marktpreis von Lebensmitteln den natürlichen Preis, wird die erforderliche Menge von Nahrung erzeugt, und weil die Volkszahl zunimmt, sinken die Löhne wieder.

Welchen Grund kann ein Landwirt wohl haben, mehr Getreide zu produzieren, als verlangt wird, wenn die Folge eine Herabdrückung seines Marktpreises unter dessen natürlichen Preis sein würde, und folglich für ihn ein Verlust eines Teiles seines Profits, indem sie ihn unter die allgemeine Rate herabdrückte? »Wenn«, sagt Malthus, »die Lebensmittel, die wichtigsten Bodenprodukte, nicht die Eigenschaft besäßen, im Verhältnis zu ihrer vergrößerten Menge eine Vermehrung der Nachfrage zu erzeugen, dann würde eine solche vergrößerte Menge ein Sinken ihres Tauschwertes verursachen[4]. Wie reichlich sich auch der Ertrag des Landes gestalten möge, seine Bevölkerung könnte stationär bleiben; und diese Fülle ohne eine entsprechende Nachfrage und bei einem sehr hohen Arbeitspreis in Getreide, der sich natürlich

---

[4] Von welcher größeren Menge spricht Malthus? Wer soll sie erzeugen? Wer kann irgendeinen Grund haben zu produzieren, ehe irgendwelche Nachfrage nach einer zusätzlichen Menge vorhanden ist?

unter diesen Umständen herausbilden würde, könnte den Preis von Rohprodukten gleich dem von Fabrikaten auf die Produktionskosten senken.«

Könnte den Preis von Rohprodukten auf die Produktionskosten senken – steht er jemals längere Zeit über oder unter diesem Preise? Behauptet Malthus nicht selbst, daß dem niemals so sei? »Ich hoffe«, sagt er, »man wird es entschuldigen, wenn ich hier etwas verweile und dem Leser in verschiedenen Formen die Lehre darbiete, daß Getreide, in Ansehung der *jeweilen produzierten* Menge, wie Fabrikate, zu seinem notwendigen Preise verkauft wird, weil ich dies für eine äußerst wichtige Wahrheit halte, die von den Nationalökonomen, von Adam Smith und allen denjenigen Schriftstellern übersehen worden ist, welche Rohprodukte als stets zu einem Monopolpreise verkäuflich dargestellt haben.

Man kann somit jedes ausgedehnte Land als im Besitze einer Stufenfolge von Maschinen für die Produktion von Getreide und Rohstoffen befindlich ansehen, wobei man in diese Stufenfolge nicht nur alle die verschiedenen Qualitäten armen Bodens einschließt, an denen gewöhnlich jedes Gebiet Überfluß hat, sondern auch die minderwertige Maschinerie, welche angewandt wird, wenn gutem Boden mehr und mehr ein zusätzlicher Ertrag abgezwungen wird. Je nachdem der Preis von Rohprodukten weiter steigt, werden diese minderwertigen Maschinen nach und nach in Tätigkeit gesetzt, und je nachdem der Preis von Rohprodukten weiter sinkt, werden sie nacheinander außer Tätigkeit gesetzt. Das hier gebrauchte Bild dient dazu, um zugleich die *Bedeutung des jeweiligen Getreidepreises für den jeweiligen Ertrag* und die verschiedene Wirkung zu zeigen, welche mit einem starken Rückgang im Preise irgendeines bestimmten Fabrikates und mit einem bedeutenden Rückgang im Preise von Rohprodukten verbunden sein würde.«

Wie lassen sich diese Stellen mit jener vereinbaren, welche versichert, daß, wenn die Lebensmittel nicht die Eigenschaft besäßen, eine ihrer vergrößerten Menge entsprechende Vermehrung der Nachfrage zu bewirken, die erzeugte überflüssige Menge dann, und zwar nur dann, den Rohproduktenpreis auf die Produktionskosten herabsetzen würde? Wenn Getreide nie unter seinem natürlichen Preise steht, so ist niemals mehr davon vorhanden, als die jeweilige Bevölkerung für ihren eigenen Verbrauch benötigt; kein Vorrat kann für den Konsum anderer zurückgelegt werden; es kann also niemals durch seine Wohlfeilheit und Fülle ein Ansporn für die Bevölkerung sein. In dem Maße, wie Getreide sich billig produzieren läßt, werden die Arbeiter, dank gestiegenen Löhnen, eine größere Fähigkeit haben, Familien zu unterhalten. In Amerika nimmt die Bevölkerung schnell zu, weil Nahrungsmittel zu einem billigen Preise erzeugt werden können, und nicht weil zuvor für ein reichliches Angebot gesorgt worden ist. In Europa wächst die Bevölkerung verhältnismäßig langsam, weil Nahrungsmittel nicht zu einem billigen Werte erzeugt werden können. Beim üblichen und ordentlichen Verlauf der Dinge eilt die Nachfrage nach allen Gütern ihrem Angebote voraus. Wenn Malthus sagt, daß Getreide, gleich Fabrikaten, auf seine Produktionskosten sinken würde, falls es keine Nachfrager aufziehen könnte, so kann er nicht meinen, daß alle Rente aufgehoben werden würde; denn er selbst hat richtig bemerkt, daß, wenn die Grundbesitzer auf jede Rente verzichten sollten, Getreide im Preise nicht sinken würde. Denn die Rente ist die Wirkung, und nicht die Ursache, eines hohen Preises, und stets befindet sich eine Bodenqualität im Anbau, welche überhaupt keine Rente bezahlt, deren Getreide mit seinem Preise nur Lohn und Profit ersetzt.

In der folgenden Stelle hat Malthus eine treffliche Auseinandersetzung der Ursachen des Steigens der Rohproduktenpreise in reichen und fortschrittlichen Ländern gegeben, mit der ich Wort für Wort übereinstimme; allein, sie scheint mir von einigen der Behauptungen abzuweichen, die von ihm in seiner Abhandlung über die Rente aufgestellt worden sind. »Ich zögere nicht, zu erklären, daß die Ursache des hohen verhältnismäßigen Geldpreises von Getreide, unabhängig von den Unregelmäßigkeiten in dem Geldumlauf eines Landes und anderen zeitweiligen und zufälligen Umständen, sein hoher verhältnismäßiger *wirklicher Preis* oder die größere Menge von Kapital und Arbeit ist, welche auf seine Produktion verwendet werden muß, und daß der Grund, warum der wirkliche Getreidepreis höher steht und in den Ländern ständig steigt, die schon reich sind und an Wohlfahrt und Bevölkerung immer noch zunehmen, in der Notwendigkeit zu finden ist, fortwährend zu ärmerem Boden zu greifen, zu Maschinen, welche zu ihrem Betriebe größere Ausgaben erfordern und folglich bewirken, daß jeder neue Zuwachs zu den Rohprodukten des Landes mit größeren Kosten erkauft werden muß; kurz, er ist in der wichtigen Wahrheit zu finden, daß Getreide in einem fortschrittlichen Lande zu einem Preise verkauft wird, der nötig ist, um das jeweilige Angebot zu liefern, und daß in dem Maße, wie die Bereitstellung dieses Angebotes immer schwieriger wird, der Preis entsprechend steigt.«

Hier wird der wirkliche Preis eines Gutes richtig als von der größeren oder geringeren Menge von Arbeit und Kapital (d. h. angehäufter Arbeit) abhängig hingestellt, welche zu seiner Produktion aufgewandt werden muß. Der wirkliche Preis hängt nicht, wie einige behauptet haben, vom Geldwerte ab; auch nicht, wie andere gesagt haben, vom Werte im Verhältnis zu Getreide, Arbeit oder irgendeinem anderen Gute, jedes für sich genommen oder allen Gütern zusammen, sondern, wie Malthus mit Recht sagt, »von der größeren (oder geringeren) Menge von Arbeit und Kapital, welche auf seine Produktion verwendet werden muß.«

Unter den Ursachen des Steigens der Rente erwähnt Malthus »eine solche Bevölkerungszunahme, daß sie den Arbeitslohn erniedrigt«. Wenn aber in dem Maße, wie der Lohn fällt, der Kapitalprofit steigt und beide zusammen stets denselben Wert haben[5], so kann kein Sinken des Lohnes die Rente erhöhen; denn es wird weder den Anteil, noch den Wert des Anteils vom Ertrage vermindern, welcher dem Landwirt und dem Arbeiter zusammen zufließen und deshalb für den Grundbesitzer keinen größeren Anteil, noch einen größeren Wert übriglassen. In dem Maße, wie dem Lohne weniger zugeteilt wird, wird dem Profit mehr zugewiesen werden, und *umgekehrt*. Diese Teilung wird von dem Landwirt und seinen Arbeitern ohne jedes Eingreifen des Grundbesitzers vorgenommen werden und ist tatsächlich eine Angelegenheit, an der er kein Interesse haben kann, außer insofern, als eine Teilung mehr als eine andere die Kapitalbildung und eine weitere Nachfrage nach Land begünstigen kann. Wenn der Lohn sänke, würde der Profit, und nicht die Rente, steigen. Wenn der Lohn stiege, würde der Profit, und nicht die Rente, sinken. Das Steigen der Rente und des Lohnes und das Sinken des Profits sind allgemein die unvermeidlichen Wirkungen einer und derselben Ursache – der vermehrten Nachfrage nach Nahrungsmitteln, der zu ihrer Produktion erforderlichen, vermehrten Arbeitsmenge und ihres folglich hohen Preises. Sollte der Grundbesitzer auf seine ganze Rente verzichten, so würden die Arbeiter nicht den geringsten Vorteil davon haben. Wenn es für die Arbeiter möglich wäre, auf ihre gesamten Löhne zu verzichten, würden die Grundbesitzer aus einem solchen Umstande keinen Nutzen ziehen; in beiden Fällen würde dagegen der Landwirt alles empfangen und zurückbehalten, was sie aufgeben. Es ist mein Bestreben gewesen, in diesem Werke zu zeigen, daß ein Sinken des Lohnes keine andere Wirkung haben würde, als den Profit zu erhöhen. Jedes Steigen des Profits ist der Kapitalbildung und der weiteren Bevölkerungsvermehrung günstig und würde daher höchstwahrscheinlich schließlich zu einer Erhöhung der Rente führen.

Eine weitere Ursache für das Steigen der Rente sind nach Malthus »solche landwirtschaftliche Verbesserungen oder eine solche Steigerung der Anstrengungen, daß dadurch die zur Erzielung einer bestimmten Wirkung nötige Arbeiterzahl verringert wird.« Gegen diese

---
[5] Siehe S. 100 f.

Stelle habe ich dieselbe Einwendung wie gegen die Behauptung zu erheben, daß erhöhte Fruchtbarkeit des Bodens die Ursache eines unmittelbaren Steigens der Rente sei. Sowohl der Fortschritt in der Landwirtschaft wie die größere Fruchtbarkeit wird den Boden befähigen, künftig eine höhere Rente abzuwerfen, weil bei demselben Nahrungsmittelpreise eine große zusätzliche Menge vorhanden sein wird. Allein, bis die Bevölkerungszunahme im selben Verhältnis stände, würde die zusätzliche Menge von Nahrungsmitteln nicht benötigt werden, und deshalb würden die Renten gesenkt und nicht erhöht werden. Die Menge, welche unter den nunmehr bestehenden Verhältnissen verzehrt werden könnte, ließe sich entweder mit weniger Händen oder mit einer geringeren Bodenmenge liefern, der Rohproduktenpreis würde sinken, und Kapital vom Boden zurückgezogen werden. Nichts kann die Rente steigern als eine Nachfrage nach neuem Boden von einer geringeren Qualität, oder eine Ursache, welche eine Veränderung in der verhältnismäßigen Fruchtbarkeit des bereits im Anbau befindlichen Bodens bewirken muß[6]. Verbesserungen in der Landwirtschaft und in der Arbeitsteilung erstrecken sich auf allen Boden; sie vermehren die absolute Menge von Rohprodukten, die von jedem gewonnen wird, stören aber wahrscheinlich nicht sehr die verhältnismäßigen Beziehungen, welche vorher zwischen ihnen bestanden.

Malthus hat den Irrtum in Dr. Smith's Argumentation berichtigt, daß Getreide von so besonderer Natur sei, daß seine Produktion nicht durch dieselben Mittel angeregt werden könne, wodurch die Produktion aller übrigen Güter angeregt wird. Er bemerkt: »Der mächtige Einfluß des Getreidepreises auf den Arbeitspreis im Durchschnitt einer beträchtlichen Anzahl von Jahren soll keineswegs in Abrede gestellt werden; daß aber dieser Einfluß nicht die Kapitalbewegung nach und von dem Boden verhindert, was gerade der fragliche Punkt ist, wird durch eine kurze Untersuchung über die Art und Weise, nach welcher die Arbeit bezahlt und zu Markte gebracht wird, hinreichend klargelegt werden, sowie auch durch eine

---

[6] Say hat in seinen Anmerkungen zur französischen Übersetzung dieses Werkes sich zu zeigen bemüht, daß es zu keiner Zeit Land im Anbau gibt, das nicht eine Rente bezahlt, und nachdem er sich über diesen Punkt gehörig ausgelassen hat, meint er schließlich, daß er alle Schlüsse, welche aus meiner Lehre folgen, umgestoßen habe. Er wendet z. B. ein, daß ich nicht im Rechte sei, wenn ich sage, daß Steuern auf Getreide und andere Rohprodukte durch Hebung ihres Preises den Konsumenten und nicht die Rente treffen. Er behauptet, daß solche Steuern die Rente treffen müßten. Aber ehe Say die Richtigkeit dieses Einwandes begründen kann, muß er auch beweisen, daß keinerlei Kapital auf den Boden verwendet ist, für den keine Rente bezahlt wird. Nun, das hat er nicht versucht. An keiner Stelle seiner Anmerkungen hat er diese wichtige Lehre widerlegt oder auch nur erwähnt.

Betrachtung der Folgen, zu welchen die Annahme von Adam Smith's Behauptung unvermeidlich führen würde[7].«

Malthus geht dann dazu über, zu zeigen, daß Nachfrage und hoher Preis zur Produktion von Rohprodukten ebenso wirksam anregen werden, wie die Nachfrage und der hohe Preis irgendeines anderen Gutes zu seiner Produktion anregen wird. Man wird aus dem, was ich über die Wirkungen von Prämien gesagt habe, ersehen, daß ich mit ihm in dieser Ansicht vollkommen übereinstimme. Ich habe die Stelle aus Malthus' »Bemerkungen über die Getreidegesetze« zu dem Zwecke angeführt, um zu zeigen, in wie verschiedenem Sinne die Bezeichnung »wirklicher Preis« hier und in einer anderen kleinen Schrift, betitelt »Gründe einer Meinung usw.«, gebraucht wird. An dieser Stelle sagt uns Malthus, daß »offenbar nur eine Erhöhung des wirklichen Preises zur Getreideproduktion anregen kann«, und mit wirklichem Preise meint er augenscheinlich die Erhöhung seines Wertes in bezug auf alle übrigen Güter; oder, mit anderen Worten, das Steigen seines Marktpreises über seinen natürlichen Preis oder die Kosten seiner Produktion. Wenn es das ist, was mit wirklichem Preis gemeint ist, so ist Malthus' Meinung zweifellos richtig, obgleich ich die Zweckmäßigkeit dieses Ausdruckes nicht zugebe; es ist das Steigen des Marktpreises von Getreide, welches allein zu seiner Produktion anregt; denn man kann es als einen ausnahmslos richtigen Grundsatz hinstellen, daß die einzige mächtige Anregung zur Vermehrung der Produktion eines Gutes darin besteht, daß sein Marktwert seinen natürlichen oder notwendigen Wert übersteigt.

Allein, das ist nicht die Bedeutung, welche Malthus der Bezeichnung »wirklicher Preis« bei anderen Gelegenheiten beilegt. In der Abhandlung über die Rente sagt Malthus: »Unter wirklichem Gestehungspreis des Getreides verstehe ich die wirkliche *Menge* von Arbeit und Kapital, welche *aufgewandt worden ist,* um die letzten Zusatzmengen zu erzeugen, die dem nationalen Ertrag hinzugefügt worden sind.« An einer anderen Stelle behauptet er, »daß die Ursache des hohen verhältnismäßigen wirklichen Getreidepreises die größere *Menge* von Kapital und Arbeit ist, welche zur Produktion *aufgewandt* werden muß«. Angenommen, wir setzten diese Definition des wirklichen Preises in die vorhergehende Stelle ein, würde sie dann nicht folgendermaßen lauten: »Es ist offenbar die Vermehrung der Menge von Arbeit und Kapital, die zur Getreideproduktion aufgewandt werden muß, welche allein zu seiner Produktion anregen kann«? Das hieße so viel, als daß es offenbar das Steigen des natürlichen oder notwendigen Getreidepreises sei, welches zu seiner Pro-

---

[7] Bemerkungen über die Getreidegesetze, S. 4.

duktion anregt – eine Behauptung, die sich nicht aufrechterhalten ließe. Nicht der Preis, zu dem Getreide erzeugt werden kann, ist es, der auf die erzeugte Menge irgendeinen Einfluß hat, sondern der Preis, zu welchem es verkauft werden kann. Im Verhältnis zum Grade des Unterschiedes seines Preises über oder unter den Produktionskosten wird Kapital zum Boden hingezogen, oder von ihm abgestoßen. Gewährt dieser Überschuß dem so angewandten Kapital einen höheren als den allgemeinen Kapitalprofit, so wird Kapital dem Boden zuwandern; wenn einen geringeren, wird es von ihm zurückgezogen werden.

Also nicht durch eine Veränderung im wirklichen Getreidepreise wird zu seiner Produktion angeregt, sondern durch eine Veränderung in seinem Marktpreise. Nicht »wird mehr Kapital und Arbeit zum Boden hingezogen, weil eine größere Menge von Kapital und Arbeit zu seiner Produktion aufgewandt werden muß« (Malthus' richtige Definition des wirklichen Preises), sondern weil der Marktpreis diesen seinen wirklichen Preis übersteigt und, trotz der vermehrten Kosten, den Anbau des Bodens zur gewinnbringenderen Kapitalanlage macht.

Nichts kann richtiger sein als Malthus' folgende Bemerkungen über Adam Smith's Wertmaßstab: »Adam Smith wurde offenbar durch seine Gewohnheit, *Arbeit als das Normalmaß des Wertes* und Getreide als das Maß der Arbeit zu betrachten, zu dieser Reihe von Schlüssen geführt. Daß aber Getreide ein sehr ungenaues Maß für Arbeit ist, wird die Geschichte unseres Landes zur Genüge zeigen, wo man finden wird, daß Arbeit im Vergleich mit Getreide sehr bedeutende und auffallende Veränderungen erfahren hat, nicht nur von Jahr zu Jahr, sondern von Jahrhundert zu Jahrhundert und auf 10, 20 und 30 Jahre zusammengenommen. *Und daß weder Arbeit noch irgendein anderes Gut ein genaues Maß für den wirklichen Tauschwert bilden kann,* wird heute als eine der unbestreitbarsten Lehren der Volkswirtschaftslehre betrachtet und folgt in der Tat aus der bloßen Definition des Tauschwertes.«

Wenn weder Getreide noch Arbeit genaue Maße für den wirklichen Tauschwert bilden, was sie offenbar nicht sind, welches andere Gut gibt es dann? Sicherlich keines. Wenn also der Ausdruck »wirklicher Güterpreis« irgendeine Bedeutung haben soll, so muß es die sein, welche Malthus in der Abhandlung über die Rente festgestellt hat – er muß durch die zu ihrer Produktion erforderliche verhältnismäßige Menge von Kapital und Arbeit gemessen werden.

In seiner »Untersuchung über die Natur der Rente« sagt Malthus, »daß, unabhängig von Unregelmäßigkeiten in dem Geldumlauf eines Landes und anderen zeitweiligen und zufälligen Umständen, die Ursache des hohen verhältnismäßigen Geldpreises von Getreide sein hoher verhältnismäßiger wirklicher Preis ist, *oder die größere Menge von Kapital und Arbeit, welche auf seine Produktion verwendet werden muß.*«

Dies ist meiner Ansicht nach die richtige Erklärung für alle dauernden Preisveränderungen, ob von Getreide oder irgendeinem anderen Gute. Ein Gut kann nur dauernd im Preise steigen entweder, weil eine größere Menge von Kapital und Arbeit auf seine Produktion verwendet werden muß oder, weil Geld im Werte gesunken ist; umgekehrt, kann es nur im Preise sinken, entweder, weil sich eine geringere Menge von Kapital und Arbeit auf seine Produktion verwenden läßt oder, weil Geld im Werte gestiegen ist.

Eine Veränderung, welche aus der letzteren dieser Alternativen, einem veränderten Geldwerte, entspringt, erstreckt sich sogleich auf alle Güter; aber eine Veränderung, welche der ersteren Ursache entspringt, ist auf das besondere Gut beschränkt, das zu seiner Produktion mehr oder weniger Arbeit benötigt. Durch Freigabe der Getreideeinfuhr oder infolge von Verbesserungen in der Landwirtschaft würden die Rohprodukte sinken; doch würde der Preis keines anderen Gutes betroffen werden, ausgenommen im Verhältnis zum Sinken des wirklichen Wertes oder der Produktionskosten der Rohprodukte, welche in seine Zusammensetzung eingingen.

Da Malthus diesen Grundsatz anerkannt hat, so kann er meines Erachtens folgerichtig nicht behaupten, daß der gesamte Geldwert aller Güter im Lande genau im Verhältnis zum Fallen des Getreidepreises sinken muß. Hätte das im Lande konsumierte Getreide den Wert von 10 Millionen im Jahre und wären die konsumierten Fabrikate und ausländischen Güter 20 Millionen wert, was zusammen 30 Millionen betrüge, so wäre es nicht angängig, daraus zu schließen, daß die jährliche Ausgabe auf 15 Millionen herabgesetzt wäre, weil Getreide um 50 Prozent oder von 10 auf 5 Millionen gesunken wäre.

Der Wert des Rohproduktes, das in die Zusammensetzung dieser Fabrikate eingänge, könnte z. B. 20 Prozent ihres Gesamtwertes nicht übersteigen, und deshalb würde der Wert von Fabrikaten statt von 20 auf 10 Millionen, nur von 20 auf 18 Millionen sinken, und nach dem Sinken des Getreidepreises um 50 Prozent würde der Gesamtbetrag der jährlichen Ausgabe statt von 30 auf 15 Millionen, von 30 auf 23 Millionen sinken[8].

Das würde ihr Wert sein, wenn man es für möglich hielte, daß bei

---

[8] Fabrikate könnten tatsächlich nicht in einem solchen Verhältnis sinken, weil, unter den angenommenen Voraussetzungen, eine neue Verteilung der Edelmetalle unter den verschiedenen Ländern erfolgen würde. Unsere billigen Güter würden im Austausch gegen Gold und Getreide ausgeführt werden, bis die Ansammlung von Gold seinen Wert erniedrigen und den Geldpreis von Gütern erhöhen würde.

einem so niedrigen Getreidepreise nicht mehr Getreide und Güter konsumiert werden würden. Da jedoch alle die, welche Kapital zum Zwecke des Getreidebaues auf jene Böden verwendet hätten, die nicht länger bestellt werden würden, sie zur Herstellung von Fabrikaten verwenden könnten und nur ein Teil jener Fabrikate im Austausch gegen fremdes Getreide hingegeben würde, weil unter jeder anderen Voraussetzung durch Einfuhr oder niedrige Preise kein Vorteil zu gewinnen wäre, so würden wir den zusätzlichen Wert jener ganzen Menge von Fabrikaten, welche so produziert und nicht ausgeführt würden, zum obigen Wert hinzufügen können, so daß die wirkliche Verminderung, selbst in Geldwert, aller inländischen Güter, einschließlich des Getreides, nur dem Verluste der Grundbesitzer infolge der Verringerung ihrer Renten gleich sein würde, während sich die Menge von Genußgütern bedeutend vermehrt hätte.

Statt die Wirkung eines Sinkens des Rohproduktenwertes unter diesem Gesichtspunkte zu betrachten, wie es Malthus nach seinem vorherigen Zugeständnis hätte tun sollen, betrachtet er sie als genau dasselbe wie ein Steigen des Geldwertes um 100 Prozent und schließt daher, daß alle Güter auf die Hälfte ihres früheren Preises sinken würden.

»Während der zwanzig Jahre von 1794 an bis einschließlich 1813« sagt er, »stand der Durchschnittspreis britischen Getreides ungefähr auf 83 Schilling pro Quarter, während der zehn Jahre bis einschließlich 1813 auf 92 Schilling, und während der letzten fünf Jahre dieser zwanzig auf 108 Schilling. Im Laufe dieser zwanzig Jahre borgte die Regierung an 500 Millionen wirklichen Kapitals, für das sie, ausschließlich des Tilgungsfonds, im groben Durchschnitt sich verpflichtete, etwa 5 Prozent zu bezahlen. Wenn aber das Getreide auf 50 Schilling pro Quarter und die anderen Güter entsprechend sinken sollten, dann würde die Regierung statt eines Zinses von ungefähr 5 Prozent in Wirklichkeit einen Zins von 7, 8, 9 Prozent und für die letzten 200 Millionen 10 Prozent bezahlen.

Gegen diese außerordentliche Großmut den Kapitalisten gegenüber würde ich keinerlei Einwand machen, wenn es nicht nötig wäre zu bedenken, wer die Kosten zu tragen hat, und eine kurze Überlegung wird uns zeigen, daß sie nur von den industriellen Klassen der Gesellschaft und den Grundbesitzern bezahlt werden kann; d. h. von allen denjenigen, deren nominelles Einkommen sich mit den Veränderungen des Wertmaßes verändern wird. Die nominellen Einkünfte dieses Teiles der Gesellschaft werden im Vergleich mit dem Durchschnitt der letzten fünf Jahre um die Hälfte vermindert worden sein, und aus diesem nominell herabgesetzten Einkommen werden sie denselben nominellen Betrag an Steuern zu bezahlen haben.[9]«

[9] Die Gründe einer Meinung usw., S. 36.

Erstens, glaube ich, bereits gezeigt zu haben, daß selbst der Wert des Roheinkommens des ganzen Landes nicht in dem Verhältnis verringert sein wird, wie hier Malthus behauptet. Daraus, daß Getreide um 50 Prozent sänke, würde nicht folgen, daß jedermanns Roheinkommen um 50 Prozent im Werte herabgesetzt wäre[10]; in Wirklichkeit könnte sein Reineinkommen an Wert zugenommen haben.

Zweitens, glaube ich, wird der Leser mir darin beistimmen, daß die vermehrte Last, wenn zugegeben, nicht ausschließlich »auf die Grundbesitzer und industriellen Klassen der Gesellschaft« fallen würde: Der Kapitalist trägt durch seine Ausgaben seinen Anteil zur Deckung der öffentlichen Lasten in derselben Weise bei, wie die übrigen Klassen der Gesellschaft. Wenn also Geld wirklich wertvoller würde, so würde er, wenn er auch einen größeren Wert empfinge, auch einen größeren Wert an Steuern bezahlen, und deshalb kann es nicht richtig sein, daß der Gesamtzuwachs zum wirklichen Wert des Zinses von »den Grundbesitzern und industriellen Klassen der Gesellschaft« bezahlt werden würde.

Malthus' ganze Beweisführung ist auf einer unsicheren Grundlage aufgebaut: Sie setzt voraus, daß, weil sich das Roheinkommen des Landes verringert hat, auch das Reineinkommen sich im selben Verhältnis verringert haben muß. Eines der Ziele dieses Werkes ist es gewesen, zu zeigen, daß mit jedem Sinken des wirklichen Wertes von Bedarfsartikeln die Arbeitslöhne fallen und die Kapitalprofite steigen würden; mit anderen Worten, daß von jedem gegebenen Jahreswerte ein geringerer Teil der arbeitenden Klasse und ein größerer derjenigen bezahlt werden würde, deren Mittel diese Klasse beschäftigten. Angenommen, der Wert der in einer bestimmten Fabrik hergestellten Güter beliefe sich auf 1000 £ und würde zwischen dem Arbeitgeber und seinen Arbeitern im Verhältnis von 800 £ für die Arbeiter und 200 £ für den Arbeitgeber geteilt; sollte nun der Wert dieser Güter auf 900 £ sinken, und 100 £ an Arbeitslöhnen infolge des Sinkens von Bedarfsartikeln eingespart werden, dann würde das Reineinkommen der Arbeitgeber in keiner Weise beeinträchtigt werden, und er könnte deshalb denselben Steuerbetrag gerade so leicht nach wie vor dem Preisrückgange bezahlen.[11]

Es ist wichtig, zwischen Roh- und Reineinkommen klar zu unterscheiden; denn alle Steuern müssen aus dem Reineinkommen einer

---

[10] Herr Malthus nimmt an einer anderen Stelle desselben Werkes an, daß sich die Güter um 25 oder 20 Prozent verändern, wenn sich das Getreide um 33$^{1}/_{3}$ Prozent verändert.
[11] Über Rein- und Rohertrag läßt sich Say folgendermaßen aus: »Der erzeugte Gesamtwert ist der Rohertrag; dieser Wert, nach Abzug der Produktionskosten, ist der Reinertrag« (Bd. II, S. 491). Weil nun die Produktionskosten nach Say, aus Rente, Lohn und Profit bestehen, kann es keinen Reinertrag geben. Auf Seite 508 sagt er:

Gesellschaft bezahlt werden. Man nehme an, daß alle im Lande vorhandenen Güter, alles Getreide, alle Rohprodukte, Fabrikate usw., die im Laufe des Jahres zu Markte gebracht werden könnten, einen Wert von 20 Millionen besäßen und zur Erlangung dieses Wertes die Arbeit einer bestimmten Anzahl Menschen erforderlich wäre und daß die unbedingt notwendigen Bedürfnisse dieser Arbeiter eine Ausgabe von 10 Millionen erforderten. Dann würde ich sagen, das Roheinkommen einer solchen Gesellschaft beliefe sich auf 20 Millionen, und ihr Reineinkommen auf 10 Millionen. Aus dieser Annahme folgt jedoch nicht, daß die Arbeiter nur 10 Millionen für ihre Arbeit erhalten müßten; sie könnten 12, 14 oder 15 Millionen erhalten, und in diesem Falle würden sie 2, 4 oder 5 Millionen vom Reineinkommen haben. Der Rest verteilte sich unter Grundbesitzer und Kapitalisten; doch würde das gesamte Reineinkommen nicht 10 Millionen übersteigen. Gesetzt, eine solche Gesellschaft bezahlte 2 Millionen Steuern, so würde sich ihr Reineinkommen auf 8 Millionen ermäßigen.

Nehmen wir nun an, Geld steige um ein Zehntel in seinem Werte, dann würden alle Güter sinken, und auch der Arbeitspreis würde sinken, weil die Lebensnotwendigkeiten des Arbeiters einen Teil dieser Güter bildeten; folglich würde sich das Roheinkommen auf 18 Millionen, und das Reineinkommen auf 9 Millionen verringern. Wenn die Steuern im selben Verhältnis fielen, und statt 2 Millionen nur 1 800 000 £ erhoben würden, so würde das Reineinkommen weiter auf 7 200 000 £ sinken, die aber genau denselben Wert hätten wie die 8 Millionen vorher, weshalb die Gesellschaft durch ein solches Ereignis weder verlieren noch gewinnen würde. Aber gesetzt, es würden nach dem Steigen des Geldes 2 Millionen an Steuern wie zuvor erhoben, dann würde die Gesellschaft um 200 000 £ im Jahre ärmer sein; ihre Steuern hätten sich in Wirklichkeit um ein Neuntel erhöht. Den Geldwert der Güter durch eine Änderung des Geldwertes verändern und doch denselben Geldbetrag in Steuern erheben, heißt also zweifellos die Lasten der Gesellschaft vermehren.

Man nehme aber an, daß die Grundbesitzer von den 10 Millionen Reineinkommen 5 Millionen als Rente empfingen und infolge von Produktionsverbesserungen oder durch die Einfuhr von Getreide die notwendigen Kosten jenes Artikels in Arbeit um 1 Million ermäßigt wären, dann würde die Rente um 1 Million sinken, und die Preise der Gütermasse würden um denselben Betrag sinken, aber das Reineinkommen wäre gerade so groß wie zuvor. Allerdings würden das Roheinkommen nur 19 Millionen und die zu seiner Gewinnung not-

»Der Wert eines Produktes, der Wert einer produktiven Leistung, der Wert der Produktionskosten, sind also alle ähnliche Werte, sobald man den Dingen ihren natürlichen Lauf läßt.« Man nehme ein Ganzes von einem Ganzen, und nichts bleibt übrig.

wendigen Ausgaben 9 Millionen betragen, doch das Reineinkommen beliefe sich auf 10 Millionen. Jetzt erhebe man von diesem verminderten Roheinkommen 2 Millionen an Steuern; würde die Gesellschaft insgesamt reicher oder ärmer sein? Sicherlich reicher; denn nach der Bezahlung ihrer Steuern hätte sie ein reines Einkommen von 8 Millionen wie vorher für den Kauf von Gütern zur Verfügung, die an Menge zugenommen hätten und im Verhältnis von 20 zu 19 im Preise gesunken wären. Folglich könnte nicht nur dieselbe, sondern sogar eine noch höhere Besteuerung ertragen werden, und dennoch die Masse des Volkes mit Annehmlichkeiten und Bedarfsartikeln besser versorgt sein.

Wenn das Reineinkommen der Gesellschaft nach Bezahlung derselben Geldsteuerlast ebenso groß wie zuvor wäre und die Klasse der Grundbesitzer infolge eines Rentenrückganges 1 Million verlöre, müßten die anderen produktiven Klassen trotz des Sinkens der Preise größere Geldeinkommen haben. Der Kapitalist wird also einen doppelten Vorteil haben: Das von ihm und seiner Familie verzehrte Getreide und Fleisch wird im Preise herabgesetzt sein, und die Löhne seines Hausgesindes, seiner Gärtner und Arbeiter jeder Art werden ebenfalls sinken. Seine Pferde und sein Vieh werden weniger kosten und sich mit einem geringeren Aufwand unterhalten lassen. Alle die Güter, in welche Rohprodukte als wesentlicher Bestandteil ihres Wertes eingehen, werden sinken. Dieser Gesamtbetrag an Ersparnissen, die an den Ausgaben vom Einkommen, bei gleichzeitiger Vermehrung seines Geldeinkommens, gemacht werden, wird ihn instand setzen, nicht nur seine Genüsse zu vermehren, sondern gegebenenfalls auch mehr Steuern zu tragen: sein stärkerer Verbrauch an besteuerten Gütern wird die infolge der Verkürzung ihrer Renten verringerte Nachfrage der Grundbesitzer weit mehr als aufwiegen. Dieselben Feststellungen treffen auf Landwirte und Gewerbetreibende jeder Art zu.

Allein, man kann sagen, daß sich das Einkommen des Kapitalisten nicht vermehrt haben wird; daß die von der Rente des Grundbesitzers in Abzug gebrachte Million den Arbeitern in höheren Löhnen bezahlt werden wird! Sei es so; dies wird in der Beweisführung keinen Unterschied machen; die Lage der Gesellschaft wird verbessert sein, und diese wird imstande sein, dieselben Geldlasten leichter als früher zu tragen; es wird nur bezeugen, daß, was noch wünschenswerter ist, es gerade die Lage einer anderen, und bei weitem der wichtigsten, Klasse der Gesellschaft ist, welcher die neue Verteilung hauptsächlich zugute kommt. Alles, was sie über 9 Millionen empfängt, bildet einen Teil des Reineinkommens des Landes, und es kann ohne eine Steigerung seines Einkommens, seines Glückes oder seiner Macht nicht ausgegeben werden. Man verteile also das Reineinkommen ganz nach

Belieben. Man gebe der einen Klasse etwas mehr und einer anderen etwas weniger, und man wird es dadurch dennoch nicht vermindern; man wird mit derselben Arbeit immer noch eine größere Masse von Gütern produzieren, obgleich sich der Betrag des Brutto-Geldwertes solcher Güter verringert haben wird; doch würde das Netto-Geldeinkommen des Landes, der Fonds, aus dem Steuern bezahlt und Genüsse befriedigt werden, weit mehr als früher in der Lage sein, die jeweilige Bevölkerung zu erhalten, ihr Genüsse und Luxusgüter zu bieten und jeden gegebenen Steuerbetrag aufzubringen.

Daß ein starkes Sinken des Getreidewertes dem Aktionär zugute kommt, läßt sich nicht bezweifeln; wenn aber sonst niemand benachteiligt wird, so ist das kein Grund, warum das Getreide verteuert werden sollte, denn die Gewinne des Aktionärs sind nationale Gewinne und vermehren, wie alle anderen Gewinne, den wirklichen Wohlstand und die Macht des Landes. Werden sie ungerecht bevorzugt, so möge man genau feststellen lassen, in welchem Grade dies geschieht, und dann ist es Sache der Gesetzgebung, ein Heilmittel ausfindig zu machen; aber es gibt keine unklügere Politik, als uns von den bedeutenden Vorteilen, die aus billigem Getreide und reichlicher Produktion erwachsen, bloß deshalb auszuschließen, weil der Kapitalist einen ungebührlichen Anteil des Zuwachses haben würde.

Eine Regelung der Dividenden von Anteilpapieren nach dem Geldwerte des Getreides ist noch niemals versucht worden. Wenn Gerechtigkeit und Treu und Glauben eine derartige Regelung erheischen sollten, dann schuldet man den alten Aktionären eine große Schuld; denn sie haben mehr als ein Jahrhundert lang dieselben Dividenden erhalten, obgleich sich das Getreide im Preise vielleicht verdoppelt oder verdreifacht hat.[12]

Allein, man befindet sich sehr im Irrtum, wenn man annimmt, daß sich die Lage des Aktionärs mehr verbessern wird als die des Landwirts, des Fabrikanten und der anderen Kapitalisten des Landes; sie wird sich in Wirklichkeit weniger verbessern.

Zweifellos wird der Aktionär dieselbe Dividende bekommen, während nicht bloß der Preis der Rohprodukte und der Arbeit fielen, sondern auch die Preise vieler anderer Dinge, in welche die Rohprodukte als Bestandteil eingingen. Das ist jedoch, wie ich soeben festgestellt habe, ein Vorteil, dessen er sich im Verein mit allen anderen Personen, die dasselbe Geldeinkommen auszugeben hätten, erfreuen würde: Sein Geldeinkommen hätte sich nicht vermehrt, wohl

---

[12] M'Culloch ist in einer trefflichen Publikation sehr lebhaft für die Gerechtigkeit der Maßnahme eingetreten, die Staatsschuldzinsen dem verringerten Getreidewerte anzupassen. Er ist für einen Freihandel in Getreide, glaubt aber, daß dieser mit einer Zinsermäßigung gegenüber den Staatsgläubigern verbunden sein sollte.

aber das des Landwirts, Fabrikanten und anderer Arbeitgeber, weshalb sie alle einen doppelten Vorteil hätten.

Man kann sagen, daß sich die Einkommen der Kapitalisten durch das Sinken des Geldwertes ihrer Güter vermindern würden, wenn es auch zutreffen möge, daß ihnen ein Steigen des Profits infolge eines Sinkens der Löhne zugute käme. Was soll sie herabdrücken? Keinerlei Veränderung des Geldwertes; denn nichts geschieht der Annahme nach, um den Geldwert zu verändern. Keinerlei Verminderung der zur Produktion ihrer Güter erforderlichen Arbeitsmenge; denn keine solche Ursache hat gewirkt, und wenn sie doch gewirkt hätte, würde sie nicht die Geldprofite verringern, obgleich sie die Geldpreise senken könnte. Aber die Rohprodukte, aus welchen Güter hergestellt werden, sind im Preise gesunken, und deswegen werden die Güter sinken. Richtig, sie werden sinken, aber ihr Sinken wird mit keinerlei Verringerung des Geldeinkommens des Produzenten verbunden sein. Verkauft dieser sein Gut für weniger Geld, so tut er es nur, weil einer der Rohstoffe, aus dem es verfertigt wird, im Werte gesunken ist. Verkauft der Tuchmacher sein Tuch, anstatt für 1000 £ für 900 £, so wird sich sein Einkommen nicht geringer stellen, wenn die Wolle, aus der es verfertigt wird, um 100 £ im Werte heruntergegangen ist.

Malthus sagt: »Es ist wahr, daß die letzten Zusätze zum landwirtschaftlichen Ertrage eines sich entwickelnden Landes mit keinem großen Rentenanteil verbunden sind, und gerade dieser Umstand kann ein reiches Land bestimmen, einen Teil seines Getreides einzuführen, wenn es sicher sein kann, ein gleichmäßiges Angebot zu erlangen. Allein, die Einfuhr fremden Getreides muß in allen Fällen dem nationalen Interesse widersprechen, wenn es nicht so viel billiger ist denn das Getreide, welches im Inlande gebaut werden kann, als sowohl dem Profit wie der Rente des Getreides entspricht, das es verdrängt.« *(Gründe usw.*, S. 36.)

Mit dieser Bemerkung hat Malthus vollkommen recht; aber das eingeführte Getreide *muß* stets um so viel billiger sein denn das Getreide, welches im Inlande gebaut werden kann, »als sowohl dem Profit wie der Rente des Getreides entspricht, das es verdrängt«. Wenn dem nicht so wäre, könnte kein einziger durch seine Einfuhr einen Vorteil erlangen.

Da die Rente die Folge des hohen Getreidepreises ist, so ist der Verlust an Rente die Wirkung eines niedrigen Preises. Niemals tritt fremdes Getreide mit solchem inländischen Getreide in Wettbewerb, das eine Rente abwirft; das Fallen des Preises trifft unabänderlich den Grundbesitzer, bis seine ganze Rente aufgesogen ist; fällt der Preis noch mehr, so wird er nicht einmal den üblichen Kapitalprofit abwerfen; das Kapital wird dann den Boden zugunsten einer anderen

Verwendung verlassen, und das Getreide, welches vorher auf ihm gebaut wurde, wird dann, und zwar nicht eher als dann, eingeführt werden. Aus dem Rentenverlust wird sich zwar ein Verlust an Wert, an geschätztem Geldwert, ergeben, aber auch ein Gewinn an Wohlstand. Das Volumen der Rohprodukte und der anderen Erzeugnisse zusammengenommen wird sich vermehren; infolge der größeren Leichtigkeit, mit der sie produziert werden, werden sie, obschon an Menge vermehrt, an Wert verlieren.

Zwei Personen wenden gleiche Kapitalien an; die eine im Ackerbau, die andere im Gewerbe. Das im Ackerbau erzeugt einen Netto-Jahreswert von 1200 £, von denen 1000 £ als Profit zurückbehalten und 200 £ als Rente bezahlt werden; das andere im Gewerbe erzeugt nur einen Jahreswert von 1000 £. Nehmen wir nun an, daß dieselbe Getreidemenge, die 1200 £ kostet, für Güter erhalten werden kann, die 950 £ kosten, und daß folglich das im Ackerbau verwendete Kapital dem Gewerbe zugeführt wird, wo es einen Wert von 1000 £ erzeugen kann. Dann wird das Reineinkommen des Landes von geringerem Werte sein, es wird von 2200 £ auf 2000 £ herabgesetzt sein; aber nicht nur wird dieselbe Menge an Gütern und Getreide für seinen eigenen Verbrauch vorhanden sein, sondern auch noch ein so großer Zuwachs zu jener Menge, wie ihn 50 £ erstehen würden, die Differenz zwischen dem Werte, zu dem seine Fabrikate an das fremde Land verkauft wurden, und dem Werte des Getreides, das dafür erstanden wurde.

Dies nun ist genau die Frage bezüglich des Vorteils von Getreideeinfuhr oder Getreideanbau; es kann niemals eingeführt werden, als bis die durch die Verwendung eines bestimmten Kapitals von auswärts bezogene Menge die Menge übersteigt, welche wir mit demselben Kapitale bei uns werden erzeugen können – nicht allein die Menge übersteigt, welche auf den Anteil des Landwirts entfällt, sondern auch die, welche dem Grundbesitzer als Rente bezahlt wird.

Malthus sagt: »Es ist von Adam Smith richtig bemerkt worden, daß keine in den Gewerben angewandte gleiche Menge produktiver Arbeit jemals eine so große Reproduktion hervorrufen kann wie im Ackerbau.« Wenn Adam Smith vom Werte spricht, so ist er im Recht; spricht er aber vom Reichtum, und das ist der wichtige Punkt, so befindet er sich im Irrtum, denn er selbst hat ja den Reichtum als in Bedarfsartikeln, Annehmlichkeiten und Genüssen des menschlichen Lebens bestehend definiert. Eine Gruppe von Bedarfsartikeln und Annehmlichkeiten gestattet keinen Vergleich mit einer anderen Gruppe; der Gebrauchswert kann nicht an irgendeinem bekannten Maßstabe gemessen werden; er wird von verschiedenen Personen verschieden geschätzt.

B.

DAVID RICARDO

Der hohe Preis der Edelmetalle, ein Beweis für die Entwertung der Banknoten

Der hohe Preis der Edelmetalle, ein Beweis für die Entwertung der Banknoten

Es war die Ansicht der berühmtesten nationalökonomischen Schriftsteller, daß vor Einführung der Banken die Edelmetalle, die den Austausch der Waren aller Länder vermittelten, in einem gewissen Verhältnis unter die verschiedenen zivilisierten Länder der Erde verteilt waren, dem Stande ihres Handels und Reichtums und daher auch der Zahl und der Häufigkeit der Zahlungen, die sie zu leisten hatten, entsprechend. Solange sie so verteilt waren, behielten sie überall den gleichen Wert bei, und da jedes Land in gleichem Maße nach der tatsächlich in Gebrauch befindlichen Menge Bedürfnis hatte, so konnte an keines dieser Länder die Versuchung herantreten, sie ein- oder auszuführen.

Gold und Silber haben, gleich anderen Waren, einen inneren Wert, der nicht willkürlich ist, sondern abhängt von ihrer Seltenheit, den zu ihrer Beschaffung aufgewandten Arbeitskosten und dem Werte des Kapitals, das in den Bergwerken steckt, in denen sie gewonnen werden.

»Nützlichkeit, Schönheit und Seltenheit«, sagt Adam Smith, »bilden die ursprüngliche Grundlage für den hohen Preis dieser Metalle oder für die große Menge anderer Güter, gegen die sie überall eingetauscht werden können. Dieser Wert ging ihrer Verwendung als Münze voraus und war unabhängig davon, er war diejenige Eigenschaft, welche sie zu dieser Verwendung tauglich machte.«

Wäre die Menge an Gold und Silber, welche in der Welt als Geld verwendet wird, sehr klein oder übermäßig groß, so würde das nicht den geringsten Einfluß auf das Verhältnis ausüben, in dem sie unter die verschiedenen Nationen verteilt sind – die Veränderung in ihrer Menge würde keine andere Folge haben als diejenige, die Ware, gegen die man sie eintauscht, im entsprechenden Verhältnis teurer oder billiger zu machen. Eine kleinere Menge Geldes könnte ebensogut wie eine größere die Funktionen des in Umlauf befindlichen Tauschmittels ausüben. Zehn Millionen wären zu diesem Zwecke ebenso wirksam wie hundert Millionen. Adam Smith bemerkt, »daß die reichen Edelmetallbergwerke wenig zu dem Reichtum der Welt hinzufügen würden. Ein Produkt, dessen Wert hauptsächlich von seiner Seltenheit herrührt, wird naturgemäß entwertet, sobald es in Überfülle vorhanden ist.«

Wenn ein Volk auf dem Wege zum Reichtum schnellere Fortschritte macht als die anderen, so würde dieses Volk einen verhältnismäßig größeren Anteil des Geldvorrates der Erde benötigen und auch erhalten. Sein Handel, seine Waren, seine Zahlungen würden sich vermehren, und das in Umlauf befindliche Geld der ganzen Welt den neuen Verhältnissen entsprechend verteilt werden. Alle Länder würden daher diesem tatsächlichen Bedürfnis gegenüber ihren Anteil beizusteuern haben.

Ebenso könnte ein Land, das einen Teil seines Reichtums vergeudet oder einen Teil seines Handels verloren hat, nicht mehr dieselbe Menge seines Geldvorrates behalten wie vordem. Ein Teil davon würde ausgeführt und unter die anderen Länder verteilt werden, bis das übliche Verhältnis der Verteilung wiederhergestellt wäre.

Solange die relative Lage der Länder unverändert bliebe, könnten sie in regem Handelsverkehr miteinander stehen, doch käme sich die beiderseitige Einfuhr und Ausfuhr im ganzen gleich. England könnte möglicherweise mehr Waren von Frankreich einführen, als es nach diesem Lande ausführte, aber es würde infolgedessen nach irgendeinem anderen Lande mehr ausführen und Frankreich aus jenem Lande mehr einführen, so daß Ausfuhr und Einfuhr aller Länder sich die Waagschale hielten. Durch Wechsel würden die notwendigen Zahlungen erledigt, aber es liefe im internationalen Handel kein Geld um, da es ja in allen Ländern den gleichen Wert hätte.

Würde in einem dieser Länder eine neue Goldmine entdeckt, dann verringerte sich infolge der größeren Menge der in Umlauf gebrachten Edelmetalle der Wert der Währung dieses Landes, so daß er nicht mehr demjenigen anderer Staaten gleichkäme. Nach dem Gesetze, das auch für alle anderen Waren gilt, würden Gold und Silber, entweder in Münze oder in Barren, umgehend zu Ausfuhrartikeln werden, vertauschten das Land, in dem sie billig geworden, gegen jene Länder, in denen sie noch teurer wären, und setzten das fort, solange die Mine sich als ergiebig erwiese und bis das gleiche Verhältnis, in dem vor der Entdeckung dieser Mine Kapital und Geld zueinander gestanden, wiederhergestellt und Gold und Silber überall wieder auf eine gleichmäßige Höhe gebracht wären. Im Austausch gegen das ausgeführte Gold würden Waren eingeführt werden, und wenn auch das, was gewöhnlich die Handelsbilanz genannt wird, gegen das Land stände, das Geld oder Barren ausführt, so betriebe es doch augenscheinlich einen sehr vorteilhaften Handel, indem es das ausführte, was ihm in keiner Hinsicht nützlich ist, und dafür Waren einführte, die zur Erweiterung seiner Gewerbebetriebe und der Vermehrung seines Reichtums dienlich sein können.

Gesetzt den Fall, es würde, statt der Entdeckung einer Mine, in irgendeinem Lande eine Bank errichtet werden, die, wie die Bank von England, das Recht hätte, Noten als Zahlungsmittel auszugeben, so würde, nachdem ein großer Betrag entweder in Form von Darlehen an Kaufleute oder von Vorschüssen an die Regierung ausgegeben worden ist, dieselbe Wirkung eintreten, wie nach der Entdeckung einer Mine. Das in Umlauf befindliche Tauschmittel würde entwertet, und die Warenpreise erführen eine entsprechende Steigerung. Das Gleichgewicht zwischen diesem Lande und den übrigen ließe sich nur durch Ausfuhr eines Teiles seiner Münze wiederherstellen.

Die Errichtung einer Bank und die damit zusammenhängende Notenausgabe geben also, ebenso wie die Entdeckung einer Mine, den Anstoß zur Ausfuhr von Münzen oder von Barren und wirken nur insofern vorteilhaft, als dieser Zweck verwirklicht werden kann. Die Bank setzt ein wertloses Umlaufmittel an die Stelle eines höchst kostbaren und ermöglicht es uns, die Edelmetalle (die, obgleich sie einen sehr notwendigen Bestandteil unseres Kapitals bilden, doch keinen Ertrag abwerfen) in ein ertragbringendes Kapital umzuwandeln. Adam Smith vergleicht die Vorteile, welche die Gründung einer Bank im Gefolge hat, mit denjenigen, welche wir erlangen könnten, wenn wir unsere Landstraßen in Weideland und in Kornfelder umwandelten und unsere Straßen durch die Luft legten. Landstraßen sowie Münzen sind sehr nützlich, aber weder das eine noch das andere wirft irgendwelchen Ertrag ab. Manche Leute werden wohl darüber erschrecken, daß bares Geld aus dem Lande gehen soll, und werden einen Handel, der solches von uns fordert, sehr ungünstig beurteilen. In der Tat ist das Gesetz in seiner Bestimmung gegen die Münzausfuhr dieser Ansicht; bei näherer Überlegung aber werden wir uns davon überzeugen, daß es unsere freie Wahl ist und nicht die Notwendigkeit, die uns zu dieser Ausfuhr veranlaßt, und daß es höchst vorteilhaft für uns ist, wenn wir diese überflüssige Ware gegen andere Waren eintauschen, die uns einen Ertrag abwerfen.

Die Münzausfuhr kann jederzeit ruhig dem Gutdünken der einzelnen überlassen werden; sie wird nicht in höherem Maße wie die irgendeiner anderen Ware stattfinden, wenn die Ausfuhr nicht vorteilhaft für das Land wäre. Ist die Ausfuhr vorteilhaft, dann kann sie durch kein Gesetz wirksam verhindert werden. Glücklicherweise ist es in diesem Falle, wie meistens bei einem Handel mit freiem Wettbewerb, so, daß die Interessen des einzelnen und die der Allgemeinheit nicht in Widerspruch miteinander stehen.

Wenn es möglich wäre, das Gesetz, welches das Einschmelzen oder Ausführen von Münze verbietet, streng durchzuführen, zugleich aber die freie Ausfuhr von Goldbarren zu gestatten, so könnte daraus kein Vorteil entstehen, dagegen würden diejenigen, die möglicherweise 2 Unzen und mehr an Goldmünze für eine Unze Goldbarren zahlen müßten, schwer geschädigt. Dies würde eine tatsächliche Entwertung unserer Umlaufsmünze bedeuten und die Preise aller anderen Waren im gleichen Verhältnis wie die des Barrengoldes in die Höhe treiben. Für den Eigentümer von Münze würden dadurch ähnliche Nachteile entstehen, wie für den Getreidehändler, wenn das Gesetz ihm verböte, sein Korn für mehr als die Hälfte des Marktpreises zu verkaufen. Das Gesetz gegen die Münzausfuhr hat diese Tendenz, es ist aber so leicht zu umgehen, daß die Preise für Barrengold und die für gemünztes Gold fast immer die gleichen waren.

Man ersieht hieraus, daß der Geldumlauf eines Landes nie längere Zeit hindurch viel höher im Werte stehen kann als der eines anderen Landes, insofern gleiche Mengen derselben Edelmetalle in Betracht kommen; daß ein Übermaß an Umlaufsmünze nur eine relative Bezeichnung ist; daß, wenn das zirkulierende Geld in England 10 Millionen, in Frankreich 5 Millionen, in Holland 4 Millionen usw. usw. betragen würde, selbst eine Verdoppelung und Verdreifachung der umlaufenden Münze jedes Landes sich in keinem derselben als Übermaß bemerkbar machen würde, solange die Verteilung im Verhältnis die gleiche bliebe. Die Warenpreise würden infolge der Geldvermehrung überall steigen, aber es würde nirgends eine Geldausfuhr stattfinden. Wenn jedoch das Verhältnis in der Verteilung dadurch gestört würde, daß England allein die Menge seiner umlaufenden Münze verdoppelt, Frankreich, Holland usw. dies aber unterlassen, dann käme es uns zu Bewußtsein, daß wir ein Übermaß, den anderen Ländern aber, daß sie einen Mangel an Umlaufsgeld haben, und so würde ein Teil unserer Münze ausgeführt werden, bis das Verhältnis von 10 zu 5 und 4 usw. wieder hergestellt wäre.

Wenn in Frankreich eine Unze Gold wertvoller wäre als in England und man deshalb in Frankreich damit mehr von einer beiden Ländern gemeinsamen Ware kaufen könnte, dann würde sofort Gold zu diesem Zwecke aus England herausfließen, und wir würden vorzugsweise Gold versenden, da dieses dann die billigste ausführbare Ware auf dem englischen Markte wäre. Denn wenn Gold in Frankreich teurer ist als in England, müssen die Waren dort billiger sein, und wir würden sie deshalb nicht von dem teuren Markt auf den billigen schicken, sondern sie würden im Gegenteil von dem billigen Markt nach dem teuren wandern und gegen unser Gold eingetauscht werden.

Die Bank könnte fortfahren, ihre Noten auszugeben, und bares Geld könnte weiter mit Vorteil für das Land ausgeführt werden, solange die Bank ihre Noten auf Wunsch in bar einlöst, denn es würden nie mehr Noten ausgegeben, als die Höhe der Summe betrüge, welche auch ohne die Bank in Umlauf gewesen wäre[1].

[1] Genau betrachtet, würde sie diesen Betrag eher übersteigen, denn da die Bank den Geldvorrat der Erde vermehrte, behielte England seinen Anteil an der Vermehrung.

Wenn sie aber den Versuch machen wollte, diesen Betrag zu überschreiten, dann würde ihr das Übermaß sofort gegen Münze zurückgegeben werden, weil unsere Münze hierdurch mit Nutzen ausgeführt und bei uns nicht mehr in Umlauf gehalten werden könnte. Auf diese Art und Weise versucht unsere Umlaufsmünze, sich den Währungen anderer Länder anzupassen. Sobald dieser Ausgleich erreicht wäre, würde die Ausfuhr aufhören, nutzbringend zu sein; wenn aber die Bank glaubte, daß in diesem Jahre eine gewisse Summe an Austauschmitteln benötigt würde, weil dies im Vorjahre der Fall gewesen ist, oder wenn sie aus irgendeinem anderen Grunde fortführe, die an sie zurückgegangenen Noten wieder auszugeben, so würde sich die Anregung, welche reichliches Umlaufsgeld zuerst auf die Münzausfuhr ausgeübt hätte, mit den gleichen Folgen wiederholen, Gold würde wieder verlangt, der Wechselkurs ungünstig werden, und der Preis für Barrengold würde in geringem Grade den Münzpreis übersteigen, weil die Ausfuhr von Barren gesetzlich, die von Münze aber ungesetzlich wäre und weil die Differenz sich ungefähr mit der Prämie für das Risiko ausgleichen würde. Auf diese Weise könnte der Bank, wenn sie darauf bestünde, ihre Noten immer wieder in Umlauf zu bringen, jedes Goldstück aus ihren Tresoren herausgelockt werden. Wenn sie aber, um die Lücke in ihrem Goldvorrate auszugleichen, Goldbarren zum erhöhten Preise kaufen und zu Guineestücken prägen ließe, so wäre damit dem Übel nicht abgeholfen, denn es wäre immer noch eine Nachfrage nach Guineestücken vorhanden, die jedoch statt ausgeführt zu werden, eingeschmolzen und der Bank als Barren zum höheren Preise verkauft werden würden. »Das Vorgehen der Bank«, bemerkt Adam Smith in einer Anspielung auf einen ähnlichen Vorgang, »gliche in diesem Falle der Arbeit der Penelope: was sie im Laufe des Tages vollbracht, würde des Nachts wieder zunichte gemacht«. Die gleiche Auffassung hat Thornton geäußert: »Sobald die Bank gewahr wird, daß die Guineestücke in ihren Tresoren täglich weniger werden, darf man selbstverständlich das Bestreben bei ihr voraussetzen, dieselben durch alle wirksamen und nicht übermäßig kostspieligen Mittel wieder zu ersetzen. Sie wird bis zu einem gewissen Grade geneigt sein, Gold zu kaufen, selbst mit Verlust, und es in neue Guineestücke zu prägen, sie muß dies aber gerade in dem Augenblick tun, in dem viele insgeheim die Münzen einschmelzen, so daß die eine Partei also einschmelzen und verkaufen, die andere kaufen und prägen wird. Und jede dieser einander entgegengesetzten Handlungen wird jetzt fortgesetzt, nicht auf Grund einer tatsächlichen Ausfuhr jeder eingeschmolzenen Guinee nach Hamburg, sondern es wird dieser Vorgang, oder wenigstens ein großer Teil davon, auf London beschränkt bleiben, so daß Präger und

Schmelzer am gleichen Orte leben und einander beständig zu tun geben.«

»Wenn die Bank«, fährt Thornton fort, »wie wir jetzt annehmen wollen, diese Art Kampf mit den Schmelzern fortführt, so wird sie sich unverkennbar in einen sehr ungleichen Krieg wagen, und sie wird wahrscheinlich früher ermüden als ihre Gegner«.

Die Bank würde sich daher am Ende genötigt sehen, das einzige Heilmittel anzuwenden, das ihr zu Gebote stünde, um der Nachfrage nach Guineestücken Einhalt zu gebieten. Sie würde einen Teil ihrer Noten aus der Zirkulation zurückziehen, bis sie den Wert des Restbestandes auf den gleichen Wert mit Barrengold und folglich auch auf den Wert der Umlaufsmünze anderer Länder gebracht hätte. Es würde dies jedem Gewinn bei Ausfuhr von Barrengold ein Ende machen, und es läge keine Veranlassung mehr vor, Banknoten gegen Guineestücke einzutauschen.

Aus dieser Auffassung der Frage scheint also hervorzugehen, daß die Versuchung, Geld im Austausch gegen Waren auszuführen oder das, was man eine ungünstige Handelsbilanz nennt, nie entstehen kann, außer durch einen zu reichlichen Münzumlauf. Aber Thornton ist der Ansicht, daß eine sehr ungünstige Handelsbilanz dadurch entstehen könnte, daß bei einer Mißernte im Lande und der dadurch nötigen Korneinfuhr der Staat, dem wir verschuldet sind, abgeneigt sein könnte, unsere Waren in Zahlung zu nehmen, so daß wir den dem fremden Staate zukommenden Saldo mit dem aus Münze bestehenden Teil unseres Umlaufsgeldes bezahlen müssen, so daß die Nachfrage nach Barrengold vermehrt und sein Preis steigen würde.

Er ist der Ansicht, daß die Bank für die Kaufleute eine beträchtliche Annehmlichkeit bedeutet, da sie mit ihren Noten die Lücke ausfüllt, die durch die Ausfuhr von Münze entstanden ist.

Da Thornton an vielen Stellen seines Buches zugibt, daß sich der Preis des Barrengoldes nach dem Kurse der Goldmünze richtet, und außerdem einräumt, daß das Gesetz gegen das Einschmelzen von Goldmünzen zu Barren und deren Ausfuhr leicht zu umgehen ist, so folgt daraus, daß keine Nachfrage nach Barren, ob sie nun aus dieser oder aus jener Ursache hervorgeht, den in Geld ausgedrückten Barrenpreis steigern kann. Der Irrtum dieser Schlußfolgerung entspringt daraus, daß nicht zwischen einer Erhöhung des Wertes des Goldes und einer Erhöhung seines Geldpreises unterschieden wird.

Wenn eine große Nachfrage nach Getreide entstünde, dann würde dessen Geldpreis steigen, denn wenn wir Getreide mit Geld vergleichen, so vergleichen wir es in Wirklichkeit mit einer anderen Ware; ebenso würde aus demselben Grunde, wenn ein großer Bedarf an Geld besteht, sein Getreidepreis steigen. In keinem Falle aber wird ein Scheffel Getreide mehr wert sein als ein Scheffel Getreide und eine Unze Gold mehr als eine Unze Gold. Eine Unze Goldbarren kann nicht, solange ihr Preis in Goldmünze berechnet wird, mehr wert sein als eine Unze gemünztes Gold oder 3 £ 17 s. 10½ d., wie groß die Nachfrage auch sein möge.

Sollte dieses Argument nicht als genügend beweiskräftig angesehen werden, so möchte ich noch einwenden, daß eine Lücke im Umlaufsgeld, wie sie hier angenommen wird, nur durch die Aufhebung oder Einschränkung von Papierwährung verursacht sein könnte, und dann würde sie schleunigst durch die Einfuhr von Goldbarren ausgefüllt werden, welche sich, da ihr Wert infolge der Verringerung des umlaufenden Zahlungsmittels gestiegen ist, unfehlbar nach dem vorteilhaftesten Markte drängen würden. Wie groß der Mangel an Korn auch sein möge, die Ausfuhr von Geld wäre durch dessen zunehmende Knappheit nur eine begrenzte. Es besteht eine so allgemeine Nachfrage nach Geld, und es ist bei dem jetzigen Zustande der Gesellschaft so wesentlich bei allen Handelsabschlüssen, daß es nie im Übermaß ausgeführt werden kann; selbst in einem Kriege wie dem jetzigen, in dem der Feind uns von jedem Handelsverkehr absperrt, würde der Wert der Umlaufsmünze durch ihre wachsende Knappheit so vergrößert, daß die Ausfuhr nie so weit getrieben werden könnte, daß hierdurch eine Lücke in der Zirkulation entstände.

Wenn wir uns bereit erklären, Münze gegen Waren fortzugeben, so muß dies freiwillig und nicht gezwungen geschehen. Wir könnten nicht mehr Waren einführen, als wir ausführen, wenn wir nicht einen Überfluß an Umlaufsmünze hätten, so daß es uns vorteilhaft erscheint, diese zu einem Ausfuhrartikel zu machen. Die Ausfuhr von Münze ist durch deren Billigkeit veranlaßt und ist nicht die Folge, sondern die Ursache einer ungünstigen Bilanz: wir würden sie nicht ausführen, wenn wir sie nicht auf einen besseren Markt schicken könnten oder irgendeine andere Ware hätten, die wir vorteilhafter ausführen könnten. Sie ist ein wirksames Heilmittel gegen einen zu reichlichen Geldumlauf, und da ich schon zu beweisen versucht habe, daß Übermaß und Unmenge nur relative Bezeichnungen sind, so folgt daraus, daß die Nachfrage des Auslandes nur durch den verhältnismäßigen Mangel an Umlaufsgeld des einführenden Staates verursacht ist, wodurch dessen höherer Wert in jenem Lande bedingt wird.

Die Frage löst sich vollständig in eine Interessenfrage auf. Wenn diejenigen, die in England Getreide im Werte von, sagen wir, einer Million Pfund verkaufen, Waren einführen könnten, die in England eine Million kosten, aber im Ausland mehr einbringen, als wenn die Million in Geld geschickt worden wäre, dann werden sie Waren bevorzugen, im anderen Falle Geld.

Nur nach einer Vergleichung der Werte von Gold und anderen Waren auf seinen Märkten und unserem eigenen und falls Gold am Londoner Markte billiger ist als auf dem seinen, zieht das Ausland Gold im Austausch gegen sein Getreide vor. Verringern wir die Summe unseres Umlaufsgeldes, so geben wir ihm einen erhöhten Wert; infolgedessen wird das Ausland veranlaßt, seine Wahl zu ändern und Waren vorzuziehen. Wenn ich in Hamburg 100 £ schulde, suche ich die billigste Zahlungsweise ausfindig zu machen. Schicke ich Geld, dessen Transportkosten sich auf 5 £ belaufen, so wird mich die Einlösung meiner Schuld auf 105 £ zu stehen kommen. Kaufe ich hier Tuch ein, das sich mit den Transportkosten auf 106 £ stellt und das in Hamburg zu 100 £ verkauft wird, so ist es augenscheinlich vorteilhafter für mich, Geld zu schicken. Wenn Einkauf und Transport von Eisenwaren, welche ich zur Tilgung meiner Schuld schicken könnte, auf 107 £ kommen, dann würde ich lieber Tuch als Eisen schicken, aber beiden ziehe ich das Versenden von Geld vor, weil es die billigste ausführbare Ware am Londoner Markte ist. Dieselben Gründe würden bei dem Getreideexporteur mitsprechen, wenn das Unternehmen auf seine Rechnung ginge. Wenn aber die Bank aus Sorge für die Sicherheit ihres Unternehmens sich bewußt ist, daß die erforderliche Anzahl Guineestücke zum Münzpreise aus ihren Tresoren herausgezogen würde und es für nötig hielte, den Betrag der in Umlauf befindlichen Noten zu verringern, dann bliebe das Verhältnis nicht mehr 105, 106 und 107, sondern Geld würde am wertvollsten, und es wäre deshalb weniger vorteilhaft bei der Tilgung ausländischer Schulden zu verwenden.

Wenn wir uns aber, und das ist ein viel wichtigerer Fall, verpflichtet hätten, einem anderen Staate Subsidien zu zahlen, dann flösse kein Geld aus dem Lande heraus, so lange noch Waren vorhanden wären, mit denen man die Zahlung billiger leisten könnte. Das Interesse der einzelnen würde die Ausfuhr von Geld unnötig machen[2].

So wird also bares Geld zur Begleichung einer Schuld nur ins Ausland verschickt, wenn es überreichlich vorhanden und die billigste ausführbare Ware ist. Falls die Bank in solchen Zeiten ihre Noten in bar

---

[2] Dies wird durch den Bericht des Herrn Rose im Unterhause bestätigt, welcher darlegt, daß unsere Ausfuhr die Einfuhr um 16 Millionen überstiegen hat. Es ist ausgeschlossen, daß gegen diesen Export Barren hätten eingeführt werden können, denn bekanntlich war während des ganzen Jahres der Barrenpreis im Auslande höher als bei uns, so daß viel von unserer Goldmünze ausgeführt wurde. Dem Werte unserer Ausfuhr muß daher der Wert der ausgeführten Barren hinzugefügt werden. Ein Teil des Betrages mag uns von fremden Staaten geschuldet werden, aber der Rest muß genau übereinstimmen mit unseren ausländischen Ausgaben, die aus Subsidien verbündeter Staaten und den Unterhaltungskosten für Heer und Flotte im Auslande bestehen.

einlösen sollte, so würde zu diesem Zwecke Gold verlangt werden. Man könnte es dort zum Münzpreise bekommen, wohingegen sein Barrenpreis seinen Münzpreis überstiege, da Barren mit gesetzlicher Erlaubnis ausgeführt werden dürfen und Münzen nicht.

Es ist also klar, daß eine Entwertung des in Umlauf befindlichen Tauschmittels die notwendige Folge seiner Überfülle ist und daß unter normalen Verhältnissen des staatlichen Geldumlaufes dieser Entwertung durch die Ausfuhr von Edelmetallen entgegengewirkt wird[3].

Dies scheinen mir also die Gesetze zu sein, welche für die Verteilung der Edelmetalle in der ganzen Welt maßgebend sind und ihren Umlauf von einem Lande zum anderen durch Regulierung ihres Wertes in den einzelnen Ländern herbeiführen und regeln. Ehe ich aber fortfahre, an Hand dieser Prinzipien den Hauptgegenstand meiner Untersuchung zu prüfen, wird es notwendig sein darzulegen, welches eigentlich der Wertmesser unseres Landes, dessen Vertretung unser Papiergeld zu übernehmen hat, ist; denn nur durch einen Vergleich mit diesem Wertmesser kann seine Stabilität oder seine Entwertung geschätzt werden.

Solange die Umlaufsmünze eines Landes aus zwei Metallen besteht, kann von einem unveränderlichen Wertmesser[4] nicht die Rede sein,

---

[3] In einer Zeitschrift von großem und wohlverdientem Rufe, der »Edinburgh Review«, Bd. I, S. 183, ist die Bemerkung gemacht worden, daß eine Vermehrung des Papiergeldes nur eine Steigerung des *Papier-* oder *Geld*wertes der Waren, nicht aber eine Steigerung ihres Barrenwertes hervorrufen kann. Dies wäre der Fall, wenn zu der betreffenden Zeit der Geldumlauf ausschließlich aus Papier bestünde, das nicht in Münze umwandelbar wäre, nicht aber, solange Münze einen Teil des Geldumlaufes ausmacht. In letzterem Falle wäre die Folge einer vermehrten Notenausgabe die, daß ein entsprechender Betrag an Münze aus der Zirkulation verdrängt würde; das geschieht aber nicht, ohne den Barrenvorrat am Markte zu vergrößern und dadurch im Preise zu drücken, oder mit anderen Worten, *den Barrenpreis der Waren zu erhöhen*. Nur infolge dieses Sinkens der Preise von Umlaufsmünze und Barren entsteht die Versuchung, sie auszuführen, und die Strafen, die auf das Einschmelzen von Münze stehen, bilden die einzige Ursache des kleinen Unterschiedes zwischen Münz- und Barrenpreis oder einer geringen Steigerung des Marktpreises gegenüber dem Münzpreise. Aber Barrenausfuhr ist gleichbedeutend mit einer ungünstigen Handelsbilanz. Welches auch die Ursache einer Ausfuhr von Barren im Austausch gegen Waren sein mag, man nennt dies immer (meiner Ansicht nach sehr mit Unrecht) eine ungünstige Handelsbilanz.

Wenn die Währung ausschließlich aus Noten besteht, so wird jede Vermehrung ihrer Menge den *Geldpreis* der Barren steigern, ohne seinen Wert zu verringern, genau so und in gleichem Maße, wie die Preise anderer Waren dadurch steigen und der ausländische Wechselkurs fällt; doch ist das nur ein *nominelles*, kein *reales* Sinken und wird keine Barrenausfuhr zur Folge haben, denn der reale Wert ist durch keine Vergrößerung des Marktvorrates vermindert worden.

[4] Genau genommen, kann es kein unveränderliches Wertmaß geben. Ein Wertmaß sollte selbst unveränderlich sein, das ist aber bei Gold und Silber nicht der Fall, denn beide sind so gut wie andere Waren Schwankungen unterworfen. Die Erfahrung hat uns allerdings gelehrt, daß, obgleich die Abweichungen im Werte von Gold und Silber

weil sie ständigen Kursschwankungen in bezug aufeinander unterworfen sind. Wie gewissenhaft die Münzdirektion auch den relativen Wert von Gold und Silber in den Münzen bei der Festsetzung ihres gegenseitigen Verhältnisses abwägen mag, so kann sie doch nicht hindern, daß eines dieser Metalle im Werte steigt, während das andere im Werte unverändert bleibt oder fällt. Sobald dies eintritt, wird eine der Münzsorten eingeschmolzen und für die andere verkauft werden. Locke, Lord Liverpool und viele andere Autoren haben diese Frage mit großem Scharfsinn untersucht und sind alle darin übereingekommen, daß das einzige Mittel gegen die aus dieser Ursache herrührenden Übel darin besteht, nur eines der Metalle zum gesetzlichen Wertmesser zu machen. Locke hielt Silber für das zu diesem Zwecke geeignetste Metall und schlug vor, daß man es den Goldmünzen überlassen sollte, sich ihren eigenen Wert zu bilden und für eine größere oder geringere Zahl von Schillingen zu kursieren, je nachdem der Marktpreis des Goldes, verglichen mit dem des Silbers, schwankt. Lord Liverpool hingegen behauptete, daß Gold nicht nur das geeignetste Metall für ein allgemeines Wertmaß in diesem Lande sei, sondern daß es infolge allgemeiner Übereinstimmung der Bevölkerung schon dazu geworden, bei den Ausländern dafür gelte und am besten dem vergrößerten Handel und Reichtum Englands angemessen sei. Er machte deshalb den Vorschlag, daß Goldmünzen das gesetzliche Zahlungsmittel bei Summen von über einer Guinee sein sollten und Silbermünzen bei Summen, die diesen Betrag nicht überschreiten. Nach dem heutigen Gesetze ist Goldmünze für alle Summen gesetzliches Zahlungsmittel, aber es wurde 1774 verfügt, »daß kein Zahlungsangebot in Silbermünze dieses Landes über eine Summe, die 25 £ übersteigt, rechtlich anerkannt oder als gesetzliche Zahlung in Großbritannien und Irland gelten soll, für mehr als seinem Werte dem Gewichte nach entspricht, nach dem Satze von 5 s. 2 d. für jede Unze Silber«. Diese Verordnung ist jetzt noch in Kraft.

Aus vielen von Lord Liverpool angegebenen Gründen ergibt sich, daß beinahe ein Jahrhundert lang Goldmünze der hauptsächliche Wertmesser war; doch glaube ich, daß dies der ungenauen Festsetzung der Münzverhältnisse zuzuschreiben ist. Gold ist zu hoch bewertet worden; daher kann kein Silber in Umlauf bleiben, das seinen gesetzlichen Feingehalt hat.

Sollte eine neue Münzordnung eingeführt und darin Silber zu hoch

bei der Vergleichung weit auseinander liegender Perioden beträchtlich sein können, ihr Wert innerhalb kurzer Zeiträume doch so ziemlich feststehend ist. Diese Eigenschaft macht sie, neben anderen Vorzügen, mehr als andere Waren zu Geldzwecken brauchbar. Daher können sowohl Gold als auch Silber von dem Gesichtspunkte, von dem aus wir sie betrachten, Wertmesser genannt werden.

eingeschätzt werden oder (was auf dasselbe herauskommt) das Marktverhältnis von Gold und Silber höher sein, als das von der Münzverwaltung angenommene, dann würde Gold verschwinden und Silber die allgemeine Umlaufmünze werden.

Hierzu bedarf es wohl näherer Erläuterungen. Der relative Wert des Goldes und Silbers in unseren Münzen ist $15^9/_{124}$ zu 1. Der Münzordnung zufolge ist eine Unze Gold, die in 3 £ 17 s. $10^1/_2$ d. Goldmünze geprägt ist, $15^9/_{124}$ Unzen Silber wert, weil dieses Gewicht an Silber auch in 3 £ 17 s. $10^1/_2$ d. Silbermünze geprägt ist. Wenn der relative Wert von Gold und Silber am Markte unter 15 zu 1 steht, und das hat er jahrelang getan, dann würde natürlich Goldmünze zum allgemeinen Wertmesser, weil weder die Bank noch ein Privatmann $15^9/_{124}$ Silber zur Münze schicken würde, solange sie ebensoviel Silber am Markte für mehr als 3 £ 17 s. $10^1/_2$ d. Goldmünze verkaufen können, und das können sie unter der Voraussetzung, daß man eine Unze Gold für weniger als 15 Unzen Silber kaufen kann.

Beträgt aber der relative Wert von Gold zu Silber mehr als das Münzverhältnis von $15^9/_{124}$ zu 1, dann wird kein Gold zum Prägen nach der Münze geschickt werden, denn da beide Metalle bis zu jedem Betrage gesetzliche Tauschmittel sind, wird der Eigentümer der Unze Goldes sie nicht nach der Münze schicken, um ein Goldstück von 3 £ 17 s. $10^1/_2$ d. daraus prägen zu lassen, während sie, wie in diesem Falle, für mehr als 3 £ 17 s. $10^1/_2$ d. Silbermünze verkäuflich ist. Nicht nur wird kein Geld zum Prägen nach der Münze geschickt werden, sondern es wird auch der dem Gesetz zuwiderhandelnde Kaufmann die Goldmünze einschmelzen und als Barren für mehr als ihren Nominalwert an Silbermünze verkaufen. Auf diese Weise wird Gold aus der Zirkulation verschwinden und Silbermünze zum allgemeinen Wertmaß werden. Da in letzter Zeit Gold im Verhältnis zum Silber eine beträchtliche Steigerung erfahren hat, so würde dieser Fall jetzt eintreten, wenn das Gesetz über Beschränkung der Noteneinlösungspflicht aufgehoben und die Münze freie Hand zum Prägen von Silbermünze hätte, wie sie sie zum Prägen von Goldmünze hat. Aber in einer Parlamentsakte von 39 Geo. III findet sich folgende Klausel:

»Da durch das Prägen von Silbermünze Nachteile entstehen können, ehe nicht Anordnungen getroffen werden, wie Wir sie für nötig befunden haben und da infolge des jetzigen niedrigen Rohsilberpreises, der vorübergehenden Ursachen zuzuschreiben ist, eine kleine Menge Silberbarren zum Prägen in die Münze gebracht wurde und da Grund zur Annahme vorhanden ist, daß weiterhin Silber dorthin gebracht werden könnte, es daher angebracht erscheint, das Münzen von Silber für den Augenblick zu unterlassen, so sei hiermit verfügt, daß von dem Tag des Erlasses dieser Bestimmung und fürder-

hin, kein Silberbarren in der Münze geprägt werden darf, jedes anders lautenden Gesetzes ungeachtet«.

Dieses Gesetz ist heute noch in Kraft.

Es scheint daraus hervorzugehen, daß es in der Absicht der Gesetzgebung gelegen hat, Gold als gesetzliche Währung in diesem Lande einzuführen. Solange dieses Gesetz in Kraft ist, muß unsere Silbermünze auf kleine Zahlungen beschränkt bleiben, da die in Umlauf befindliche Menge knapp zu diesem Zweck ausreicht. Es könnte im Interesse eines Schuldners liegen, seine großen Schulden in Silbermünze zu zahlen; da ihn aber das Gesetz daran hindert, so ist er gezwungen, seine Schuld in Goldmünze zu begleichen, die er gegen Rohgold bis zu jedem Betrag von der Münze haben kann. Solange dieses Gesetz in Kraft ist, muß Gold immer das gesetzliche Zahlungsmittel bleiben.

Wenn der Marktwert einer Unze Gold auf 30 Unzen Silber stiege, so würde trotzdem Gold der Wertmesser bleiben, solange dieses Verbot in Kraft ist. Dem Eigentümer von 30 Unzen Silber nützt es nichts, wenn er weiß, daß er einstmals eine Schuld von 3 £ 17 s. $10^1/_2$ d. hätte begleichen können, wenn er sich $15^9/_{124}$ Unzen Silber verschafft hätte, um sie an der Münze prägen zu lassen, da er ja in diesem Falle keine andere Wahl hat, als zur Begleichung seiner Schuld 30 Unzen Silber zum Marktpreis, d. h. für eine Unze Gold oder 3 £ 17 s. $10^1/_2$ d. Goldmünze zu verkaufen.

In dem gleichen Maße, in dem die Münzen – z. B. durch Beschneiden – entwertet werden, steigen die Preise aller Waren, zu deren Austausch sie dienen, im Nominalwert, Rohgold und Rohsilber nicht ausgenommen; dementsprechend war vor der Neuprägung, die während der Regierung König Wilhelm des Dritten stattgefunden hat, die Silberwährung so entwertet, daß eine Silbermünze, die den Feingehalt von 62 Pence hätte bilden sollen, für 77 Pence verkauft wurde und ein Guineestück, das die Münze mit 20 Schilling bewertete, in allen Abschlüssen auf 30 Schillinge festgesetzt wurde. Diesem Übel wurde dann durch Neuprägung abgeholfen. Ähnliche Folgen hatte die Verschlechterung der Goldwährung, die im Jahre 1774 auf dieselbe Weise wieder verbessert wurde.

Unsere Goldmünze ist seit 1774 ungefähr auf ihrem Feingehalt geblieben, dagegen ist unsere Silberwährung wieder entwertet worden. Aus einer Metallprobe, die 1798 an der Münze vorgenommen wurde, geht hervor, daß unsere Schillingstücke 24 Prozent und unsere Sechspencestücke 38 Prozent unter ihrem gesetzlichen Münzwert waren. Sie enthalten also nicht mehr so viel reines Silber wie während der Regierung König Wilhelms. Diese Entwertung jedoch wirkte vor 1798 nicht wie bei der früher erwähnten Gelegenheit. Damals stiegen Rohgold sowohl wie Rohsilber im gleichen Verhältnis, wie die Verschlechterung der Silbermünze fortschritt. Alle fremden Wechselkurse waren volle 20 Prozent wider uns. Aber wenn auch die Entwertung der Silbermünze Jahre hindurch angedauert hatte, so bewirkte sie doch vor 1798 weder eine Erhöhung des Gold- und Silberpreises, noch hatte sie irgendwelchen Einfluß auf die Wechselkurse. Das ist ein überzeugender Beweis dafür, daß während dieses Zeitraumes Gold als gesetzliches Zahlungsmittel galt. Jede Entwertung der Goldmünze hätte dann dieselben Wirkungen auf die Preise von Gold- und Silberbarren und auf die ausländischen Wechsel ausgeübt, wie sie früher die Entwertung der Silbermünzen herbeigeführt hatte[5].

Solange die Währung der verschiedenen Staaten aus Edelmetallen oder aus Papiergeld besteht, das jederzeit gegen sie eintauschbar ist, und solange das Umlaufsmetall nicht durch den Gebrauch oder durch Beschneiden entwertet ist, sind wir in der Lage, durch einen Vergleich des Gewichtes und des Feingehaltes ihrer Münzen das Wechselpari zu bestimmen. So stellt sich dieses zwischen Holland und England auf ungefähr 11 Gulden, weil in elf Gulden so viel reines Silber enthalten ist wie in zwanzig vollwertigen Schillingen.

Dieser Kurs ist nicht und kann nicht absolut feststehend sein, denn da Goldmünze die Währung für den englischen Handel ist und Holland Silberwährung hat, so kann ein Pfund Sterling, oder $^{20}/_{21}$ eines Guineestückes, zu verschiedenen Zeiten mehr oder weniger wert sein als 20 Währungsschillinge und deshalb auch als die ihnen entsprechenden 11 Gulden. Es wird für unseren Zweck aber vollkommen genau genug sein, wenn wir den Parikurs entweder in Silber- oder in Goldwährung berechnen.

Wenn ich in Holland Geld schulde, dann kenne ich, sobald mir der Wechselkurs bekannt ist, auch die Summe unseres Geldes, deren ich zur Tilgung meiner Schuld bedarf. Wenn sich meine Schuld auf 1100 Gulden beläuft und der Geldwert sich inzwischen nicht geändert hat, dann kann man mit 100 £ unserer reinen Goldmünze so viel holländische Kurantmünze kaufen, wie ich zur Begleichung meiner Schuld brauche. Ich verschicke daher die 100 £ in Münze oder (was das gleiche ist) ich zahle 100 £ in Münze an einen Barrenhändler, der, nachdem er mir die Versendungskosten, wie Fracht, Versicherung und seine Provision, in Anrechnung gebracht hat, mir einen Wechsel verkauft, mit dem ich meine Schuld begleichen kann; zugleich verschickt er das Barrengeld, damit sein Geschäftsfreund den Wechsel bezahlen kann, sobald er fällig ist.

[5] Vor der Neuprägung von 1774 stiegen bei einer Entwertung der Goldmünze Rohgold und Rohsilber über ihre Münzpreise und fielen sofort, als die Goldmünze ihre jetzige Vollkommenheit erreicht hatte. Aus denselben Ursachen veränderte sich der vorher für uns ungünstige Wechselkurs zu unseren Gunsten.

Dies also sind die äußersten Unkosten bei einer ungünstigen Handelsbilanz. Wie groß meine Schuld auch sein mag, wenn sie selbst den größten Subsidien gleichkäme, die unser Land jemals einem Verbündeten geleistet hat, solange ich imstande bin, den Barrenhändler in gesetzlich vollwertiger Münze zu bezahlen, wird er froh sein, sie auszuführen und mir Wechsel zu verkaufen. Wenn ich ihm aber den Wechsel in schlechter Münze oder niedrig stehendem Papiergeld zahle, dann wird er nicht bereit sein, den Wechsel zu dem gleichen Kurse herzugeben, denn wenn die Münze entwertet ist, so hat sie nicht den vollen Gehalt an reinem Gold oder Silber, der in 100 £ enthalten sein sollte, und daher muß er eine größere Zahl solch entwerteter Geldstücke ausführen, um meine Schuld von 100 £ oder die ihr entsprechende Summe von 1100 Gulden bezahlen zu können. Bezahle ich ihn mit Papiergeld, dann wird er, da er es nicht ins Ausland schicken kann, sich berechnen, ob er dafür so viel Gold- oder Silberbarren bekommt, wie es dem Gehalt der Münze, deren Stellvertreter das Papier ist, entspricht; ist das nicht der Fall, dann wird er auf seinen Wechsel ein weiteres Agio fordern, das die Entwertung des Papieres ausgleicht.

Solange daher die in Umlauf stehende Währung aus vollwertiger Münze oder aus Papiergeld besteht, das jederzeit gegen vollwertige Münze einlösbar ist, kann der Wechsel nie viel mehr über oder unter Pari sein als der Betrag der Unkosten ausmacht, welche die Ausfuhr der Edelmetalle mit sich bringt. Besteht diese aber aus entwertetem Papiergeld, dann muß er notwendigerweise, entsprechend dem Grade dieser Entwertung, fallen. Der Wechselkurs wird folglich stets ein ziemlich guter Index für die Entwertung des Umlaufgeldes sein, deren Ursache entweder im Beschneiden der Münze oder dem Sinken des Papiergeldes zu suchen ist.

Die Kritiker der »Edinburgh Review« sagen in ihrer Besprechung von Lord Kings Flugschrift, daß »die Tatsache, daß unsere Einfuhr stets zum Teil aus Barren bestünde, noch keinen Beweis dafür liefere, daß unsere Handelsbilanz andauernd günstig ist. Barren«, sagen sie, »sind eine Ware, nach der, wie nach jeder anderen auch, eine wechselnde Nachfrage besteht und die, genau wie jede andere, sich entweder bei der Einfuhr oder Ausfuhr feststellen läßt. Und dieser Export oder Import von Barren wird den Wechselkurs nicht anders beeinflussen, wie die Ein- oder Ausfuhr irgendwelcher anderen Waren es tut.«

Kein Mensch führt Barren aus oder ein, ohne vorher den Wechselkurs in Betracht gezogen zu haben. Am Wechselkurse erkennt er den relativen Wert, den Barren in den beiden in Frage kommenden Ländern haben. Der Barrenhändler prüft ihn daher genau so, wie andere Kaufleute die Preisliste zu Rate ziehen, ehe sie sich zur Ein- oder Ausfuhr andersartiger Waren entschließen. Wenn 11 holländische Gulden die gleiche Menge reines Silber enthalten, wie 20 Währungsschillinge, dann kann niemals, solange der Wechselkurs auf Pari steht oder für Holland ungünstig ist, ein Silberbarren, der das gleiche Gewicht hat wie 20 Währungsschillinge, von London nach Amsterdam ausgeführt werden. Denn einige Unkosten und eine gewisse Gefahr werden immer mit seiner Ausfuhr verbunden sein, und schon die Bezeichnung Pari besagt, daß ein an Gewicht und Reinheit gleichwertiges Quantum Silber durch den Ankauf eines Wechsels in Holland ohne weitere Kosten zu haben ist. Wer würde auch Barren mit 3 oder 4 Prozent Unkosten nach Holland schicken, wenn er durch den Ankauf eines Wechsels zu Pari tatsächlich eine Auszahlungsordre an seinen holländischen Handelsfreund über dasselbe Barrengewicht, das er hatte ausführen wollen, erhalten kann?

Ebensogut könnte man behaupten wollen, daß, falls der Kornpreis in England höher ist als auf dem Kontinent, Getreide, ungeachtet aller Transportkosten, hinübergeschafft werden würde, um am billigeren Markte verkauft zu werden.

Nachdem ich die Störungen besprochen habe, denen eine Metallwährung ausgesetzt ist, will ich diejenigen in Betracht ziehen, welche, obgleich nicht durch den entwerteten Zustand der Gold- und Silbermünzen verursacht, weit ernstere Folgen haben.

Unser Umlaufsgeld besteht fast ausschließlich aus Noten, und es ist notwendig, daß wir der Verschlechterung des Papiergeldes mindestens mit derselben Sorgfalt zu begegnen suchen, wie wir es mit derjenigen der Münzen tun. Das ist jedoch versäumt worden. Dadurch, daß das Parlament die Bank der Verpflichtung enthoben hat, in Münze zu zahlen, hat es die Leiter dieses Unternehmens instand gesetzt, die Menge und den Betrag der Banknoten nach Belieben zu vergrößern oder zu verringern. Da hierdurch die früher bestehenden Hemmungen gegen eine übermäßige Notenausgabe aufgehoben worden sind, steht es in der Macht jener Direktoren, den Wert des Papiergeldes zu steigern oder zu mindern.

Um die jetzt herrschenden Übelstände auf ihre letzte Ursache zurück zu verfolgen und für ihr Bestehen durch eine Berufung auf die beiden untrüglichen Beweismittel Wechselkurs und Barrenpreis den Nachweis zu liefern, werde ich den Bericht, den Thornton über das Verhalten der Bank vor der Aufhebung der Noteneinlösungspflicht gibt, benutzen und daran dartun, wie genau sie nach dem ausdrücklich von ihm anerkannten Grundsatz gehandelt hat, nämlich, daß der Wert der Noten von ihrer Menge abhängt und daß Veränderungen in deren Wert von ihr nach jenen Beweismitteln, deren ich soeben Erwähnung getan, festgestellt zu werden pflegten.

Thornton sagt: »Daß, wenn jemals die Wechselkurse unseres Landes so ungünstig standen, daß sie eine beträchtliche Überschreitung des Marktpreises über den Münzpreis des Goldes verursachten, die Direktoren der Bank geneigt wären, zu einer Verminderung ihrer Noten ihre Zuflucht zu nehmen, als einem Mittel, das Übermaß zu beschränken oder zu beseitigen und so für die Sicherheit ihres Unternehmens Sorge zu tragen. Aus denselben Gründen der Vorsicht waren sie«, so sagt er, »gewohnt, eine gewisse Grenze in bezug auf die Anzahl ihrer Noten einzuhalten.« Und an anderer Stelle: »Wenn der Preis, der im Ausland für unsere Münze geboten wird, derartig ist, daß er diese aus unserem Reiche herauszieht, so vermindern selbstverständlich die Direktoren der Bank die Anzahl der Noten aus Besorgnis um die Sicherheit ihres Institutes. Durch Verminderung ihrer Noten erhöhen sie deren Wert, und durch die Erhöhung des Wertes ihrer Noten bewirken sie in England auch eine Erhöhung des Wertes der Münzen, für die sie eingetauscht werden. Auf diese Weise paßt sich der Preis unserer Goldmünze dem Preis des umlaufenden Papiergeldes an, und diesem wird von den Bankdirektoren jener Wert zuerteilt, welchen es notwendigerweise haben muß, um eine große Ausfuhr zu vermeiden – ein Wert, der manchmal etwas über und manchmal etwas unter dem Preise ist, den unsere Münze im Ausland bringt.«

So verhinderte der Zwang, unter dem sich die Bank zur Wahrung der Sicherheit ihres Unternehmens sah, vor der Beschränkung der Bareinlösungsverpflichtung die zu reichliche Ausgabe von Papiergeld.

Wir finden also, daß während eines Zeitraumes von 23 Jahren vor der Erschwerung der Münzauszahlungen im Jahre 1797 der Durchschnittspreis von Goldbarren 3 £ 17 s. 7³/₄ d. pro Unze, ungefähr 2³/₄ d. unter dem Münzpreise, betrug und während 16 Jahren vor 1774 nie viel über 4 £ pro Unze stand. Man muß hierbei in Betracht ziehen, daß in diesen 16 Jahren unsere Goldmünze durch Abnutzung entwertet war, und daher wahrscheinlich 4 £ solchen entwerteten Geldes nicht so schwer waren wie die Unze Gold, gegen die sie eingetauscht wurden.

Nach Adam Smith ist jede andauernde Überschreitung des Marktpreises über den Nennwert des Goldes auf den Zustand der Münzen zurückzuführen. Er glaubt, daß, solange die Münze ihr Prägungsgewicht und ihren Feingehalt besitzt, der Marktpreis der Goldbarren den Münzpreis nicht bedeutend übersteigen kann.

Thornton bestreitet, daß dies die einzige Ursache sein könne. »Wir haben«, sagt er, »in letzter Zeit in unseren Wechselkursen Schwankungen und damit zusammenhängende Veränderungen auf dem Markte gehabt, die sich, mit dem Münzpreis des Goldes verglichen, auf nicht weniger als 8 oder 10 Prozent beliefen, während der Zustand

unseres Münzwesens in jeder Hinsicht der gleiche blieb.« Thornton
hätte bedenken sollen, daß zu der Zeit, in der er schrieb, an der Bank
Bargeld im Austausch gegen Noten nicht verlangt werden konnte und
daß dies eine Ursache für die Entwertung des Umlaufgeldes bildete,
die Adam Smith niemals hätte voraussehen können. Hätte Thornton
bewiesen, daß eine Schwankung von 10 Prozent im Goldpreis stattgefunden
habe, als die Bank ihre Noten in Metallgeld auszahlte und
die Münze vollwichtig war, dann wäre Adam Smith überführt worden,
»diese wichtige Frage in mangelhafter und unzulänglicher Weise
behandelt zu haben«.

Da jetzt aber alle Hemmungen gegen eine übergroße Ausgabe von
Papiergeld durch den Parlamentsbeschluß, der die Bank ihrer Verpflichtung
enthob, ihre Noten in Metallgeld auszuzahlen, beseitigt
sind, sieht sie sich nicht mehr durch »die Furcht vor einer Gefährdung
ihres Unternehmens« veranlaßt, die Menge ihrer Noten so zu
beschränken, daß deren Wert auf der gleichen Höhe wie derjenige der
Münze, die sie repräsentieren, erhalten wird. Infolgedessen zeigt es
sich, daß der Goldbarrenpreis von 3 £ 17 s. 7³/₄ d., dem Durchschnitt
vor 1797, auf 4 £ 10 s. gestiegen ist und letzthin sogar 4 £ 13 s. pro
Unze stand.

Wir können hieraus den Schluß ziehen, daß diese Differenz im relativen
Werte oder, mit anderen Worten, daß diese Verschlechterung
des tatsächlichen Wertes der Banknoten ihre Ursache in der übergroßen
Menge hat, die von der Bank in Umlauf gesetzt worden ist.
Die gleiche Ursache, die eine Differenz der Noten von 15 bis 20 Prozent
im Vergleich zu Goldbarren hervorgerufen hat, kann sie auf 50
Prozent bringen. Es gibt keine Grenze für die Entwertung, die infolge
der ständig anwachsenden Menge des Papiergeldes eintreten kann.
Der Antrieb, den eine reichliche Menge umlaufenden Geldes auf die
Münzausfuhr ausübt, hat neue Kraft gewonnen, kann diese Kraft
aber nicht wie früher ausnützen. Wir haben nur Papiergeld in
Umlauf, das sich notwendigerweise auf unser Land beschränkt.
Durch jede Vermehrung seiner Menge sinkt es unter den Preis
von Gold- und Silberbarren, unter den Preis des Umlaufgeldes anderer
Länder.

Die Wirkung ist dieselbe, wie sie das Beschneiden unserer Münze
verursachen würde. Wenn man von jedem Guineestück ein Fünftel
wegnimmt, dann wird der Marktpreis der Goldbarren ein Fünftel
über den Münzpreis steigen. Vierundzwanzig und eine halbe Guinee
(diese Anzahl Guineestücke wiegen ein Pfund und werden daher als
Münzpreis bezeichnet) werden dann nicht mehr ein Pfund wiegen,
sondern es wird ein Fünftel mehr, oder ungefähr 56 £ der Preis für
ein Pfund Gold sein, und die Entwertung wird sich auf den Unter-

schied zwischen Marktpreis und Nennwert, zwischen 56 £ und 46 £ 14 s. 6 d., bemessen.

Wenn solch entwertete Münze weiter mit dem Namen Guinee benannt und der Wert von Goldbarren und allen anderen Waren in der entwerteten Münze berechnet würde, dann hätte ein frischgemünztes Guineestück den Wert von 1 £ 5 s. und diese Summe würde dafür vom Händler gesetzwidrigerweise bezahlt; es wäre dies aber nicht der Wert der neuen Guinee, der gestiegen, sondern der Wert der verschlechterten Guinee, der gefallen ist. Das würde sofort zutage treten, wenn eine Verfügung erlassen würde, die untersagt, daß die entwerteten Guineestücke außer nach dem Gewicht nur noch zu dem Münzpreis von 3 £ 17 s. 10½ d. in Umlauf bleiben. Hierdurch würden die neuen, vollwichtigen Guineestücke an Stelle der beschnittenen und entwerteten Guineestücke zum gesetzlichen Wertmesser ernannt. Die letzteren würden dann zu ihrem tatsächlichen Werte umlaufen und 17 oder 18 Schillingstücke genannt werden. Wenn also jetzt eine derartige Proklamation erlassen werden sollte, dann würden Banknoten dadurch nicht weniger umlaufsfähig, sondern würden nur zu der Summe an Goldbarren kursieren, die man dafür kaufen kann. Man würde dann nicht mehr sagen, daß ein Guineestück 1 £ 5 s. wert sei, sondern daß eine Pfundnote nur gegen 16 oder 17 Schillinge kursiert. Augenblicklich sind Goldmünzen nur Waren, und Banknoten sind das gesetzliche Wertmaß, doch in besagtem Falle würde die Goldmünze zum Maße werden und Banknoten würden die gangbare Ware sein.

»Es ist«, sagt Thornton, »die Übereinstimmung des Münzpreises mit dem Barrengoldpreis, die den besten Beweis dafür zu liefern scheint, daß das umlaufende Papiergeld nicht entwertet ist.« Wenn die Veranlassung für die Ausfuhr von Gold in dem Augenblick eintritt, in dem die Bank nicht in Metall auszahlt und Gold daher zum Münzpreise nicht zu haben ist, dann wird die geringe Menge, die beschafft werden kann, für die Ausfuhr zusammengebracht werden, und man wird Banknoten gegen Gold mit einem Diskont verkaufen, der im Verhältnis zu ihrer übergroßen Menge steht. Wir machen aber einen Fehler, wenn wir sagen, daß Gold hoch im Preise steht; nicht das Gold, das Papier ist es, das seinen Kurs geändert hat. Man darf nur eine Unze Gold oder 3 £ 17 s. 10½ d. mit Waren vergleichen, und es wird sich zeigen, daß sie in gleichem Verhältnis zueinander stehen wie vordem; ist dies nicht der Fall, dann ist das auf vermehrte Besteuerung oder eine der anderen Ursachen zurückzuführen, die andauernd seinen Preis beeinflussen. Vergleicht man aber das Entgelt für eine Unze Gold, 3 £ 17 s. 10½ d. in Banknoten mit Waren, dann tritt die Entwertung der

Noten zutage. Auf jedem Markte der Welt bin ich genötigt, 4 £ 10 s. in Banknoten herzugeben, um die gleiche Menge Waren zu kaufen, die ich für das Gold haben kann, das in 3 £ 17 s. 10½ d. Münze enthalten ist.

Es ist oft gesagt worden, daß eine Guinee in Hamburg 26 oder 28 Schillinge wert sei, aber wir würden uns sehr täuschen, wenn wir daraus schließen wollten, daß ein Guineestück in Hamburg für so viel Silber verkauft werden kann, wie in 26 oder 28 Schillingen enthalten ist. Vor der Veränderung in dem relativen Werte von Gold und Silber ließ sich ein Guineestück in Hamburg nicht für so viel Silbermünze verkaufen, wie in 21 Währungsschillingen enthalten ist; zum jetzigen Marktpreise ist es für eine Summe Silbergeld verkäuflich, die, wenn sie eingeführt und zur Münze gebracht werden sollte, in unserer Silberwährung eine Münze von 21 s. 5 d. abgeben würde.

Es ist nichtsdestoweniger wahr, daß man für dieselbe Menge Silber in Hamburg einen Wechsel kaufen kann, der in London in Banknoten zu 26 oder 28 Schilling bezahlt wird. Kann es einen besseren Beweis für die Entwertung unseres Umlaufsgeldes geben?

Es heißt, daß ohne die gesetzliche Suspendierung der Noteneinlösungspflicht jedes Goldstück außer Landes gehen würde[6]. Dies ist zweifellos wahr; wenn aber die Bank die Menge ihrer Noten einschränken wollte, bis sie dadurch deren Wert um 15 Prozent gesteigert hat, dann könnte das Suspendierungsgesetz ruhig aufgehoben werden, da keine Versuchung zur Ausfuhr von Bargeld mehr bestünde. Wie lange dies auch hinausgeschoben wird, wie hoch der Diskont auf ihre Noten auch sein mag, die Bank kann doch niemals ihre Barzahlungen wieder aufnehmen, wenn sie nicht vorher den Betrag ihrer in Umlauf befindlichen Noten auf diese Grenzen beschränkt hat.

Alle nationalökonomischen Schriftsteller geben zu, daß das Gesetz eine nutzlose Schranke gegen die Ausfuhr von Guineestücken ist: Es läßt sich so leicht umgehen, daß es zweifelhaft ist, ob es auch nur den Erfolg gehabt hat, ein einziges Guineestück mehr in England zurückzuhalten, als es ohne dieses Gesetz der Fall gewesen wäre. Locke, Sir J. Steuart, Adam Smith, Lord Liverpool und Thornton sind sich alle über diese Frage einig. Der letztere bemerkt, »daß die Natur des britischen Gesetzes zweifellos dazu dient, jene Ausfuhr von Guineestücken, die durch eine ungünstige Handelsbilanz begünstigt wird, einzuschränken, wenngleich sie diese auch nicht

---

[6] Es muß das so gemeint sein, daß jedes Guineestück in der Bank außer Land ginge, denn die verführerischen 15 Prozent genügen vollständig, um das Geld anzuziehen, das aus der Zirkulation gezogen werden kann.

erfolgreich verhindern kann, daß sie sie auch wahrscheinlich kaum vermindert, sobald die Ausfuhr sehr nutzbringend wird.« Trotzdem wird der unbefugte Händler, nachdem er jedes Guineestück, das er sich bei der jetzigen Lage der Dinge verschaffen konnte, eingeschmolzen und ausgeführt hat, doch zögern, ehe er öffentlich mit seinen Banknoten Guineestücke gegen Aufgeld kauft, denn wenn ihm eine solche Spekulation auch viel Gewinn bringen kann, so macht er sich doch dadurch verdächtig. Er könnte beobachtet und an der Ausführung seines Vorhabens verhindert werden. Da die Strafen dieses Gesetzes sehr schwer sind und die Versuchung für Angeber groß ist, so wird für seine Unternehmung Verborgenheit das Wesentliche sein. Wenn Guineestücke dadurch zu bekommen sind, daß man einfach eine Note an der Bank wechseln läßt, dann ist das Gesetz leicht zu umgehen; wenn man aber genötigt ist, sie öffentlich und aus einer weit verzweigten Zirkulation heraus, die fast ausschließlich aus Papier besteht, an sich zu ziehen, dann muß der damit verbundene Vorteil schon sehr beträchtlich sein, ehe sich irgend jemand der Gefahr, entdeckt zu werden, aussetzt.

Wenn wir bedenken, daß während der Regierungszeit des jetzigen Herrschers über 60 Millionen £ Sterling gemünzt wurden, können wir uns einen Begriff davon machen, bis zu welchem Grade die Goldausfuhr betrieben worden sein muß. Aber widerruft das Gesetz gegen die Ausfuhr von Guineestücken, gestattet ihre freie Ausfuhr, warum sollte dann nicht eine Unze in Guineestücken gemünztes Gold zu einem ebenso günstigen Preise in Banknoten verkauft werden, wie eine Unze portugiesischer Goldmünze oder Rohgold in Barren, wenn es bekannt ist, daß sie ihnen an Reinheit gleichkommt? Und wenn eine Unze reines Gold am Markte für 4 £ 13 s. verkäuflich ist, wird sich dann ein Ladenbesitzer finden, der seine Waren zum selben Preis gleich gerne gegen Gold oder gegen Noten verkauft? Wenn der Preis eines Rockes 3 £ 17 s. 10½ d. oder eine Unze Gold beträgt und zur gleichen Zeit eine Unze Gold für 4 £ 13 s. verkäuflich ist, läßt sich dann annehmen, daß es dem Schneider ganz gleichgültig ist, ob man ihn in Gold oder in Banknoten bezahlt?

Nur weil man für ein Guineestück nicht mehr als eine Pfundnote und einen Schilling kaufen kann, zögern manche, ehe sie zugeben, daß Banknoten unter Pari stehen. Die Edinburgh Review verficht dieselbe Ansicht, wenn aber meine Beweisführung richtig war, dann habe ich bewiesen, daß solche Einwände grundlos sind.

Thornton hat uns gesagt, daß eine ungünstige Handelsbilanz die Schuld an einem ungünstigen Wechselkurs trage; wir haben aber bereits gesehen, daß eine ungünstige Handelsbilanz, wenn das überhaupt eine zutreffende Bezeichnung ist, nur einen beschränkten Einfluß auf den Wechselkurs hat. Er erstreckt sich wahrscheinlich bis zu 4 oder 5 Prozent. Das ist keine genügende Erklärung für eine Entwertung von 15 oder 20 Prozent. Außerdem hat uns Thornton gesagt, und ich stimme ihm hierin bei, »daß man es als eine feststehende Tatsache hinstellen kann, daß Ein- und Ausfuhr von Waren eines Landes sich naturgemäß ausgleichen und daher die Handelsbilanz eines Landes nie sehr lange entweder sehr günstig oder sehr ungünstig sein kann«. Nun bestand aber der niedrige Wechselkurs schon vor 1802, dem Jahre, in dem Thornton schrieb, und hat sich inzwischen andauernd verschlechtert, so daß er jetzt 15 bis 20 Prozent gegen uns ist. Seinen eigenen Theorien gemäß muß Thornton das einer stetigeren Ursache als einer ungünstigen Handelsbilanz zuschreiben, und ich zweifle nicht daran, daß er jetzt, mag er auch früher anderer Ansicht gewesen sein, doch darin mit mir übereinstimmt, daß diese sich nur mit der Entwertung des Umlaufsmittels begründen läßt.

Ich glaube, es läßt sich nicht mehr bestreiten, daß die Banknoten unter Pari stehen. Solange der Preis für Barrengold 4 £ 10 s. pro Unze beträgt, oder mit anderen Worten, solange irgend jemand bereit ist, das herauszugeben, was für ihn eine Verpflichtung darstellt, für die Unze Gold fast eine und ein Sechstel Unze Gold zu zahlen, dann läßt sich wohl nicht mehr darüber streiten, ob 4 £ 10 s. in Noten und 4 £ 10 s. in Goldmünze gleichwertig sind.

Aus einer Unze Gold prägt man 3 £ 17 s. 10½ d.; wenn ich also diese Summe besitze, dann habe ich eine Unze Gold und würde nie 4 £ 10 s. in Goldmünze oder Banknoten, die ich jederzeit gegen 4 £ 10 s. eintauschen könnte, gegen eine Unze Gold geben.

Es widerspricht dem gesunden Menschenverstand, anzunehmen, daß der Marktpreis sich so gestaltet hätte, wenn nicht der Wert in einem entwerteten Umlaufsmittel ausgedrückt worden wäre.

Allerdings, wenn der Goldpreis in Silber berechnet würde, dann könnte der Preis bis auf 4 £, 5 £ oder 10 £ per Unze steigen, und es würde dies an sich noch kein Beweis für die Entwertung des Papiergeldes, sondern nur für eine Veränderung der relativen Werte von Gold und Silber sein. Ich glaube jedoch, bewiesen zu haben, daß Silber nicht der gesetzliche Wertmesser und daher auch nicht das Mittel ist, an dem der Goldwert bemessen wird. Wenn dem aber so ist, dann dürfte eine Unze Gold für nicht mehr als 4 £ verkäuflich sein, da eine Unze Gold nur den Marktwert von 15½ Unzen Silber hat und 15½ Unzen Silber im Gewicht vollkommen gleichwertig mit 80 Schillingen sind und auch dazu gemünzt werden.

Diejenigen also, die daran festhalten, daß Silber der Wertmesser sei, können nicht beweisen, daß irgendeine Nachfrage nach Gold, welche Ursache ihr auch zugrunde liegen mag, seinen Preis höher als bis zu 4 £ per Unze hinaufgetrieben haben könne. Was diesen Preis übersteigt, das muß nach ihren eigenen Grundsätzen ein Sinken im Werte der Banknoten genannt werden. Daraus folgt, daß, wenn Banknoten an die Stelle der Silbermünze treten, eine Unze Gold, wenn sie, wie jetzt für 4 £ 10 s. verkäuflich ist, für einen Betrag an Noten verkauft wird, der $17^{1}/_{2}$ Unzen Silber darstellt, am Geldmarkt aber nur gegen $15^{1}/_{2}$ Unzen eingetauscht werden kann. So sind $15^{1}/_{2}$ Unzen Rohsilber gleichwertig mit einer Verpflichtung der Bank, an den Überbringer $17^{1}/_{2}$ Unzen auszuzahlen.

Der Marktpreis des Silbers beträgt zur Zeit, in Banknoten geschätzt, 5 s. $9^{1}/_{2}$ d. per Unze; der Münzpreis jedoch nur 5 s. 2 d.; folglich ist der Silberwert von 100 £ mehr wert als 112 £ in Banknoten.

Aber, so wird man einwenden, Banknoten treten an die Stelle unserer entwerteten Silbermünze und nicht unseres vollwichtigen Währungssilbers. Das ist nicht richtig, denn das schon von mir zitierte Gesetz erklärt, daß Silber nur für Summen nicht über 25 £ gesetzliches Zahlungsmittel ist, es sei denn, man berechne es nach dem Gewichte. Bestünde die Bank darauf, den Inhaber einer Banknote von 1000 £ in Silbermünze auszuzahlen, so wäre sie entweder verpflichtet, ihm vollwertiges Währungssilber zu geben oder entwertetes Silber im gleichen Betrage, mit Ausnahme der 25 £, die sie ihm in entwerteter Münze auszahlen darf. Aber die 1000 £, die auf diese Weise auf 975 £ in vollwertigem Geld und 25 £ in entwertetem Geld bestehen, sind mehr wert als 1112 £ zum heutigen Marktpreise von Silberbarren.

Man sagt, daß der Betrag an Banknoten sich nicht in höherem Maße vergrößert hat, als es das Anwachsen unseres Handels erforderlich machte, und aus diesem Grunde nicht übermäßig sein kann. Es würde schwerfallen, diese Behauptung zu beweisen, und wenn sie wahr sein sollte, dann ließen sich nur trügerische Schlußfolgerungen daraus ziehen. Erstens würde infolge der Fortschritte, die wir täglich durch eine verbesserte Handhabung des Bankwesens in der besseren Ausnutzung unserer Umlaufsmittel machen, derselbe Betrag an Noten, der für den Stand unseres Handels zu einem früheren Zeitpunkte erforderlich war, heute übergroß sein. Zweitens besteht überall da, wo Provinzbanken gegründet worden sind, ein ständiger Wettbewerb zwischen der Bank von England und den Provinzbanken, die ihre Noten unter Verdrängung derjenigen der Konkurrenzbanken einzuführen suchen. Da sich die letzteren innerhalb weniger Jahre mehr als verdoppelt haben, ist es da nicht wahrscheinlich, daß ihr Bestreben, mit ihren eigenen Noten einen großen Teil derjenigen der Bank von England zu verdrängen, von Erfolg gekrönt war?

Wenn das der Fall ist, dann wird derselbe Betrag an Noten der Bank von England jetzt übermäßig groß sein, der bei einem weniger ausgedehnten Handel vorher kaum genügte, um unser Umlaufsgeld auf der gleichen Höhe mit dem anderer Länder zu halten. Es läßt sich daher aus dem tatsächlichen Betrag der in Umlauf befindlichen Banknoten keine zutreffende Schlußfolgerung ziehen, wenn ich auch glaube, daß sich bei einer Untersuchung die Tatsache ergeben würde, daß die Vermehrung des Banknotenbetrages und der hohe Geldpreis gewöhnlich Hand in Hand gegangen sind.

Es wird bezweifelt, daß 2 oder 3 Millionen Banknoten (das ist die Summe, welche die Bank dem Umlaufsgelde über den Betrag hinaus, den sie mit Leichtigkeit tragen kann, hinzugefügt haben soll) solche Wirkungen, wie sie ihnen zugeschrieben werden, hätten haben können; aber man sollte bedenken, daß die Bank die Umlaufssumme aller Provinzbanken reguliert und daß wahrscheinlich, sobald die Bank ihre Notenausgabe um 3 Millionen vermehrt, es den Provinzbanken ermöglicht wird, der allgemeinen Umlaufssumme in England mehr als 3 Millionen hinzuzufügen.

Das Geld eines einzelnen Staates ist unter seine verschiedenen Landesteile nach denselben Gesetzen verteilt, wie das Geld der ganzen Welt unter die einzelnen Nationen. Jeder Bezirk wird von dem Umlaufsgelde seines Landes den Anteil in seiner Zirkulation zurückbehalten, der im Verhältnis zu dem Handel des ganzen Landes für seinen Handel und folglich für seine Zahlungen erforderlich ist, und es kann keine Vermehrung des Umlaufsmittels eines einzelnen Bezirkes stattfinden, ohne sich überallhin auszudehnen oder in jedem anderen Distrikte eine entsprechende Vermehrung zu bewirken. Das ist es, was eine Provinzbanknote immer auf der gleichen Höhe wie eine Note der Bank von England erhält. Wenn in London, wo nur Noten der Bank von England kursieren dürfen, der in Umlauf befindlichen Summe eine Million hinzugefügt wird, dann wird hier das Umlaufsgeld billiger als anderwärts oder die Ware teurer. Infolgedessen wird die Provinz ihre Waren an den Londoner Markt schicken, um sie zu den hohen Preisen zu verkaufen oder, was viel wahrscheinlicher ist, die Provinzbanken werden die verhältnismäßige Knappheit in der Umlaufssumme des Landes ausnutzen und den Betrag ihrer Noten in demselben Verhältnis vermehren, wie es die Bank von England getan hat; in diesem Falle würden die Preise allgemein, nicht teilweise, beeinflußt werden.

Wenn die Noten der Bank von England um eine Million vermindert werden, dann wird auf dieselbe Weise die relative Menge des Londoner Kurantgeldes vergrößert und die der Warenpreise gedrückt werden. Eine Note der Bank von England wird dann mehr wert sein als eine Banknote aus der Provinz, weil man sie braucht, um Waren am billigen Markte einzukaufen. Und da die Provinzbanken verpflichtet sind, auf Verlangen Noten der Bank von England gegen ihre eigenen zu geben, so würden diese in unserem Falle so lange verlangt werden, bis die Summe der Provinzbanknoten auf das gleiche Verhältnis vermindert wird, das zwischen diesem und dem Londoner Papier bestand. Hierdurch wird ein entsprechendes Sinken im Preise aller Waren, gegen die es eintauschbar ist, hervorgerufen.

Die Provinzbanken können niemals ihren Betrag an Noten vermehren, es sei denn, um einen relativen Mangel in den Umlaufsmitteln des Landes auszugleichen, einen Mangel, der durch die vermehrte Notenausgabe der Bank von England veranlaßt wurde. Sollten sie es aber versuchen, dann würden die gleichen Nachteile, welche die Bank von England zur Zeit, als sie ihre Noten auf Verlangen in bar auszahlte, veranlaßten, einen Teil derselben aus der Zirkulation zurückzuziehen, die Provinzbanken zu demselben Vorgehen nötigen. Ihre Noten würden infolge der vermehrten Menge im Werte unter diejenigen der Bank von England sinken, genauso, wie die Noten der Bank von England im Preise unter die Guineestücke, deren Vertreter sie sind, gesunken waren. Man würde sie daher so lange gegen Noten der Bank von England eintauschen, bis sie mit diesen wieder gleichwertig wären.

Die Bank von England ist der große Regulator des Provinzpapiergeldes. Vermehrt oder vermindert sie den Betrag ihrer Noten, so tun die Provinzbanken das gleiche, und in keinem Falle können Provinzbanken die allgemeine Umlaufssumme vermehren, wenn nicht die Bank von England zuvor ihren Betrag an Noten vergrößert hat.

Es wird behauptet, daß nicht der Preis der Gold- und Silberbarren, sondern der Zinsfuß den Prüfstein abgibt, an dem wir zu jeder Zeit den Überfluß an Papiergeld messen können; daß der Zinsfuß fällt, wenn es zu reichlich, daß er steigt, wenn es knapp ist. Ich glaube, es läßt sich nachweisen, daß der Zinsfuß sich nicht nach dem Übermaß oder der Knappheit des Geldes richtet, sondern nach dem Übermaß oder der Knappheit desjenigen Teiles des Kapitals, der nicht aus Geld besteht.

»Geld«, schreibt Adam Smith, »das große Rad im Umlaufgetriebe, das große Werkzeug des Handels, macht zwar, wie alle anderen Werkzeuge des Verkehrs, einen Teil, und zwar einen sehr wertvollen Teil des Kapitals aus, es bildet aber keinen Teil des Einkommens der Gesellschaft, der es zugehört; und obgleich die Metallstücke, aus denen es besteht, im Verlaufe ihrer alljährlichen Zirkulation an jedermann das Einkommen verteilen, das ihm zukommt, so werden sie doch nicht zu einem Teile dieses Einkommens.

Wenn wir die Arbeitsmenge berechnen wollen, welche von dem in Umlauf befindlichen Kapital einer Gesellschaft unterhalten werden kann, so dürfen wir immer nur diejenigen Teile in Betracht ziehen, die in Nahrungsmitteln, Vorräten und fertiger Arbeit bestehen; der andere Teil, der aus Geld besteht und nur den Zweck hat, die genannten drei Faktoren in Zirkulation zu halten, muß immer abgezogen werden. Um den Gewerbefleiß anzuregen, sind drei Dinge erforderlich: Material, das verarbeitet werden soll, Werkzeuge, mit denen gearbeitet, und Lohn oder Entschädigung, um derentwillen die Arbeit geleistet werden soll. Geld ist weder Material, das man verarbeiten, noch ein Werkzeug, mit dem man arbeiten kann; und wenn auch die Löhne den Arbeitern gewöhnlich in Geld ausbezahlt werden, so besteht doch ihr wirkliches Einkommen, ebenso wie das aller anderen Menschen, nicht aus Geld, sondern Geldeswert, nicht aus Metallstücken, sondern den Dingen, die man dafür kaufen kann.«

An anderen Stellen seines Werkes wird darauf hingewiesen, daß durch die Entdeckung der amerikanischen Minen der Geldvorrat zwar sehr vermehrt, der Zins für dessen Verwendung jedoch nicht vermindert worden ist. Denn der Zinsfuß hängt ab vom Nutzen, der bei der Verwendung des Kapitals erzielt wird, und nicht von der Quantität oder Qualität der Metallstücke, die seine Erträgnisse in Umlauf setzen.

Hume hat dieselbe Auffassung vertreten. Der Wert des umlaufenden Tauschmittels jedes Landes steht in einem gewissen Verhältnis zu dem Werte der Waren, die es in Umlauf hält. In einigen Ländern ist dieses Verhältnis weit größer als in anderen, und unter bestimmten Bedingungen verändert es sich in demselben Lande. Es hängt dies von der Umlaufsgeschwindigkeit ab, von dem Grade des Vertrauens und des Kredits der Kaufleute untereinander, vor allem aber von der sachverständigen Tätigkeit der Banken. In England hat man so viele Mittel gefunden, bei dem Gebrauch der Umlaufsmittel sparsam zu Werke zu gehen, daß ihr Wert, verglichen mit dem Werte der dadurch in Umlauf gebrachten Waren, wahrscheinlich (während einer Periode des Vertrauens[7]) auf ein möglichst niedriges Maß beschränkt ist. Die Größe dieses Verhältnisses hat man verschieden eingeschätzt.

Keine Vermehrung oder Verminderung seiner Menge, sei es in Gold, Silber oder in Papiergeld, kann seinen Wert über dieses Ver-

---

[7] In den folgenden Bemerkungen bitte ich, einen stets gleichbleibenden Grad von Vertrauen und Kredit vorauszusetzen.

hältnis hinaus vermehren oder vermindern. Wenn die Minen aufhören, dem jährlichen Verbrauch an Edelmetallen zu entsprechen, dann wird das Geld wertvoller, und eine kleinere Menge wird als Umlaufsmittel dienen. Die Verminderung der Menge wird im Verhältnis zur Wertsteigerung stehen. Ebenso wird nach der Entdeckung neuer Minen der Wert der Edelmetalle vermindert, und eine größere Geldmenge wird in Umlauf gesetzt werden, so daß in beiden Fällen der Wert des Geldes relativ zu den in Umlauf gesetzten Waren gleich bleibt.

Wenn die Bank zu der Zeit, in der sie ihre Noten in bar auszahlt, deren Menge vermehrt, dann wird das keinen dauernden Einfluß auf den Preis des Umlaufsmittels haben, da beinahe die gleiche Summe in Münze aus der Zirkulation herausgezogen und ausgeführt wird.

Wenn die Bank von der Pflicht befreit ist, ihre Noten in Münze auszuzahlen, und alles Metallgeld ausgeführt worden ist, dann wird jedes Zuviel an Papiergeld den Wert des Umlaufsmittels im Verhältnis zu diesem Übermaß herabsetzen. Wenn die Summe des in England umlaufenden Geldes vor der Aufhebung der Noteneinlösungspflicht 20 Millionen betragen hat, und man fügt 4 Millionen hinzu, dann hätten diese 24 Millionen keinen höheren Wert, als ihn vorher die 20 Millionen hatten, vorausgesetzt, daß keine Veränderung an den Waren und keine gleichzeitige Münzausfuhr stattgefunden hat. Und wenn die Bank nach und nach diese Summe auf 50 oder auf 100 Millionen vermehren wollte, dann würde auch diese größere Summe ganz in den Geldumlauf Englands eingehen, aber in jedem Falle würde sie bis zu dem Wert von 20 Millionen herabgedrückt werden.

Ich bestreite nicht, daß der Zinsfuß zeitweilig beeinflußt werden würde, wenn die Bank eine weitere große Summe an den Markt bringen und als Kredite ausgeben sollte. Die Entdeckung eines verborgenen Schatzes an Gold- und Silbermünzen würde die gleichen Folgen haben. Wenn der Betrag groß ist, dann wird wohl die Bank oder der Eigentümer des Schatzes nicht imstande sein, die Noten oder das Geld zu 4 Prozent, vielleicht nicht einmal höher als zu 3 Prozent auszuleihen; sobald das aber einmal geschehen ist, bleiben weder Noten noch Geld ungenutzt bei den Entleihern liegen; an alle Märkte werden sie verschickt, und überall steigern sie die Warenpreise, bis sie in der allgemeinen Zirkulation aufgehen. Nur in der Zeit, die zwischen der Ausgabe von Banknoten und ihren Folgen für die Preisbildung liegt, macht sich ein Überfluß an Geld bemerkbar; in dieser Zwischenzeit wird der Zinsfuß unter seiner gewöhnlichen Höhe sein, aber sobald die hinzugefügte Summe an Noten in den allgemeinen Umlauf eingegangen ist, wird der Zinsfuß wieder ebenso hoch und neue Anleihen werden ebenso stark verlangt werden wie vor der Vermehrung.

Der Geldumlauf kann niemals übermäßig sein. Bei Gold- oder Silberwährung wird sich jede Vermehrung des Geldvorrates über die ganze Erde ausbreiten. Bei Papierwährung wird sie sich nur in dem betreffenden Lande verteilen. Ihr Einfluß auf die Preise wird dann nur örtlich und nominell stattfinden, da durch den Wechselkurs für ausländische Käufer ein Ausgleich eintreten wird.

Wer aber der Ansicht ist, daß eine vermehrte Notenausgabe einen solchen Einfluß haben kann, daß der Zinsfuß dauernd herabgesetzt und die Nachfrage aller Geldbedürftigen befriedigt wird, so daß niemand nach neuen Krediten Bedürfnis hat, oder wer glaubt, daß eine ergiebige Gold- und Silbermine denselben Einfluß ausüben kann, der schreibt dem Umlaufsmittel eine Macht zu, die es niemals haben kann. Wenn das möglich wäre, dann würde eine Bank in der Tat eine einflußreiche Einrichtung werden. Durch Neuschaffung von Papiergeld, das sie zu 2 oder 3 Prozent unter dem augenblicklichen Zinsfuße des Geldmarktes ausleiht, würde die Bank den Handelsgewinn im selben Maße herabsetzen, und wenn sie genügend patriotisch wäre, um ihre Noten zu einem Zinsfuße auszuleihen, der gerade ausreicht, ihre Betriebsunkosten zu decken, dann würde noch weniger Nutzen erzielt werden; da keine andere Nation außer durch ähnliche Maßnahmen mit uns in Wettbewerb treten könnte, so würden wir den Welthandel an uns reißen. Zu welchen Ungereimtheiten würde eine solche Theorie führen! Der Gewinn kann nur durch einen Wettbewerb von Kapitalien, die nicht aus dem umlaufenden Tauschmittel bestehen, vermindert werden. Da eine Vermehrung der Banknoten diese Gattung von Kapitalien nicht vergrößert, da sie weder unsere ausführbare Ware, noch unser Maschinenwesen, noch unser Rohmaterial vermehrt, kann sie unserem Gewinn nichts hinzufügen und den Zinsfuß nicht herabsetzen[8].

Wenn jemand Geld borgt, um ein Geschäft anzufangen, so borgt er es, weil es ein Mittel ist, sich »Material, Nahrungsmittel usw.« zum Betrieb dieses Geschäftes zu beschaffen, und es macht ihm nicht viel aus, ob er tausend oder zehntausend Goldstücke entleihen muß, vorausgesetzt, daß er den notwendigen Vorrat an »Material usw.«

---

[8] Ich habe schon zugegeben, daß die Bank, insofern, als sie es uns ermöglicht, unsere Münze in »Rohmaterial, Nahrungsmittel usw.« umzusetzen, der Nation eine Wohltat erwiesen hat, da hierdurch die Menge des produktiven Kapitals vermehrt wird; ich spreche aber jetzt von einer übermäßigen Notenausgabe, von jener Menge, die unsere Zirkulation vergrößert, ohne eine entsprechende Münzausfuhr zu veranlassen und die infolgedessen die Noten unter den Barrenwert, der in den ihnen entsprechenden Münzen enthalten ist, herabdrückt.

erhält. Borgt er sich zehntausend, dann wird der Ertrag seines Betriebes den zehnfachen Nominalwert haben, wie wenn er zu seinem Zwecke nur eintausend gebraucht hätte. Das tatsächlich im Lande verwendete Kapital ist notwendigerweise auf den Vorrat an »Material, Nahrungsmitteln usw.« beschränkt und könnte in demselben Maße, wenn auch unter größeren Schwierigkeiten, ertragsfähig gestaltet werden, wenn der Handel ausschließlich durch Tausch betrieben würde. Die jeweiligen Eigentümer des umlaufenden Tauschmittels beherrschen dieses Kapital, aber wie reichlich die Menge des Geldes oder der Banknoten auch sein mag, wenn dadurch auch die Nominalpreise der Waren erhöht, das produktive Kapital auch verschiedenartig verteilt werden mag, wenn auch die Bank durch Vermehrung ihrer Noten A. in den Stand setzen mag, einen Teil des Geschäftes an sich zu reißen, das früher von B. und C. beherrscht worden war, so ist damit das positive Einkommen und Vermögen des Landes doch um nichts vermehrt. B. und C. mögen benachteiligt werden, A. und die Bank mögen ihren Vorteil daraus ziehen, aber sie werden nur genau das gewinnen, was B. und C. verlieren. Es findet eine gewaltsame und ungerechte Übertragung des Besitzes statt, ohne daß für die Gesamtheit ein Vorteil daraus erwächst.

Ich bin daher nicht der Ansicht, daß die Staatsanleihe ihren hohen Kurs der Entwertung des Umlaufsgeldes verdankt. Ihr Preis muß sich nach dem allgemeinen Stand des Geldzinses richten. Wenn ich vor der Entwertung beim Ankauf von Land den Jahresertrag mit dreißig, beim Ankauf einer Leibrente diese mit fünfundzwanzig kapitalisierte, so kann ich nach der Entwertung eine größere Summe für den Ankauf von Grund und Boden geben, ohne einen vervielfachten Jahresgewinn zu verausgaben, weil der Ertrag des Bodens infolge der Entwertung zu einem größeren Nominalwerte verkäuflich ist. Da aber die Zinszahlungen der Anleihen in demselben entwerteten Zahlungsmittel geleistet werden, kann kein Grund vorliegen, nach der Entwertung einen größeren Nennwert dafür zu geben als vor derselben.

Wenn Guineestücke durch Beschneiden auf die Hälfte ihres jetzigen Wertes herabgesetzt werden, dann steigen die Waren und die Barren auf das Doppelte des jetzigen Nominalwertes; da aber die Zinsen der Staatsanleihen in entwerteten Guineestücken bezahlt werden, steigen sie aus diesem Grunde nicht.

Das Heilmittel, das ich für alle Schäden unserer Währung vorschlage, besteht darin, die Bank allmählich den Betrag ihrer umlaufenden Noten vermindern zu lassen, bis der Rest im Werte den Münzen, die er repräsentiert, gleichkommt oder, mit anderen Worten, bis die Preise von Gold- und Silberbarren wieder auf den Stand der

Münzpreise gesunken sind. Ich bin mir wohl bewußt, daß ein vollständiges Aufhören des Papierkredits mit den verheerendsten Folgen für Handel und Gewerbe verbunden sein und selbst seine plötzliche Beschränkung so viel Schaden und Unheil im Gefolge haben würde, daß es sehr unangebracht wäre, zu diesem Mittel die Zuflucht zu nehmen, um den Geldumlauf wieder auf seinen wahren und gesetzmäßigen Wert zurückzuführen.

Wenn die Bank mehr Guineestücke in ihrem Besitz als Noten in Umlauf hat, dann kann sie, ohne dem Lande großen Schaden zuzufügen, ihre Noten nicht in bar auszahlen, solange der Preis der Goldbarren weit höher als der Münzpreis ist und die Wechselkurse ungünstig für uns stehen. Der Überfluß unseres Papierumlaufes würde dann an der Bank gegen Guineestücke eingetauscht, die ausgeführt und plötzlich aus dem Umlauf verschwinden würden. Bevor die Bank die Noten in bar ohne Schaden zu verursachen einlösen kann, muß sie den Überschuß derselben allmählich aus dem Umlauf ziehen. Geschieht das langsam, dann werden sich wenig Unannehmlichkeiten bemerkbar machen. Vorausgesetzt, man wäre sich im Prinzip darüber einig, dann ließe sich weiterhin in Erwägung ziehen, ob das Endziel in einem Jahre oder in fünf Jahren erreicht werden soll. Ich bin fest davon überzeugt, daß wir niemals unser Umlaufsgeld auf seinen dem Gesetz entsprechenden Stand zurückführen können, es sei denn auf diesem vorbereitenden Wege oder durch ein vollständiges Verschwinden des Papierkredits.

Hätten die Direktoren der Bank ihren Betrag an Noten in vernünftigen Grenzen gehalten, hätten sie nach dem Prinzip gehandelt, welches sie eingestandenermaßen zur Richtschnur ihrer Emissionen gemacht hatten, als sie verpflichtet waren, ihre Noten in bar auszuzahlen, dem Prinzip nämlich, ihre Noten auf den Betrag zu beschränken, der ein Überschreiten des Marktpreises über den Münzpreis des Geldes hinaus verhindert, dann wären wir jetzt nicht allen Mißständen einer entwerteten, beständig schwankenden Währung ausgesetzt.

Wenn auch die Bank aus dem gegenwärtigen System beträchtlichen Nutzen zieht, wenn auch der Preis ihres Aktienkapitales sich seit 1797 beinahe verdoppelt hat, ihre Dividenden sich entsprechend erhöht haben, so stimme ich doch Thornton bereitwilligst bei, wenn er sagt, daß die Direktoren als Kapitalisten durch die Entwertung des Umlaufsgeldes Verluste erleiden, die viel ernster zu nehmen sind als alle Vorteile, die sie als Inhaber von Bankaktien genießen mögen. Ich spreche sie daher frei von aller Schuld, aus selbstsüchtigen Motiven gehandelt zu haben; aber ihre Irrtümer, wenn es solche sind, üben ebenso verderbliche Einflüsse auf das Gemeinwesen aus.

Die außergewöhnliche Macht, die in ihre Hände gegeben ist, gestattet ihnen, den Preis festzusetzen, zu dem die Eigentümer einer bestimmten Art von Besitz, die man Geld nennt, darüber verfügen dürfen. Die Direktoren der Bank haben den Geldbesitzern alle Nachteile eines Maximums zugefügt. Heute beliebt es ihnen, 4 £ 10 s. für 3 £ 17 s. kursieren zu lassen, morgen mögen sie 4 £ 15 s. auf denselben Grad erniedrigen, und vielleicht sind im nächsten Jahre 10 £ nicht mehr wert. Welch unsicheren Besitztitel hat das Eigentum, das aus Geld oder aus in Geld zahlbarer Rente besteht! Welche Sicherheit hat der Gläubiger des Staates, daß die Zinsen der Staatsanleihe, die jetzt in einem um 15 Prozent entwerteten Tauschmittel gezahlt werden, nicht späterhin in einem um 50 Prozent entwerteten ihre Auszahlung finden mögen? Der Schaden, der den Gläubigern von Privatpersonen zugefügt wird, ist nicht weniger bedeutend. Eine im Jahre 1797 eingegangene Schuld kann jetzt in 85 Prozent ihres Betrages ausgezahlt werden, und wer weiß, ob die Entwertung nicht noch weiter fortschreitet?

Folgende Bemerkungen von Adam Smith sind so wichtig, daß ich nicht umhin kann, die Aufmerksamkeit aller denkenden Männer darauf zu lenken.

»Die Erhöhung der Münzbenennungen war das gebräuchlichste Hilfsmittel, durch das ein tatsächlicher Staatsbankerott unter dem Deckmantel einer angeblichen Zahlung verborgen worden ist. Wenn z. B. der Nennwert eines Sechspencestücks auf einen Schilling erhöht wird und der von 20 Sechspencestücken auf ein Pfund Sterling, dann wird derjenige, der bei der alten Benennung 20 Schillinge oder fast 4 Unzen Silber entliehen hat, bei der neuen Benennung 20 Sechspencestücke oder etwas weniger als 2 Unzen zahlen. Eine Staatsschuld von ungefähr 120 Millionen könnte auf diese Weise mit ungefähr 64 Millionen unseres gegenwärtigen Geldes beglichen werden. Das wäre allerdings nur eine Scheinzahlung, und die Staatsgläubiger würden um 10 Schillinge pro Pfund des ihnen gebührenden Geldes betrogen werden. Das Unheil würde sich auch nicht nur auf die Gläubiger des Staates erstrecken, sondern auch diejenigen jedes Privaten müßten eine entsprechende Einbuße erleiden. Wenn die Staatsgläubiger allerdings im allgemeinen viele Schulden bei anderen Leuten hätten, so könnten sie ihren Verlust dadurch ausgleichen, daß sie ihre Gläubiger in derselben Münze zahlten, die sie selbst vom Staate erhalten. In den meisten Ländern sind nun aber die Gläubiger des Staates zum großen Teile vermögende Leute, die zu ihren Mitbürgern häufiger im Verhältnis des Gläubigers als in dem des Schuldners stehen. Infolgedessen vergrößert eine solche fiktive Zahlung nur die Verluste des Staatsgläubigers, anstatt sie zu erleichtern, und überträgt, ohne dem Gemeinwesen irgendeinen Vorteil zu bringen, das Unheil auf eine große Anzahl von anderen Unschuldigen. Sie verursacht eine allgemeine und sehr schädliche Umverteilung der Privatvermögen, indem sie in den meisten Fällen den faulen und verschwenderischen Schuldner auf Kosten des fleißigen und haushälterischen Gläubigers bereichert und einen großen Teil des nationalen Vermögens aus den Händen, die geeignet sind, es zu vermehren und zu verbessern, in diejenigen spielt, die es verschwenden und verderben. Wenn ein Staat sich gezwungen sieht, den Bankerott zu erklären, dann ist es, ebenso wie dies bei dem einzelnen der Fall ist, für ihn als Schuldner viel ehrenhafter und für den Gläubiger viel weniger schädlich, wenn der Bankerott klar und offen erklärt wird.«

Diese Bemerkungen von Adam Smith über entwertetes Geld lassen sich ebenso auf eine entwertete Papierwährung anwenden. Er hat nur einige der verhängnisvollen Folgen, die mit der Verschlechterung des umlaufenden Zahlungsmittels zusammenhängen, aufgezählt, aber er hat uns genügend vor solchen gefährlichen Versuchen gewarnt. Es wäre ewig zu beklagen, wenn unser großes Land, das in Amerika und Frankreich die Folgen einer übertriebenen Papierwährung vor Augen hat, an einem System festhalten sollte, das so viel Unheil birgt. Man sagt, daß die Fälle verschieden sind, daß die Bank von England unabhängig von der Regierung ist. Wäre dies wahr, dann würden sich die schlimmen Folgen einer übersättigten Währung nicht weniger fühlbar machen; es ist aber fraglich, ob eine Bank, die der Regierung viele Millionen über den Betrag ihres Kapitals und ihrer Ersparnisse hinaus leiht, unabhängig von dieser Regierung genannt werden darf.

Als im Jahre 1797 die Verfügung des Kronrates, die Barzahlungen einzustellen, notwendig geworden war, da war der Ansturm auf die Bank meiner Ansicht nach nur durch politische Befürchtungen verursacht und nicht durch eine überreichliche oder (wie manche annehmen) eine unzureichende Anzahl der in Umlauf befindlichen Noten[9].

Dieser Gefahr ist die Bank infolge der Natur ihres Unternehmens jederzeit ausgesetzt. Vielleicht hätte sie keine Vorsicht von seiten der Direktoren verhindern können, es sei denn, daß sie ihre Darlehen an die Regierung eingeschränkt hätten; wenn dieselben Summen an Noten auf dem Wege der Diskontierung dem Publikum ausgegeben worden wären, dann hätte sie aller Wahrscheinlichkeit nach ihre Zahlungen fortsetzen können, bis die Aufregung sich gelegt hätte. Da die Schuldner der Bank gezwungen gewesen wären, ihre Schulden in dem Zeitraume von 60 Tagen zu begleichen, denn das

[9] Damals hielt sich der Goldpreis ständig unter seinem Münzpreis.

ist die längste Frist, während der ein von der Bank diskontierter Wechsel laufen darf, hätten die Direktoren die Möglichkeit besessen, jede in Umlauf befindliche Note wieder einzuziehen. Es war also die zu nahe Verbindung zwischen Bank und Regierung, die jene Verordnung notwendig gemacht hat, und diese Ursache ist es, der wir ihre Fortdauer zu verdanken haben.

Um die üblen Folgen zu vermeiden, die ein Beharren in diesem System hervorrufen könnte, müssen wir unser Augenmerk beharrlich auf eine Aufhebung des Gesetzes, welches die Goldeinlösungspflicht für Banknoten aufhob, richten. Die einzige gesetzliche Sicherheit des Publikums gegen Unvorsichtigkeiten der Bank ist deren Verpflichtung, auf Verlangen ihre Noten in bar auszuzahlen. Dies kann nur geschehen, wenn eine Verminderung des in Umlauf befindlichen Betrages an Banknoten stattfindet, bis der Nominalwert des Goldes auf seinen Münzpreis reduziert ist.

Ich will hiermit schließen und würde mich glücklich schätzen, wenn meine schwachen Bemühungen die öffentliche Aufmerksamkeit zu einer gebührenden Beachtung des Standes unserer Währung veranlassen wollten.